U0833802

轻松过关® 1

2019年会计专业技术资格考试
应试指导及全真模拟测试

经济法基础

（下册）

黄洁洵　编著

东奥会计在线　组编

北京科学技术出版社

目　录

第二部分　同步辅导及强化训练

第三部分 全真模拟测试题及参考答案

第五章　企业所得税、个人所得税法律制度

本章考情分析

本章由2个部分内容组成：（1）企业所得税；（2）个人所得税。本章在每套考卷中的分值约20分，各种题型均可涉及，企业所得税的不定项选择题和个人所得税的不定项选择题将2选1出现在您的考卷上。

企业所得税的学习需要先建立整体思路再深入业务细节，因此，往往需要2遍学习，第1遍建立整体思路，第2遍把握业务细节。个人所得税的征税项目多，容易混淆，复习全程需要不断的比较和区分。企业所得税是入门难但业务处理机械、考查重点突出，要注意保持信心；个人所得税是入门易但业务细且杂，要注意时刻保持警醒。

此外，按照考试大纲的要求，本章个人所得税部分收录了《个人所得税法实施条例》（修订草案征求意见稿）和《个人所得税专项附加扣除暂行办法》（征求意见稿）的有关内容，建议考生先按照相关征求意见稿的内容复习，如果正式出台的法律文件与征求意见稿的内容有不一致，相信考试组织部门会妥善处理。对本书所收录的这些“征求意见稿”的内容，我们将保持密切关注，一旦正式文件出台，我们将及时进行对比和整理，对考生后续的备考复习进行提示，请关注“东奥初级会计职称微信公众号”（至少在5月1日前认真关注一次）。

最近3年考试题型题量分析表

	2016年		2017年		2018年	
	卷1	卷2	卷1	卷2	卷1	卷2
单项选择题	5题 7.5分	4题6分	3题 4.5分	3题 4.5分	4题6分	4题6分
多项选择题	2题4分	2题4分	2题4分	2题4分	3题6分	3题6分
判断题	2题2分	2题2分	1题1分	1题1分	1题1分	1题1分
不定项选择题	4题8分	4题8分	4题8分	4题8分	4题8分	4题8分
合计	13题 21.5分	12题20分	10题 17.5分	10题 17.5分	12题21分	12题21分

说明：上表数据并非最近3年考试题库的完整统计，而是我们向参加当年考试的考生了解的、较为完整的代表性试卷进行的统计。

2019年本章考点的主要变化如下。

（1）根据一系列企业所得税新政策对“职工教育经费支出的税前扣除”“固定资产加速折旧”“小型微利企业税收优惠政策”“研发费用的加计扣除”“企业取得境外所得计税时的抵免”内容进

行了调整、更新；新增“企业参加责任保险的税前扣除”“技术先进型服务企业税率优惠”“向初创科技型企业投资税收优惠”“高新技术企业或科技型中小企业亏损弥补年限的特殊规定”。

（2）根据《个人所得税法》（2018年修正）、《个人所得税法实施条例》（修订草案征求意见稿）和《个人所得税专项附加扣除暂行办法》（征求意见稿），对个人所得税法律制度进行了重大调整和全面更新。

（3）新增《科技人员取得职务科技成果转化现金奖励有关个人所得税政策》（财税〔2018〕58号）的有关内容。

本章单元框架

- 企业所得税
  - 第1单元 企业所得税基础
  - 应纳税额计算
    - 第2单元 收入
    - 第3单元 税前扣除项目
    - 第4单元 资产的企业所得税处理
    - 第5单元 企业所得税的税收优惠
    - 第6单元 企业所得税应纳税额计算（应用举例）
  - 第7单元 企业所得税的其余考点
- 个人所得税
  - 第8单元 个人所得税概述
  - 具体规定
    - 第9单元 综合所得
    - 第10单元 经营所得
    - 第11单元 其他4个征税项目
  - 第12单元 个人所得税的其他规定

本章考点剖析

【提示】企税、个税要分好，一切莫相互混淆。死记硬背效率低，名师“码”上把您教。快扫我们考点旁的听课二维码，一扫知识全清晰。

第1单元 企业所得税基础

考点1：企业所得税纳税人（★★）

1. 企业所得税纳税人包括各类企业、事业单位、社会团体、民办非企业单位和从事经营活动的其他组织；但依照中国法律、行政法规成立的个人独资企业、合伙企业，不适用《企业所得税法》，不属于企业所得税纳税义务人。

【提示1】企业所得税的纳税人并不仅限于企业，事业单位等也可能成为企业所得税的纳税人。

【提示2】个人独资企业、合伙企业虽然名为“企业”，但并不是企业所得税的纳税人，其自然人投资者需要依法缴纳个人所得税。

【例题1·单选题】根据企业所得税法律制度的规定，下列各项中，不属于企业所得税纳税人的是（　　）。（2018年）

A. 甲有限责任公司

B. 乙事业单位

C. 丙个人独资企业

D. 丁股份有限公司

【答案】C

【例题2·判断题】依照中国法律、行政法规成立的个人独资企业属于企业所得税纳税义务人。( )(2016年)

【答案】×

2. 居民企业和非居民企业

(1) 划分标准及纳税义务

表5-1

类型			纳税义务	
居民企业	依法在中国境内成立的企业(注册地标准)		全面纳税义务	就来源于中国境内、境外的全部所得纳税
	依照外国(地区)法律成立但实际管理机构在中国境内的企业(实际管理机构所在地标准)			
非居民企业	依照外国(地区)法律成立且实际管理机构不在中国境内的企业	在中国境内设立机构、场所	有限纳税义务	就以下所得纳税: (1) 来源于中国境内的所得 (2) 发生在中国境外但与其所设机构、场所有实际联系的所得
		在中国境内未设立机构、场所,但有来源于中国境内所得		就来源于中国境内的所得纳税

【提示】注册地标准和实际管理机构所在地标准,符合其一即属于居民企业;二者都不符合的,属于非居民企业。

【例题1·单选题】根据企业所得税法律制度的规定,下列各项中,属于非居民企业的是( )。(2015年)

A. 依照外国法律成立,实际管理机构在境内的甲公司

B. 依照中国法律成立,在境外设立机构、场所的乙公司

C. 依照外国法律成立且实际管理机构在境外,但在境内设立机构、场所的丙公司

D. 依照中国法律成立,实际管理机构在境内的丁公司

【解析】选项C:既未在中国境内成立,实际管理机构亦未在境内,但在境内设有机构、场所,属于非居民企业。

【答案】C

【例题2·判断题】居民企业无须就其来源于中国境外的所得缴纳企业所得税。( )(2018年)

【解析】居民企业应当就其来源于中国"境内、境外"的所得缴纳企业所得税。

【答案】×

【例题3·判断题】在中国境内设立机构、场所的非居民企业取得的发生在中国境外但与其所设机构、场所有实际联系的所得,无须缴纳企业所得税。( )(2018年)

【解析】非居民企业在中国境内设立机构、场所的,应当就其所设机构、场所取得的来源于中国境内的所得,以及发生在中国境外但与其所设机构、场所有实际联系的所得,缴纳企业所得税。

【答案】×

(2) 所得来源地的确定

表5-2

所得类型	来源地的确定
销售货物所得	按照交易活动发生地确定
提供劳务所得	按照劳务发生地确定

续表

所得类型		来源地的确定
转让财产所得	不动产转让所得	按照不动产所在地确定
	动产转让所得	按照转让动产的企业或者机构、场所所在地确定
	权益性投资资产转让所得	按照被投资企业所在地确定
股息、红利等权益性投资所得		按照分配所得的企业所在地确定
利息所得		按照负担、支付所得的企业或者机构、场所所在地确定，或者按照负担、支付所得的个人的住所地确定
租金所得		
特许权使用费所得		

【例题1·多选题】根据企业所得税法律制度的规定，下列关于来源于中国境内、境外所得确定原则的表述中，正确的有（　　）。（2018年）

A. 转让不动产所得，按照不动产所在地确定

B. 股息所得，按照分配所得的企业所在地确定

C. 销售货物所得，按照交易活动发生地确定

D. 提供劳务所得，按照劳务发生地确定

【答案】ABCD

【例题2·多选题】根据企业所得税法律制度的规定，下列关于确定所得来源地的表述，正确的有（　　）。（2016年）

A. 提供劳务所得，按照劳务发生地确定

B. 销售货物所得，按照交易活动发生地确定

C. 不动产转让所得，按照转让不动产的企业所在地确定

D. 股息所得，按照分配股息的企业所在地确定

【解析】选项C：不动产转让所得，按照"不动产所在地"确定所得来源地。

【答案】ABD

考点2：企业所得税应纳税额计算的基本思路（★★★）

（一）应纳税额

应纳税额＝应纳税所得额×适用税率－减免税额－抵免税额

【提示1】请辨析清楚"应纳税额"和"应纳税所得额"二词。例如，甲企业本年度会计利润100万元，假定其并无纳税调整的项目、无减免税额、无抵免税额，适用的企业所得税税率为25%，则甲企业本年度企业所得税应纳税额＝100×25%＝25（万元）；在上述式子中，"100万元"是应纳税所得额，"25万元"是应纳税额；可以通俗地理解为，挣了100万元，税务局"捞走"25万元，剩75万元归企业。

【提示2】

（1）企业所得税的基本税率为25%；

（2）符合规定的小型微利企业，减按20%税率；

（3）国家需要重点扶持的高新技术企业、符合条件的技术先进型服务企业，减按15%税率。

【提示3】减免税额和抵免税额，是指依照企业所得税法和国务院的税收优惠规定减征、免征和抵免的应纳税额。

【例题·单选题】甲公司2015年度企业所得税应纳税所得额1000万元，减免税额10万元，抵免税额20万元。已知企业所得税税率为25%，甲公司当年企业所得税应纳税额的下列计算列式中，正确的是（　　）。（2016年）

A. 1000×25%－10－20＝220（万元）

B. 1000×25%－10＝240（万元）

C. 1000×25%＝250（万元）

D. $1000\times25\%-20=230$（万元）

【答案】A

（二）应纳税所得额

1. 直接法

应纳税所得额 = 收入总额 - 不征税收入 - 免税收入 - 准予扣除项目金额 - 允许弥补的以前年度亏损

【提示】“应纳税所得额”可以理解为税法口径的利润，上述公式中的各项计算要素均应按税法口径确定，初学企业所得税应当注意转换思路（衡量、判断标准）。

2. 间接法

应纳税所得额 = 会计利润 + 纳税调整增加额 - 纳税调整减少额

【提示】间接法计算企业所得税应纳税所得额属于难点问题，在历年考试中的考查频率较低。初次接触企业所得税的考生，应当将复习重心首先放在“税前应当确认多少收入”“税前准予扣除多少支出”上。只有清楚税法如何处理，才有可能确定纳税调整额。有关“纳税调增”和“纳税调减”的具体理解在本书第341页“附：有关‘纳税调增’‘纳税调减’的理解”中，有一定企业所得税基础的考生可以参考。

考点3：企业所得税的征收管理规定（★）

131209

（一）纳税地点

1. 居民企业的纳税地点

除税收法律、行政法规另有规定外，居民企业以“企业登记注册地”为纳税地点；但登记注册地在境外的，以实际管理机构所在地为纳税地点。

2. 非居民企业的纳税地点

（1）非居民企业在中国境内设立机构、场所的，以机构、场所所在地为纳税地点；

（2）非居民企业在中国境内未设立机构、场所的，或者虽设立机构、场所但取得的所得与其所设机构、场所没有实际联系，以扣缴义务人所在地为纳税地点。

（二）纳税期限与纳税申报

1. 企业所得税按年计征，分月或者分季预缴，年终汇算清缴，多退少补。

2. 纳税年度

（1）纳税年度自公历1月1日起至12月31日止。

（2）企业在一个纳税年度中间开业，或者终止经营活动，使该纳税年度的实际经营期不足12个月的，应当以其实际经营期为1个纳税年度。

（3）企业依法清算时，应当以清算期间作为1个纳税年度。

3. 企业在纳税年度内无论盈利或者亏损，都应当依照规定期限，向税务机关报送预缴企业所得税纳税申报表、年度企业所得税纳税申报表、财务会计报告和税务机关规定应当报送的其他有关资料。

4. 企业应当自月份或者季度终了之日起15日内，向税务机关报送预缴企业所得税纳税申报表，预缴税款。

5. 企业应当自年度终了之日起5个月内，向税务机关报送年度企业所得税纳税申报表，并汇算清缴，结清应缴应退税款。

6. 企业在年度中间终止经营活动的，应当自实际经营终止之日起60日内，向税务机关办理当期企业所得税汇算清缴。

【例题1·单选题】根据企业所得税法律制度的规定，企业应当自纳税年度终了之日起一定期限内，向税务机关报送年度企业所得税纳税申报表。该期限为（　　）。（2018年）

A. 4个月　　B. 3个月

C. 6个月　　D. 5个月

【答案】D

【例题2·多选题】根据企业所得税法律制度的规定，下列关于企业所得税纳税期限的表述中，正确的有（　　）。（2016年）

A. 企业在一个纳税年度中间开业，使该纳税年度的实际经营期不足12个月的，应当以其实际经营期为1个纳税年度

B. 企业依法清算时，应当以清算期间作

为1个纳税年度

C. 企业所得税按年计征，分月或者分季预缴，年终汇算清缴，多退少补

D. 企业在年度中间终止经营活动的，应当自实际经营终止之日起60日内，向税务机关办理当期企业所得税汇算清缴

【答案】ABCD

第2单元　收　入

【本单元考点框架】

- 收入总额概述（考点1）
- 收入的具体处理
  - 收入类型（考点2）
  - 收入的确认时间（考点3）
  - 销售货物收入金额的确定（考点4）
- 不征税收入和免税收入（考点5）

考点1：收入总额概述（★）

1. 企业所得税意义上的收入总额，是指以货币形式和非货币形式从各种来源取得的收入，包括不征税收入和免税收入。

2. 企业取得收入的货币形式，包括现金、存款、应收账款、应收票据、准备持有至到期的债券投资以及债务的豁免等。

3. 非货币形式收入应当按照公允价值确定收入额。

【例题·多选题】根据企业所得税法律制度的规定，下列各项中，属于企业取得收入的货币形式的有（　　）。(2017年)

A. 股权投资　　B. 应收票据

C. 银行存款　　D. 应收账款

【解析】企业取得收入的货币形式，包括现金、存款、应收账款、应收票据、准备持有至到期的债券投资以及债务的豁免等。

【答案】BCD

考点2：企业所得税的收入类型（★★）

（一）基本规定

表5－3

类型	内涵	是否应当计入销售（营业）收入
销售货物收入	指企业销售商品、产品、原材料、包装物、低值易耗品以及其他存货取得的收入	√
提供劳务收入	指企业从事建筑安装、修理修配、交通运输、仓储租赁、金融保险、邮电通信、咨询经纪、文化体育、科学研究、技术服务、教育培训、餐饮住宿、中介代理、卫生保健、社区服务、旅游、娱乐、加工以及其他劳务服务活动取得的收入	√
转让财产收入	指企业转让固定资产、生物资产、无形资产、股权、债权等财产取得的收入	×

续表

类型	内涵	是否应当计入销售（营业）收入
股息、红利等权益性投资收益	指企业因权益性投资从被投资方取得的收入	×
利息收入	指企业将资金提供他人使用但不构成权益性投资，或者因他人占用本企业资金取得的收入，包括存款利息、贷款利息、债券利息、欠款利息等收入	×
租金收入	指企业提供固定资产、包装物或者其他有形资产的使用权取得的收入	√
特许权使用费收入	指企业提供专利权、非专利技术、商标权、著作权以及其他特许权的使用权取得的收入	√
接受捐赠收入	指企业接受的来自其他企业、组织或者个人无偿给予的货币性资产、非货币性资产	×
其他收入	指企业取得《企业所得税法》具体列举的收入外的其他收入，包括企业资产溢余收入、逾期未退包装物押金收入、确实无法偿付的应付款项、已作坏账损失处理后又收回的应收款项、债务重组收入、补贴收入、违约金收入、汇兑收益等	×

【提示1】上表列举的收入类型，不论是否属于免税收入、不征税收入，均应计入企业所得税的收入总额；但免税收入、不征税收入在计算企业所得税应纳税所得额时从收入总额中减除（或称，免税收入、不征税收入不应计入企业所得税应纳税所得额），即“应纳税所得额＝收入总额－不征税收入－免税收入－准予扣除项目金额－允许弥补的以前年度亏损”。

【提示2】“销售（营业）收入”是计算业务招待费、广告费和业务宣传费扣除限额的基数，具体参考本章第3单元考点4。

【提示3】（1）转让专利权权属取得的收入，属于企业所得税转让财产收入；提供专利权的使用权取得的收入，属于特许权使用费收入。（2）提供专利权使用权取得的收入，属于特许权使用费收入；提供机器设备使用权取得的收入，属于租金收入。

【例题1·多选题】下列各项中，在计算企业所得税应纳税所得额时，应计入收入总额的有（　　）。（2015年）

A. 转让专利权收入

B. 债务重组收入

C. 接受捐赠收入

D. 确实无法偿付的应付款项

【解析】（1）选项A：属于转让财产收入；（2）选项BD：属于其他收入；（3）选项C：属于接受捐赠收入。

【答案】ABCD

【例题2·单选题】根据企业所得税法律制度的规定，下列各项中，属于特许权使用费收入的是（　　）。（2015年）

A. 提供生产设备使用权取得的收入

B. 提供运输工具使用权取得的收入

C. 提供房屋使用权取得的收入

D. 提供商标权的使用权取得的收入

【解析】（1）选项ABC：属于“财产租赁”收入；（2）选项D：特许权使用费收入，是指企业提供“专利权、非专利技术、商标权、著作权以及其他特许权”的使用权取得的收入。

【答案】D

（二）视同销售货物、转让财产或提供劳务的收入

企业发生非货币性资产交换，以及将货

物、财产、劳务用于捐赠、偿债、赞助、集资、广告、样品、职工福利或者利润分配等用途的，应当视同销售货物、转让财产或者提供劳务，但国务院财政、税务主管部门另有规定的除外。

【例题·多选题】根据企业所得税法律制度的规定，下列各项中，应视同销售货物的有（　　）。（2017年）

A. 将货物用于广告

B. 将货物用于捐赠

C. 将货物用于偿债

D. 将货物用于赞助

【答案】ABCD

考点3：企业所得税收入的确认时间（★★）

表5-4

收入类型		确认时间
销售货物收入	采用托收承付方式的	办妥托收手续时确认
	采取预收款方式的	发出商品时确认 【相关链接1】VS增值税纳税义务发生时间。①预收货款方式销售货物：通常为“货物发出当天”；②提供租赁服务采取预收款方式：“收到预收款当天” 【相关链接2】纳税人采取预收货款结算方式的，其消费税纳税义务发生时间为“发出应税消费品的当天”
	商品需要安装和检验的	（1）一般：购买方接受商品以及安装和检验完毕时确认 （2）安装程序比较简单的：发出商品时确认
	采用支付手续费方式委托代销的	收到代销清单时确认 【相关链接】委托其他纳税人代销货物，增值税的纳税义务发生时间为收到代销单位的代销清单或者收到全部或者部分货款的当天；未收到代销清单及货款的，为发出代销货物满180天的当天
	采用分期收款方式的	按照合同约定的收款日期确认 【相关链接】采取赊销和分期收款方式销售货物，增值税、消费税的纳税义务发生时间通常均为书面合同约定的收款日期的当天
	采取产品分成方式取得收入的	按照企业分得产品的日期确认
提供劳务收入		（1）在各个纳税期末采用完工进度（完工百分比）法确认 （2）企业受托加工制造大型机械设备、船舶、飞机，以及从事建筑、安装、装配工程业务或者提供其他劳务等，持续时间超过12个月的，按照纳税年度内完工进度或者完成的工作量确认收入的实现
股息、红利等权益性投资收益		按照被投资方作出利润分配决定的日期确认（除国务院财政、税务主管部门另有规定外）
利息收入		按照合同约定的债务人应付利息的日期确认
租金收入		（1）按照合同约定的承租人应付租金的日期确认 （2）如果交易合同或协议中规定的租赁期限跨年度，且租金提前一次性支付的，出租人可对上述已确认的收入，在租赁期内，分期均匀计入相关年度收入

续表

收入类型	确认时间
特许权使用费收入	按照合同约定的特许权使用人应付特许权使用费的日期确认
接受捐赠收入	按照实际收到捐赠资产的日期确认

【例题1·单选题】2017年9月1日，甲公司与乙公司签订一项销售合同，采用预收款方式销售一批商品，并于9月10日收到全部价款。甲公司9月20日发出商品，乙公司9月21日收到该批商品。根据企业所得税法律制度的规定，关于甲公司上述销售收入确认时间的表述中，正确的是（　　）。（2018年）

A. 9月10日确认销售收入

B. 9月20日确认销售收入

C. 9月21日确认销售收入

D. 9月1日确认销售收入

【答案】B

【例题2·多选题】根据企业所得税法律制度的规定，下列关于收入确认的表述中，正确的有（　　）。（2017年）

A. 销售商品采用预收款方式的，在收到预收款时确认收入

B. 销售商品采用托收承付方式的，在办妥托收手续时确认收入

C. 销售商品采用支付手续费方式委托代销的，在收到代销清单时确认收入

D. 销售商品需要安装和检验的，在收到款项时确认收入

【答案】BC

【例题3·单选题】根据企业所得税法律制度的规定，关于确认收入实现时间的下列表述中，正确的是（　　）。（2017年）

A. 接受捐赠收入，按照合同约定的捐赠日期确认收入的实现

B. 利息收入，按照合同约定的债务人应付利息的日期确认收入的实现

C. 租金收入，按照出租人实际收到租金的日期确认收入的实现

D. 权益性投资收益，按照投资方实际收到利润的日期确认收入的实现

【答案】B

考点4：销售货物收入金额的确定（★★）

1. 考虑销售货物收入，应当注意将价外费用、视同销售收入一并计入。

【案例】甲企业为增值税一般纳税人，2018年财务资料显示其销售货物取得不含增值税销售收入5000万元；另发现，甲企业销售货物同时收取优质费58万元、将不含增值税市场价为5万元的自产货物发放给职工，企业均未作销售收入处理。假定甲企业销售的上述货物均适用16%的增值税税率，甲企业2018年企业所得税销售货物收入 = 5000 + 58 ÷（1 + 16%）+ 5 = 5055（万元）。

2. 特殊销售方式下收入金额的确定

（1）售后回购

①符合销售收入确认条件：销售的商品按售价确认收入，回购的商品作为购进商品处理。

②不符合销售收入确认条件（如以销售商品方式进行融资）：收到的款项应确认为负债，回购价格大于原售价的，差额应在回购期间确认为利息费用。

（2）以旧换新

销售商品应当按照销售商品收入确认条件确认收入，回收的商品作为购进商品处理。

【相关链接1】增值税纳税人采取以旧换新方式销售货物，应按新货物的同期销售价格确定销售额。但对金银首饰以旧换新业务，应按照销售方实际收取的不含增值税的全部价款征收增值税。

【相关链接2】消费税纳税人采用以旧换新（含翻新改制）方式销售的金银首饰，应按实际收取的不含增值税的全部价款确定计税依据征收消费税。

（3）各类型折扣的税务处理

表5－5

折扣类型	目的	税务处理
商业折扣	促进商品销售	按照扣除商业折扣后的金额（不含增值税）确定销售商品收入金额
现金折扣	鼓励尽早付款	按扣除现金折扣前的金额（不含增值税）确定销售商品收入金额，现金折扣在实际发生时作为财务费用扣除
销售折让	因售出商品质量不合格而作出的售价减让	企业已经确认销售收入的售出商品发生销售折让的，应当在发生当期冲减当期销售商品收入

【相关链接】商业折扣的增值税处理：（1）销售额和折扣额在同一张发票的金额栏中分别注明的，可按冲减折扣额后的销售额征收增值税；（2）将折扣额另开发票的，不论财务会计上如何处理，在征收增值税时，折扣额不得冲减销售额。

【例题·单选题】甲电子公司2018年9月销售一批产品，含增值税价格为46.4万元，由于购买数量多，甲电子公司给予购买方9折优惠，销售额和折扣额在同一张发票"金额栏"内分别列示，增值税税率为16%。甲电子公司在计算企业所得税应纳税所得额时，应确认的产品销售收入为（　　）万元。（2018年、2017年）

A. 36　　B. 41.76

C. 40　　D. 46.4

【解析】（1）企业为促进商品销售而在商品价格上给予价格折扣属于商业折扣；（2）商品销售涉及商业折扣的，企业所得税上按照扣除商业折扣后的金额（不含增值税）确定销售商品收入金额；（3）应确认的产品销售收入＝46.4÷（1＋16%）×90%＝36（万元）。

【答案】A

3. "买一赠一"业务的处理

企业以"买一赠一"等方式组合销售本企业商品的，不属于捐赠，应将总的销售金额按各项商品的公允价值的比例来分摊确认各项的销售收入。

【案例】居民企业甲公司主要从事日化产品的生产和销售，2018年10月为了推广新型洗涤剂，公司推出了"买一赠一"的促销活动，凡购买一件售价40元（不含税）新型洗涤剂的，附赠一瓶原价10元（不含税）的洗洁精。假设当年甲公司销售了1万件新型洗涤剂。（1）在企业所得税的处理上，甲公司应当确认销售新型洗涤剂收入32万元、销售洗洁精收入8万元，共计确认销售货物收入40万元；假定不考虑成本、税金等其他因素，此次"买一赠一"促销活动应纳企业所得税＝40×25%＝10（万元）。（2）在增值税处理上，将自产的洗洁精赠送购买新型洗涤剂的客户，应当视同销售货物、核定销售额，甲公司此次"买一赠一"促销活动的增值税销项税额＝（40＋10）×16%＝8（万元）。

考点5：不征税收入和免税收入（★★★）

【提示】应当严格区分不征税收入和免税收入：（1）不征税收入和免税收入均属于企业所得税所称的"收入总额"，在计算企业所得税应纳税所得额时应扣除。（2）不征税收入是不应列入征税范围的收入；免税收入则是应列入征税范围的收入，只是国家出于特殊考虑给予税收优惠，在一定时期有可能恢复征税。（3）企业的不征税收入对应的费用、折旧、摊销一般不得在计算应纳税所得额时扣除；免税收入对应的费用、折旧、摊销一般可以税前扣除。

（一）不征税收入

1. 财政拨款；

【提示】县级以上人民政府将国有资产无偿划入企业，凡指定专门用途并按规定进行管理的，企业可作为不征税收入进行企业所得税处理。其中，该项资产属于非货币性资产的，应按政府确定的接收价值计算不征税收入。

2. 依法收取并纳入财政管理的行政事业性收费、政府性基金；

3. 企业取得的由国务院财政、税务主管部门规定专项用途并经国务院批准的财政性资金。

（二）免税收入

1. 国债利息收入免税。

2. 股息、红利等权益性投资收益，按照税法规定的条件免税。

（1）从居民企业取得

①符合条件的居民企业之间的股息、红利等权益性投资收益免税；

②在中国境内设立机构、场所的非居民企业从居民企业取得与该机构、场所有实际联系的股息、红利等权益性投资收益免税。

（2）直接投资所得收益

上述股息、红利等权益性投资收益应当是直接投资取得的投资收益，不包括连续持有居民企业公开发行并上市流通的股票“不足12个月”取得的收益。

【提示】

- 从符合条件的非上市居民企业取得：免税
- 从符合条件的上市居民企业取得
  - 持有时间＜12个月：不免税
  - 持有时间≥12个月：免税

3. 符合条件的非营利组织取得的特定收入免税，但不包括非营利组织从事营利性活动取得的收入，国务院财政、税务主管部门另有规定的除外。

【例题1·单选题】根据企业所得税法律制度的规定，下列各项中，属于不征税收入的是（　　）。（2018年）

A. 国债利息收入

B. 违约金收入

C. 股息收入

D. 财政拨款收入

【解析】（1）选项A：属于免税收入；（2）选项BC：属于应税收入。

【答案】D

【例题2·单选题】根据企业所得税法律制度的规定，下列各项中，属于免税收入的是（　　）。（2018年）

A. 财政拨款收入

B. 转让企业债券取得的收入

C. 企业购买国债取得的利息收入

D. 县级以上人民政府将国有资产无偿划入企业指定专门用途并按规定进行管理

【解析】（1）选项AD：属于不征税收入；（2）选项B：属于应税收入；（3）选项C：属于免税收入。

【答案】C

【例题3·单选题】根据企业所得税法律制度的规定，下列各项中，属于不征税收入的是（　　）。（2017年）

A. 接受捐赠收入　　B. 国债利息收入

C. 销售货物收入　　D. 财政拨款

【解析】（1）选项AC：属于应税收入；（2）选项B：属于免税收入；（3）选项D：属于不征税收入。

【答案】D

【例题4·单选题】根据企业所得税法律制度的规定，下列各项中，属于免税收入的是（　　）。（2016年）

A. 依法收取并纳入财政管理的政府性基金

B. 国债利息收入

C. 财产转让收入

D. 特许权使用费收入

【解析】（1）选项A：属于不征税收入；（2）选项CD：属于应税收入。

【答案】B

【提示】企业所得税收入在考试时有几个非常容易混淆的概念：收入总额、不征税收入、免税收入、应税收入（应当计入应纳税所得额的收入）。这4个概念的关系：应税收入=收入总额－不征税收入－免税收入。不论是应税收入、不征税收入，还是免税收入，均应计入收入总额，但如果一项“收入”根本不应该确认，那么该项“收入”就不计入收入总额；例如“企业收取的未到期的包装物押金”，由于“逾期未退”的包装物押金才可以确认为企业所得税“其他收入”，“未到期”的包装物押金根本不属于企业所得税意义上的收入，不计入收入总额。

【例题1·不定项选择题（节选）】（2018年）……甲公司的下列收入中，在计算2017年度企业所得税应纳税所得额时，应计入收入总额的是（　　）。

A. 销售商品收入9000万元

B. 从其直接投资的未上市居民企业分回股息收益25万元

C. 出租包装物收入60万元

D. 提供修理劳务收入500万元

【解析】选项ACD属于应税收入，选项B属于免税收入，但都应当计入收入总额。

【答案】ABCD

【例题2·不定项选择题（节选）】（2017年、2014年）……甲公司的下列收入中，在计算2016年度企业所得税应纳税所得额时，应计入收入总额的是（　　）。

A. 销售边角料收入40万元

B. 产品销售收入800万元

C. 国债利息收入5万元

D. 抵债产品售价60万元

【解析】选项ABD属于应税收入，选项C属于免税收入，但都应当计入收入总额。

【答案】ABCD

第3单元　税前扣除项目

【本单元考点框架】

- 税前扣除项目总述（考点1）
- 扣除项目的具体规定
  - 税金的扣除（考点2）
  - 与人员薪酬有关的扣除项目（考点3）
  - 与生产经营直接相关的扣除项目（考点4～5）

考点1：税前扣除项目总述（★★★）

1. 企业实际发生的与取得收入有关的、合理的支出，包括成本、费用、税金、损失和其他支出，准予在计算应纳税所得额时扣除。

2. 不得扣除项目

（1）向投资者支付的股息、红利等权益性投资收益款项；

（2）企业所得税税款；

（3）税收滞纳金；

（4）罚金、罚款和被没收财物的损失；

【提示】上述第（3）、（4）项是纳税人承担行政责任或刑事责任的支出，在企业所得税税前不得扣除；如果是合同违约金、银行罚息、法院判决由企业承担的诉讼费等民事性质的款项，可以据实在企业所得税税前扣除。

（5）超过规定标准的捐赠支出（当年不得扣除）；

（6）赞助支出，具体是指企业发生的与生产经营活动无关的各种非广告性质的赞助支出；

（7）未经核定的准备金支出；

（8）企业之间支付的管理费、企业内营业机构之间支付的租金和特许权使用费，以及非银行企业内营业机构之间支付的利息；

（9）与取得收入无关的其他支出。

【例题1·单选题】根据企业所得税法律制度的规定，下列各项中，在计算企业所得税应纳税所得额时，不得扣除的是（　　）。（2018年）

A. 企业发生的合理的劳动保护支出

B. 企业发生的非广告性质赞助支出

C. 企业参加财产保险按照规定缴纳的保险费

D. 企业转让固定资产发生的费用

【解析】（1）选项AC：企业所得税前据实扣除；（2）选项D：属于与应税收入（转让固定资产收入属于“转让财产收入”）对应的成本、费用，在税前据实扣除。

【答案】B

【例题2·多选题】根据企业所得税法律制度的规定，在计算企业所得税应纳税所得额时，准予扣除的有（　　）。（2015年）

A. 向客户支付的合同违约金

B. 向税务机关支付的税收滞纳金

C. 向银行支付的逾期借款利息

D. 向公安部门缴纳的交通违章罚款

【解析】纳税人按照经济合同规定支付的违约金（包括银行罚息）和诉讼费用，准予在税前扣除。

【答案】AC

【例题3·多选题】根据企业所得税法律制度的规定，下列各项中，在计算企业所得税应纳税所得额时，不得扣除的有（　　）。（2013年）

A. 被行政机关处以的罚款

B. 与取得收入无关的费用支出

C. 被人民法院处以的罚金

D. 向投资者分配的红利

【解析】选项B从扣除项目界定的基本原理角度考虑，值得关注。

【答案】ABCD

考点2：税金的扣除（★★）

表5-6

情形		税种
不得扣除		（1）增值税（不得抵扣计入成本等的除外） （2）企业所得税
可以扣除	计入税金及附加在当期扣除	消费税、资源税、土地增值税（房地产开发企业）、出口关税、城市维护建设税及教育费附加、房产税、车船税、城镇土地使用税、印花税
	发生当期计入相关资产成本，在以后各期分摊扣除	车辆购置税、契税、进口关税、耕地占用税、不得抵扣的增值税

【例题1·多选题】根据企业所得税法律制度的规定，企业缴纳的下列税金中，准予在计算企业所得税应纳税所得额时扣除的有（　　）。（2018年、2016年）

A. 印花税　　B. 消费税

C. 土地增值税　　D. 资源税

【答案】ABCD

【例题2·多选题】根据企业所得税法律制度的规定，企业缴纳的下列税金中，准予在企业所得税税前扣除的有（　　）。（2018年）

A. 增值税　　B. 消费税

C. 土地增值税　　D. 印花税

【答案】BCD

【例题3·单选题】根据企业所得税法律制度的规定，企业发生的下列税金中，在计算企业所得税应纳税所得额时不得扣除的是（　　）。（2017年）

A. 印花税　　B. 车船税

C. 城镇土地使用税　　D. 增值税

【答案】D

考点3：与人员薪酬有关的扣除项目（★★★）

（一）工资、薪金支出和三项经费

1. 企业发生的合理的工资薪金支出，准予扣除。

【提示】工资薪金是指企业每一纳税年度支付给在本企业任职或者受雇员工的所有现金或者非现金形式的劳动报酬，包括基本工资、奖金、津贴、补贴、年终加薪、加班工资以及与员工任职或者受雇有关的其他支出。

2. 三项经费

（1）企业发生的职工福利费支出，不超过工资、薪金总额14%的部分，准予扣除。

【解释】企业的职工福利费，主要包括①职工食堂、职工浴室、理发室、医务所、托儿所、疗养院等集体福利部门的设备、设施的维修保养费用和福利部门工作人员的工资薪金、社会保险费、住房公积金、劳务费等；②企业向职工发放的因公外地就医费用、未实行医疗统筹企业职工医疗费用、职工供养直系亲属医疗补贴、供暖费补贴、职工防暑降温费、职工困难补贴、救济费、职工食堂经费补贴、职工交通补贴等；③按照其他规定发生的其他职工福利费，包括丧葬补助费、抚恤费、安家费、探亲假路费等。

（2）企业拨缴的工会经费，不超过工资、薪金总额2%的部分，准予扣除。

（3）企业发生的职工教育经费支出，不超过工资、薪金总额8%的部分，准予在计算企业所得税应纳税所得额时扣除；超过部分，准予在以后纳税年度结转扣除。（2019年重大调整）

【提示】按照最近几年的考试情况，三项经费、业务招待费、广告费和业务宣传费等各项支出扣除限额所涉及的有关比例在计算性的题目中均作为已知条件提供给考生，不需要记忆，但建议考生适当记忆以提高解题速度、应对个别文字题和其他各种不时之需。

【案例】甲企业为居民企业，2018年实发合理工资薪金总额1000万元，发生职工福利费150万元，职工教育经费30万元，工会经费12万元。在本案中：

（1）实发合理工资薪金1000万元，可以据实扣除；

（2）三项经费的详细处理：

单位：万元

项目	税法扣除限额	实际发生额	税前准予扣除
职工福利费	1000×14% =140	150	140
工会经费	1000×2% =20	12	12
职工教育经费	1000×8% =80	30	30

（3）由于职工福利费实际发生额150万元未能在税前全额扣除，在间接法计算企业所得税应纳税所得额时，需要纳税调整。具体处理参考下图：

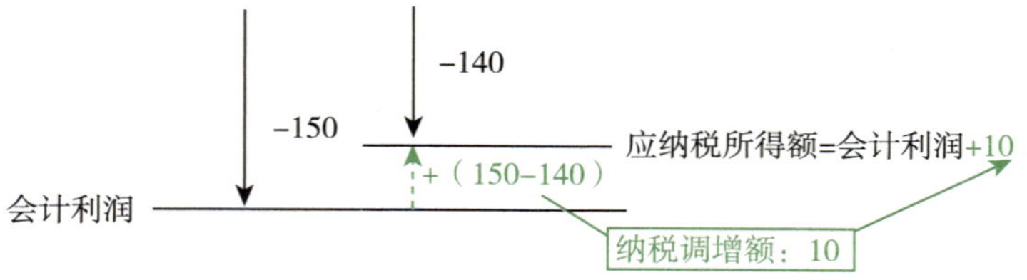

图5-1

（二）保险费

1. 企业参加财产保险，按照有关规定缴纳的保险费，准予扣除。

2. 企业参加雇主责任险、公众责任险等责任保险，按照规定缴纳的保险费，准予在企业所得税税前扣除。（2019 年新增）

3. 企业发生的合理的劳动保护支出，准予扣除。

4. 职工基本社会保险

企业依照国务院有关主管部门或者省级人民政府规定的范围和标准为职工缴纳的基本养老保险费、基本医疗保险费、失业保险费、工伤保险费、生育保险费等基本社会保险费和住房公积金，准予扣除。

5. 补充社会保险

企业根据国家有关政策规定，为在本企业任职或者受雇的全体员工支付的补充养老保险费、补充医疗保险费，分别在不超过职工工资总额 5% 标准内的部分，在计算应纳税所得额时准予扣除；超过的部分，不予扣除。

6. 商业人身保险

（1）企业职工因公出差乘坐交通工具发生的人身意外保险费支出，准予扣除。

（2）除企业依照国家规定为特殊工种职工支付的人身安全保险费和国务院财政、税务主管部门规定可以扣除的其他商业保险费外，企业为投资者或者职工支付的商业保险费，不得扣除。

【案例】某公司 2018 年度支出合理的工资薪金总额 1000 万元，按规定标准为职工缴纳基本社会保险费 150 万元，为受雇的全体员工支付补充养老保险费 80 万元、补充医疗保险费 120 万元，为公司高管购买重大疾病险缴纳商业保险费 30 万元。本案发生的保险费中：

（1）基本社会保险费 150 万元可以全额扣除；

（2）补充养老保险费的扣除限额 = 1000 × 5% = 50（万元），实际发生额 80 万元超过扣除限额，只能按限额扣除；

（3）补充医疗保险费的扣除限额 = 1000 × 5% = 50（万元），实际发生额 120 万元超过扣除限额，只能按限额扣除；

（4）为公司高管缴纳商业保险费并不属于准予扣除的“职工因公出差乘坐交通工具发生的人身意外保险费”或者“依法为特殊工种职工支付的人身安全保险费”，该 30 万元不得扣除；

（5）该公司 2018 年度发生的上述保险费在企业所得税税前准予扣除的数额 = 150 + 50 + 50 = 250（万元）；

（6）由于补充养老保险费、补充医疗保险费和为公司高管缴纳的商业保险费未能全额扣除，如果使用间接法计算企业所得税应纳税所得额，需要纳税调整，纳税调增额 = (80 − 50) + (120 − 50) + 30 = 130（万元）。具体处理参考下图：

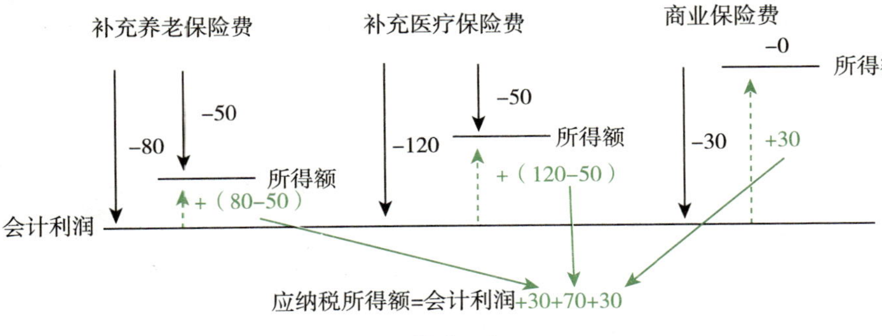

图 5 – 2

【例题·单选题】根据企业所得税法律制度的规定，下列关于企业所得税税前扣除的表述中，不正确的是（　　）。（2016年）

A. 企业发生的合理的工资薪金的支出，准予扣除

B. 企业发生的职工福利费支出超过工资薪金总额的14%的部分，准予在以后纳税年度结转扣除

C. 企业发生的合理的劳动保护支出，准予扣除

D. 企业参加财产保险，按照规定缴纳的保险费，准予扣除

【解析】选项B：在经济法基础企业所得税的考查范围内，允许依法"结转扣除"的费用有3项：（1）职工教育经费；（2）广告费和业务宣传费支出；（3）公益性捐赠支出（3年内）。

【答案】B

考点4：与生产经营直接相关的重点扣除项目（★★★）

（一）业务招待费支出

1. 基本规定

企业发生的与生产经营活动有关的业务招待费支出，按照发生额的60%扣除，但最高不得超过当年销售（营业）收入的5‰。

【提示1】销售（营业）收入，有时会被直接称为"销售收入"，请区别于"销售货物收入"（参考本章第2单元考点2）。

【提示2】从税法角度理解，销售（营业）收入主要包括前述第2单元考点2谈到的销售货物收入、提供劳务收入、特许权使用费收入、租金收入、视同销售收入。通常不包括转让财产收入，股息、红利等权益性投资收益，利息收入，接受捐赠收入，其他收入（如企业资产溢余收入、已作坏账损失处理后又收回的应收款项、违约金收入等）。

【例题1·单选题】甲公司2015年度取得销售货物收入1000万元，发生的与生产经营活动有关的业务招待费支出6万元，已知在计算企业所得税应纳税所得额时，业务招待费支出按照发生额的60%扣除，但最高不得超过当年销售（营业）收入的5‰。甲公司在计算2015年度企业所得税应纳税所得额时，准予扣除的业务招待费支出为（　　）万元。（2016年）

A. 6　　B. 5

C. 4.97　　D. 3.6

【解析】（1）本题仅交代了一项收入——销售货物收入1000万元；销售货物收入属于销售（营业）收入；因此，本题的销售（营业）收入为1000万元。（2）限额1＝当年销售（营业）收入的5‰＝1000×5‰＝5（万元），限额2＝实际发生额的60%＝6×60%＝3.6（万元），限额2＜限额1，按限额2扣除，即税前准予扣除的业务招待费为3.6万元。（3）由于实际发生的业务招待费未能全额在税前扣除，如果使用间接法计算企业所得税应纳税所得额需要纳税调整，纳税调增额＝6－3.6＝2.4（万元）。具体处理参考下图。

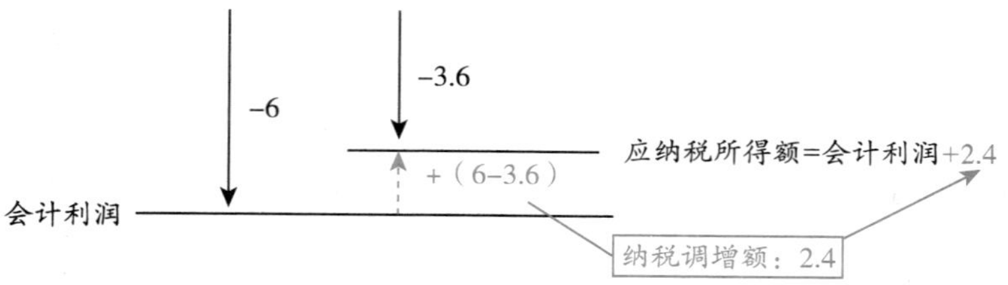

图5－3

【答案】D

【例题2·不定项选择题（节选）】（2017年）甲电子设备公司为居民企业……销售货物收入2000万元，提供技术服务收入500万元，转让股权收入3000万元。经税务机关核准上年已作坏账损失处理后又收回的其他应收款15万元……与生产经营有关的业务招待费支出50万元……

【解析】

（1）收入的处理

	类型界定	是否计入销售（营业）收入
销售货物收入2000万元	销售货物收入	√
提供技术服务收入500万元	提供劳务收入	√
转让股权收入3000万元	转让财产收入	×
经税务机关核准上年已作坏账损失处理后又收回的其他应收款15万元	其他收入	×

（2）业务招待费的处理

①销售（营业）收入＝2000＋500＝2500（万元）；

②限额1＝2500×5‰＝12.5（万元），限额2＝50×60%＝30（万元），限额1＜限额2，按限额1扣除，即税前准予扣除业务招待费12.5万元；

③纳税调增额＝50－12.5＝37.5（万元）。具体处理参考下图：

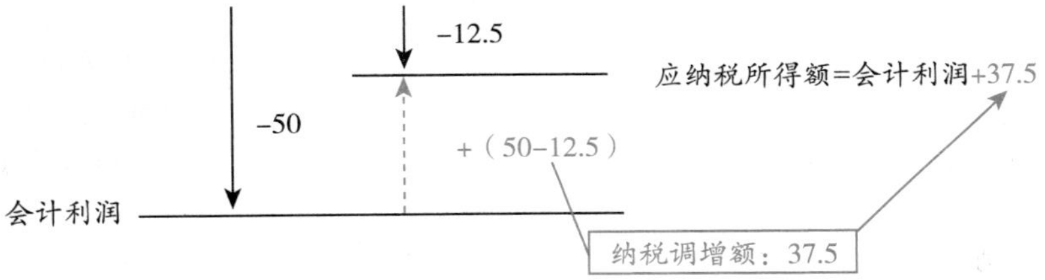

图5－4

2. 特殊规定

（1）企业在筹建期间，发生的与筹办活动有关的业务招待费支出，可按实际发生额的60%计入企业筹办费，并按有关规定在税前扣除。

（2）对从事股权投资业务的企业（包括集团公司总部、创业投资企业等），其从被投资企业所分配的股息、红利以及股权转让收入，可以按规定的比例计算业务招待费扣除限额。

（二）广告费和业务宣传费

1. 基本规定

企业发生的符合条件的广告费和业务宣传费支出，除国务院财政、税务主管部门另有规定外，不超过当年销售（营业）收入15%的部分，准予扣除；超过部分，准予在以后纳税年度结转扣除。

【例题1·单选题】2013年甲企业取得销售收入3000万元，广告费支出400万元；上一年度结转广告费60万元。已知，甲企业发生广告费可以按照当年销售收入的15%在企业所得税前扣除，超过部分准予在以后纳税年度结转扣除。根据企业所得税法律制度的规定，甲企业2013年准予扣除的广告费是（　　）万元。（2014年）

A. 460　　B. 510

C. 450　　D. 340

【解析】（1）限额 =3000×15% =450（万元）；（2）待扣金额 = 当年实际发生额 + 上年结转额 = 400 + 60 = 460（万元）；（3）待扣金额 > 税前扣除限额，甲企业2013年计算企业所得税应纳税所得额时准予扣除的广告费为450万元。（说明：结转业务的纳税调整问题难度过高，不建议初级考生把握，历年未考查过）

【答案】C

【例题2·不定项选择题（节选）】（2018年）甲公司为居民企业，主要从事化工产品的生产和销售业务。2017年……取得销售商品收入9000万元，提供修理劳务收入500万元，出租包装物收入60万元，从其他直接投资的未上市居民企业分回股息收益25万元……发生符合条件的广告费支出1380万元……上一年度尚未扣除的、符合条件的广告费支出50万元。

【解析】

（1）收入的处理

	类型界定	是否计入销售（营业）收入
销售商品收入9000万元	销售货物收入	√
提供修理劳务收入500万元	提供劳务收入	√
出租包装物收入60万元	租金收入	√
从其他直接投资的未上市居民企业分回股息收益25万元	股息、红利等权益性投资收益	×

（2）广告费的处理

①销售（营业）收入 =9000 +500 +60 =9560（万元）；

②甲公司主要从事化工产品的生产和销售，适用“一般规定”，因此，限额 =9560×15% =1434（万元）；待扣除的广告费支出 = 本年度实际发生额1380万元 + 上一年度结转额50万元 =1430（万元），未超过税法限额，税前全额扣除。

2. 特殊规定

（1）企业在筹建期间，发生的广告费和业务宣传费，可按实际发生额计入企业筹办费，并按有关规定在税前扣除。

（2）对化妆品制造或销售、医药制造和饮料制造（不含酒类制造）企业发生的广告费和业务宣传费支出，不超过当年销售（营业）收入30%的部分，准予扣除；超过部分，准予在以后纳税年度结转扣除。

（3）烟草企业的烟草广告费和业务宣传费支出，一律不得在计算应纳税所得额时扣除。

【例题·不定项选择题（节选）】（2018年）甲公司为居民企业，主要从事医药制造与销售业务，2017年……药品销售收入5000万元，房屋租金收入200万元，许可他人使用本公司专利特许权使用费收入1000万元，接受捐赠收入50万元……符合条件的广告费支出2100万元……

【解析】

（1）收入的处理

	类型界定	是否计入销售（营业）收入
药品销售收入5000万元	销售货物收入	√
房屋租金收入200万元	租金收入	√
许可他人使用本公司专利特许权使用费收入1000万元	特许权使用费收入	√
接受捐赠收入50万元	接受捐赠收入	×

（2）广告费的处理

①销售（营业）收入 = 5000 + 200 + 1000 = 6200（万元）；

②限额 = 6200 × 30% = 1860（万元），实际发生的广告费支出 2100 万元 > 限额 1860 万元，税前准予按限额扣除 1860 万元；

③纳税调增额 = 2100 − 1860 = 240（万元）。具体处理参考下图：

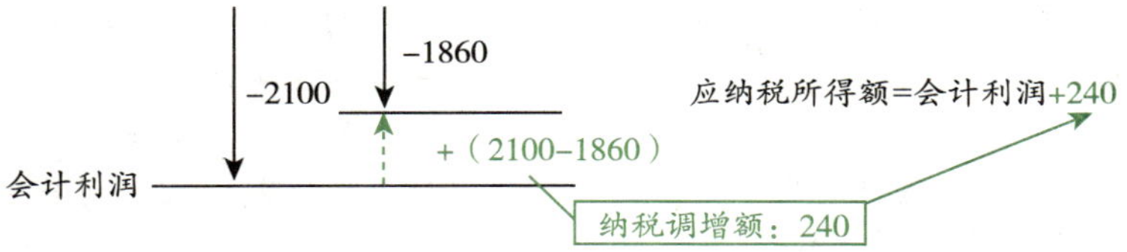

图 5 − 5

（三）公益性捐赠

1. 界定

公益性捐赠是指企业通过依法取得公益性捐赠税前扣除资格的公益性社会组织或者县级（含县级）以上人民政府及其组成部门和直属机构，用于慈善活动、公益事业的捐赠支出。

【提示】公益性捐赠的界定关键看：（1）途径；（2）用途。纳税人未通过规定机构、直接向受赠人的捐赠不允许扣除；纳税人非向慈善活动、公益事业捐赠亦不允许扣除。

2. 扣除限额

企业发生的公益性捐赠支出，在年度利润总额 12% 以内的部分，准予在计算应纳税所得额时扣除；超过年度利润总额 12% 的部分，准予结转以后 3 年内在计算应纳税所得额时扣除。

【例题 1 · 单选题】甲公司 2017 年度实现利润总额 30 万元，直接向受灾地区群众捐款 6 万元，通过公益性社会组织向贫困地区捐款 4 万元。已知公益性捐赠支出不超过年度利润总额的 12% 的部分，准予在计算应纳税所得额时扣除，超过部分准予结转以后 3 年内扣除。甲公司在计算 2017 年度企业所得税应纳税所得额时，准予扣除的捐赠额为（　　）万元。（2016 年）

A. 6　　B. 10

C. 3.6　　D. 4

【解析】（1）直接捐赠的 6 万元不得扣除；（2）通过公益性社会组织捐赠的 4 万元，限额 = 30 × 12% = 3.6（万元），准予扣除的捐赠额为 3.6 万元；（3）如果涉及“间接法”，本题纳税调增额 = 6 + 4 − 3.6 = 6.4（万元）。具体处理参考下图。

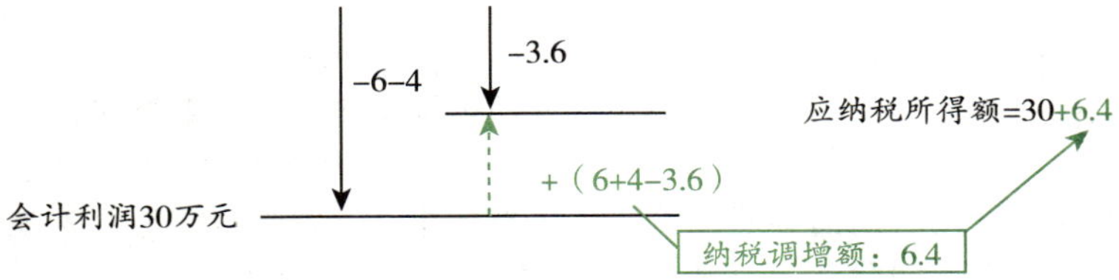

图 5 − 6

【答案】C

【例题2·单选题】甲公司2017年实现会计利润总额300万元，预缴企业所得税税额60万元，在“营业外支出”账户中列支了通过公益性社会组织向灾区的捐款38万元。已知企业所得税税率为25%，公益性捐赠支出不超过年度利润总额12%的部分，准予在计算企业所得税应纳税所得额时扣除，超过部分准予结转以后3年内扣除。计算甲公司当年应补缴企业所得税税额的下列算式中，正确的是（　　）。(2017年)

A. (300＋38)×25%－60＝24.5（万元）

B. 300×25%－60＝15（万元）

C. (300＋300×12%)×25%－60＝24（万元）

D. [300＋(38－300×12%)]×25%－60＝15.5（万元）

【解析】(1) 限额＝300×12%＝36（万元）＜实际发生额38万元，当年税前准予按限额扣除36万元，超出限额的2万元可以结转以后3年扣除。(2) 间接法计算的具体处理参考下图。

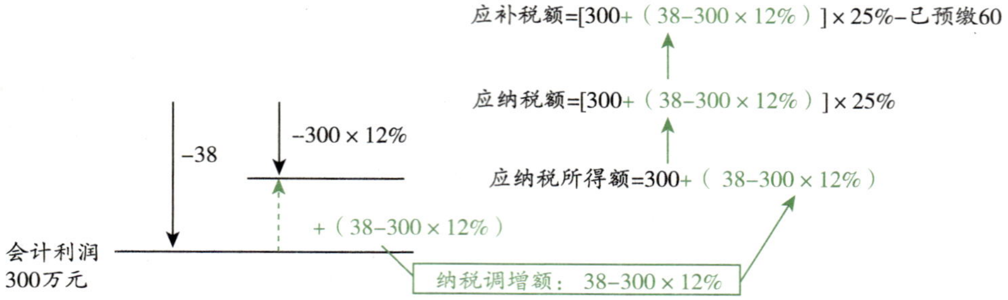

图5－7

【答案】D

考点5：与生产经营直接相关的其他扣除项目（★★）

(一) 利息费用

1. 准予据实扣除

(1) 非金融企业向金融企业借款的利息支出；

(2) 金融企业的各项存款利息支出和同业拆借利息支出；

(3) 企业经批准发行债券的利息支出。

2. 不得超过限额扣除

非金融企业向非金融企业借款的利息支出，不超过按照金融企业同期同类贷款利率计算的数额的部分，准予扣除；超过部分不得扣除。

【案例】甲企业2018年度发生财务费用125万元，其中：支付银行借款利息54万元，支付因向某商场借款1000万元而发生的全年利息71万元，银行同期同类贷款年利率为6.1%。在本案中：(1) 向银行借款发生的利息费用54万元准予据实扣除；(2) 向某商场借款发生的利息费用，税法扣除限额＝1000×6.1%＝61（万元），实际发生额超过限额的部分（10万元）不得在企业所得税前扣除；(3) 甲企业2018年度准予在企业所得税税前扣除的利息费用＝54＋61＝115（万元），或者，纳税调增额＝71－61＝10（万元）。

(二) 借款费用

1. 企业在生产经营活动中发生的合理的不需要资本化的借款费用，准予扣除。

2. 需要资本化的借款费用，应当计入资产成本，不得单独作为财务费用扣除。

(三) 租赁费

1. 以经营租赁方式租入固定资产发生的租赁费支出，按照租赁期限均匀扣除。

【案例】甲企业2018年9月1日，以经营租赁方式租入固定资产使用，租期1年，支付全部租金24万元。计算当年甲企业应纳税所得额时应扣除的租赁费用 = 24 ÷ 12 × 4 = 8（万元）。

【相关链接】如果交易合同或协议中规定租赁期限跨年度，且租金提前一次性支付的，出租人可对一次性收取的租金收入，在租赁期内，分期均匀计入相关年度收入。

2. 以融资租赁方式租入固定资产发生的租赁费支出，按照规定构成融资租入固定资产价值的部分应当提取折旧费用，分期扣除。

（四）资产损失

1. 损失额的确定

（1）企业发生的损失，减除责任人赔偿和保险赔款后的余额，依照国务院财政、税务主管部门的规定扣除。

【案例】甲企业为增值税一般纳税人，2017 年发生资产损失 30 万元，取得保险公司赔款 8 万元。甲企业税前可以扣除的损失 = 30 - 8 = 22（万元）。

（2）存货损失时相关增值税进项税额的处理

企业存货因管理不善损失而不能从增值税销项税额中抵扣的进项税额，应视同企业财产损失，准予与存货损失一并在税前扣除。

【提示】①存货因"管理不善"损失，对应的进项税额不得抵扣，损失额 = 存货成本 + 不得抵扣的进项税额 - 责任人赔偿和保险赔款；②存货因"不可抗力"损失或者发生"合理损耗"，对应的进项税额仍然可以抵扣，不作损失处理。

【案例】甲企业为增值税一般纳税人，2018 年因管理不善损失原材料一批，成本为 30 万元，取得保险公司赔款 8 万元；另因自然灾害损失存货一批，成本为 20 万元，已知上述原材料及存货均适用 16% 的增值税税率。在本案中，甲企业税前可以扣除的损失 = 30 + 30 × 16% - 8 + 20 = 46.8（万元）。

2. 企业已经作为损失处理的资产，在以后纳税年度又全部收回或者部分收回时，应当计入当期收入。

3. 以前年度资产损失的追补

（1）企业发生符合规定的资产损失，应在按税法规定实际确认或者实际发生的当年申报扣除；但企业以前年度发生的资产损失未能在当年税前扣除的，可以按照规定，向税务机关说明并进行专项申报扣除。

（2）企业以前年度发生的资产损失，属于实际资产损失的，准予追补至该项损失发生年度扣除，其追补确认期限一般不得超过 5 年。

（五）其他扣除项目

1. 环境保护专项资金

企业依照法律、行政法规的有关规定提取的用于环境保护、生态恢复等方面的专项资金，准予扣除；上述专项资金提取后改变用途的，不得扣除。

2. 手续费及佣金支出

企业发生与生产经营有关的手续费及佣金支出，不超过以下规定计算限额以内的部分，准予扣除；超过部分，不得扣除。

（1）保险企业

①财产保险企业按照全部保费收入扣除退保金等后余额的 15% 计算限额。

②人身保险企业按当年全部保费收入扣除退保金等后余额的 10% 计算限额。

（2）其他企业

按与具有合法经营资格的中介服务机构或个人（不含交易双方及其雇员、代理人和代表人等）所签订服务协议或合同确认的收入金额的 5% 计算限额。

（3）从事代理服务、主营业务收入为手续费、佣金的企业（如证券、期货、保险代理等企业），其为取得该类收入而实际发生的营业成本（包括手续费及佣金支出），准予在企业所得税前据实扣除。

【例题·单选题】2017 年 11 月，甲生产企业因业务需要，经某具有合法经营资格的中介机构介绍与乙企业签订了一份买卖合同，合同金额为 20 万元。甲生产企业向该中介机构支付佣金 2 万元。甲生产企业在计算当年企业所得税应纳税所得额时，该笔佣金准予扣除的数额为(　　)万元。

A. 0.5　　B. 1.5

C. 1　　D. 2

【解析】本题扣除限额 = 20 × 5% = 1（万元）< 实际发生额 2 万元，在计算当年企业所得税应纳税所得额时只能按照限额扣除 1 万元。

【答案】C

3. 依照有关法律、行政法规和国家有关税法规定准予扣除的其他项目，如会员费、合理的会议费、差旅费、违约金、诉讼费用等。

第 4 单元　资产的企业所得税处理

考点 1：资产的税务处理——固定资产（★★★）

（一）不得计算折旧扣除的固定资产

在计算应纳税所得额时，企业按照规定计算的固定资产折旧，准予扣除；但下列固定资产不得计算折旧扣除：

1. 房屋、建筑物以外未投入使用的固定资产；

2. 以经营租赁方式租入的固定资产；

3. 以融资租赁方式租出的固定资产；

4. 已足额提取折旧仍继续使用的固定资产；

5. 与经营活动无关的固定资产；

6. 单独估价作为固定资产入账的土地；

7. 其他不得计提折旧扣除的固定资产。

【提示 1】（1）房屋、建筑物，不论是否投入使用，均可按税法规定计算折旧费用在税前扣除。（2）未投入使用的机器设备，不得计算折旧费用在税前扣除；已经投入使用的机器设备，可以按照税法规定计算折旧费用扣除。

【提示 2】（1）经营租赁由出租方计算折旧费用在税前扣除。（2）融资租赁由承租方计算折旧费用在税前扣除。

【提示 3】已经足额提取折旧仍继续使用的固定资产，不得计算折旧费用在税前扣除；但如果发生了改建支出的，可以作为长期待摊费用，按照固定资产预计尚可使用年限分期摊销。

【例题 1·多选题】根据企业所得税法律制度的规定，下列固定资产中，在计算企业所得税应纳税所得额时不得计算折旧扣除的有(　　)。(2016 年)

A. 未投入使用的厂房

B. 以经营租赁方式租入的运输工具

C. 以融资租赁方式租出的生产设备

D. 已足额提取折旧仍继续使用的电子设备

【解析】选项 A：房屋、建筑物“以外”未投入使用的固定资产不得提取折旧在企业所得税前扣除。

【答案】BCD

【例题 2·单选题】根据企业所得税法律制度的规定，下列固定资产中，可以计算折旧扣除的是(　　)。(2018 年)

A. 以融资租赁方式租出的固定资产

B. 以经营租赁方式租入的固定资产

C. 已足额提取折旧仍继续使用的固定资产

D. 未投入使用的厂房

【解析】选项 D：房屋、建筑物“以外”未投入使用的固定资产不得提取折旧在企业所得税前扣除。

【答案】D

【例题 3·多选题】根据企业所得税法律制度的规定，下列各项资产中，不可以计提折旧扣除的有(　　)。(2018 年)

A. 以经营租赁方式租出的商品

B. 未投入使用的厂房

C. 未投入使用的生产设备

D. 以融资租赁方式租出的生产设备

【解析】(1)选项BC:“房屋、建筑物以外”未投入使用的固定资产不得计算折旧扣除;(2)选项AD:以经营租赁方式“租入”的固定资产、以融资租赁方式“租出”的固定资产,不得计算折旧扣除。

【答案】CD

(二)计税基础

1. 企业资产通常以历史成本为计税基础。企业持有各项资产期间资产增值或者减值,除国务院财政、税务主管部门规定可以确认损益外,不得调整该资产的计税基础。

2. 外购的固定资产,以购买价款和支付的相关税费以及直接归属于使该资产达到预定用途发生的其他支出为计税基础。

3. 自行建造的固定资产,以竣工结算前发生的支出为计税基础。

4. 融资租入的固定资产

(1)以租赁合同约定的付款总额和承租人在签订租赁合同过程中发生的相关费用为计税基础;

(2)租赁合同未约定付款总额的,以该资产的公允价值和承租人在签订租赁合同过程中发生的相关费用为计税基础。

5. 盘盈的固定资产,以同类固定资产的重置完全价值为计税基础。

6. 通过捐赠、投资、非货币性资产交换、债务重组等方式取得的固定资产,以该资产的公允价值和支付的相关税费为计税基础。

7. 改建的固定资产,除已足额提取折旧的固定资产和租入的固定资产以外的其他固定资产,以改建过程中发生的改建支出增加计税基础。

【例题·单选题】根据企业所得税法律制度的规定,下列各项中,应以同类固定资产的重置完全价值为计税基础的是( )。(2017年)

A. 盘盈的固定资产

B. 自行建造的固定资产

C. 外购的固定资产

D. 通过捐赠取得的固定资产

【答案】A

(三)税法关于固定资产折旧额计算的基本规定

1. 方法:固定资产按照直线法计算的折旧,准予扣除。

2. 起止时间:企业应当自固定资产投入使用月份的次月起计算折旧;停止使用的固定资产,应当自停止使用月份的次月起停止计算折旧。

3. 预计净残值:企业应当根据固定资产的性质和使用情况,合理确定固定资产的预计净残值,固定资产的预计净残值一经确定,不得变更。

4. 最低折旧年限(另有规定除外)

(1)房屋、建筑物:20年;

(2)飞机、火车、轮船、机器、机械和其他生产设备:10年;

(3)与生产经营活动有关的器具、工具、家具等:5年;

(4)飞机、火车、轮船以外的运输工具:4年;

(5)电子设备:3年。

【案例】甲企业为增值税一般纳税人,2018年6月购进一台生产设备并于当月投入使用,取得增值税专用发票注明价款为50万元、增值税税额为8万元,甲企业自己负担的其他相关税费为5万元,甲企业当年为该生产设备计提了折旧费用3万元;已知生产设备的折旧期限为10年,企业确定的残值率为5%:(1)该设备当年按税法规定应计提折旧=(50+5)×(1-5%)÷10÷12×6=2.61(万元);(2)甲企业当年计提折旧为3万元,超过税法规定限额,纳税调增额=3-2.61=0.39(万元)。

【例题·多选题】根据企业所得税法律制度的规定,下列固定资产折旧的处理中,不正确的有( )。(2018年)

A. 甲企业2017年3月5日购进一台起重机,2017年4月5日投入使用,应当自2017年4月起计算折旧

B. 丙企业2017年4月1日以融资租赁方式租出一架小型喷气式飞机,之后继续对该飞机计提折旧

C. 乙企业因生产经营调整，于2017年10月1日停止使用一批设备，应当自2017年11月起停止计算折旧

D. 丁企业2017年9月以经营租赁方式租入一辆大型巴士，在计算企业所得税时，对该巴士计提折旧

【解析】(1) 选项AC：企业应当自固定资产投入使用月份的"次月"起计算折旧；停止使用的固定资产，应当自停止使用月份的"次月"起停止计算折旧。(2) 选项BD：企业以经营租赁方式"租入"的固定资产、以融资租赁方式"租出"的固定资产，不得计算折旧扣除。

【答案】ABD

(四) 加速折旧

1. 一次性税前扣除政策（2019年重大调整）

企业在2018年1月1日至2020年12月31日期间新购进的设备、器具，单位价值不超过500万元的，允许一次性计入当期成本费用在计算应纳税所得额时扣除，不再分年度计算折旧。

【提示1】所称设备、器具，是指除房屋、建筑物以外的固定资产。

【提示2】所称购进，包括以货币形式购进或自行建造。

2. 税法关于加速折旧的基本规定

(1) 企业的下列固定资产可以按照规定加速折旧：

①由于技术进步，产品更新换代较快的固定资产；

②常年处于强震动、高腐蚀状态的固定资产。

(2) 加速折旧的方法

①缩短折旧年限方法：要求最低折旧年限不得低于法定折旧年限的60%；

②加速折旧方法：可以采取双倍余额递减法或者年数总和法。

考点2：资产的税务处理——其他资产（★）

(一) 生产性生物资产的折旧费用

1. 生产性生物资产，包括经济林、薪炭林、产畜和役畜等。

2. 计税基础

(1) 外购的生产性生物资产，以购买价款和支付的相关税费为计税基础；

(2) 通过捐赠、投资、非货币性资产交换、债务重组等方式取得的生产性生物资产，以该资产的公允价值和支付的相关税费为计税基础。

3. 最低折旧年限

(1) 林木类生产性生物资产，计算折旧的最低年限为10年；

(2) 畜类生产性生物资产，计算折旧的最低年限为3年。

(二) 无形资产的摊销费用

1. 下列无形资产不得计算摊销费用扣除：

(1) 自行开发的支出已在计算应纳税所得额时扣除的无形资产；

(2) 自创商誉；

(3) 与经营活动无关的无形资产；

(4) 其他不得计算摊销费用扣除的无形资产。

2. 外购商誉的支出，在企业整体转让或者清算时，准予扣除。

3. 计税基础

(1) 外购的无形资产，以购买价款和支付的相关税费，以及直接归属于使该资产达到预定用途发生的其他支出为计税基础。

(2) 自行开发的无形资产，以开发过程中该资产符合资本化条件后至达到预定用途前发生的支出为计税基础。

(3) 通过捐赠、投资、非货币性资产交换、债务重组等方式取得的无形资产，以该资产的公允价值和支付的相关税费为计税基础。

4. 无形资产的摊销年限不得低于10年。

【例题1·多选题】根据企业所得税法律制度的规定，下列各项属于生产性生物资产的有（　　）。（2018年）

A. 薪炭林　　B. 产畜

C. 役畜　　D. 经济林

【解析】生产性生物资产，包括经济林、薪炭林、产畜和役畜等。

【答案】ABCD

【例题2·多选题】根据企业所得税法律制度的规定，下列无形资产中，应当以该资产的公允价值和支付的相关税费为计税基础的有（　　）。（2018年）

A. 接受捐赠取得的无形资产

B. 通过债务重组取得的无形资产

C. 自行开发的无形资产

D. 接受投资取得的无形资产

【解析】（1）通过捐赠（选项A）、投资（选项D）、非货币性资产交换、债务重组（选项B）等方式取得的无形资产，以该资产的公允价值和支付的相关税费为计税基础；（2）自行开发的无形资产（选项C），以开发过程中该资产符合资本化条件后至达到预定用途前发生的支出为计税基础。

【答案】ABD

（三）长期待摊费用

1. 已足额提取折旧的固定资产的改建支出，按照固定资产预计尚可使用年限分期摊销。

2. 租入固定资产的改建支出，按照合同约定的剩余租赁期限分期摊销。

3. 固定资产的大修理支出，按照固定资产尚可使用年限分期摊销。

4. 其他应当作为长期待摊费用的支出，自支出发生月份的次月起，分期摊销，摊销年限不得低于3年。

【例题·多选题】根据企业所得税法律制度的规定，下列选项中，属于长期待摊费用的有（　　）。（2017年）

A. 购入固定资产的支出

B. 固定资产的大修理支出

C. 租入固定资产的改建支出

D. 已足额提取折旧的固定资产的改建支出

【解析】选项A：应当考虑依法计入固定资产的计税基础，计算折旧费用在税前扣除。

【答案】BCD

（四）投资资产

1. 企业对外投资期间，投资资产的成本在计算应纳税所得额时不得扣除。

2. 企业在转让或者处置投资资产时，投资资产的成本，准予扣除。

（五）存货

1. 企业使用或者销售存货，按照规定计算的存货成本，准予在计算应纳税所得额时扣除。

2. 企业使用或者销售的存货的成本计算方法，可以在先进先出法、加权平均法、个别计价法中选用一种；计价方法一经选用，不得随意变更。

第5单元　企业所得税的税收优惠

【提示】我国企业所得税的税收优惠形式包括免税收入、可以减免税的所得、优惠税率、民族自治地方的减免税、加计扣除、抵扣应纳税所得额、加速折旧、减计收入、抵免应纳税额和其他专项优惠政策。

考点1：减免税所得（★）

1. 农、林、牧、渔业减、免税所得

（1）企业从事下列项目的所得，免征企业所得税：

①蔬菜、谷物、薯类、油料、豆类、棉花、麻类、糖料、水果、坚果的种植；

②农作物新品种的选育；

③中药材的种植；

④林木的培育和种植；

⑤牲畜、家禽的饲养；

⑥林产品的采集；

⑦灌溉、农产品初加工、兽医、农技推广、农机作业和维修等农、林、牧、渔服务业项目；

⑧远洋捕捞。

（2）企业从事下列项目的所得，减半征收企业所得税：

①花卉、茶以及其他饮料作物和香料作物的种植；

②海水养殖、内陆养殖。

【例题1·判断题】企业从事海水养殖项目的所得，免征企业所得税。（　　）（2017年）

【解析】企业从事海水养殖、内陆养殖取得的所得，减半征收企业所得税。

【答案】×

【例题2·判断题】企业从事花卉种植的所得，减半征收企业所得税。（　　）（2017年）

【答案】√

2. “三免三减半”政策

（1）企业从事国家重点扶持的公共基础设施项目的投资经营所得，自项目取得第一笔生产经营收入所属纳税年度起，第1年至第3年免征企业所得税，第4年至第6年减半征收企业所得税。但是，“企业承包经营、承包建设和内部自建自用”上述项目的，不得享受上述企业所得税优惠。

（2）企业从事符合条件的环境保护、节能节水项目的所得，自项目取得第一笔生产经营收入所属纳税年度起，第1年至第3年免征企业所得税，第4年至第6年减半征收企业所得税。

3. 符合条件的技术转让所得

在一个纳税年度内，居民企业技术转让所得不超过500万元的部分，免征企业所得税；超过500万元的部分，减半征收企业所得税。

【案例】居民企业甲公司2018年将自行开发的一项专利技术转让，取得转让收入1200万元，与该项技术转让有关的成本和费用为300万元。在本案中，技术转让所得＝1200－300＝900（万元），其中500万元以内的部分免征企业所得税，超过500万元的部分，减半征收企业所得税。假定甲公司当年不存在其他纳税调整事项，2018年甲公司就此项业务应缴纳的企业所得税＝（1200－300－500）×50%×25%＝50（万元）。

考点2：低税率优惠（★★）

1. 小型微利企业（2019年调整）

自2018年1月1日至2020年12月31日，对年应纳税所得额低于100万元（含100万元）的小型微利企业，其所得减按50%计入应纳税所得额，按20%的税率缴纳企业所得税。

2. 对国家需要重点扶持的高新技术企业，减按15%的税率征收企业所得税。

3. 技术先进型服务企业税收优惠（2019年新增）

对经认定的技术先进型服务企业（服务贸易类）减按15%的税率征收企业所得税。

考点3：加计扣除（★★★）

（一）研发费用（或称“新技术、新产品、新工艺的研究开发费用”）

1. 企业开展研发活动中实际发生的研发费用，未形成无形资产计入当期损益的，在按规定据实扣除的基础上，在2018年1月1日至2020年12月31日期间，再按照实际发生额的75%在税前加计扣除；形成无形资产的，在上述期间按照无形资产成本的175%在税前摊销。（2019年重大调整）

2. 下列行业不适用税前加计扣除政策：（2019年新增）

（1）烟草制造业；

（2）住宿和餐饮业；

（3）批发和零售业；

（4）房地产业；

（5）租赁和商务服务业；

（6）娱乐业；

（7）财政部和国家税务总局规定的其他行业。

【例题·不定项选择题（节选）】（2015年）甲公司为居民企业，2018年……新技术研究开发费用30万元，已计入管理费用……

【解析】

（1）甲公司发生的新技术研究开发费用，未形成无形资产，而是计入了管理费用，在按照规定据实（30万元）扣除的基础上，还可以加计扣除75%；

（2）准予扣除的新技术研究开发费用总额 = 30 ×（1 + 75%）= 52.5（万元）；纳税调减额 = 30 × 75% = 22.5（万元）。具体处理参考下图：

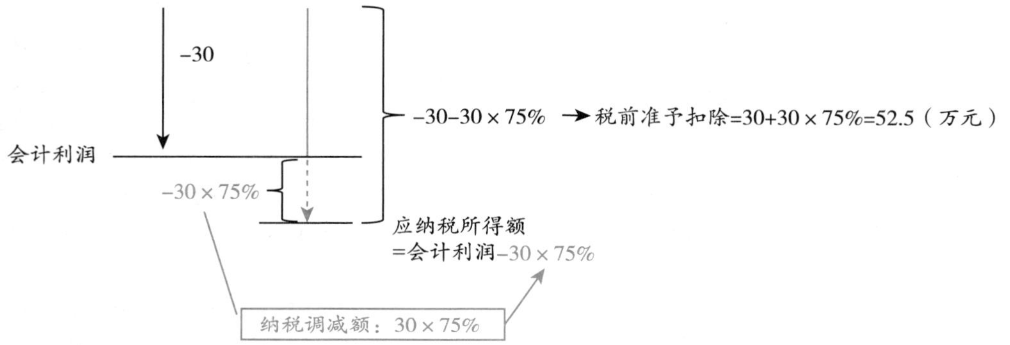

图5－8

（二）安置残疾人员所支付的工资

企业安置残疾人员的，在按照支付给残疾职工工资据实扣除的基础上，按照支付给残疾职工工资的100%加计扣除。

【例题1·不定项选择题（节选）】（2017年）甲电子设备公司为居民企业，属于主要从事电子设备的制造业务的大型企业。2018年……支付残疾职工工资14万元；新技术研究开发费用未形成无形资产计入当期损益19万元……

【解析】（1）支付残疾人员工资税前可扣除 = 14 + 14 × 100% = 28（万元），或者，纳税调减额 = 28 － 14 = 14（万元）；（2）未形成无形资产计入当期损益的新技术研究开发费用税前可扣除 = 19 + 19 × 75% = 33.25（万元），或者，纳税调减额 = 33.25 － 19 = 14.25（万元）。

【例题2·多选题】根据企业所得税法律制度的规定，下列支出中，可以在计算企业所得税应纳税所得额时加计扣除的有（　　）。（2018年）

A. 安置残疾人员所支付的工资

B. 广告费和业务宣传费

C. 研究开发费用

D. 购置环保专用设备所支付的价款

【解析】（1）企业所得税“加计扣除”优惠有两个项目：①研究开发费用（选项C）；②安置残疾人员所支付的工资（选项A）。（2）选项B：超过法定扣除限额的部分，准予在以后纳税年度“结转扣除”（而非加计扣除）。（3）选项D：该设备投资额的10%可以从企业当年的应纳税额中抵免。

【答案】AC

考点4：减计收入（★）

企业以《资源综合利用企业所得税优惠目录》规定的资源作为主要原材料，生产国家非限制和禁止并符合国家和行业相关标准的产品取得的收入，减按90%计入收入总额。

考点5：抵免应纳税额（★★）

企业购置并实际使用规定的环境保护、节能节水、安全生产等专用设备的，该专用设备的投资额的10%可以从企业当年的应纳税额中抵免；当年不足抵免的，可以在以后5个纳税年度结转抵免。

【案例】甲企业2018年购置环保专用设备用于生产经营并已实际投入使用，取得普通发票上注明设备价款11.6万元；当年甲企业经税务机关审核的应纳税所得额为60万元，已知甲企业适用的企业所得税税率为25%，则甲企业当年实际应缴纳的企业所得税=应纳税所得额×适用税率－抵免税额=60×25%－11.6×10%=13.84（万元）。

考点6：抵扣应纳税所得额（★）

1. 基本规定

创业投资企业采取股权投资方式投资于未上市的中小高新技术企业2年以上的，可以按照其投资额的70%在股权持有满2年的当年抵扣该创业投资企业的应纳税所得额；当年不足抵扣的，可以在以后纳税年度结转抵扣。

【例题·单选题】甲企业为创业投资企业，2014年2月采取股权投资方式向乙公司（未上市的中小高新技术企业）投资300万元，至2016年12月31日仍持有该股权。甲企业2016年在未享受股权投资应纳税所得额抵扣的税收优惠政策前的企业所得税应纳税所得额为2000万元。已知企业所得税税率为25%，甲企业享受股权投资应纳税所得额抵扣的税收优惠政策。计算甲企业2016年度应缴纳企业所得税税额的下列算式中，正确的是（　　）。（2017年）

A.（2000－300）×25%=425（万元）

B.（2000－300×70%）×25%=447.5（万元）

C. 2000×70%×25%=350（万元）

D.（2000×70%－300）×25%=275（万元）

【答案】B

2. 特殊政策

（1）有限合伙制创业投资企业采取股权投资方式投资于未上市的中小高新技术企业满2年（24个月）的，其法人合伙人可按照对未上市中小高新技术企业投资额的70%抵扣该法人合伙人从该有限合伙制创业投资企业分得的应纳税所得额；当年不足抵扣的，可以在以后纳税年度结转抵扣。

（2）初创科技型企业（2019年新增）

①公司制创业投资企业采取股权投资方式直接投资于种子期、初创期科技型企业（以下简称"初创科技型企业"）满2年（24个月，下同）的，可以按照投资额的70%在股权持有满2年的当年抵扣该公司制创业投资企业的应纳税所得额；当年不足抵扣的，可以在以后纳税年度结转抵扣。

②有限合伙制创业投资企业（以下简称"合伙创投企业"）采取股权投资方式直接投资于初创科技型企业满2年的，该合伙创投企业的法人合伙人可以按照对初创科技型企业投资额的70%抵扣法人合伙人从合伙创投企业分得的所得；当年不足抵扣的，可以在以后纳税年度结转抵扣。个人合伙人可以按照对初创科技型企业投资额的70%抵扣个人合伙人从合伙创投企业分得的经营所得；当年不足抵扣的，可以在以后纳税年度结转抵扣。

第6单元　企业所得税应纳税额计算（应用举例）

一、基本规定

（一）应纳税额

应纳税额 = 应纳税所得额 × 适用税率 − 减免税额 − 抵免税额

> 【提示】
>
> （1）企业所得税的基本税率为25%；
>
> （2）符合规定的小型微利企业，减按20%税率；
>
> （3）国家需要重点扶持的高新技术企业、符合条件的技术先进型服务企业，减按15%税率。

（二）应纳税所得额

1. 直接法

应纳税所得额 = 收入总额 − 不征税收入 − 免税收入 − 准予扣除项目金额 − 允许弥补的以前年度亏损

2. 间接法

应纳税所得额 = 会计利润 + 纳税调整增加额 − 纳税调整减少额

二、应用举例

1. 直接法计算应纳税所得额

【例题·不定项选择题】（2016年）

甲公司为居民企业，2014年度有关财务收支情况如下：

（1）销售商品收入5000万元，出售一台设备收入20万元，转让一宗土地使用权收入300万元，从其直接投资的未上市居民企业分回股息收益80万元。

（2）税收滞纳金5万元，赞助支出30万元，被没收财物的损失10万元，环保罚款50万元。

（3）其他可在企业所得税前扣除的成本、费用、税金合计3500万元。

已知：甲公司2012年在境内A市登记注册成立，企业所得税实行按月预缴。

要求：

根据上述资料，不考虑其他因素，分析回答下列小题。

1. 甲公司取得的下列收入中，属于免税收入的是（　　）。

A. 出售设备收入20万元

B. 销售商品收入5000万元

C. 转让土地使用权收入300万元

D. 从其直接投资的未上市居民企业分回股息收益80万元

【解析】符合条件的居民企业之间的股息、红利等权益性投资收益（不包括连续持有居民企业公开发行并上市流通的股票不足12个月取得的投资收益），免征企业所得税。

【答案】D

2. 甲公司在计算2014年度企业所得税应纳税所得额时，不得扣除的项目是（　　）。

A. 环保罚款50万元

B. 赞助支出30万元

C. 税收滞纳金5万元

D. 被没收财物的损失10万元

【解析】在计算企业所得税应纳税所得额时，下列支出不得扣除：（1）向投资者支付的股息、红利等权益性投资收益款项；（2）企业所得税税款；（3）税收滞纳金（选项C）；（4）罚金、罚款和被没收财物的损失（选项AD）；（5）超过规定标准的捐赠支出（当年不得扣除）；（6）与生产经营活动无关的非广告性质的赞助支出（选项B）；（7）未经核定的准备金支出；（8）企业之间支付的管理费、企业内营业机构之间支付的租金和特许权使用费，以及非银行企业内营业机构之间支付的利息；（9）与取得收入无关的其他支出。

【答案】ABCD

3. 甲公司2014年度企业所得税应纳税所得额是（ ）万元。

A. 1720 B. 1585

C. 1805 D. 1820

【解析】（1）本题应采用直接法计算应纳税所得额；（2）甲公司2014年度企业所得税应纳税所得额 = 5000 + 20 + 300 + 80 - 80 - 3500 = 1820（万元）。

【答案】D

4. 下列关于甲公司企业所得税征收管理的表述中，正确的是（ ）。

A. 甲公司应当自2014年度终了之日起5个月内，向税务机关报送年度企业所得税纳税申报表，并汇算清缴

B. 甲公司企业所得税的纳税地点为A市

C. 甲公司应当于每月终了之日起15日内，向税务机关预缴企业所得税

D. 甲公司2014纳税年度自2014年1月1日起至2014年12月31日止

【解析】（1）选项AD：企业应当自年度终了之日起5个月内，向税务机关报送年度企业所得税纳税申报表，并汇算清缴，结清应缴应退税款。纳税年度自公历1月1日起至12月31日止。（2）选项B：除税收法律、行政法规另有规定外，居民企业以“企业登记注册地”为纳税地点；但登记注册地在境外的，以实际管理机构所在地为纳税地点。（3）选项C：企业应当自月份或者季度终了之日起15日内，向税务机关报送预缴企业所得税纳税申报表，预缴税款。

【答案】ABCD

2. 各项扣除与税收优惠的单独应用

【例题·不定项选择题】（2017年）

甲电子设备公司为居民企业，属于主要从事电子设备的制造业务的大型企业。2018年有关经营情况如下：

（1）销售货物收入2000万元，提供技术服务收入500万元，转让股权收入3000万元。经税务机关核准上年已作损失处理后又收回的其他应收款15万元。

（2）缴纳增值税180万元，城市维护建设税和教育费附加18万元，房产税25万元，预缴企业所得税税款43万元。

（3）与生产经营有关的业务招待费支出50万元。

（4）支付残疾职工工资14万元；新技术研究开发费用未形成无形资产计入当期损益19万元；购进一台设备，价值35万元；购置一台《环境保护专用设备企业所得税优惠目录》规定的环境保护专用设备，投资额60万元，购置完毕当年即投入使用。

已知：业务招待费支出，按照发生额的60%扣除，但最高不得超过当年销售（营业）收入的5‰。

要求：

根据上述资料，不考虑其他因素，分析回答下列小题。

1. 甲电子设备公司的下列收入中，应计入收入总额的是（ ）。

A. 销售货物收入2000万元

B. 上年已作坏账损失处理后又收回的其他应收款15万元

C. 转让股权收入3000万元

D. 提供技术服务收入500万元

【解析】企业以货币形式和非货币形式从各种来源取得的收入，为收入总额。包括（1）销售货物收入（选项A）；（2）提供劳务收入（选项D）；（3）转让财产收入（选项C）；（4）股息、红利等权益性投资收益；（5）利息收入；（6）租金收入；（7）特许权使用费收入；（8）接受捐赠收入；（9）其他收入（选项B）。

【答案】ABCD

2. 甲电子设备公司缴纳的下列税款中，在计算2018年度企业所得税应纳税所得额时，准予扣除的是（ ）。

A. 增值税180万元

B. 预缴企业所得税税款43万元

C. 城市维护建设税和教育费附加18万元

D. 房产税25万元

【解析】准予在企业所得税税前扣除的税金不包括缴纳的增值税和预缴的企业所得税。

【答案】CD

3. 甲电子设备公司在计算2018年度企业所得税应纳税所得额时，准予扣除的业务招待费支出是(　　)万元。

A. 27.575　　B. 30

C. 12.5　　D. 25

【解析】限额1 = 50 × 60% = 30（万元）> 限额2 =（2000 + 500）× 5‰ = 12.5（万元），计算企业所得税应纳税所得额时只能扣除12.5万元。

【答案】C

4. 关于甲电子设备公司可以享受当年企业所得税税收优惠的下列表述中，正确的是(　　)。

A. 支付残疾职工的工资，在据实扣除的基础上，按照14万元的200%在计算当年应纳税所得额时加计扣除

B. 购置环境保护专用设备60万元投资额的20%可以从当年的应纳税额中抵免

C. 新技术研究开发费用未形成无形资产计入当期损益的，在据实扣除的基础上，按照19万元的100%在计算当年应纳税所得额时加计扣除

D. 购进设备金额35万元可以一次性在计算当年应纳税所得额时扣除

【解析】（1）选项A：企业安置残疾人员的，在按照支付给残疾职工工资据实扣除的基础上，按照支付给残疾职工工资的"100%"加计扣除。（2）选项B：企业购置并实际使用规定的环境保护、节能节水、安全生产等专用设备的，该专用设备的"投资额的10%"可以从企业当年的应纳税额中抵免。（3）选项C：企业开展研发活动中实际发生的研发费用，未形成无形资产计入当期损益的，在按规定据实扣除的基础上，在2018年1月1日至2020年12月31日期间，再按照实际发生额的75%在税前加计扣除。（4）选项D：企业在2018年1月1日至2020年12月31日期间新购进的设备、器具，单位价值不超过500万元的，允许一次性计入当期成本费用在计算应纳税所得额时扣除，不再分年度计算折旧。

【答案】D

3. 间接法计算应纳税所得额

【例题·不定项选择题】（2018年）

甲公司为居民企业，主要从事电冰箱的生产和销售业务。2017年有关经营情况如下：

（1）销售电冰箱收入8000万元；出租闲置设备收入500万元；国债利息收入50万元；理财产品收益30万元。

（2）符合条件的广告费支出1500万元。

（3）向银行借入流动资金支付利息55万元，非广告性赞助支出80万元，向客户支付违约金3万元，计提坏账准备金8万元。

（4）全年利润总额为900万元。

已知：广告费和业务宣传费支出，不超过当年销售（营业）收入15%的部分，准予扣除。

要求：

根据上述资料，不考虑其他因素，分析回答下列小题。

1. 甲公司下列收入中，应计入2017年度企业所得税收入总额的是(　　)。

A. 出租闲置设备收入500万元

B. 国债利息收入50万元

C. 销售电冰箱收入8000万元

D. 理财产品收益30万元

【解析】（1）收入总额包括应税收入、免税收入和不征税收入，选项ABCD均应计入收入总额；（2）选项ACD属于应税收入，选项B属于免税收入；（3）选项AC均应计入销售（营业）收入。

【答案】ABCD

2. 甲公司在计算2017年度企业所得税应纳税所得额时，可以扣除的广告费支出是(　　)万元。

A. 1275　　B. 1500

C. 1207　　D. 1200

【解析】广告费支出的扣除限额 =（8000 + 500）× 15% = 1275（万元），本年度实际发生广告费支出为1500万元，超过扣除限额，在计算企业所得税应纳税所得额时只能按照限额1275万元扣除，超过限额部分结转以后年度扣除。

【答案】A

3. 甲公司在计算2017年度企业所得税应纳税所得额时，下列支出中，不得扣除的是(　　)。

A. 向银行借入流动资金支付利息支出55万元

B. 向客户支付违约金3万元

C. 计提坏账准备金8万元

D. 非广告性赞助支出80万元

【解析】(1) 选项A：据实扣除；(2) 选项B：属于承担民事责任支出，可以扣除。

【答案】CD

4. 计算甲公司2017年度企业所得税应纳税所得额的下列算式中，正确的是(　　)。

A. 900 + (1500 - 1207) + 80 + 3 + 8 = 1284(万元)

B. 900 - 50 + (1500 - 1275) + 80 + 8 = 1163(万元)

C. 900 - 500 + 55 + 8 = 463(万元)

D. 900 - 30 + (1500 - 1200) = 1170(万元)

【解析】(1) 国债利息收入50万元为免税收入，应当纳税调减；(2) 实际发生的广告费支出超过扣除限额，超过部分(1500 - 1275)在本年度应当纳税调增；(3) 非广告性赞助支出80万元、计提的坏账准备金8万元不得扣除，应当纳税调增。具体处理参考下图。

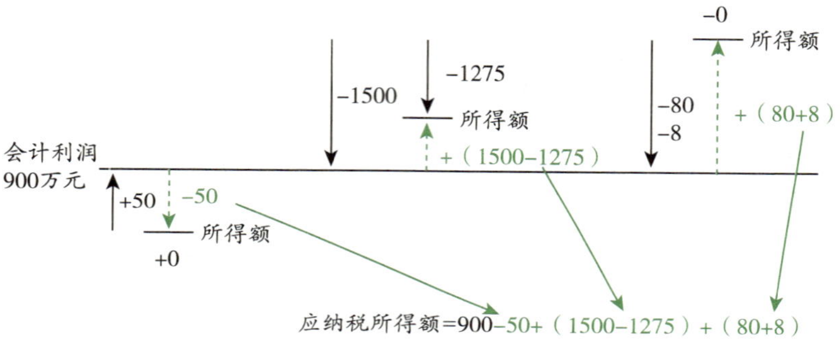

图5-9

【答案】B

第7单元　企业所得税的其余考点

考点1：以前年度亏损的弥补(★)

1. 基本规定

企业某一纳税年度发生的亏损，可以用下一年度的所得弥补，下一年度的所得不足以弥补的，可以逐年延续弥补，但最长不得超过5年。

【解释1】"亏损"，是指企业财务报表中的亏损额经主管税务机关按税法规定核实调整后的金额(税法口径的亏损额)。

【解释2】5年内不论是盈利或亏损，都作为实际弥补期限计算；先亏先补，后亏后补。

【解释3】亏损弥补期限是自亏损年度报告的下一个年度起连续5年不间断地计算。

【案例】

单位：万元

年度	2010 年	2011 年	2012 年	2013 年	2014 年	2015 年	2016 年
未弥补以前年度亏损的应纳税所得额	-120	-70	30	30	20	10	50

（1）针对 2010 年的亏损额，2011 年、2012 年、2013 年、2014 年、2015 年为弥补期；截至 2015 年，尚有 30 万元亏损未能在税前弥补完，这 30 万元不得再结转以后年度在税前弥补。

（2）针对 2011 年的亏损额，2012 年、2013 年、2014 年、2015 年、2016 年为弥补期；由于 2012 年—2015 年的盈利全部用于弥补 2010 年的亏损额，因此，截至 2016 年，尚有 20 万元亏损未能在税前弥补完，这 20 万元不得再结转以后年度在税前弥补。

2. 特殊规定（2019 年新增）

自 2018 年 1 月 1 日起，当年具备高新技术企业或科技型中小企业资格的企业，其具备资格年度之前 5 个年度发生的尚未弥补完的亏损，准予结转以后年度弥补，最长结转年限由 5 年延长至 10 年。

考点 2：企业取得境外所得计税时的抵免（★）

1. 5 年

企业取得的下列所得已在境外缴纳的所得税税额，可以从其当期应纳税额中抵免，抵免限额为该项所得依法计算的应纳税额；超过抵免限额的部分，可以在以后“5 个纳税年度内”，用每年抵免限额抵免当年应抵税额后的余额进行抵补：

（1）居民企业来源于中国境外的应税所得；

（2）非居民企业在中国境内设立机构、场所，取得发生在中国境外但与该机构、场所有实际联系的应税所得。

2. 抵免方法（2019 年调整）

企业可以选择按国（地区）别分别计算［“分国（地区）不分项”］，或者不按国（地区）别汇总计算［“不分国（地区）不分项”］其来源于境外的应纳税所得额，并按照税法规定的税率，分别计算其可抵免境外所得税税额和抵免限额。上述方式一经选择，5 年内不得改变。

【案例】甲企业 2018 年度境内应纳税所得额为 100 万元，适用 25% 的企业所得税税率。甲企业分别在 A 国和 B 国设有分支机构（我国与 A、B 两国已缔结避免双重征税协定），在 A 国分支机构的应纳税所得额为 50 万元，A 国的企业所得税税率为 20%；在 B 国分支机构的应纳税所得额为 30 万元，B 国的企业所得税税率为 30%。该企业选择按国别分别计算其可抵免的境外所得税税额和抵免限额。

	抵免限额	境外已纳税款	处理
A 国	50 × 25% = 12.5（万元）	50 × 20% = 10（万元）	补税 2.5 万元
B 国	30 × 25% = 7.5（万元）	30 × 30% = 9（万元）	结转以后“5 个纳税年度”抵补 1.5 万元

综上所述，甲企业当年在我国境内应纳税额 = 100 × 25% + 2.5 = 27.5（万元）。

【例题·单选题】甲公司为居民企业，2018 年度境内应纳税所得额 1000 万元。来源于 M 国的应纳税所得额 300 万元，已在 M 国缴纳企业所得税税额 60 万元。已知，甲公司选择按国（地区）别分别计算其来源于境外的应纳税所得额，适用的企业所得税税率为 25%。甲公司 2018 年度应缴纳企业所得税税额的下列算式中，正确的是（　　）。（2018 年）

A. （1000＋300）×25%－60＝265（万元）

B. 1000×25%－60＝190（万元）

C. 1000×25%＝250（万元）

D. （1000＋300）×25%＝325（万元）

【解析】（1）境外所得抵免限额＝300×25%＝75（万元），大于在境外已缴纳的所得税税额60万元，需要在我国补税15万元（75－60）。（2）应缴纳的企业所得税有两种计算方法：①境内所得应纳税额＋境外所得应补税额＝1000×25%＋15＝265（万元）；②境内外总所得应纳税额－允许抵免的境外已纳税额＝（1000＋300）×25%－60＝265（万元）。常见的是第①种方法，但本题选项采用的是第②种方法。

【答案】A

考点3：源泉扣缴（★★）

1. 扣缴义务人

在中国境内未设立机构、场所的，或者虽设立机构、场所但取得的所得与其所设机构、场所没有实际联系的非居民企业，就其取得的来源于中国境内的所得应缴纳的所得税，实行源泉扣缴，以支付人为扣缴义务人。

【提示】本考点属于难度较高的考点，建议结合本章第1单元考点1一并理解。

表5－7

企业类型	所得类型		是否在我国缴纳企业所得税	是否实行源泉扣缴
居民企业	来源于境内		√	×
	来源于境外		√	×
在中国境内设立机构、场所的非居民企业	来源于中国境内	与所设机构场所有实际联系的所得	√	×
		与所设机构场所没有实际联系的所得	√	√
	发生在中国境外	与所设机构场所有实际联系的所得	√	×
		与所设机构场所没有实际联系的所得	×	—
在中国境内未设立机构、场所的非居民企业	来源于中国境内的所得		√	√
	发生在中国境外的所得		×	—

2. 应纳税所得额

上述实行源泉扣缴的非居民企业取得的股息、红利等权益性投资收益和利息、租金、特许权使用费所得，以收入全额为应纳税所得额；取得的转让财产所得，以收入全额减除财产净值后的余额为应纳税所得额。

3. 扣缴企业所得税应纳税额＝应纳税所得额×预提所得税税率（10%）

【提示】在中国境内未设立机构、场所，或者虽设立机构、场所但取得的所得与其所设机构、场所没有实际联系的非居民企业，就其来源于中国境内的所得，减按10%税率（预提所得税税率）。

【例题1·单选题】根据企业所得税法律制度的规定，关于在中国境内未设立机构、场所的非居民企业取得的来源于中国境内的所得，其应纳税所得额确定的下列表述中，不正确的是（　　）。（2017年）

A. 股息所得以收入全额为应纳税所得额

B. 转让财产所得以收入全额为应纳税所得额

C. 特许权使用费所得以收入全额为应纳税所得额

D. 租金所得以收入全额为应纳税所得额

【答案】B

【例题2·多选题】根据企业所得税法律

制度的规定，非居民企业来源于中国境内的下列所得，应以收入全额为应纳税所得额的有(　　)。(2015 年)

A. 股息所得　　　　B. 转让财产所得

C. 特许权使用费所得　D. 租金所得

【解析】(1) 选项 ACD：股息、红利等权益性投资收益和利息、租金、特许权使用费所得，以收入全额为应纳税所得额；(2) 选项 B：转让财产所得，以收入全额减除财产净值后的余额为应纳税所得额。

【答案】ACD

【例题 3·单选题】2017 年 6 月，甲公司向境外乙公司分配股息折合人民币 1000 万元。已知预提所得税税率为 10%。计算甲公司应代扣代缴企业所得税款的下列算式中，正确的是(　　)。(2018 年)

A. 1000×10%×50%＝50（万元）

B. 1000×10%＝100（万元）

C. 1000×（1－25%）×10%＝75（万元）

D. 1000×（1－25%）×10%×50%＝37.5（万元）

【解析】(1) 股息、红利等权益性投资收益，按照分配所得的企业（甲公司）所在地确定所得来源地；(2) 在中国境内未设立机构、场所的非居民企业（乙公司），在中国境内取得的股息、红利等权益性投资收益，以“收入全额”为应纳税所得额；(3) 境内的支付人（甲公司）为扣缴义务人。因此，甲公司应代扣代缴的企业所得税税额＝1000×10%＝100（万元）。

【答案】B

附：有关“纳税调增”“纳税调减”的理解

1. 何谓纳税调整增加额？

（1）甲企业 2018 年度会计利润为 100 万元，在计算其会计利润时扣除了一项费用 8 万元：

①假定按照税法规定该项费用不得在计算企业所得税应纳税所得额时扣除（俗称“不得税前扣除”），则应纳税所得额＝100＋8＝108（万元）。即在会计利润“100 万元”的基础上，调整增加 8 万元后形成税法口径的利润（应纳税所得额），“8 万元”也称为纳税调增额。参考下图：

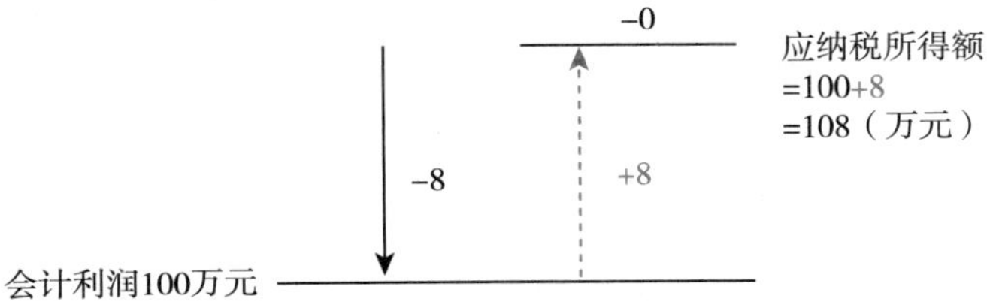

图 5－10

②假定按照税法规定该项费用在计算企业所得税应纳税所得额时最多只能扣除 5 万元，则应纳税所得额＝100＋（8－5）＝103（万元），即在会计利润“100 万元”的基础上，调整增加 3 万元后形成税法口径的利润（应纳税所得额）“3 万元”也称为纳税调增额。参考下图：

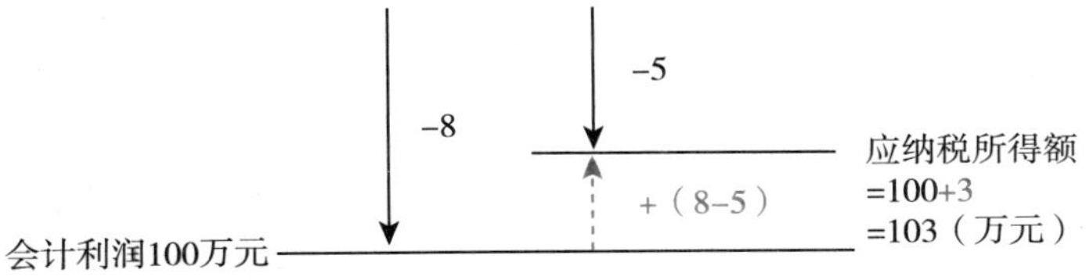

图 5－11

（2）甲企业2018年度会计利润为100万元，假定其有一项收益8万元，在计算会计利润时按照会计准则的规定可以不作收入处理，但按照税法的规定该项收益应当计入应纳税所得额，则应纳税所得额＝100＋8＝108（万元）。参考下图：

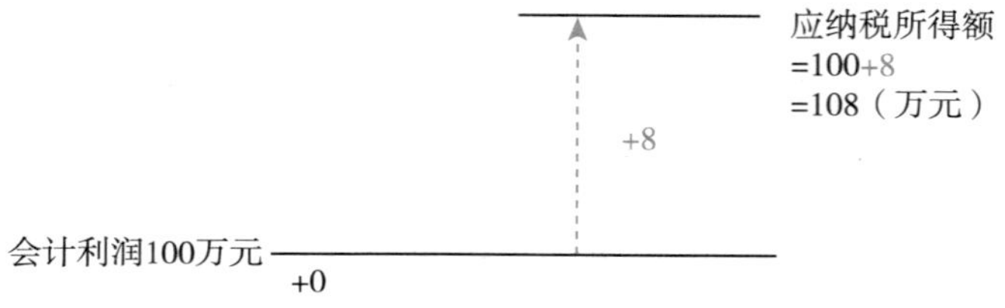

图5－12

2. 何谓纳税调整减少额？

（1）甲企业2018年度会计利润为100万元，在计算其会计利润时扣除了一项费用8万元；假定按照税法的规定，该项费用可以在计算企业所得税应纳税所得额时扣除16万元（在8万元的基础上允许再加计扣除8万元），则应纳税所得额＝100－8＝92（万元）。即在会计利润“100万元”的基础上，调整减少8万元后形成税法口径的利润（应纳税所得额），“8万元”也称为纳税调减额。参考下图：

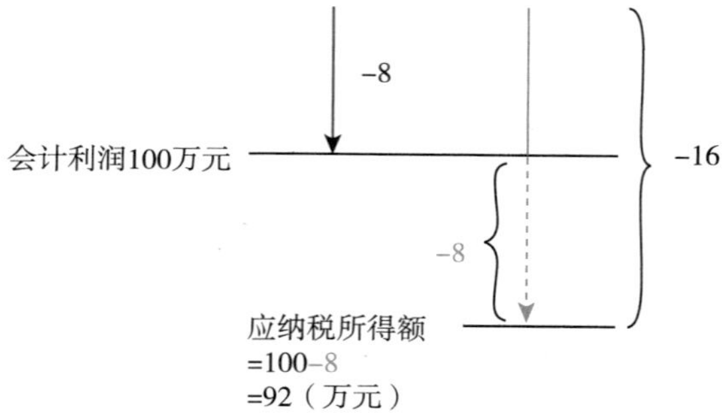

图5－13

（2）甲企业2018年度会计利润为100万元，其中包含一项收益8万元，但该收益按照税法的规定可以免予征收企业所得税，则应纳税所得额＝100－8＝92（万元）。即在会计利润“100万元”的基础上，调整减少8万元后形成税法口径的利润（应纳税所得额）“8万元”也称为纳税调减额。参考下图：

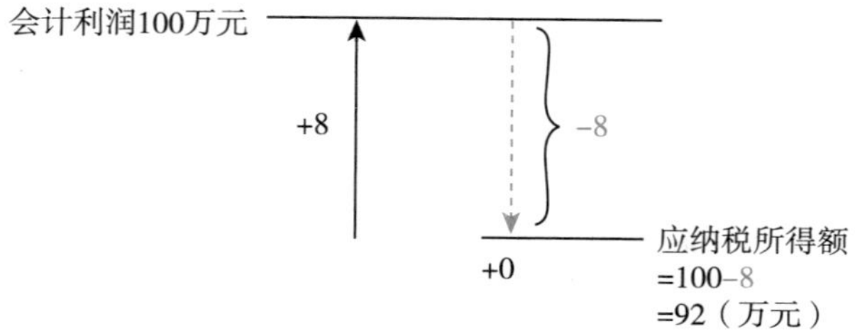

图5－14

阶段测验

请激活 APP 题库，进入机考环境进行“阶段测验”。

第 8 单元　个人所得税概述

【本单元考点框架】

个人所得税的纳税人（考点 1）
个人所得税应税所得项目概述（考点 2）
个人所得税税率的基本规定（考点 3）
个人所得的形式（考点 4）
个人所得税征收管理的基本规定（考点 5）

考点 1：个人所得税的纳税人（★★）

1. 个人独资企业和合伙企业不缴纳企业所得税，只对投资者个人或个人合伙人取得的生产经营所得征收个人所得税。

【例题·单选题】根据个人所得税法律制度的规定，下列各项中，不属于个人所得税纳税人的是(　　)。(2018 年)

A. 合伙企业中的自然人合伙人

B. 一人有限责任公司

C. 个体工商户

D. 个人独资企业的投资者个人

【解析】一人有限责任公司属于法人企业，应缴纳企业所得税。

【答案】B

2. 居民个人与非居民个人（2019 年重大调整）

（1）基本规定

表 5－8

类型	判定标准	纳税义务
居民个人	在中国境内有住所的个人	就其从中国境内和境外取得的所得，向中国政府缴纳个人所得税
	在中国境内无住所而一个纳税年度内在中国境内居住累计满 183 天的个人	
非居民个人	在中国境内无住所又不居住的个人	仅就其从中国境内取得的所得，向中国政府缴纳个人所得税
	在中国境内无住所而一个纳税年度内在中国境内居住累计不满 183 天的个人	

【提示 1】居民个人和非居民个人的界定有两个标准：①住所地标准；②居住时间标准。二者符合其一即为我国个人所得税的居民纳税人，二者均不符合则为非居民纳税人。

【提示 2】在中国境内无住所的居民个人，在境内居住累计满 183 天的年度连续不满 5 年（“5 年豁免”）的，或者满 5 年但其间有单次离境超过 30 天（“坐月子条款”）情形的，其来源于中国境外的所得，经向主管税务机关备案，可以只就由中国境内企事业单位和其他经济组织或者居民个人支付的部分缴纳个人所得税；在境内居住累计满 183 天的年度连续满 5 年的纳税人，且在 5 年内未发生单次离境超过 30 天情形的，从第 6 年起，中国境内居住累计满 183 天的，应当就其来源于中国境外的全部所得缴纳个人所得税。

【例题 1·判断题】在中国境内有住所，或者无住所而一个纳税年度内在境内居住累计满 183 天的个人，属于我国个人所得税的居民纳税人。(　　)(2018 年)

【答案】√

【例题2·判断题】中国居民张某，在境外工作，只就来源于中国境外的所得征收个人所得税。(　　)(2015年)

【解析】虽然在境外工作，但张某（住所地在中国）仍属于我国个人所得税居民个人，应当就其从中国境内和境外取得的所得向中国政府履行全面纳税义务。

【答案】×

(2) 所得来源的判定

除国务院财政、税务主管部门另有规定外，下列所得，不论支付地点是否在中国境内，均为来源于中国境内的所得：

①因任职、受雇、履约等而在中国境内提供劳务取得的所得。

②在中国境内开展经营活动而取得与经营活动相关的所得。

③将财产出租给承租人在中国境内使用而取得的所得。

④许可各种特许权在中国境内使用而取得的所得。

⑤转让中国境内的不动产、土地使用权取得的所得；转让对中国境内企事业单位和其他经济组织投资形成的权益性资产取得的所得；在中国境内转让动产以及其他财产取得的所得。

⑥由中国境内企事业单位和其他经济组织以及居民个人支付或负担的稿酬所得、偶然所得。

⑦从中国境内企事业单位和其他经济组织或者居民个人取得的利息、股息、红利所得。

【例题·多选题】根据个人所得税法律制度的规定，下列个人所得中，不论支付地点是否在境内，均为来源于中国境内所得的有(　　)。(2017年)

A. 转让境内房产取得的所得

B. 许可专利权在境内使用取得的所得

C. 因任职在境内提供劳务取得的所得

D. 将财产出租给承租人在境内使用取得的所得

【答案】ABCD

考点2：个人所得税应税所得项目概述（★★★）

表5-9

<table>
<tr><th>应税所得类型</th><th>计税规则</th></tr>
<tr><td>工资、薪金所得</td><td rowspan="4">(1) 居民个人：该4项所得均纳入综合所得，按纳税年度合并计算个人所得税
(2) 非居民个人
①按月或者按次分项计算个人所得税
②非居民个人取得的劳务报酬所得、稿酬所得、特许权使用费所得，属于一次性收入的，以取得该项收入为一次；属于同一项目连续性收入的，以一个月内取得的收入为一次</td></tr>
<tr><td>劳务报酬所得</td></tr>
<tr><td>稿酬所得</td></tr>
<tr><td>特许权使用费所得</td></tr>
<tr><td>经营所得</td><td>按年</td></tr>
<tr><td>利息、股息、红利所得</td><td>按次</td></tr>
<tr><td>财产租赁所得</td><td>按次（以1个月内取得的收入为一次）</td></tr>
<tr><td>财产转让所得</td><td>按次</td></tr>
<tr><td>偶然所得</td><td>按次</td></tr>
</table>

【口诀】“老子搞得，赢了欧转租”——老（劳）子（资）搞（稿）得（特），赢（营）了（利）欧（偶）转租。

【例题·多选题】根据个人所得税法律制度的规定，居民个人的下列各项所得中，按次计征个人所得税的有（　　）。（2015 年）

A. 特许权使用费所得

B. 财产租赁所得

C. 偶然所得

D. 劳务报酬所得

【解析】选项 AD：属于居民个人的综合所得，按年计征。

【答案】BC

考点 3：个人所得税税率的基本规定（★★）（2019 年调整）

1. 综合所得，适用 3% ~45% 的超额累进税率；

2. 经营所得，适用 5% ~35% 的超额累进税率；

3. 利息、股息、红利所得，财产租赁所得，财产转让所得和偶然所得，适用比例税率，税率为 20%。

考点 4：个人所得的形式（★）

1. 个人所得的形式，包括现金、实物、有价证券和其他形式的经济利益。

2. 非货币形式所得的应纳税所得额确定

（1）所得为实物的，应当按照取得的凭证上的价格计算应纳税所得额；

（2）无凭证的实物或者凭证上所注明的价格明显偏低的，参照市场价格核定应纳税所得额；

（3）所得为有价证券的，根据票面价格和市场价格核定应纳税所得额；

（4）所得为其他形式的经济利益的，参照市场价格核定应纳税所得额。

考点 5：个人所得税征收管理的基本规定（★★）（2019 年重大调整）

1. 纳税人与扣缴义务人

（1）个人所得税以所得人为纳税人，以支付所得的单位或者个人为扣缴义务人。

（2）扣缴义务人

①扣缴义务人向个人支付应税款项时，应当依照个人所得税法规定预扣或代扣税款，按时缴库，并专项记载备查。

> 【提示 1】支付，包括现金支付、汇拨支付、转账支付和以有价证券、实物以及其他形式的支付。
>
> 【提示 2】扣缴义务人每月或者每次预扣、代扣的税款，应当在次月 15 日内缴入国库，并向税务机关报送扣缴个人所得税申报表。

②税务机关对扣缴义务人按照所扣缴的税款，付给 2% 的手续费。

③国务院税务主管部门可以指定掌握所得信息并对所得取得过程有控制权的单位为扣缴义务人。

（3）实名纳税申报

①个人应当凭纳税人识别号实名办税。

②（纳税人有中国公民身份号码的，以中国公民身份号码为纳税人识别号）；个人首次取得应税所得或者首次办理纳税申报时，应当向扣缴义务人或者税务机关如实提供纳税人识别号及与纳税有关的信息。个人上述信息发生变化的，应当报告扣缴义务人或者税务机关。

③纳税人没有中国公民身份号码的，应当在首次发生纳税义务时，按照税务机关规定报送与纳税有关的信息，由税务机关赋予其纳税人识别号。

2. 有下列情形之一的，纳税人应当依法办理纳税申报：

（1）取得综合所得需要办理汇算清缴；

（2）取得应税所得没有扣缴义务人；

（3）取得应税所得，扣缴义务人未扣缴税款；

（4）取得境外所得；

（5）因移居境外注销中国户籍；

（6）非居民个人在中国境内从两处以上取得工资、薪金所得；

（7）国务院规定的其他情形。

【例题·多选题】根据个人所得税法律制度的规定，下列各项情形中，纳税人应当依法办理纳税申报的有（　　）。

A. 取得综合所得需要办理汇算清缴的

B. 取得应税所得没有扣缴义务人的

C. 取得境外所得的

D. 非居民个人在中国境内从两处以上取得工资、薪金所得的

【答案】ABCD

第9单元　综合所得

【本单元考点框架】

- 居民个人
  - 征收管理的基本规定（考点1）
  - 4个征税项目的界定
    - 基本界定规则（考点2）
    - 关于工资、薪金所得的特殊规定（考点3）
  - 应纳税额
    - 2018年第四季度“工资、薪金所得”应纳税额的计算（考点4）
    - 法定扣除项目（考点5）
    - 应纳税额的计算（考点6）
- 非居民个人（考点7）

考点1：综合所得征收管理的基本规定（★★）（2019年新增）

1. 居民个人取得综合所得，按年计算个人所得税；有扣缴义务人的，由扣缴义务人按月或者按次预扣预缴税款；需要办理汇算清缴的，应当在取得所得的次年3月1日至6月30日内办理汇算清缴。预扣预缴办法由国务院税务主管部门制定。

2. 取得综合所得需要办理汇算清缴的情形

（1）在两处或者两处以上取得综合所得，且综合所得年收入额减去专项扣除的余额超过6万元；

（2）取得劳务报酬所得、稿酬所得、特许权使用费所得中一项或者多项所得，且综合所得年收入额减去专项扣除的余额超过6万元；

（3）纳税年度内预缴税额低于应纳税额的。

【提示】纳税人需要退税的，应当办理汇算清缴，申报退税。申报退税应当提供本人在中国境内开设的银行账户。

考点2：综合所得4个征税项目的基本界定规则（★★★）

（一）工资、薪金所得

1. 工资、薪金所得是指个人因任职或者受雇而取得的工资（包括加班工资、岗位工资、工龄补贴等）、薪金、奖金、年终加薪、劳动分红、津贴、补贴以及与任职或者受雇有关的其他所得。

2. 补贴、津贴

（1）下列项目不属于工资、薪金性质的补贴、津贴，不予征收个人所得税：

①独生子女补贴；

②执行公务员工资制度未纳入基本工资总额的补贴、津贴差额和家属成员的副食补贴；

③托儿补助费；

④差旅费津贴、误餐补助（不包括单位以误餐补助名义发给职工的补助、津贴）。

3. 免税补贴、津贴

按照国务院规定发给的政府特殊津贴、院士津贴，以及国务院规定免纳个人所得税的其他补贴、津贴，免征个人所得税。

4. 免税奖金

省级人民政府、国务院部委和中国人民解放军军以上单位，以及外国组织、国际组织颁发的科学、教育、技术、文化、卫生、体育、环境保护等方面的奖金，免征个人所得税。

【例题1·判断题】职工的误餐补助属于工资薪金性质的补贴收入，应计算个人所得税。(　　)（2018年）

【答案】×

【例题2·单选题】根据个人所得税法律制度的规定，下列各项中，不属于工资、薪金性质的补贴、津贴的是(　　)。(2015年)

A. 工龄补贴　　B. 加班补贴

C. 差旅费津贴　　D. 岗位津贴

【解析】“不属于工资、薪金性质的补贴、津贴”：(1) 独生子女补贴；(2) 执行公务员工资制度未纳入基本工资总额的补贴、津贴差额和家属成员的副食补贴；(3) 托儿补助费；(4) 差旅费津贴、误餐补助。

【答案】C

（二）劳务报酬所得

1. 劳务报酬所得是指个人独立从事非雇佣的各种劳务取得的所得。内容包括设计、装潢、安装、制图、化验、测试、医疗、法律、会计、咨询、讲学、新闻、广播、翻译、审稿、书画、雕刻、影视、录音、录像、演出、表演、广告、展览、技术服务、介绍服务、经纪服务、代办服务、其他劳务。

2. 个人兼职取得的收入，应按照“劳务报酬所得”缴纳个人所得税。

3. 律师以个人名义再聘请其他人员为其工作而支付的报酬，应由该律师按“劳务报酬所得”负责代扣代缴个人所得税。为了便于操作，税款可由其任职的律师事务所代为缴入国库。

4. 证券经纪人从证券公司取得的佣金收入，应按照“劳务报酬所得”缴纳个人所得税。

【例题1·单选题】根据个人所得税法律制度的规定，证券经纪人从证券公司取得的佣金收入按照(　　)计缴个人所得税。(2018年)

A. 经营所得

B. 劳务报酬所得

C. 特许权使用费所得

D. 工资、薪金所得

【答案】B

【例题2·多选题】根据个人所得税法律制度的规定，个人取得的下列收入中，应按照“劳务报酬所得”计缴个人所得税的有(　　)。(2018年)

A. 某职员取得的本单位优秀员工奖金

B. 某高校教师从任职学校领取的工资

C. 某工程师从非雇佣企业取得的咨询收入

D. 某经济学家从非雇佣企业取得的讲学收入

【解析】对于工资薪金所得和劳务报酬所得的区分，属于雇佣关系的为工资薪金所得（选项A和选项B），属于非雇佣关系的为劳务报酬所得（选项C和选项D）。

【答案】CD

（三）稿酬所得

1. 稿酬所得是指个人因其作品以图书、报刊形式出版、发表而取得的所得。

【提示】作品包括文学作品、书画作品、摄影作品，以及其他作品。

2. 遗作稿酬

作者去世后，财产继承人取得的遗作稿酬，应当征收个人所得税。

【例题1·判断题】个人出版画作取得的所得，应按“劳务报酬所得”计缴个人所得税。(　　)（2016年）

【解析】“出版、发表”画作，应按“稿酬所得”计缴个人所得税。

【答案】×

【例题2·单选题】大学教授张某取得的下列收入中，应按“稿酬所得”计缴个人所得税的是（　　）。（2015年）

A. 作品参展收入

B. 出版书画作品收入

C. 学术报告收入

D. 审稿收入

【解析】稿酬所得，是指个人因其作品以图书、报刊形式“出版、发表”而取得的所得；选项ACD均与“出版、发表”无关，应按“劳务报酬所得”计征个人所得税。

【答案】B

（四）特许权使用费所得

1. 特许权使用费所得，是指个人提供专利权、商标权、著作权、非专利技术以及其他特许权的使用权取得的所得。

【提示】按照“经济法基础”考试的观点，特许权使用权的提供和权属的转让合并在一起，统一列入个人所得税“特许权使用费所得”征税范围。

【链接】

表5－10

	企业所得税	个人所得税
转让专利权权属	转让财产收入	特许权使用费所得
提供专利权使用权	特许权使用费收入	

2. 著作权使用权的特殊规定

（1）提供著作权的使用权取得的所得，不包括稿酬所得。

（2）作者将自己的文字作品手稿原件或复印件公开拍卖（竞价）取得的所得，属于提供著作权的使用权所得，按“特许权使用费所得”征收个人所得税。

（3）编剧从电视剧的制作单位取得的剧本使用费，统一按“特许权使用费所得”（而非“稿酬所得”）征收个人所得税，不论剧本使用方是否为其任职单位。

3. 个人取得特许权的经济赔偿收入，应按“特许权使用费所得”缴纳个人所得税。

【例题1·单选题】根据个人所得税法律制度的规定，下列各项中，不属于特许权使用费所得的是（　　）。（2015年）

A. 提供著作权的使用权取得的所得

B. 提供专利权的使用权取得的所得

C. 提供房屋使用权取得的所得

D. 提供商标权的使用权取得的所得

【解析】选项C：属于财产租赁所得。

【答案】C

【例题2·多选题】根据个人所得税法律制度的规定，下列个人所得中，应按“劳务报酬所得”征收个人所得税的有（　　）。（2010年）

A. 某大学教授从甲企业取得的咨询费

B. 某公司高管从乙大学取得的讲课费

C. 某设计院设计师从丙服装公司取得的设计费

D. 某编剧从丁电视剧制作单位取得的剧本使用费

【解析】选项D：按“特许权使用费所得”征收个人所得税。

【答案】ABC

考点3：关于工资、薪金所得的特殊规定（★）

1. 个人因与用人单位解除劳动关系取得一次性补偿收入应按照“工资、薪金所得”依法计征个人所得税。

2. 退休人员

（1）按照国家统一规定发给干部、职工的安家费、退职费、基本养老金或退休费、离休费、离休生活补助费，免征个人所得税。

（2）再任职

退休人员再任职取得的收入，符合相关条件的，在减除按税法规定的费用扣除标准后，按“工资、薪金所得”缴纳个人所得税。

（3）达到离休、退休年龄，但确因工作需要，适当延长离休、退休年龄的高级专家（指享受国家发放的政府特殊津贴的专家、学者），其在延长离休、退休期间的工资、薪金所得，视同离休、退休工资免征个人所得税。

（4）其他补贴、奖金、实物

离退休人员除按规定领取离退休工资或养老金外，另从原任职单位取得的各类补贴、奖金、实物，不属于免税的退休工资、离休工资、离休生活补助费，应按“工资、薪金所得”缴纳个人所得税。

3. 公务交通、通讯补贴收入

个人因公务用车和通讯制度改革而取得的公务用车、通讯补贴收入，扣除一定标准的公务费用后，按照“工资、薪金所得”计征个人所得税。

4. 个人因任职、受雇从上市公司取得的股票增值权所得和限制性股票所得应按照“工资、薪金所得”依法计征个人所得税。

5. 保险金

企业为员工支付各项免税之外的保险金，应在企业向保险公司缴付时（该保险落到被保险人的保险账户）并入员工当期的工资收入，按“工资、薪金所得”计征个人所得税，税款由企业负责代扣代缴。

6. 企业年金、职业年金

表 5－11

时间	税务处理	
缴费时	企业和事业单位为在本单位任职或者受雇的全体职工缴付的年金单位缴费部分	根据规定标准缴付的，在计入个人账户时，个人暂不缴纳个人所得税
		超过规定标准的，应按照“工资、薪金所得”依法计征个人所得税
	个人根据规定缴付的年金个人缴费部分	不超过本人缴费工资计税基数的4%的部分，暂从个人当期的应纳税所得额中扣除
		超过本人缴费工资计税基数的4%的部分，应按照“工资、薪金所得”依法计征个人所得税
分红时	年金基金投资运营收益分配计入个人账户时，个人暂不缴纳个人所得税	
领取时	应按照“工资、薪金所得”依法计征个人所得税	

7. 兼职律师

（1）律师事务所应代扣代缴其个人所得税，不再减除个人所得税法规定的费用扣除标准，以收入全额（取得分成收入的为扣除办理案件支出费用后的余额）直接确定适用税率，计算扣缴个人所得税。

（2）兼职律师应自行向主管税务机关申报两处或两处以上取得的工资、薪金所得，合并计算缴纳个人所得税。

8. 科技人员的现金奖励（2019年新增）

依法批准设立的非营利性研究开发机构和高等学校根据《中华人民共和国促进科技成果转化法》规定，从职务科技成果转化收入中给予科技人员的现金奖励，可减按50%计入科技人员当月“工资、薪金所得”，依法缴纳个人所得税。

9. 商业健康保险

（1）对个人购买符合规定的商业健康保

险产品的支出，允许在当年（月）计算应纳税所得额时予以税前扣除，扣除限额为2400元/年（200元/月）。

（2）单位统一为员工购买符合规定的商业健康保险产品的支出，应分别计入员工个人工资薪金，视同个人购买，允许在当年（月）计算应纳税所得额时予以税前扣除，扣除限额为2400元/年（200元/月）。

【例题1·单选题】根据个人所得税法律制度的规定，下列各项中，应征收个人所得税的是(　　)。(2016年)

A. 托儿补助费

B. 独生子女补贴

C. 离退休人员从原任职单位取得的补贴

D. 差旅费津贴

【解析】选项ABD：不属于工资、薪金性质的“补贴、津贴”，不征收个人所得税。

【答案】C

【例题2·判断题】退休人员再任职取得的收入，免征个人所得税。(　　)(2015年)

【解析】退休人员再任职取得的收入，符合相关条件的，在减除按税法规定的费用扣除标准后，按“工资、薪金所得”缴纳个人所得税。

【答案】×

【例题3·单选题】2013年9月，退休职工刘某取得的下列收入中，免予缴纳个人所得税的是(　　)。(2014年)

A. 退休工资5000元

B. 商场有奖销售中奖210元

C. 其原任职单位重阳节发放补贴800元

D. 报刊上发表文章取得报酬1000元

【解析】(1) 选项A：免征个人所得税；(2) 选项B：按照“偶然所得”计征个人所得税；(3) 选项C：离退休人员除按规定领取离退休工资或养老金外，另从原任职单位取得的各类补贴、奖金、实物，不属于免税的退休工资、离休工资、离休生活补助费，应按“工资、薪金所得”缴纳个人所得税；(4) 选项D：应按照“稿酬所得”计征个人所得税。

【答案】A

考点4：2018年第四季度“工资、薪金所得”应纳税额的计算（★★★）

1. 计算公式

应纳税额＝应纳税所得额×适用税率－速算扣除数

＝（每月收入额－法定扣除项目）×适用税率－速算扣除数

2. 减除费用标准（2019年重大调整）

对纳税人在2018年10月1日（含）后实际取得的工资、薪金所得，减除费用统一按照5000元/月执行。

【提示】除5000元/月的费用减除标准外，其他法定扣除项目参考本单元考点5。

3. 适用税率、速算扣除数（2019年重大调整）

表5－12　个人所得税税率表

（工资、薪金所得适用）

级数	全月应纳税所得额	税率	速算扣除数
1	不超过3000元的	3%	0
2	超过3000元至12000元的部分	10%	210
3	超过12000元至25000元的部分	20%	1410
4	超过25000元至35000元的部分	25%	2660

续表

级数	全月应纳税所得额	税率	速算扣除数
5	超过 35000 元至 55000 元的部分	30%	4410
6	超过 55000 元至 80000 元的部分	35%	7160
7	超过 80000 元的部分	45%	15160

【案例】中国某公司职员王某，2018 年 11 月取得工资、薪金收入 10000 元。当地规定的社会保险和住房公积金个人缴存比例：基本养老保险 8%，基本医疗保险 2%，失业保险 0.5%，住房公积金 12%。王某缴纳社会保险费核定的缴费工资基数为 8000 元。在本案中，王某 2018 年 11 月工资、薪金所得的个人所得税计算：

（1）减除费用为 5000 元/月；

（2）专项扣除 = 8000 ×（8% + 2% + 0.5% + 12%）= 1800（元）（注：专项扣除的详细规定见本单元考点 5）；

（3）扣除项目合计 = 5000 + 1800 = 6800（元）；

（4）应纳税所得额 = 10000 − 6800 = 3200（元）；

（5）以应纳税所得额 3200 元查找税率表，确定适用税率为 10%，速算扣除数为 210，则应纳税额 = 3200 × 10% − 210 = 110（元）。

考点 5：综合所得的法定扣除项目（2019 年新增）

1. 概览（★★★）

综合所得的法定扣除项目
- 减除费用 60000 元/年
- 专项扣除：基本社会保险费、住房公积金
- 专项附加扣除（共 6 项）
  - 子女教育专项附加扣除
  - 继续教育专项附加扣除
  - 大病医疗专项附加扣除
  - 住房贷款利息专项附加扣除
  - 住房租金专项附加扣除
  - 赡养老人专项附加扣除
- 其他扣除

2. 详细规定（★★）

【解释】看到如此繁杂的内容，首先请不要慌张！下表中“专项附加扣除”的具体扣除标准、方法等在正式出台的文件中很有可能被不同程度的修改，即便没有被修改，按照历年考试的情况会在已知条件中提供、提示。考生先保证类似内容如果在题目的已知条件中出现，您能读得懂就可以了。

表 5 − 13

	扣除标准	扣除方法	其他注意事项
减除费用	60000 元/年（5000 元/月）		
专项扣除	包括居民个人按照国家规定的范围和标准缴纳的基本养老保险、基本医疗保险、失业保险等社会保险费和住房公积金等		

续表

		扣除标准	扣除方法	其他注意事项
专项附加扣除（6项）	子女教育专项附加扣除	纳税人的子女接受学前教育和学历教育的相关支出，按照每个子女每年12000元（每月1000元）的标准定额扣除	受教育子女的父母分别按扣除标准的50%扣除；经父母约定，也可以选择由其中一方按扣除标准的100%扣除。具体扣除方式在1个纳税年度内不得变更	（1）学前教育包括年满3岁至小学入学前教育 （2）学历教育包括义务教育（小学和初中教育）、高中阶段教育（普通高中、中等职业教育）、高等教育（大学专科、大学本科、硕士研究生、博士研究生教育）
	继续教育专项附加扣除	（1）纳税人接受学历继续教育的支出，在学历教育期间按照每年4800元（每月400元）定额扣除 （2）纳税人接受技能人员职业资格继续教育、专业技术人员职业资格继续教育支出，在取得相关证书的年度，按照每年3600元定额扣除	个人接受同一学历教育事项，符合规定扣除条件的，该项教育支出可以由其父母按照子女教育支出扣除，也可以由本人按照继续教育支出扣除，但不得同时扣除	——
	大病医疗专项附加扣除	一个纳税年度内，在社会医疗保险管理信息系统记录的（包括医保目录范围内的自付部分和医保目录范围外的自费部分）由个人负担超过15000元的医药费用支出部分，为大病医疗支出，可以按照每年60000元标准限额据实扣除	（1）大病医疗专项附加扣除由纳税人办理汇算清缴时扣除 （2）纳税人发生的大病医疗支出由纳税人本人扣除	纳税人应当留存医疗服务收费相关票据原件（或复印件）
	住房贷款利息专项附加扣除	纳税人本人或配偶使用商业银行或住房公积金个人住房贷款为本人或其配偶购买住房，发生的： （1）首套住房贷款利息支出，在偿还贷款期间，可以按照每年12000元（每月1000元）标准定额扣除 （2）非首套住房贷款利息支出，纳税人不得扣除	（1）纳税人只能享受一套首套住房贷款利息扣除 （2）经夫妻双方约定，可以选择由其中一方扣除，具体扣除方式在1个纳税年度内不得变更	纳税人应当留存住房贷款合同、贷款还款支出凭证

续表

		扣除标准	扣除方法	其他注意事项
专项附加扣除（6项）	住房租金专项附加扣除	纳税人本人及配偶在纳税人的主要工作城市没有住房，而在主要工作城市租赁住房发生的租金支出，可以按照以下标准定额扣除： （1）承租的住房位于直辖市、省会城市、计划单列市以及国务院确定的其他城市，扣除标准为每年14400元（每月1200元） （2）承租的住房位于其他城市的，市辖区户籍人口超过100万的，扣除标准为每年12000元（每月1000元） （3）承租的住房位于其他城市的，市辖区户籍人口不超过100万（含）的，扣除标准为每年9600元（每月800元）	（1）夫妻双方主要工作城市相同的，只能由一方扣除住房租金支出。夫妻双方主要工作城市不相同的，且各自在其主要工作城市都没有住房的，可以分别扣除住房租金支出 （2）住房租金支出由签订租赁住房合同的承租人扣除 （3）纳税人及其配偶不得同时分别享受住房贷款利息专项附加扣除和住房租金专项附加扣除	（1）主要工作城市是指纳税人任职受雇所在城市，无任职受雇单位的，为其经常居住城市。城市范围包括直辖市、计划单列市、副省级城市、地级市（地区、州、盟）全部行政区域范围 （2）纳税人应当留存住房租赁合同
	赡养老人专项附加扣除	纳税人赡养60岁（含）以上父母以及其他法定赡养人的赡养支出，可以按照以下标准定额扣除： （1）纳税人为独生子女的，按照每年24000元（每月2000元）的标准定额扣除 （2）纳税人为非独生子女的，应当与其兄弟姐妹分摊每年24000元（每月2000元）的扣除额度 （3）纳税人赡养2个及以上老人的，不按老人人数加倍扣除	兄弟姐妹间的分摊方式包括平均分摊、被赡养人指定分摊或者赡养人约定分摊，具体分摊方式在1个纳税年度内不得变更。采取指定分摊或约定分摊方式的，每一纳税人分摊的扣除额最高不得超过每年12000元（每月1000元），并签订书面分摊协议。指定分摊与约定分摊不一致的，以指定分摊为准	其他法定赡养人是指祖父母、外祖父母的子女已经去世，实际承担对祖父母、外祖父母赡养义务的孙子女、外孙子女
其他扣除		包括个人缴付符合国家规定的企业年金、职业年金，个人购买符合国家规定的商业健康保险、税收递延型商业养老保险的支出，以及国务院规定可以扣除的其他项目（参考本单元考点3）		

3. 专项附加扣除的信息提供

（1）居民个人取得工资、薪金所得时，可以向扣缴义务人提供专项附加扣除有关信息，由扣缴义务人扣缴税款时办理专项附加扣除。

（2）纳税人同时从两处以上取得工资、薪金所得，并由扣缴义务人办理专项附加扣除的，对同一专项附加扣除项目，纳税人只能选择从其中一处扣除。

（3）居民个人取得劳务报酬所得、稿酬所得、特许权使用费所得，应当在汇算清缴时向税务机关提供有关信息，办理专项附加扣除。

考点6：综合所得应纳税额的计算（★★★）（2019年新增）

1. 计算公式

应纳税额＝应纳税所得额×适用税率－速算扣除数

＝（每一纳税年度收入额－费用6万元－专项扣除－专项附加扣除－依法确定的其他扣除）×适用税率－速算扣除数

＝（每一纳税年度收入额－法定扣除项目）×适用税率－速算扣除数

2. 收入额

劳务报酬所得、稿酬所得、特许权使用费所得以收入减除20%的费用后的余额为收入额；稿酬所得的收入额减按70%计算。即：

（1）劳务报酬所得、特许权使用费所得的收入额＝收入×（1－20%）

（2）稿酬所得的收入额＝收入×（1－20%）×70%

【案例1】中国公民王某在国内甲公司任职，假设其2019年为乙公司提供一项设计服务，取得一次性收入4500元，则在计算当年综合所得的应纳税所得额时，该项劳务报酬所得的收入额＝4500×（1－20%）＝3600（元）。

【案例2】中国公民王某在国内甲公司任职，假设其2019年发表了一篇短篇小说，取得稿酬4500元，则在计算当年综合所得的应纳税所得额时，该项稿酬所得的收入额＝4500×（1－20%）×70%＝2520（元）。

3. 适用税率

表5－14　个人所得税税率表

（综合所得适用）

级数	全年应纳税所得额	税率	速算扣除数
1	不超过36000元的	3%	0
2	超过36000元至144000元的部分	10%	2520
3	超过144000元至300000元的部分	20%	16920
4	超过300000元至420000元的部分	25%	31920
5	超过420000元至660000元的部分	30%	52920
6	超过660000元至960000元的部分	35%	85920
7	超过960000元的部分	45%	181920

【案例】假设2019年中国境内甲公司职员李某全年取得工资、薪金收入180000元。当地规定的社会保险和住房公积金个人缴存比例：基本养老保险8%，基本医疗保险2%，失业保险0.5%，住房公积金12%。李某缴纳社会保险费核定的月缴费工资基数为10000元。李某正在偿还首套住房贷款及利息；李某为独生女，其独生子正在就读大学3年级；李某父母均已年过60岁。李某夫妻约定由李某扣除住房贷款利息和子女教育费。在本案中：

（1）法定扣除项目

项目		金额
减除费用		60000 元
专项扣除		10000 ×（8% +2% +0.5% +12%）×12 =27000（元）
专项附加扣除	子女教育专项附加扣除	12000 元
	继续教育专项附加扣除	无
	大病医疗专项附加扣除	无
	住房贷款利息专项附加扣除	12000 元
	住房租金专项附加扣除	无
	赡养老人专项附加扣除	24000 元
其他扣除项目		无

法定扣除项目合计 = 60000 + 27000 + 12000 + 12000 + 24000 = 135000（元）；

（2）应纳税所得额 = 180000 − 135000 = 45000（元）；

（3）以应纳税所得额 45000 元查找税率表，确定适用税率为 10%，速算扣除数为 2520；因此，应纳税额 = 45000 × 10% − 2520 = 1980（元）。

【提示】或者，应纳税额 = 36000 × 3% + （45000 − 36000）× 10% = 1980（元）。该计算方式具体：

适用税率表显示内容			本题处理	
级数	全年应纳税所得额	税率	分解	合计
1	不超过 36000 元的	3%	36000 ×3%	1980 元
2	超过 36000 元至 144000 元的部分	10%	（45000 −36000）×10%	

考点7：非居民个人（★）

1. 应纳税所得额

（1）非居民个人的工资、薪金所得，以每月收入额减除费用5000元后的余额为应纳税所得额。

（2）非居民个人的劳务报酬所得、稿酬所得、特许权使用费所得，以每次收入额为应纳税所得额。

2. 征收管理

（1）非居民个人取得工资、薪金所得，劳务报酬所得，稿酬所得和特许权使用费所得，有扣缴义务人的，由扣缴义务人按月或者按次代扣代缴税款，不办理汇算清缴。

（2）暂不能确定纳税人为居民个人或者非居民个人的，应当按照非居民个人缴纳税款，年度终了确定纳税人为居民个人的，按照规定办理汇算清缴。

第10单元 经营所得

【本单元考点框架】

- 经营所得的界定（考点1）
- 计算
  - 经营所得的税率（考点2）
  - 经营所得应纳税额的计算（考点3）
  - 经营所得的扣除项目（参考《个体工商户个人所得税计税办法》）（考点4）

考点1：经营所得的界定（★）（2019年新增）

经营所得：

1. 个人通过在中国境内注册登记的个体工商户、个人独资企业、合伙企业从事生产、经营活动取得的所得；

2. 个人依法取得执照，从事办学、医疗、咨询以及其他有偿服务活动取得的所得；

3. 个人承包、承租、转包、转租取得的所得；

4. 个人从事其他生产、经营活动取得的所得。

考点2：经营所得的税率（★）（2019年调整）

表5-15 个人所得税税率表

（经营所得适用）

级数	全年应纳税所得额	税率	速算扣除数
1	不超过30000元的	5%	0
2	超过30000元至90000元的部分	10%	1500
3	超过90000元至300000元的部分	20%	10500
4	超过300000元至500000元的部分	30%	40500
5	超过500000元的部分	35%	65500

考点3：经营所得应纳税额的计算（★★）

1. 计算公式

应纳税额＝应纳税所得额×适用税率－速算扣除数

＝（每一纳税年度的收入总额－成本、费用、损失等准予扣除项目）×适用税率－速算扣除数

【解释1】成本、费用是指个体工商户、个人独资企业、合伙企业以及个人从事其他生产、经营活动发生的各项直接支出和分配计入成本的间接费用以及销售费用、管理费用、财务费用。

【解释2】损失是指个体工商户、个人独资企业、合伙企业以及个人从事其他生产经营活动发生的固定资产和存货的盘亏、毁损、报废损失，转让财产损失、坏账损失，自然灾害等不可抗力因素造成的损失以及其他损失。

【解释3】个体工商户业主、个人独资企业投资者、合伙企业个人合伙人以及从事其他生产、经营活动的个人，以其每一纳税年度来源于个体工商户、个人独资企业、合伙企业以及其他生产、经营活动的所得，减除费用60000元、专项扣除以及依法确定的其他扣除后的余额为应纳税所得额。(2019年调整)

2. 查账征收的个人独资企业和合伙企业的扣除项目比照《个体工商户个人所得税计税办法》的规定确定。

3. 个人独资企业的投资者以全部生产经营所得为应纳税所得额；合伙企业的投资者通常应按照合伙企业的全部生产经营所得和合伙协议约定的分配比例确定应纳税所得额。

4. 个体工商户、个人独资企业、合伙企业以及个人从事其他生产、经营活动，未提供完整、准确的纳税资料，不能正确计算应纳税所得额的，由主管税务机关核定其应纳税所得额。

考点4：《个体工商户个人所得税计税办法》关于经营所得扣除项目的规定（★★）

（一）不得扣除项目

1. 个人所得税税款；

2. 税收滞纳金；

3. 罚金、罚款和被没收财物的损失；

4. 不符合扣除规定的捐赠支出；

5. 赞助支出；

6. 用于个人和家庭的支出；

7. 与取得生产经营收入无关的其他支出；

8. 国家税务总局规定不准扣除的支出（例如，未经核准计提的各种准备金）。

（二）与人员报酬、福利相关的项目

1. 从业人员的工资

个体工商户实际支付给从业人员的、合理的工资薪金支出，准予扣除。

2. 业主的工资

（1）个体工商户业主的工资薪金支出不得税前据实扣除。

（2）个体工商户业主2018年第四季度取得的生产经营所得，减除费用按照5000元/月执行，前三个季度减除费用按照3500元/月执行。

（3）投资者兴办两个或两个以上企业的，其投资者个人费用扣除标准由投资者选择在其中一个企业的生产经营所得中扣除。

3. 保险费

（1）基本社会保险

个体工商户按照有关规定为其业主和从业人员缴纳的基本养老保险费、基本医疗保险费、失业保险费、生育保险费、工伤保险费和住房公积金，准予扣除。

（2）补充社会保险

①个体工商户为从业人员缴纳的补充养老保险费、补充医疗保险费，分别在不超过从业人员工资总额5%标准内的部分据实扣除；超过部分，不得扣除。

②个体工商户业主本人缴纳的补充养老保险费、补充医疗保险费，以当地（地级市）上年度社会平均工资的3倍为计算基数，分别在不超过该计算基数5%标准内的部分据实扣除；超过部分，不得扣除。

（3）商业保险

①商业健康保险

个体工商户业主、个人独资和合伙企业投资者自行购买符合条件的商业健康保险产品的，在不超过2400元/年的标准内据实扣除。1年内保费金额超过2400元的部分，不得在个人所得税前扣除。

②除个体工商户依照国家有关规定为特殊工种从业人员支付的人身安全保险费和财政部、国家税务总局规定可以扣除的其他商业保险费外，个体工商户业主本人或者为从业人员支付的商业保险费，不得扣除。

4. 三项经费

（1）个体工商户向当地工会组织拨缴的工会经费、实际发生的职工福利费支出、职工教育经费支出分别在工资薪金总额×2%、14%、2.5%的标准内据实扣除；职工教育经费的实际发生数额超出规定比例当期不能扣除的数额，准予在以后纳税年度结转扣除。

（2）个体工商户业主本人向当地工会组织缴纳的工会经费、实际发生的职工福利费支出、职工教育经费支出，以当地（地级市）上年度社会平均工资的3倍为计算基数，在规定比例内据实扣除。

5. 个体工商户代其从业人员或者他人负担的税款，不得税前扣除。

6. 个体工商户发生的合理的劳动保护支出，准予扣除。

表5-16 能否扣除或扣除限额

	从业人员	业主
工资	√	×（减除费用）
“五险一金”	√	√
补充养老保险	从业人员工资总额×5%	当地上年度社会平均工资的3倍×5%
补充医疗保险	从业人员工资总额×5%	当地上年度社会平均工资的3倍×5%
符合条件的商业健康保险	——	不超过2400元/年
商业保险（特例除外）	×	×
合理劳动保护支出	√	√
三项经费（工会经费、职工福利费、职工教育经费）	工资薪金总额的×2%、14%、2.5%	当地上年度社会平均工资的3倍×2%、14%、2.5%
代他人负担的税款	×	×

（三）与生产、经营直接相关的项目

1. 生产经营费用

个体工商户生产经营活动中，应当分别核算生产经营费用和个人、家庭费用；对于生产经营与个人、家庭生活混用难以分清的费用，其40%视为与生产经营有关的费用，准予扣除。

2. 亏损弥补

个体工商户纳税年度发生的亏损，准予向以后年度结转，用以后年度的生产经营所得弥补，但结转年限最长不得超过5年。

3. 借款费用

个体工商户在生产经营活动中发生的合理的不需要资本化的借款费用，准予扣除。

4. 个体工商户在生产经营活动中发生的下列利息支出，准予扣除：

（1）向金融企业借款的利息支出；

（2）向非金融企业和个人借款的利息支出，不超过按照金融企业同期同类贷款利率计算的数额的部分。

5. 业务招待费

个体工商户发生的与生产经营活动有关的业务招待费，按照实际发生额的60%扣除，但最高不得超过当年销售（营业）收入的5‰。

6. 广告费和业务宣传费

个体工商户每一纳税年度发生的与其生产经营活动直接相关的广告费和业务宣传费不超过当年销售（营业）收入15%的部分，可以据实扣除；超过部分，准予在以后纳税年度结转扣除。

7. 个体工商户按照规定缴纳的摊位费、行政性收费、协会会费等，按实际发生数额扣除。

8. 个体工商户参加财产保险，按照规定缴纳的保险费，准予扣除。

9. 开办费

个体工商户自申请营业执照之日起至开始生产经营之日［个体工商户取得第一笔销售（营业）收入之日］止所发生符合规定的费用，除为取得固定资产、无形资产的支出，以及应计入资产价值的汇兑损益、利息支出外，作为开办费，个体工商户可以选择在开始生产经营的当年一次性扣除，也可自生产经营月份起在不短于3年期限内摊销扣除，但一经选定，不得改变。

10. 公益性捐赠

（1）个体工商户通过公益性社会团体或者县级以上人民政府及其部门，用于规定的公益事业的捐赠，捐赠额不超过其应纳税所得额30%的部分可以据实扣除。

（2）可以全额在个人所得税前扣除的捐赠支出项目，按有关规定执行。

（3）个体工商户直接对受益人的捐赠不得扣除。

11. 研究开发费用

（1）个体工商户研究开发新产品、新技术、新工艺所发生的开发费用准予在当期直接扣除；

（2）个体工商户研究开发新产品、新技术而购置单台价值在10万元以下的测试仪器和试验性装置的购置费准予直接扣除；单台价值在10万元以上（含10万元）的测试仪器和试验性装置，按固定资产管理，不得在当期直接扣除。

12. 损失

（1）个体工商户发生的损失，减除责任人赔偿和保险赔款后的余额，参照财政部、国家税务总局有关企业资产损失税前扣除的规定扣除。

（2）个体工商户已经作为损失处理的资产，在以后纳税年度又全部收回或者部分收回时，应当计入收回当期的收入。

表5－17　据实扣除还是限额扣除

扣除项目		具体规定	
生产经营费用与个人、家庭费用	分别核算	生产经营费用据实扣除	
	难以分清	按难以分清费用金额的40%扣除	
亏损		可以结转在以后5年内弥补	
不需要资本化的借款费用		据实扣除	
借款利息		向金融企业借款	据实扣除
		向非金融企业或个人借款	在按照金融企业同期同类贷款利率计算的数额内扣除
业务招待费		限额1：实际发生额的60% 限额2：当年销售（营业）收入的5‰ 取较小者作为最终扣除限额	
广告费和业务宣传费		不超过当年销售（营业）收入15%的部分，可以据实扣除；超过部分，准予结转扣除	
摊位费、行政性收费、协会会费		据实扣除	
财产保险费		据实扣除	
开办费		可以选择在开始生产经营的当年一次性扣除	
除按规定可以全额扣除以外的其他公益性捐赠		不超过其应纳税所得额30%的部分可以据实扣除	
新产品、新技术、新工艺的研究开发费用		准予当期直接扣除	
研究开发新产品、新技术而购置单台价值在10万元以下的测试仪器和试验性装置的购置费		准予当期直接扣除	
损失		按净损失额（减除责任人赔偿和保险赔款）扣除	

【例题1·多选题】根据个人所得税法律制度的规定，个体工商户的下列支出中，在计算个人所得税应纳税所得额时，不得扣除的有（　　）。（2018年）

A. 业主的工资薪金支出

B. 个人所得税税款

C. 在生产经营活动中因自然灾害造成的损失

D. 税收滞纳金

【解析】个体工商户的下列支出，在计算个人所得税时不得扣除：（1）个人所得税税款；（2）税收滞纳金；（3）罚金、罚款和被没收财物的损失；（4）不符合扣除规定的捐赠支出；（5）赞助支出；（6）用于个人和家庭的支出；（7）与取得生产经营收入无关的其他支出；（8）国家税务总局规定不准扣除的支出（例如，未经核准计提的各种准备金）。业主本人的工资薪金不属于合理的工资薪金，不得扣除。

【答案】ABD

【例题2·单选题】个体工商户张某2016年度取得营业收入200万元，当年发生业务宣传费25万元，上年度结转未扣除的业务宣传费15万元。已知业务宣传费不超过当年营业收入15%的部分，准予扣除；超过部分，准予在以后纳税年度结转扣除。个体工商户张某在计算当年个人所得税应纳税所得额时，允许扣除的业务宣传费金额为（　　）。（2017年）

A. 30万元　　B. 25万元

C. 40万元　　D. 15万元

【解析】（1）2016年度扣除限额＝200×15%＝30（万元）；（2）2016年度“待扣金额”＝本年度发生额＋以前年度结转额＝25＋15＝40（万元）；（3）“待扣金额”＞扣除限额，在计算2016年度应纳税所得额时仅允许按限额扣除30万元。

【答案】A

第11单元　其他4个征税项目

【本单元考点框架】

利息、股息、红利所得（考点1）
财产租赁所得（考点2）
财产转让所得（考点3）
偶然所得（考点4）

考点1：利息、股息、红利所得（★★）

（一）基本规定

1. 征税范围

（1）利息、股息、红利所得，是指个人拥有债权、股权而取得的利息、股息、红利所得。

（2）免税的利息

①国债和国家发行的金融债券利息免税；

②储蓄存款利息所得暂免征收个人所得税。

2. 税率：20%

3. 按次计算，以支付利息、股息、红利时取得的收入为一次。

4. 应纳税额＝应纳税所得额×20%
＝每次收入额×20%

> 【提示】每次收入额就是应纳税所得额，没有任何扣除。

【案例】张某2018年11月从某非上市公司取得红利5000元，为此支付交通费50元、银行手续费1元。在本案中：（1）应按“利息、股息、红利所得”征税；（2）每次收入额即为应纳税所得额，不得减除任何支出、费用；（3）应纳个人所得税＝5000×20%＝1000（元）。

（二）个人持有从公开发行和转让市场取得的上市公司股票而取得的股息红利

1. 应纳税所得额

（1）持股期限在1个月以内（含1个月）的，其股息红利所得全额计入应纳税所得额；

（2）持股期限在1个月以上至1年（含

1年）的，暂减按50%计入应纳税所得额；

（3）持股期限超过1年的，股息红利所得暂免征收个人所得税。

2. 税率：统一适用20%的税率。

【案例】张先生为自由职业者，2018年8月取得如下所得：（1）从A上市公司取得股息所得16000元，张先生已持有该股票5个月，然后该股票于2018年9月转让，张先生实际持股时间为6个月；（2）从B非上市公司取得股息所得7000元；（3）兑现8月10日到期的1年期银行储蓄存款利息所得1500元。计算张先生上述所得应缴纳的个人所得税税额。

在本案中：（1）从A上市公司取得的股息，由于持股期限超过1个月但不满1年，应减按50%计入应纳税所得额，应缴纳的个人所得税＝16000×50%×20%＝1600（元）；（2）从B非上市公司取得的股息应全额纳税，应缴纳的个人所得税＝7000×20%＝1400（元）；（3）取得的个人储蓄存款利息暂免征收个人所得税。

考点2：财产租赁所得（★★）

1. 征税范围

财产租赁所得，是指个人出租不动产、土地使用权、机器设备、车船以及其他财产取得的所得。

【相关链接】个人提供专利权、商标权、著作权、非专利技术以及其他特许权的使用权（出版、发表除外）取得的所得，属于"特许权使用费所得"。

2. 税率

（1）一般情况下为20%；

（2）个人出租住房取得的所得暂减按10%的税率征收个人所得税。

【例题·单选题】根据个人所得税法律制度的规定，下列各项中，暂减按10%税率征收个人所得税的是（　　）。（2017年）

A. 周某出租机动车取得的所得

B. 夏某出租住房取得的所得

C. 林某出租商铺取得的所得

D. 刘某出租电子设备取得的所得

【答案】B

3. 财产租赁所得，以一个月内取得的收入为一次。

4. 应纳税所得额

（1）每次（月）收入≤4000元（公式1）：

应纳税所得额＝每次（月）收入额－财产租赁过程中缴纳的税费－由纳税人负担的租赁财产实际开支的修缮费用（800元为限）－800元

（2）每次（月）收入＞4000元（公式2）：

应纳税所得额＝［每次（月）收入额－财产租赁过程中缴纳的税费－由纳税人负担的租赁财产实际开支的修缮费用（800元为限）］×（1－20%）

> 【提示】个人出租房屋的个人所得税应税收入不含增值税，计算房屋出租所得可扣除的税费不包括本次出租缴纳的增值税。

5. 应纳税额＝应纳税所得额×20%（或者10%）

【案例1】李某按市场价格出租住房，2018年11月取得不含增值税租金收入2500元，本月财产租赁过程中缴纳的可以税前扣除的税费合计为100元，由纳税人负担的租赁财产实际开支的修缮费用200元，均取得合法票据。李某当月应缴纳个人所得税＝（2500－100－200－800）×10%＝140（元）。

【案例2】李某按市场价格出租住房，2018年11月取得不含增值税租金收入6000元，本月财产租赁过程中缴纳的可以税前扣除的税费合计为240元，由纳税人负担的租赁财产实际开支的修缮费用500元，均取得合法票据。李某当月应缴纳个人所得税＝（6000－240－500）×（1－20%）×10%＝420.8（元）。

【案例3】李某出租商铺，2018年11月取得不含增值税租金收入6000元，本月财产租赁过程中缴纳的可以税前扣除的税费合计为720元，发生由纳税人负担的租赁财产实际开支的修缮费用1000元，均取得合法票据。李某当月应缴纳个人所得税 =（6000 - 720 - 800）×（1 - 20%）×20% = 716.8（元）。

6. 转租

（1）个人取得的房屋转租收入，属于"财产租赁所得"的征税范围。

（2）个人转租房屋的，其向房屋出租方支付的租金（凭房屋租赁合同和合法支付凭据）及增值税税额，在计算转租所得时予以扣除。

【例题1·单选题】2017年9月，王某出租自有住房取得租金收入6000元（不含增值税），房屋租赁过程中缴纳的可以税前扣除的税费240元，支付该房屋的修缮费1000元。已知个人出租住房个人所得税税率暂减按10%，每次收入4000元以上的，减除20%的费用。计算王某当月出租住房应缴纳个人所得税税额的下列算式中正确的是（　　）。(2018年)

A.（6000 - 240 - 800）×10% = 496（元）

B.（6000 - 240 - 1000）×10% = 476（元）

C.（6000 - 240 - 1000）×（1 - 20%）×10% = 380.8（元）

D.（6000 - 240 - 800）×（1 - 20%）×10% = 396.8（元）

【解析】(1)"修缮费1000元"最高扣800元，排除选项BC；(2) 6000 - 240 - 800 = 4960（元），超过4000元，应适用上述公式2计算，选项A错误，选项D正确。

【答案】D

【例题2·单选题】2016年7月，王某出租住房取得不含增值税租金收入3000元，房屋租赁过程中缴纳的可以税前扣除的相关税费120元，支付出租住房修缮费1000元。已知个人出租住房取得的所得按10%的税率征收个人所得税，每次收入不超过4000元的，减除费用800元。王某当月出租住房应缴纳个人所得税税额的下列计算列式中，正确的是（　　）。(2016年)

A.（3000 - 120 - 800 - 800）×10% = 128（元）

B.（3000 - 120 - 800）×10% = 208（元）

C.（3000 - 120 - 1000）×10% = 188（元）

D.（3000 - 120 - 1000 - 800）×10% = 108（元）

【解析】(1)"修缮费1000元"最高扣800元，排除选项CD；(2) 租金收入3000元，明显应适用上述公式1计算，选项A有2个"- 800"，一个是减除允许扣除的修缮费，另一个是适用公式1计算时允许减除的800元费用。

【答案】A

【例题3·多选题】中国公民李某，2018年11月取得房屋租金收入6000元（不含增值税），房屋租赁过程中缴纳的可以税前扣除的相关税费240元，支付该房屋的修缮费500元、购房贷款2200元、供暖费2300元。根据个人所得税法律制度的规定，李某当月下列各项支出中，在计算房屋租金收入应缴纳个人所得税税额时，准予扣除的有（　　）。

A. 供暖费2300元

B. 相关税费240元

C. 购房贷款2200元

D. 房屋修缮费500元

【解析】计算"财产租赁所得"的应纳税所得额时，允许从每次收入额中减除的项目仅限于（转租除外）：(1) 财产租赁过程中缴纳的税费；(2) 由纳税人负担的租赁财产实际开支的修缮费用（800元为限）；(3) 法定扣除项目（800元或20%）。

【答案】BD

考点3：财产转让所得（★★）

（一）基本规定

1. 征税范围

财产转让所得，是指个人转让有价证券、股权、合伙企业中的财产份额、不动产、土地使用权、机器设备、车船以及其他财产取得的所得。

【提示】个人转让专利权、商标权、著作权、非专利技术等的权属取得的所得，按“特许权使用费所得”缴纳个人所得税。

【例题·多选题】根据个人所得税法律制度的规定，下列各项中，按照“财产转让所得”缴纳个人所得税的有（　　）。（2014 年）

A. 转让著作权收入

B. 转让股权收入

C. 转让非专利技术收入

D. 转让机器设备收入

【解析】选项 AC：应按照“特许权使用费所得”计征个人所得税。

【答案】BD

2. 税率：20%

3. 按次计算。

4. 应纳税额 = 应纳税所得额 × 20%

= （收入总额 - 财产原值 - 合理费用） × 20%

（二）个人转让房屋

1. 对个人转让自用达 5 年以上并且是家庭唯一生活用房取得的所得，暂免征收个人所得税。

2. 个人转让房屋的个人所得税应税收入不含增值税，其取得房屋时所支付价款中包含的增值税计入财产原值，计算转让所得时可扣除的税费不包括本次转让缴纳的增值税。

【案例】李某转让一处临街商铺（原值为 200 万元），取得不含增值税的转让收入 450 万元，支付可以税前扣除的各项合理税费合计 5 万元（均取得合法票据）。李某出售该商铺应纳个人所得税 = （450 - 200 - 5） × 20% = 49（万元）。

（三）个人股权转让所得

1. 上市公司股票

（1）对境内上市公司股票（非限售股）转让所得，暂不（免）征收个人所得税。

（2）对个人转让上市公司限售股取得的所得，按照“财产转让所得”，适用 20% 的比例税率征收个人所得税。

2. 非上市公司股权

个人将投资于在中国境内成立的企业或组织（不包括个人独资企业和合伙企业）的股权或股份，转让给其他个人或法人的行为，按照“财产转让所得”，依法计算缴纳个人所得税。

【案例 1】王某持有甲公司（非上市公司）股权，2018 年 11 月初取得第三季度红利 2000 元，月底将股权出售给李某，取得转让款 50000 元。在本案中：（1）“2000 元”是红利，是王某作为股东而获得的，按“利息、股息、红利所得”缴纳个人所得税，应纳税额 = 2000 × 20% = 400（元）；（2）“50000元”是转让款，转让完成后王某不再是甲公司的股东，李某成为甲公司的股东，由于甲公司并非上市公司，应按“财产转让所得”缴纳个人所得税，假定股权原值为 20000 元，按照规定可以扣除的合理费用为 5000 元，应纳税额 = （50000 - 20000 - 5000） × 20% = 5000（元）。

【案例 2】中国公民张某为境内甲公司高级管理人员，2018 年 11 月取得境内 A 上市公司非限售股股息 2000 元；该股票于当月转让取得所得 20000 元。该股票持有期限为 10 个月。在本案中：（1）A 是上市公司，则不仅要辨别是股息收入还是股票转让收入，还要考虑是否享受税收优惠（详见表 5 - 18）。（2）“2000 元”是张某持有该上市公司股票期间取得的股息，应按“利息、股息、红利所得”缴纳个人所得税；由于持有期限在 1 个月以上但不足 1 年，暂减按 50% 计入应纳税所得额；应纳税额 = 2000 × 50% × 20% = 200（元）。（3）“20000 元”为张某转让该股票的所得，应按“财产转让所得”缴纳个人所得税，但由于享受优惠政策“对境内上市公司股票（非限售股）转让所得，暂不（免）征收个人所得税”，不必缴税。

表 5－18

	适用税目	解题关键	具体处理规则	
取得上市公司（非限售股）股息红利	利息、股息、红利所得	关键看持有期限	1个月以内（含1个月）	全额计入应纳税所得额
			1个月以上至1年（含1年）	暂减按50%计入应纳税所得额
			超过1年	暂免征收
转让上市公司股票	财产转让所得	关键看是否为限售股	非限售股	暂不（免）征收
			限售股	正常征税

（四）其他规定

1. 个人以非货币性资产投资，属于个人转让非货币性资产和投资同时发生。对个人转让非货币性资产的所得，应按照“财产转让所得”，依法计算缴纳个人所得税。

2. 个人通过招标、竞拍或其他方式购置债权以后，通过相关司法或行政程序主张债权而取得的所得，应按照“财产转让所得”缴纳个人所得税。

3. 个人通过网络收购玩家的虚拟货币，加价后向他人出售取得的收入，属于个人所得税应税所得，应按照“财产转让所得”计算缴纳个人所得税。

【例题·判断题】个人通过网络收购玩家的虚拟货币，加价后向他人出售取得的收入，不征收个人所得税。（　　）（2017年）

【解析】个人通过网络收购玩家的虚拟货币，加价后向他人出售取得的收入，属于个人所得税应税所得，应按照“财产转让所得”计算缴纳个人所得税。

【答案】×

考点4：偶然所得（★★）

1. 偶然所得，是指个人得奖、中奖、中彩以及其他偶然性质的所得。

2. 免税的偶然所得

（1）个人取得单张有奖发票奖金所得不超过800元（含800元）的，暂免征收个人所得税；个人取得单张有奖发票奖金所得超过800元的，应全额按“偶然所得”征收个人所得税。

（2）对个人购买福利彩票、赈灾彩票、体育彩票，一次中奖收入在1万元以下的（含1万元）暂免征收个人所得税；超过1万元的，全额征收个人所得税。

（3）个人举报、协查各种违法、犯罪行为而获得的奖金，暂免征收个人所得税。

3. 按次计算，以每次取得该项收入为一次。

4. 应纳税额＝应纳税所得额×20%

＝每次收入额×20%

【提示】每次收入额就是应纳税所得额，没有任何扣除。

【例题·单选题】2018年1月周某在商场举办的有奖销售活动中获得奖金4000元，周某领奖时支付交通费30元、餐费70元。已知偶然所得个人所得税税率为20%，计算周某中奖奖金的所得税税额的下列算式中，正确的是（　　）。（2018年）

A. （4000－70）×20%＝786（元）

B. （4000－30－70）×20%＝780（元）

C. （4000－30）×20%＝794（元）

D. 4000×20%＝800（元）

【解析】偶然所得，以每次收入额为应纳税所得额，没有任何扣除，因此，周某领奖时支付的交通费30元、餐费70元，均不得扣除。

【答案】D

第12单元　个人所得税的其他规定

【本单元考点框架】

- 捐赠的个人所得税处理（考点1）
- 个人所得税应纳税额计算的其他规定（考点2）
- 个人所得税税收优惠（考点3）
- 个人所得税的其他征收管理规定（考点4）

考点1：捐赠的个人所得税处理（★★）

1. 全额扣除

（1）向红十字事业的捐赠

个人通过非营利性的社会团体和国家机关向红十字事业的捐赠，在计算缴纳个人所得税时，准予在税前的所得额中全额扣除。

（2）向农村义务教育的捐赠

个人通过非营利的社会团体和国家机关向农村义务教育的捐赠，在计算缴纳个人所得税时，准予在税前的所得额中全额扣除。

（3）向公益性青少年活动场所（其中包括新建）的捐赠

个人通过非营利性社会团体和国家机关对公益性青少年活动场所（其中包括新建）的捐赠，在计算缴纳个人所得税时，准予在税前的所得额中全额扣除。

（4）向福利性、非营利性老年服务机构的捐赠，以及通过特定基金会用于公益救济性的捐赠

个人通过非营利性的社会团体和政府部门向福利性、非营利性老年服务机构捐赠、通过特定的基金会用于公益救济性的捐赠，符合相关条件的，准予在缴纳个人所得税税前全额扣除。

2. 限额扣除

个人将其所得对教育、扶贫、济困等公益慈善事业进行捐赠，捐赠额未超过纳税人申报的应纳税所得额30%的部分，可以从其应纳税所得额中扣除；国务院规定对公益慈善事业捐赠实行全额扣除的，从其规定。

【例题·多选题】根据个人所得税法律制度的规定，个人发生的下列公益性捐赠支出中，准予税前全额扣除的有（　　）。（2014年、2011年、2010年）

A. 通过非营利社会团体向公益性青少年活动场所的捐赠

B. 通过国家机关向贫困地区的捐赠

C. 通过非营利社会团体向农村义务教育的捐赠

D. 通过国家机关向红十字事业的捐赠

【解析】选项B：个人将其所得对教育、扶贫、济困等公益慈善事业进行捐赠，捐赠额未超过纳税人申报的应纳税所得额30%的部分，可以从其应纳税所得额中扣除；国务院规定对公益慈善事业捐赠实行全额扣除的，从其规定。

【答案】ACD

考点2：个人所得税应纳税额计算的其他规定（★）

1. 两个或者两个以上的个人共同取得同一项目收入的，应当对每个人取得的收入分别按照个人所得税法规定减除费用后计算纳税。（2019年新增）

2. 居民个人从境内和境外取得的综合所得或者经营所得，应当分别合并计算应纳税额；从境内和境外取得的其他所得应当分别单独计算应纳税额。（2019年新增）

3. 个人独资企业、合伙企业及个人从事其他生产、经营活动在境外营业机构的亏损，不得抵减境内营业机构的盈利。（2019年新增）

4. 居民个人从中国境外取得的所得，可以从其应纳税额中抵免已在境外缴纳的个人所得税税额，但抵免额不得超过该纳税人境外所得依照个人所得税法规定计算的应纳税额。（2019年新增）

5. 出租车

（1）出租汽车经营单位对出租车驾驶员采取单车承包或承租方式运营，出租车驾驶员从事客货营运取得的收入，按“工资、薪金所得”征税。

（2）出租车属于个人所有，但挂靠出租汽车经营单位或企事业单位，驾驶员向挂靠单位缴纳管理费的，或出租汽车经营单位将出租车所有权转移给驾驶员的，出租车驾驶员从事客货运营取得的收入，比照“经营所得”征税。（2019年调整）

（3）从事个体出租车运营的出租车驾驶员取得的收入，按“经营所得”计征个人所得税。（2019年调整）

6. 职工个人取得的量化资产

（1）取得量化资产

对职工个人以股份形式取得的仅作为分红依据，不拥有所有权的企业量化资产，不征收个人所得税；对职工个人以股份形式取得的拥有所有权的企业量化资产，暂缓征收个人所得税。

（2）分红

对职工个人以股份形式取得的企业量化资产参与企业分配而获得的股息、红利，应按“利息、股息、红利所得”征收个人所得税。

（3）转让

职工个人将其以股份形式取得的拥有所有权的企业量化资产转让时，就其转让收入额，减除个人取得该股份时实际支付的费用支出和合理转让费用后的余额，按“财产转让所得”计征个人所得税。

【例题·判断题】集体所有制企业职工个人在企业改制过程中，以股份形式取得的仅作为分红依据，不拥有所有权的企业量化资产，应按“股息、利息、红利所得”计缴个人所得税。（　　）（2016年）

【解析】集体所有制企业职工个人在企业改制过程中，以股份形式取得的仅作为分红依据，不拥有所有权的企业量化资产，不征收个人所得税。

【答案】×

7. 企业为个人购买房屋或其他财产

（1）符合以下情形的房屋或其他财产，不论所有权人是否将财产无偿或有偿交付企业使用，其实质均为企业对个人进行了实物性质的分配，应依法计征个人所得税：

①企业出资购买房屋及其他财产，将所有权登记为投资者个人、投资者家庭成员或企业其他人员的；

②企业投资者个人、投资者家庭成员或企业其他人员向企业借款用于购买房屋及其他财产，将所有权登记为投资者、投资者家庭成员或企业其他人员，且借款年度终了后未归还借款的。

（2）税目界定（2019年调整）

表5－19

情形		税务处理
个人投资者或其家庭成员	个人独资企业、合伙企业	按照“经营所得”计征个人所得税
	其他企业	按照“利息、股息、红利所得”计征个人所得税
企业其他人员		按照“综合所得”计征个人所得税（居民个人）

考点3：个人所得税税收优惠（★★★）

（一）免税项目

1. 省级人民政府、国务院部委和中国人民解放军军以上单位，以及外国组织、国际组织颁发的科学、教育、技术、文化、卫生、体育、环境保护等方面的奖金；

2. 国债和国家发行的金融债券的利息；

3. 按照国务院规定发给的政府特殊津贴、院士津贴，以及国务院规定免纳个人所得税的其他补贴、津贴；

4. 福利费、抚恤金、救济金；

5. 保险赔款；

6. 军人的转业费、复员费、退役金；

7. 按照国家统一规定发给干部、职工的安家费、退职费、基本养老金或者退休费、离休费、离休生活补助费；

8. 依照有关法律规定应予免税的各国驻华使馆、领事馆的外交代表、领事官员和其他人员的所得；

9. 中国政府参加的国际公约、签订的协议中规定免税的所得；

10. 对外籍个人取得的探亲费免征个人所得税；

【提示】可以享受免征个人所得税优惠待遇的探亲费，仅限于外籍个人在我国的受雇地与其家庭所在地（包括配偶或父母居住地）之间搭乘交通工具且每年不超过2次的费用。

11. 按照国家规定，单位为个人缴付和个人缴付的住房公积金、基本医疗保险费、基本养老保险费、失业保险费，从纳税义务人的应纳税所得额中扣除；

12. 个人取得的拆迁补偿款；

13. 国务院规定的其他免税所得（由国务院报全国人民代表大会常务委员会备案）。

（二）减税项目

1. 残疾、孤老人员和烈属的所得。

2. 因自然灾害遭受重大损失的。

3. 国务院可以规定其他减税情形，报全国人民代表大会常务委员会备案。（2019年调整）

（三）暂免征税项目（包括但不限于）

1. 外籍个人

（1）外籍个人以非现金形式或实报实销形式取得的住房补贴、伙食补贴、搬迁费、洗衣费。

（2）外籍个人按合理标准取得的境内、境外出差补贴。

（3）外籍个人取得的语言训练费、子女教育费等，经当地税务机关审核批准为合理的部分。

（4）外籍个人从外商投资企业取得的股息、红利所得。

2. 对国有企业职工，因企业被依法宣告破产，从破产企业取得的一次性安置费收入，免予征收个人所得税。

3. 个人领取原提存的住房公积金、基本医疗保险金、基本养老保险金，以及失业保险金，免予征收个人所得税。

4. 对工伤职工及其近亲属按照规定取得的工伤保险待遇，免征个人所得税。

5. 下列情形的房屋产权无偿赠与的，对当事双方不征收个人所得税：

（1）房屋产权所有人将房屋产权无偿赠与配偶、父母、子女、祖父母、外祖父母、孙子女、外孙子女、兄弟姐妹；

（2）房屋产权所有人将房屋产权无偿赠与对其承担直接抚养或者赡养义务的抚养人或者赡养人；

（3）房屋产权所有人死亡，依法取得房屋产权的法定继承人、遗嘱继承人或者受遗赠人。

6. 个体工商户、个人独资企业和合伙企业或个人从事种植业、养殖业、饲养业、捕捞业取得的所得，暂不征收个人所得税。

7. 企业在销售商品（产品）和提供服务过程中向个人赠送礼品，属于下列情形之一的，不征收个人所得税：

（1）企业通过价格折扣、折让方式向个人销售商品（产品）和提供服务；

（2）企业在向个人销售商品（产品）和提供服务的同时给予赠品（如通信企业对个人购买手机赠送话费、入网费，或者购话费赠手机等）；

（3）企业对累积消费达到一定额度的个人按消费积分反馈礼品。

【链接】企业对累积消费达到一定额度的顾客，给予额外抽奖机会，个人的获奖所得，按照“偶然所得”，全额缴纳个人所得税。

【案例】李某2018年10月取得如下收入：（1）到期国债利息收入986元；（2）购买福利彩票支出500元，取得一次性中奖收入15000元；（3）转让上市公司股票所得10000元；（4）转让自用住房一套，取得转让收入500万元，该套住房购买价为200万元，购买时间为2007年并且是唯一的家庭生活用房。在本案中：（1）国债利息收入免征个人所得税；（2）福利彩票一次中奖收入超过1万元的，应“全额”征收个人所得税，应纳税额 $=15000\times20\%=3000$（元）；（3）转让上市公司股票所得，暂免征收个人所得税；（4）转让自用5年以上并且是唯一的家庭生活用房取得的所得，暂免征收个人所得税。

【例题1·单选题】根据个人所得税法律制度的规定，个人的下列所得中，不属于个人所得税免税项目的是（　　）。（2018年）

A. 国债利息

B. 军人的转业费

C. 出租厂房取得的租金

D. 国家发行的金融债券利息

【解析】选项C：按“财产租赁所得”依法缴纳个人所得税。

【答案】C

【例题2·单选题】根据个人所得税法律制度的规定，下列各项中，不免征个人所得税的是（　　）。（2018年）

A. 个人转让著作权所得

B. 国家规定的福利费

C. 保险赔款

D. 退休工资

【解析】个人转让著作权所得，免征增值税，但不免征个人所得税。

【答案】A

【例题3·多选题】根据个人所得税法律制度的规定，下列各项中，免征个人所得税的有（　　）。（2017年）

A. 保险赔款

B. 国家发行的金融债券利息

C. 军人转业费

D. 劳动分红

【解析】选项D：按“工资、薪金所得”依法缴纳个人所得税。

【答案】ABC

【例题4·单选题】根据个人所得税法律制度的规定，下列情形中，应缴纳个人所得税的是（　　）。（2017年）

A. 王某将房屋无偿赠与其子

B. 张某转让自用达5年以上且唯一家庭生活用房

C. 赵某转让无偿受赠的商铺

D. 杨某将房屋无偿赠与其外孙女

【解析】（1）选项AD：房屋产权所有人将房屋产权无偿赠与配偶、父母、子女、祖父母、外祖父母、孙子女、外孙子女、兄弟姐妹的，对双方当事人均不征收个人所得税；（2）选项B：对个人转让自用达5年以上并且是家庭唯一生活用房取得的所得，暂免征收个人所得税。

【答案】C

【例题5·多选题】根据个人所得税法律制度的规定，下列所得中，属于免税项目的有（　　）。（2016年）

A. 保险赔款

B. 军人的转业费

C. 国债利息

D. 退休人员再任职取得的收入

【解析】选项D：退休人员再任职取得的收入，按照“工资、薪金所得”缴纳个人所得税。

【答案】ABC

【例题6·单选题】根据个人所得税法律制度的规定，下列各项中，免征个人所得税的是（　　）。（2015年）

A. 李某取得的保险赔款

B. 张某取得的加班补贴

C. 陈某取得特许权的经济赔偿收入

D. 王某获得的县级人民政府颁发的教育方面的奖金

【解析】（1）选项 B：加班补贴不属于不予征收个人所得税的补贴（如独生子女补贴、托儿补助费等），应按照“工资、薪金所得”征收个人所得税。（2）选项 C：个人取得特许权的经济赔偿收入，应按“特许权使用费所得”缴纳个人所得税，税款由支付赔偿的单位或个人代扣代缴。（3）选项 D：“省级”人民政府、国务院部委和中国人民解放军军以上单位，以及外国组织、国际组织颁发的科学、教育、技术、文化、卫生、体育、环境保护等方面的奖金，免征个人所得税。在本题中，王某获得的是“县级”人民政府颁发的奖金，应当征收个人所得税。

【答案】A

【例题 7 · 多选题】根据个人所得税法律制度的规定，下列各项中，暂免征收个人所得税的有(　　)。(2015 年)

A. 外籍个人以现金形式取得的住房补贴

B. 外籍个人从外商投资企业取得的股息、红利所得

C. 个人转让自用 3 年，并且是唯一的家庭生活用房取得的所得

D. 个人购买福利彩票，一次中奖收入 1000 元的

【解析】（1）选项 A：外籍个人以“非现金”形式取得的住房补贴，暂免征收个人所得税。（2）选项 C：个人转让自用达“5 年以上”，并且是唯一的家庭生活用房取得的所得，暂免征收个人所得税。（3）选项 D：对个人购买福利彩票、赈灾彩票、体育彩票，一次中奖收入在 1 万元以下的（含 1 万元）暂免征收个人所得税；超过 1 万元的，全额征收个人所得税。

【答案】BD

【例题 8 · 判断题】对国有企业职工，因企业依照《企业破产法》宣告破产，从破产企业取得的一次性安置费收入，免予征收个人所得税。(　　)(2013 年)

【答案】√

考点 4：个人所得税的其他征收管理规定（★）(2019 年新增)

【链接】本章第 8 单元考点 5、本章第 9 单元考点 1。

1. 对年收入超过国务院税务主管部门规定数额的个体工商户、个人独资企业、合伙企业，税务机关不得采取定期定额、事先核定应税所得率等方式征收个人所得税。

2. 委托办理汇算清缴

（1）纳税人可以委托扣缴义务人或者其他单位和个人办理汇算清缴。

（2）纳税人发现扣缴义务人提供或者扣缴申报的个人信息、所得、扣缴税款等与实际情况不符的，有权要求扣缴义务人修改。扣缴义务人拒绝修改的，纳税人可以报告税务机关，税务机关应当及时处理。

（3）扣缴义务人发现纳税人提供的信息与实际情况不符的，可以要求纳税人修改，纳税人拒绝修改的，扣缴义务人应当报告税务机关，税务机关应当及时处理。

3. 纳税人有下列情形之一的，税务机关可以不予办理退税并及时告知纳税人：

（1）纳税申报或者提供的汇算清缴信息，经税务机关核实为虚假信息，并拒不改正的；

（2）法定汇算清缴期结束后申报退税的。

4. 纳税人取得经营所得，按年计算个人所得税，由纳税人在月度或者季度终了后 15 日内向税务机关报送纳税申报表，并预缴税款；在取得所得的次年 3 月 31 日前办理汇算清缴。

5. 纳税人取得利息、股息、红利所得，财产租赁所得，财产转让所得和偶然所得，按月或者按次计算个人所得税，有扣缴义务人的，由扣缴义务人按月或者按次代扣代缴税款。

6. 纳税人取得应税所得没有扣缴义务人的，应当在取得所得的次月15日内向税务机关报送纳税申报表，并缴纳税款。

7. 纳税人取得应税所得，扣缴义务人未扣缴税款的，纳税人应当在取得所得的次年6月30日前，缴纳税款；税务机关通知限期缴纳的，纳税人应当按照期限缴纳税款。

8. 居民个人从中国境外取得所得的，应当在取得所得的次年3月1日至6月30日内申报纳税。

9. 非居民个人在中国境内从两处以上取得工资、薪金所得的，应当在取得所得的次月15日内申报纳税。

10. 纳税人因移居境外注销中国户籍的，应当在注销中国户籍前办理税款清算。

本章大题精析

一、企业所得税

【大题1·不定项选择题】（2018年）

甲公司为居民企业，主要从事化工产品的生产和销售业务。2018年度有关经营情况如下：

（1）取得销售商品收入9000万元，提供修理劳务收入500万元，出租包装物收入60万元，从其直接投资的未上市居民企业分回股息收益25万元。

（2）发生符合条件的广告费支出1380万元，按规定为特殊工种职工支付的人身安全保险费18万元，合理的会议费8万元，直接向某敬老院捐赠6万元，上缴集团公司管理费10万元。

（3）由于管理不善被盗库存商品一批，经税务机关审核，该批存货的成本为40万元，增值税进项税额为6.4万元；取得保险公司赔款12万元，责任人赔偿2万元。

（4）上一年度尚未扣除的、符合条件的广告费支出50万元。

已知：广告费和业务宣传费支出不超过当年销售（营业）收入15%的部分，准予扣除。

要求：

根据上述资料，不考虑其他因素，分析回答下列小题。

1. 甲公司的下列收入中，在计算2018年度企业所得税应纳税所得额时，应计入收入总额的是(　　)。

A. 销售商品收入9000万元

B. 从其直接投资的未上市居民企业分回股息收益25万元

C. 出租包装物收入60万元

D. 提供修理劳务收入500万元

【答案】ABCD

【解析】（1）不论应税收入、免税收入，还是不征税收入，均应计入收入总额；（2）对本题各项收入的详细分析参考下表：

	收入类型	是否计入收入总额	应/免/不征税收入?	是否计入销售（营业）收入
选项A	销售货物收入	√	应税收入	√
选项B	股息、红利等权益性投资收益	√	免税收入	×
选项C	租金收入	√	应税收入	√
选项D	提供劳务收入	√	应税收入	√

2. 甲公司的下列费用中，在计算 2018 年度企业所得税应纳税所得额时，准予扣除的是(　　)。

A. 合理的会议费 8 万元

B. 特殊工种职工人身安全保险费 18 万元

C. 上缴集团公司管理费 10 万元

D. 直接向某敬老院捐赠 6 万元

【答案】AB

【解析】（1）选项 A：属于“依照有关法律、行政法规和国家有关税法规定准予扣除的其他项目”；（2）选项 C：企业之间支付的管理费，不得在计算企业所得税应纳税所得额时扣除；（3）选项 D：直接捐赠不属于公益性捐赠，不得在计算企业所得税应纳税所得额时扣除。

3. 甲公司在计算 2018 年度企业所得税应纳税所得额时，准予扣除的广告费支出是(　　)万元。

A. 1430　　B. 1434

C. 1380　　D. 1425

【答案】A

【解析】扣除限额 =（9000 + 500 + 60）× 15% = 1434（万元），待扣除的广告费 = 本年度实际发生额 1380 万元 + 上一年度结转额 50 万元 = 1430（万元），未超过扣除限额，税前准予扣除的广告费支出为 1430 万元。

4. 关于甲公司在计算 2018 年度企业所得税应纳税所得额时，准予扣除被盗商品的损失金额，下列算式正确的是(　　)。

A. 40 + 6.4 − 12 − 2 = 32.4（万元）

B. 40 + 6.4 − 12 = 34.4（万元）

C. 40 − 12 − 2 = 26（万元）

D. 40 + 6.4 = 46.4（万元）

【答案】A

【解析】（1）甲公司存货因非正常损失而不能从增值税销项税额中抵扣的进项税额（6.4 万元），应视同企业财产损失，准予与存货损失一并在税前扣除；（2）企业发生的损失，减除责任人赔偿（2 万元）和保险赔款（12 万元）后的余额，依照国务院财政、税务主管部门的规定扣除。

【大题 2·不定项选择题】（2018 年）

甲公司为居民企业，主要从事医药制造与销售业务，2017 年有关经营情况如下：

（1）药品销售收入 5000 万元，房屋租金收入 200 万元，许可他人使用本公司专利特许权使用费收入 1000 万元，接受捐赠收入 50 万元。

（2）缴纳增值税 325 万元，城市维护建设税和教育费附加 32.5 万元，房产税 56 万元，印花税 3.9 万元。

（3）捐赠支出 90 万元，其中通过公益性社会组织向受灾地区捐款 35 万元、直接向丙大学捐款 55 万元；符合条件的广告费支出 2100 万元。

（4）全年会计利润总额为 480 万元。

已知：公益性捐赠支出，在年度利润总额 12% 以内的部分，准予在当年扣除；医药制造企业发生的广告费和业务宣传费支出，不超过当年销售（营业）收入 30% 的部分，准予扣除，超过部分，准予在以后纳税年度结转扣除。

要求：

根据上述资料，不考虑其他因素，分析回答下列小题。

1. 甲公司的下列收入中，应计入 2017 年度企业所得税收入总额的是(　　)。

A. 房屋租金收入 200 万元

B. 药品销售收入 5000 万元

C. 接受捐赠收入 50 万元

D. 特许权使用费收入 1000 万元

【答案】ABCD

【解析】（1）不论应税收入、免税收入，还是不征税收入，均应计入收入总额；（2）对本题各项收入的详细分析参考下表：

	收入类型	是否计入收入总额	应/免/不征税收入？	是否计入销售（营业）收入
选项A	租金收入	√	应税收入	√
选项B	销售货物收入	√	应税收入	√
选项C	接受捐赠收入	√	应税收入	×
选项D	特许权使用费收入	√	应税收入	√

2. 下列各项中，在计算甲公司2017年度企业所得税应纳税所得额时，准予扣除的是（　　）。

A. 印花税3.9万元

B. 增值税325万元

C. 房产税56万元

D. 城市维护建设税和教育费附加32.5万元

【答案】ACD

【解析】计算企业所得税应纳税所得额时不得扣除的税金：（1）增值税；（2）企业所得税。

3. 在计算甲公司2017年度企业所得税应纳税所得额时，准予扣除的捐赠支出是（　　）万元。

A. 35　　B. 90

C. 57.6　　D. 55

【答案】A

【解析】（1）直接捐赠支出不得在计算企业所得税应纳税所得额时扣除。（2）“通过公益性社会组织”向“受灾地区捐款”的“35万元”属于公益性捐赠；税法扣除限额＝480×12%＝57.6（万元），实际发生额35万元未超过税法扣除限额，据实扣除。（3）准予扣除的捐赠支出为35万元。

4. 计算甲公司2017年度企业所得税应纳税所得额时，准予扣除的广告费支出是（　　）万元。

A. 2100　　B. 1815

C. 1560　　D. 1860

【答案】D

【解析】对医药制造企业发生的广告费和业务宣传费支出，不超过当年销售（营业）收入30%的部分，准予扣除；超过部分，准予在以后纳税年度结转扣除（本题该内容在已知条件中告知，但作为一项税收优惠政策，完全可能不告知或者作文字题考查，建议考生记忆）。在本题中，销售（营业）收入＝5000＋200＋1000＝6200（万元），税法扣除限额＝6200×30%＝1860（万元），实际发生额2100万元超过税法扣除限额，在计算企业所得税应纳税所得额时准予按限额扣除1860万元。

【大题3·不定项选择题】（2018年）

甲公司为居民企业，主要从事工艺品生产和销售业务。2017年有关经营情况如下：

（1）销售产品收入2000万元，出租设备租金收入20万元，接受捐赠收入10万元，国债利息收入2万元，转让商标权收入60万元。

（2）将价值50万元的产品用于换取乙公司生产的货物，将价值34万元的产品用于抵偿信用公司欠款，将价值3.5万元的产品用于馈赠客户，将价值10万元的产品用于奖励优秀职工。

（3）捐赠支出27万元，其中直接向丁中学捐赠3万元，通过市民政部门用于扶贫救济的捐赠24万元。

（4）违反规定被工商行政管理局罚款2.5万元，缴纳税收滞纳金1万元，非广告性赞助支出3万元。

（5）预缴企业所得税税款33万元。

（6）全年会计利润为190万元。

已知：公益性捐赠支出，在年度利润总额12%以内的部分，准予在计算当年应纳税所得额时扣除；超过年度利润总额12%的部分，准予结转以后3年内在计算应纳税所得额时扣除。

要求：

根据上述资料，不考虑其他因素，分析回答下列小题。

1. 甲公司的下列收入中，属于免税收入的是（　　）。

A. 接受捐赠收入 10 万元

B. 国债利息收入 2 万元

C. 转让商标权收入 60 万元

D. 出租设备租金收入 20 万元

【答案】B

【解析】参考下表：

	收入类型	是否计入收入总额	应/免/不征税收入?	是否计入销售（营业）收入
选项 A	接受捐赠收入	√	应税收入	×
选项 B	利息收入	√	免税收入	×
选项 C	转让财产收入	√	应税收入	×
选项 D	租金收入	√	应税收入	√

2. 甲公司的下列业务中，在计算 2017 年度企业所得税应纳税所得额时，应视同销售计算所得税的是（　　）。

A. 将价值 34 万元的产品用于抵偿信用公司欠款

B. 将价值 50 万元的产品用于换取乙公司生产的货物

C. 将价值 3.5 万元的产品用于馈赠客户

D. 将价值 10 万元的产品用于奖励优秀职工

【答案】ABCD

【解析】企业发生非货币性资产交换（选项 B），以及将货物、财产、劳务用于捐赠（选项 C）、偿债（选项 A）、赞助、集资、广告、样品、职工福利（选项 D）或者利润分配等用途的，应当视同销售货物、转让财产或者提供劳务，但国务院财政、税务主管部门另有规定的除外。

3. 甲公司在计算 2017 年度企业所得税应纳税所得额时，准予扣除的公益性捐赠支出金额是（　　）万元。

A. 22.8　　B. 24

C. 27　　D. 25

【答案】A

【解析】（1）扣除限额 $=190\times12\%=22.8$（万元）；（2）直接向丁中学的捐赠，不属于公益性捐赠，不得扣除；（3）通过市民政部门用于扶贫救济的捐赠 24 万元，属于公益性捐赠，但超过扣除限额，在计算企业所得税应纳税所得额时应按限额 22.8 万元扣除。

4. 甲公司在计算 2017 年度企业所得税应纳税所得额时，下列各项中，不得扣除的是（　　）。

A. 违反规定被工商行政管理局罚款 2.5 万元

B. 预缴企业所得税税款 33 万元

C. 缴纳税收滞纳金 1 万元

D. 非广告性赞助支出 3 万元

【答案】ABCD

【大题 4·不定项选择题】（2017 年、2014 年）

甲公司为居民企业，主要从事不锈钢用品的生产和销售业务，2018 年有关经营情况如下：

（1）产品销售收入 800 万元，销售边角料收入 40 万元，国债利息收入 5 万元。

（2）以产品抵偿债务，该批产品不含增值税售价 60 万元。

（3）实发合理工资、薪金总额 100 万元，发生职工福利费支出 15 万元，职工教育经费支出 1.5 万元，拨缴工会经费 2 万元。

（4）支付法院诉讼费 3 万元，税收滞纳金 4 万元，合同违约金 5 万元，银行逾期利息 6 万元。

（5）因管理不善导致一批材料被盗，该

批材料成本为10万元，对应的增值税进项税为1.6万元，取得保险公司赔款6万元，材料损失已经过税务机关核准。

已知：职工福利费支出、职工教育经费支出、拨缴的工会经费分别不超过工资、薪金总额的14%、8%和2%的部分，准予扣除。

要求：

根据上述资料，不考虑其他因素，分析回答下列小题。

1. 甲公司的下列收入中，在计算2018年度企业所得税应纳税所得额时，应计入收入总额的是(　　)。

A. 销售边角料收入40万元

B. 产品销售收入800万元

C. 国债利息收入5万元

D. 抵债产品售价60万元

【答案】ABCD

【解析】(1) 不论应税收入、免税收入，还是不征税收入，均应计入收入总额；(2) 对本题各项收入的详细分析参考下表：

	收入类型	是否计入收入总额	应/免/不征税收入？	是否计入销售（营业）收入
选项A	销售货物收入	√	应税收入	√
选项B	销售货物收入	√	应税收入	√
选项C	利息收入	√	免税收入	×
选项D	视同销售货物收入	√	应税收入	√

2. 甲公司的下列支出中，在计算2018年度企业所得税应纳税所得额时，准予全额扣除的是(　　)。

A. 工资、薪金100万元

B. 工会经费2万元

C. 职工福利费15万元

D. 职工教育经费1.5万元

【答案】ABD

【解析】(1) 选项A：企业发生的合理的工资薪金支出，准予扣除；(2) 选项B：工会经费扣除限额 = 100 × 2% = 2（万元），实际发生额为2万元，未超过扣除限额，在计算企业所得税应纳税所得额时可以按实际发生额全额扣除；(3) 选项C：职工福利费扣除限额 = 100 × 14% = 14（万元），实际发生额为15万元，超过扣除限额，在计算企业所得税应纳税所得额时只能按限额扣除14万元；(4) 选项D：职工教育经费扣除限额 = 100 × 8% = 8（万元），实际发生额为1.5万元，未超过扣除限额，在计算企业所得税应纳税所得额时可以按实际发生额全额扣除。

3. 甲公司的下列支出中，在计算2018年度企业所得税应纳税所得额时，不得扣除的是(　　)。

A. 法院诉讼费3万元

B. 银行逾期利息6万元

C. 税收滞纳金4万元

D. 合同违约金5万元

【答案】C

【解析】纳税人承担行政责任（选项C）或刑事责任的支出，在计算企业所得税应纳税所得额时不得扣除；而合同违约金、银行罚息、法院判决由企业承担的诉讼费等民事性质的款项（选项ABD），可以据实扣除。

4. 甲公司在计算2018年度企业所得税应纳税所得额时，准予扣除原材料损失金额是(　　)。

A. 10 - 1.6 - 6 = 2.4（万元）

B. 10 - 6 = 4（万元）

C. 10 + 1.6 = 11.6（万元）

D. 10 + 1.6 - 6 = 5.6（万元）

【答案】D

【解析】(1) 企业因存货盘亏、毁损、报废等原因不得从销项税额中抵扣的进项税额，应视同企业财产损失，准予与存货损失一起在企业所得税前按规定扣除；在本题中，甲公司的材料系因管理不善损失，其对应的进项税额不得抵扣，应随同存货损失一并在企业所得税前扣除，因此，排除选项AB。（2）企业发生的损失，减除责任人赔偿和保险赔款后的余额，依照规定在税前扣除，因此，选项D正确。

【大题5·不定项选择题】（2016年）

甲公司注册于某市东城区。2014年有关收支情况如下：

（1）取得产品销售收入2000万元、国债利息收入30万元、接受捐赠收入10万元。

（2）缴纳工商行政罚款2万元、税收滞纳金1万元。

（3）缴纳增值税200万元、城市维护建设税和教育费附加20万元。

（4）从直接投资的未上市居民企业取得股息收益200万元。

已知：2013年度甲公司会计利润为－60万元，经纳税调整后应纳税所得额为－50万元；甲公司按月预缴企业所得税。

要求：

根据上述资料，不考虑其他因素，分析回答下列小题。

1. 甲公司下列收入中，应计入企业所得税应纳税所得额的是（　　）。

A. 接受捐赠收入10万元

B. 产品销售收入2000万元

C. 股息收益200万元

D. 国债利息收入30万元

【答案】AB

【解析】参考下表：

	收入类型	是否计入收入总额	应/免/不征税收入？	是否计入销售（营业）收入
选项A	接受捐赠收入	√	应税收入	×
选项B	销售货物收入	√	应税收入	√
选项C	股息、红利等权益性投资收益	√	免税收入	×
选项D	利息收入	√	免税收入	×

2. 甲公司下列支出中，在计算2014年度企业所得税应纳税所得额时，准予扣除的是（　　）。

A. 税收滞纳金1万元

B. 工商行政罚款2万元

C. 城市维护建设税和教育费附加20万元

D. 增值税200万元

【答案】C

【解析】（1）选项AB：违反国家法律由有关部门收取的罚款和滞纳金，属于不得扣除的项目；（2）选项D：企业缴纳的增值税税款不得在企业所得税前扣除。

3. 关于甲公司弥补亏损的下列表述中，正确的是（　　）。

A. 2014至2018年度的税前所得可以弥补的2013年度亏损额为50万元

B. 2014至2018年度的税前所得可以弥补的2013年度亏损额为60万元

C. 如果2014年度税前所得弥补2013年度亏损后，应纳税所得额大于零，应缴纳企业所得税

D. 如果2014年度税前所得不足以弥补2013年度亏损，可以逐年延续弥补亏损，但最长不得超过5年

【答案】ACD

【解析】（1）选项AB："亏损"，是指企业财务报表中的亏损额经主管税务机关按税法规定核实调整后的金额（税法口径的亏损额）；（2）选项C：弥补亏损后，应纳税所得额大于零，企业应当缴纳企业所得税；（3）选项D：企业某一纳税年度发生的亏损，可以用下一年度的所得弥补，

下一年度的所得不足以弥补的，可以逐年延续弥补，但最长不得超过5年（另有规定除外）。

4. 下列有关甲公司企业所得税征收管理的表述中，正确的是（　　）。

A. 如果2014年度税前所得不足以弥补2013年度亏损，甲公司无须办理2014年度企业所得税汇算清缴

B. 甲公司企业所得税的纳税地点为该市东城区

C. 甲公司应当于每月终了之日起15日内，向税务机关预缴企业所得税

D. 甲公司2014年纳税年度自2014年1月1日起至2014年12月31日止

【答案】BCD

【解析】选项A：企业在纳税年度内无论盈利或者亏损，都应当依照规定期限，向税务机关报送预缴企业所得税纳税申报表、年度企业所得税纳税申报表、财务会计报告和税务机关规定应当报送的其他有关资料。

【大题6·不定项选择题】（2015年）

甲公司为居民企业，主要从事货物生产和销售。2014年有关收支情况如下：

（1）取得产品销售收入5000万元、转让机器设备收入40万元、国债利息收入20万元、客户合同违约金收入2万元。

（2）支付税收滞纳金3万元、银行加息10万元，向投资者支付股息30万元，向关联企业支付管理费17万元。

（3）发生业务招待费50万元，其他可在企业所得税税前扣除的成本、费用、税金合计2600万元。

已知：在计算企业所得税应纳税所得额时，业务招待费支出按发生额的60%扣除，但最高不得超过当年销售（营业）收入的5‰。

要求：

根据上述资料，不考虑其他因素，分析回答下列小题。

1. 甲公司下列收入中，应计入企业所得税应纳税所得额的是（　　）。

A. 转让机器设备收入40万元

B. 产品销售收入5000万元

C. 客户合同违约金收入2万元

D. 国债利息收入20万元

【答案】ABC

【解析】参考下表：

	收入类型	是否计入收入总额	应/免/不征税收入？	是否计入销售（营业）收入
选项A	转让财产收入	√	应税收入	×
选项B	销售货物收入	√	应税收入	√
选项C	其他收入	√	应税收入	×
选项D	利息收入	√	免税收入	×

2. 甲公司下列支出中，在计算2014年度企业所得税应纳税所得额时，不得扣除的是（　　）。

A. 税收滞纳金3万元

B. 银行加息10万元

C. 向关联企业支付的管理费17万元

D. 向投资者支付的股息30万元

【答案】ACD

【解析】（1）选项AB：税收滞纳金、罚金、罚款，不得在企业所得税税前扣除；违约金、银行加息属于民事责任范畴，准予在企业所得税税前扣除。（2）选项C：企业之间支付的管理费，不得在企业所得税税前扣除。（3）选项D：向投资者支付的股息、红利等权益性投资收益款项，不得在企业所得税税前扣除。

3. 甲公司在计算2014年度企业所得税应纳税所得额时，允许扣除的业务招待费是（　　）万元。

A. 50　　B. 25.2

C. 30　　D. 25

【答案】D

【解析】（1）销售（营业）收入为5000万元；（2）限额1＝5000×5‰＝25（万元），限额2＝50×60%＝30（万元），限额1＜限额2，税前准予扣除的业务招待费为25万元；（3）如果涉及“间接法”，纳税调增额＝50－25＝25（万元）。

4. 甲公司2014年度企业所得税应纳税所得额是(　　)万元。

A. 2352　　B. 2387.69

C. 2407　　D. 2406.8

【答案】C

【解析】甲公司2014年度企业所得税应纳税所得额＝5000（产品销售收入）＋40（转让机器设备收入）＋2（合同违约金收入）－10（银行加息）－25（业务招待费）－2600（其他可在企业所得税前扣除的成本、费用、税金）＝2407（万元）。

【大题7·不定项选择题】（2015年）

甲公司为居民企业，2014年有关收支情况如下：

（1）产品销售收入2500万元，营业外收入70万元。

（2）发生合理的工资薪金150万元，职工供暖费补贴23万元、防暑降温费20万元。

（3）发生广告费300万元，税收滞纳金6万元、环保部门罚款5万元、非广告性赞助支出16万元，直接向某希望小学捐赠10万元。

（4）缴纳增值税125万元、消费税75万元、城市维护建设税14万元和教育费附加6万元。

已知：在计算企业所得税应纳税所得额时，职工福利费支出不超过工资薪金总额的14%；广告费不超过当年销售（营业）收入的15%。

要求：

根据上述资料，不考虑其他因素，分析回答下列小题。

1. 甲公司在计算2014年度企业所得税应纳税所得额时，准予扣除的广告费是(　　)万元。

A. 375　　B. 385.5

C. 300　　D. 10.5

【答案】C

【解析】（1）销售（营业）收入为2500万元（不包括营业外收入）；（2）广告费税前扣除限额＝2500×15%＝375（万元），实际发生广告费300万元，未超过扣除限额，可以据实扣除。

2. 甲公司下列支出中，在计算2014年度企业所得税应纳税所得额时，不得扣除的是(　　)。

A. 环保部门罚款5万元

B. 税收滞纳金6万元

C. 直接向某希望小学捐赠10万元

D. 非广告性赞助支出16万元

【答案】ABCD

【解析】（1）选项AB：税收滞纳金、罚金、罚款和被没收财物的损失，不得在计算企业所得税时扣除；（2）选项C：直接向某希望小学捐赠，不属于公益性捐赠支出，不得在计算企业所得税时扣除；（3）选项D：与生产经营活动无关的非广告性质的赞助支出，不得在计算企业所得税时扣除。

3. 甲公司在计算2014年度企业所得税应纳税所得额时，准予扣除的职工福利费是(　　)万元。

A. 22.5　　B. 23

C. 43　　D. 21

【答案】D

【解析】（1）职工供暖费补贴和防暑降温费属于职工福利费，职工福利费实际发生额＝23＋20＝43（万元）；（2）职工福利费税前扣除限额＝150×14%＝21（万元），实际发生额超过了扣除限额，应按照限额扣除，准予扣除的职工福利费是21万元。

4. 甲公司发生的下列税费中，在计算2014年度企业所得税应纳税所得额时，准予扣除的是(　　)。

A. 消费税75万元
B. 城市维护建设税14万元
C. 教育费附加6万元
D. 增值税125万元
【答案】ABC
【解析】选项D：企业缴纳的增值税税款不得在企业所得税前扣除。

【大题8·不定项选择题】（2014年）
甲企业为居民企业，2018年发生部分经济事项如下：
（1）销售产品收入2000万元，出租办公楼租金120万元，信息技术服务费收入40万元；
（2）用产品换取原材料，该批产品不含增值税售价35万元；
（3）实发合理的工资薪金总额1000万元，发生职工福利费150万元，职工教育经费30万元，工会经费12万元；
（4）支付法院判决由企业承担的诉讼费2万元，工商行政部门罚款3万元，母公司管理费68万元，直接捐赠给贫困地区小学7万元；
（5）缴纳增值税90万元，消费税19万元，资源税6万元，城市维护建设税和教育费附加10.9万元。
已知：职工福利费支出、职工教育经费支出、拨缴的工会经费分别不超过工资、薪金总额的14%、8%和2%的部分，准予扣除。
要求：
根据上述资料，不考虑其他因素，分析回答下列小题。

1. 下列业务中，在计算企业所得税应纳税所得额时，应当计入收入总额的是（　　）。
A. 销售产品收入2000万元
B. 出租办公楼租金120万元
C. 信息技术服务费收入40万元
D. 用产品换取原材料35万元
【答案】ABCD
【解析】（1）不论应税收入、免税收入，还是不征税收入，均应计入收入总额；（2）对本题各项收入的详细分析参考下表：

	收入类型	是否计入收入总额	应/免/不征税收入？	是否计入销售（营业）收入
选项A	销售货物收入	√	应税收入	√
选项B	租金收入	√	应税收入	√
选项C	提供劳务收入	√	应税收入	√
选项D	视同销售货物收入	√	应税收入	√

2. 下列税费中，在计算企业所得税应纳税所得额时，准予扣除的是（　　）。
A. 增值税90万元
B. 消费税19万元
C. 资源税6万元
D. 城市维护建设税和教育费附加10.9万元
【答案】BCD
【解析】允许在企业所得税税前扣除的税金，是指企业发生的除企业所得税和增值税以外的各项税金及附加。

3. 下列支出中，在计算企业所得税应纳税所得额时，准予全额扣除的是（　　）。
A. 职工教育经费30万元
B. 工会经费12万元
C. 职工福利费150万元
D. 工资薪金总额1000万元
【答案】ABD
【解析】（1）选项A：限额＝1000×8%＝80（万元），实际发生额30万元未超过税前扣除限额，准予全额在税前扣除。（2）选项B：限额＝1000×2%＝20（万元），大于实际发生额12万元，准予在税前据实全额扣除。（3）选项C：限额＝1000×

14% =140（万元），实际发生额150万元超过了税前扣除限额，税前只能扣除140万元。（4）选项D：企业发生的合理的工资薪金支出，准予在税前全额扣除。

4. 下列支出中，在计算企业所得税应纳税所得额时，不得扣除的是（ ）。
A. 工商行政部门罚款3万元
B. 母公司管理费68万元
C. 法院判决由企业承担的诉讼费2万元
D. 直接向贫困地区小学捐赠7万元
【答案】ABD
【解析】（1）选项A：税收滞纳金、罚金、罚款和被没收财物的损失，均不得在税前扣除。（2）选项B：企业之间支付的管理费、企业内营业机构之间支付的租金和特许权使用费，以及非银行企业内营业机构之间支付的利息，不得在税前扣除。（3）选项C：经法院判决由企业承担的诉讼费可以据实在税前扣除。（4）选项D：直接捐赠不得在税前扣除。

【大题9·不定项选择题】（2013年）
甲公司为居民企业，主要从事空调生产和销售，2018年有关经营情况如下：
（1）产品销售收入4700万元，出租闲置办公楼租金收入300万元，到期企业债券利息收入35万元，接受乙企业捐赠原材料10万元，已计入营业外收入。
（2）缴纳增值税285万元，消费税15万元，城市维护建设税21万元，教育费附加9万元。
（3）发生业务招待费50万元，广告费和业务宣传费合计780万元。
（4）发生合理的工资薪金200万元，职工福利费28万元，职工教育经费3万元，拨缴工会经费6万元。
已知：在计算企业所得税应纳税所得额时，职工福利费、职工教育经费、工会经费分别不超过工资薪金总额的14%、8%、2%的部分准予扣除；广告费和业务宣传费不超过当年销售（营业）收入的15%的部分准予扣除；业务招待费按照发生额的60%扣除，但最高不得超过当年销售（营业）收入的5‰。
要求：
根据上述资料，不考虑其他因素，分析回答下列小题。

1. 下列收入中，甲公司在计算2018年度企业所得税应纳税所得额时，应计入收入总额的是（ ）。
A. 出租办公楼租金收入300万元
B. 产品销售收入4700万元
C. 企业债券利息收入35万元
D. 接受捐赠收入10万元
【答案】ABCD
【解析】参考下表：

	收入类型	是否计入收入总额	应/免/不征税收入？	是否计入销售（营业）收入
选项A	租金收入	√	应税收入	√
选项B	销售货物收入	√	应税收入	√
选项C	利息收入	√	应税收入	×
选项D	接受捐赠收入	√	应税收入	×

2. 下列税费中，甲公司在计算2018年度企业所得税应纳税所得额时，准予扣除的是（ ）。
A. 城市维护建设税21万元
B. 教育费附加9万元
C. 增值税285万元
D. 消费税15万元
【答案】ABD
【解析】允许在企业所得税税前扣除的税金，是指企业发生的除企业所得税和增值税以外的各项税金及附加。

3. 关于甲公司2018年企业所得税税前准予

扣除的业务招待费、广告费和业务宣传费的下列计算中，正确的是(　　)。

A. 准予扣除的业务招待费 =（4700 + 300）×5‰ = 25（万元）

B. 准予扣除的业务招待费 = 50 × 60% = 30（万元）

C. 准予扣除的广告费和业务宣传费 =（4700 + 300）×15% = 750（万元）

D. 准予扣除的广告费和业务宣传费为780万元

【答案】AC

【解析】(1) 选项AB：甲公司业务招待费实际发生额的60%（30万元）高于当年销售（营业）收入的5‰（25万元），应当按当年销售收入的5‰扣除；(2) 选项CD：甲公司实际发生的广告费和业务宣传费（780万元）已经超过扣除限额（当年销售收入的15%，即750万元），应当按限额扣除。

4. 甲公司2018年实际发生的工资薪金、职工福利费、职工教育经费和工会经费支出，可以在企业所得税税前全额扣除的是(　　)。

A. 工资薪金200万元

B. 职工福利费28万元

C. 职工教育经费3万元

D. 工会经费6万元

【答案】ABC

【解析】(1) 选项A：企业发生的合理的工资薪金支出，准予税前据实扣除；(2) 选项B：职工福利费扣除限额 = 200 × 14% = 28（万元），甲公司职工福利费实际发生额28万元，没有超过扣除限额，准予税前全额扣除；(3) 选项C：职工教育经费扣除限额 = 200 × 8% = 16（万元），职工教育经费实际发生额3万元，未超过扣除限额，准予税前全额扣除；(4) 选项D：工会经费扣除限额 = 200 × 2% = 4（万元），工会经费实际发生额6万元，已经超过扣除限额，税前准予按限额4万元扣除。

【大题10·不定项选择题】(2013年)

甲企业是国家重点扶持的大型环保高新技术企业，主要从事节能减排技术改造，2018年经营情况如下：

(1) 全年产品销售收入4000万元；

(2) 全年实际发生合理的工资200万元、职工福利费34万元、职工教育经费5万元、工会经费4万元、按照规定缴纳的基本社会保险费56万元；

(3) 全年实际发生业务招待费30万元、新技术研究开发费用400万元；

(4) 当年闲置厂房计提折旧15万元，未投入使用的机器设备计提折旧10万元；

(5) 当年直接向养老院捐赠20万元；

(6) 发生非广告性质的赞助支出8万元；

(7) 购入运输车辆支付价款20万元。

已知：业务招待费支出按发生额的60%扣除，但最高不得超过当年销售（营业）收入的5‰；职工福利费支出、职工教育经费支出、拨缴的工会经费分别不超过工资、薪金总额的14%、8%和2%的部分，准予扣除。

要求：

根据上述资料，不考虑其他因素，分析回答下列小题。

1. 计算企业所得税应纳税所得额时，业务招待费准予扣除(　　)万元。

A. 18　　B. 20

C. 30　　D. 12

【答案】A

【解析】限额1 = 30 × 60% = 18（万元），限额2 = 4000 × 5‰ = 20（万元），限额1 < 限额2，税前准予按限额1扣除18万元。

2. 下列各项中，准予全额在税前扣除的是(　　)。

A. 职工福利费34万元

B. 职工教育经费5万元

C. 基本社会保险费56万元

D. 工会经费4万元

【答案】BCD

【解析】(1) 选项A：限额 = 200 × 14% = 28（万元），实际发生34万元，超过限额，税前仅可以扣除28万元；(2) 选项

B：限额 = 200 × 8% = 16（万元），实际发生 5 万元，准予全额税前扣除；（3）选项 C：企业依照国务院有关主管部门或者省级人民政府规定的范围和标准为职工缴纳的基本社会保险费，准予税前全额扣除；（4）选项 D：限额 = 200 × 2% = 4（万元），实际发生 4 万元，准予税前全额扣除。

3. 下列关于企业所得税税前扣除项目的表述中，正确的是(　　)。
   A. 闲置厂房计提折旧 15 万元可以扣除
   B. 发生的非广告性质的赞助支出 8 万元不得扣除
   C. 直接向养老院捐赠 20 万元，准予在利润总额 12% 以内扣除
   D. 未投入使用的机器设备计提 10 万元折旧不得税前扣除

   【答案】ABD

   【解析】（1）选项 AD：房屋、建筑物以外未投入使用的固定资产，不得计提折旧在税前扣除；（2）选项 B：与生产经营活动无关的非广告性质的赞助支出不得税前扣除；（3）选项 C：直接向受赠人的捐赠，不得税前扣除。

4. 下列税收优惠中，甲企业适用的是(　　)。
   A. 新技术研发费用可以加计扣除 400 万元
   B. 享受"三免三减半"优惠政策
   C. 购入运输车辆 20 万元可以享受税额抵免
   D. 按 15% 的税率征收企业所得税

   【答案】BD

   【解析】（1）选项 A：企业为开发新技术、新产品、新工艺发生的研究开发费用，未形成无形资产计入当期损益的，在按照规定据实扣除的基础上，在 2018 年 1 月 1 日至 2020 年 12 月 31 日期间，再按照实际发生额的 75% 在税前加计扣除（本题加计扣除 300 万元）；形成无形资产的，在上述期间按照无形资产成本的 175% 在税前摊销。（2）选项 B：企业从事符合条件的环境保护、节能节水项目，包括公共污水处理、公共垃圾处理、沼气综合开发利用、节能减排技术改造、海水淡化等项目的所得，自项目取得第 1 笔生产经营收入所属纳税年度起，第 1 年至第 3 年免征企业所得税，第 4 年至第 6 年减半征收企业所得税。（3）选项 C：企业购置并实际使用环境保护、节能节水、安全生产等专用设备（一般的"运输车辆"不属于此类设备），该专用设备的投资额的 10% 可以从企业当年的应纳税额中抵免；当年不足抵免的，可以在以后 5 个纳税年度结转抵免。（4）选项 D：国家需要重点扶持的高新技术企业，减按 15% 的税率征收企业所得税。

二、个人所得税

【大题 1 · 不定项选择题】（2018 年与 2016 年考题嫁接、改编）

中国公民张某为境内甲公司高级管理人员，2018 年 11 月有关收支情况如下：

（1）取得基本工资 6000 元，全勤奖 200 元，季度效益奖 3600 元，加班补贴 500 元。

（2）出租住房取得租金收入 5000 元（不含增值税），房屋租赁过程中缴纳的可以税前扣除的相关税费 200 元。

（3）取得境内 A 上市公司非限售股股息 2000 元；该股票于当月转让，取得所得 20000 元，该股票持有期限为 10 个月。

（4）取得国债利息 6000 元、保险赔款 7000 元。

已知：当地规定的社会保险和住房公积金个人缴存比例：基本养老保险 8%，基本医疗保险 2%，失业保险 0.5%，住房公积金 12%。张某缴纳社会保险费核定的缴费工资基数为 5000 元。对个人出租住房取得的所得暂减按 10% 的税率征收个人所得税，每次收入 4000 元以上的，减除 20% 的费用。

个人所得税税率表

（工资、薪金所得适用）

级数	全月应纳税所得额	税率	速算扣除数
1	不超过3000元的	3%	0
2	超过3000元至12000元的部分	10%	210
3	超过12000元至25000元的部分	20%	1410
4	超过25000元至35000元的部分	25%	2660
5	超过35000元至55000元的部分	30%	4410
6	超过55000元至80000元的部分	35%	7160
7	超过80000元的部分	45%	15160

要求：

根据上述资料，不考虑其他因素，分析回答下列小题。

1. 张某当月取得的下列收入中，应按照“工资、薪金所得”计缴个人所得税的是（　　）。

A. 季度效益奖3600元

B. 基本工资6000元

C. 全勤奖200元

D. 加班补贴500元

【答案】ABCD

【解析】“工资、薪金所得”，包括个人因任职或者受雇而取得的工资（选项B）（包括加班工资、岗位工资、工龄补贴等）、薪金、奖金（选项A和C）、年终加薪、劳动分红、津贴、补贴（选项D）以及与任职或者受雇有关的其他所得。

2. 下列有关张某当月按照“工资、薪金所得”缴纳个人所得税税额的计算列式中，正确的是（　　）。

A. [6000+200+3600+500－5000－5000×（8%＋2%＋0.5%＋12%）]×10%－210

B. [6000＋200＋3600＋500－5000×（8%＋2%＋0.5%＋12%）]×10%－210

C. （6000＋200＋3600＋500－5000）×10%－210

D. [6000＋500－5000－5000×（8%＋2%＋0.5%＋12%）]×3%

【答案】A

【解析】（1）奖金（包括但不限于全勤奖、季度效益奖）均应考虑按照“工资、薪金所得”依法纳税，排除选项D；（2）“－5000”是减除费用5000，选项B错误；（3）“－5000×（8%＋2%＋0.5%＋12%）”是专项扣除的减除，选项A正确，选项C错误。

3. 张某当月出租住房租金收入应缴纳个人所得税税额的下列计算列式中，正确的是（　　）。

A. （5000－200）×（1－20%）×10%＝384（元）

B. 5000×10%＝500（元）

C. （5000－200）×10%＝480（元）

D. 5000×（1－20%）×10%＝400（元）

【答案】A

【解析】（1）房屋租赁过程中缴纳的相关税费200元，可以在个人所得税前扣除，选项BD错误；（2）每次（月）收入在4000元以上的，定率减除20%的费用扣除标准，选项C错误。

4. 张某的下列收入中，免予或暂不征收个人所得税的是（　　）。

A. 取得境内A上市公司非限售股股息2000元

B. 转让境内A上市公司非限售股所得20000元

C. 国债利息6000元

D. 保险赔款 7000 元

【答案】BCD

【解析】(1) 选项 A：个人持有从公开发行和转让市场取得的上市公司股票而取得的股息红利，持股期限在 1 个月以上至 1 年（含 1 年）的，暂减按 50% 计入应纳税所得额；(2) 选项 B：对境内上市公司股票（非限售股）转让所得，暂不（免）征收个人所得税；(3) 选项 C：国债和国家发行的金融债券利息免征个人所得税；(4) 选项 D：保险赔款免征个人所得税。

【大题 2 · 不定项选择题】(2018 年)

中国公民王某为境内甲公司技术人员。假设其 2019 年 1 月除工资、薪金所得外有关收支情况如下：

(1) 取得基本工资、全勤奖金、效益奖金、加班补贴若干。

(2) 提供维修服务，取得劳务报酬所得 1500 元，购买修理用工具支出 200 元。

(3) 发表专业文章，取得稿酬所得 5000 元。

(4) 取得境内 A 上市公司非限售股股息 6000 元，该股票于当月转让，持有期限为 5 个月。

已知：利息、股息、红利所得个人所得税税率为 20%。

要求：

根据上述资料，不考虑其他因素，分析回答下列小题。

1. 王某当月取得的下列所得中，应按照“工资、薪金所得”税目计缴个人所得税的是(　　)。

A. 效益奖金

B. 基本工资

C. 全勤奖金

D. 加班补贴

【答案】ABCD

【解析】“工资、薪金所得”税目，包括个人因任职或者受雇而取得的工资（选项 B）(包括加班工资、岗位工资、工龄补贴等)、薪金、奖金（选项 AC）、年终加薪、劳动分红、津贴、补贴（选项 D）以及与任职或者受雇有关的其他所得。

2. 有关王某提供维修服务取得的劳务报酬所得在计入综合所得应纳税所得额时的收入额，下列算式正确的是(　　)。

A. 1500 ×（1 − 20%）

B. (1500 − 200) ×（1 − 20%）

C. 1500 ×（1 − 20%）× 70%

D. (1500 − 200) ×（1 − 20%）× 70%

【答案】A

【解析】居民个人计入综合所得应纳税所得额的劳务报酬所得、特许权使用费所得的收入额 = 收入 ×（1 − 20%）。

3. 有关王某当月发表专业文章的稿酬所得在计入综合所得应纳税所得额时的收入额，下列算式正确的是(　　)。

A. 5000 ×（1 − 20%）

B. 5000 ×（1 − 20%）× 70%

C. (5000 − 800) ×（1 − 20%）

D. (5000 − 800) ×（1 − 20%）× 70%

【答案】B

【解析】居民个人计入综合所得应纳税所得额的稿酬所得的收入额 = 收入 ×（1 − 20%）× 70%。

4. 有关王某当月取得非限售股股息所得应缴纳个人所得税税额，下列算式正确的是(　　)。

A. 6000 × 50% ×（1 − 20%）× 20% = 480（元）

B. 6000 ×（1 − 20%）× 20% = 960（元）

C. 6000 × 20% = 1200（元）

D. 6000 × 50% × 20% = 600（元）

【答案】D

【解析】(1) 股息红利所得没有费用扣除规定，选项 A 和选项 B 排除；(2) 持有上市公司非限售股，持股时间在 1 个月以上至 1 年（含 1 年）的，股息红利所得暂减按 50% 计入应纳税所得额，选项 D 正确。

【大题 3 · 不定项选择题】(2017 年)

中国公民张某担任国内某会计师事务所项目经理，2018 年 11 月工资明细表（部分数据）：

（单位：元）

姓名	基本工资	岗位工资	工龄补贴	托儿补助费	工资总额	代扣					实发工资
						基本养老保险费	失业保险费	基本医疗保险费	住房公积金	个人所得税	
张某	1780	8000	200	20	10000	640	16	163	960	—	—

已知：工资、薪金所得减除费用标准为5000元/月，个人所得税税率表（工资、薪金所得适用）。

个人所得税税率表

（工资、薪金所得适用）

级数	全月应纳税所得额	税率	速算扣除数
1	不超过3000元的	3%	0
2	超过3000元至12000元的部分	10%	210
3	超过12000元至25000元的部分	20%	1410
4	超过25000元至35000元的部分	25%	2660
5	超过35000元至55000元的部分	30%	4410
6	超过55000元至80000元的部分	35%	7160
7	超过80000元的部分	45%	15160

要求：

根据上述材料，不考虑其他因素，分析回答下列小题。

1. 张某当月取得的下列收入中，应征收个人所得税的是（　　）。

A. 岗位工资8000元

B. 托儿补助费20元

C. 工龄补贴200元

D. 基本工资1780元

【答案】ACD

【解析】（1）“工资、薪金所得”，包括个人因“任职或者受雇”而取得的工资（选项AD）、薪金、奖金、年终加薪、劳动分红、津贴、补贴（选项C）以及与任职或者受雇有关的其他所得。（2）下列项目不属于工资、薪金性质的补贴、津贴，不征收个人所得税：①独生子女补贴；②执行公务员工资制度未纳入基本工资总额的补贴、津贴差额和家属成员的副食补贴；③托儿补助费（选项B）；④差旅费津贴、误餐补助（不包括单位以误餐补助名义发给职工的补助、津贴）。

2. 张某当月缴付的下列费用中，准予从应纳税所得额中扣除的是（　　）。

A. 基本医疗保险费163元

B. 基本养老保险费640元

C. 失业保险费16元

D. 住房公积金960元

【答案】ABCD

【解析】居民个人按照国家规定的标准和范围缴纳的住房公积金（选项D）、基本医疗保险费（选项A）、基本养老保险费（选项B）、失业保险费（选项C），准予从纳税义务人的应纳税所得额中扣除。

3. 计算张某当月工资收入应缴纳个人所得税税额的下列算式中，正确的是（　　）。

A. ［（1780＋8000＋200＋20）－（640＋16＋163）－5000］×10%－210

B. [（1780 + 8000 + 200） − （640 + 16 + 163 + 960） − 5000] × 10% − 210

C. [（1780 + 8000） − （163 + 960） − 5000] × 10% − 210

D. [（1780 + 8000 + 20） − （640 + 16） − 5000] × 10% − 210

【答案】B

【解析】应纳税所得额 =（1780 + 8000 + 200） − （640 + 16 + 163 + 960） − 5000 = 3201（元），查表可知适用税率为 10%，速算扣除数为 210，应纳税额 = 3201 × 10% − 210 = 110.1（元）。

4.（本题所涉内容 2019 年考试大纲已删除）。

【大题 4 · 不定项选择题】（2016 年）

作家吴某任职于国内某公司，假设其 2019 年全年有关收入情况如下：

（1）每月工资、薪金收入 7200 元；

（2）小说出版稿酬 80000 元；

（3）国内公开拍卖自己的小说手稿所得 120000 元；

（4）一次性讲学收入 4500 元；

（5）取得符合国家规定标准的城镇房屋拆迁补偿款 350000 元；

（6）境内 A 上市公司非限售股股票转让所得 13000 元；

（7）体育彩票一次中奖收入 10000 元。

已知：当地规定的社会保险和住房公积金个人缴存比例：基本养老保险 8%，基本医疗保险 2%，失业保险 0.5%，住房公积金 12%。吴某缴纳社会保险费核定的月缴费工资基数为 7200 元。吴某正在偿还首套住房贷款及利息。吴某为独生女，其独生子正在就读大学 3 年级。吴某父母均已年过 60 岁。吴某夫妻约定由吴某扣除住房贷款利息和子女教育费。

要求：

根据上述资料，不考虑其他因素，分析回答下列小题。

1. 在计算吴某当年的综合所得应纳税所得额时，专项扣除合计额为（　　）。

A. 7200 ×（8% + 2% + 0.5% + 12%）× 12

B. 60000 + 7200 ×（8% + 2% + 0.5% + 12%）× 12

C. 60000 + 7200 ×（8% + 2% + 0.5% + 12%）× 12 + 12000

D. 60000 + 7200 ×（8% + 2% + 0.5% + 12%）× 12 + 12000 + 12000 + 24000

【答案】A

【解析】综合所得的法定扣除项目：（1）减除费用 60000 元；（2）专项扣除；（3）专项附加扣除；（4）其他扣除。本题提问的是“专项扣除”，应选 A 选项。选项 D 是全部法定扣除项目合计。

2. 有关吴某出版小说稿酬所得在计算当年综合所得应纳税所得额时的收入额为（　　）元。

A. 64000　　B. 44800

C. 80000　　D. 56000

【答案】B

【解析】居民个人计入综合所得应纳税所得额的稿酬所得的收入额 = 收入 ×（1 − 20%）× 70% = 80000 ×（1 − 20%）× 70% = 44800（元）。

3. 吴某拍卖小说手稿所得 120000 元，在计缴个人所得税时适用的税目是（　　）。

A. 劳务报酬所得

B. 特许权使用费所得

C. 财产转让所得

D. 偶然所得

【答案】B

【解析】作者将自己的文字作品手稿原件或复印件公开拍卖（竞价）取得的所得，属于提供著作权的使用权所得，按“特许权使用费所得”税目征收个人所得税。

4. 吴某的下列收入中，免予或暂不（免）征收个人所得税的是（　　）。

A. 讲学收入 4500 元

B. 拆迁补偿款 350000 元

C. 股票转让所得 13000 元

D. 体育彩票一次中奖收入 10000 元

【答案】BCD

【解析】（1）选项 B：个人取得的拆迁补偿款，免征个人所得税。（2）选项 C：对境内上市公司股票（非限售股）转让所得，暂不（免）征收个人所得税。(3) 选项D：对个人购买福利彩票、赈灾彩票、体育彩票，一次中奖收入在1万元以下的（含1万元）暂免征收个人所得税；超过1万元的，“全额”征收个人所得税。

【大题5·不定项选择题】(2014年)

杨某2016年11月取得如下收入：

(1) 出租住房，取得当月租金收入3000元（不含增值税），房屋租赁过程中缴纳的可以税前扣除的相关税费120元，修缮费2000元；

(2) 转让境内A股股票（非限售股），取得转让收入100000元；取得A股股息收入1000元（持股已达3年）；

(3) 杨某的汽车被盗，获得保险赔款200000元；

(4) 取得国家发行金融债券利息收入1000元。

已知：个人出租住房个人所得税税率为10%。

要求：

根据上述资料，不考虑其他因素，分析回答下列小题。

1. 关于杨某取得的保险赔款和国家发行的金融债券利息收入，下列说法正确的是(　　)。

A. 保险赔款属于不征税收入

B. 保险赔款是免税收入

C. 国家发行的金融债券利息收入是不征税收入

D. 国家发行的金融债券利息收入是免税收入

【答案】BD

【解析】保险赔款和国家发行的金融债券利息收入均属于免税收入（而非不征税收入）。

2. 关于杨某出租住房取得的11月租金收入应缴纳的个人所得税税额，下列计算正确的是(　　)。

A. 3000×10%

B. (3000－120－800)×10%

C. (3000－120－800－800)×10%

D. (3000－120－800－2000)×10%

【答案】C

【解析】个人出租住房，取得的租金收入可以减除相关税费、修缮费（每次以800元为限），减除后的余额小于4000元的，还可以减除800元规定的费用。

3.（本题所涉内容2019年考试大纲已删除）。

4. 下列说法中，正确的是(　　)。

A. 转让A股收入缴纳个人所得税

B. 转让A股收入不缴纳个人所得税

C. A股股息收入不缴纳个人所得税

D. A股股息收入缴纳个人所得税

【答案】BC

【解析】(1) 选项AB：个人转让境内上市公司的股票暂不征收个人所得税；(2) 选项CD：持股期限超过1年的上市公司股票股息红利所得暂免征收个人所得税。

【大题6·不定项选择题】(2017年)

张某兴办甲个人独资企业，2016年相关财务资料如下：

(1) 向非金融企业借款200万元用于生产经营，期限1年，利率8%，利息支出16万元均已计入财务费用。

(2) 实发合理工资中包括张某工资6万元、雇员工资20万元。

(3) 实际发生雇员职工教育经费支出0.8万元。

(4) 营业外支出中包括行政罚款3万元、合同违约金4万元。

(5) 张某2016年3月以个人名义购入境内上市公司股票，同年9月出售，持有期间取得股息1.9万元；从境内非上市公司取得股息0.7万元。

已知：甲个人独资企业适用查账征收法，银行同期同类贷款利率为4.8%。在计算个人所得税应纳税所得额时，职工教育经费支出不超过工资薪金总额2.5%的部分，准予扣除。股息所得个人所得税税率为20%。

要求：

根据上述资料，不考虑其他因素，分析回答下列小题。

1. 甲个人独资企业在计算2016年度个人所得税应纳税所得额时，准予扣除的利息支出是(　　)。

A. 16 万元　　B. 9.6 万元
C. 6.4 万元　　D. 0 万元

【答案】B

【解析】个体工商户向非金融企业借款的利息支出，不超过按照金融企业同期同类贷款利率计算的数额的部分，准予税前扣除，超出部分，不得扣除；(3) 利息支出的税前扣除限额 =200×4.8% =9.6（万元）<实际发生额 16 万元，应按限额 9.6 万元扣除。

2. 甲个人独资企业在计算 2016 年度个人所得税应纳税所得额时，准予扣除的雇员职工教育经费支出是(　　)。

A. 0.8 万元　　B. 0.65 万元
C. 0.15 万元　　D. 0.5 万元

【答案】D

【解析】职工教育经费税前扣除限额 = 20×2.5% =0.5（万元）<实际发生额 0.8 万元，应按限额 0.5 万元扣除。

3. 甲个人独资企业发生的下列支出中，在计算 2016 年度个人所得税应纳税所得额时，准予扣除的是(　　)。

A. 行政罚款 3 万元
B. 张某工资 6 万元
C. 合同违约金 4 万元
D. 雇员工资 20 万元

【答案】CD

【解析】(1) 选项 A：行政罚款不得税前扣除；(2) 选项 B：个人独资企业投资者的工资薪金支出不得税前据实扣除；(3) 选项 C：属于承担民事责任，可以在税前扣除；(4) 选项 D：个体工商户实际支付给从业人员的、合理的工资薪金支出，准予扣除。

4. 计算张某股息所得应缴纳个人所得税税额的下列算式中，正确的是(　　)。

A. 1.9×50% ×20% +0.7×20% =0.33（万元）
B. (1.9+0.7) ×20% =0.52（万元）
C. 1.9×20% +0.7×50% ×20% =0.45（万元）
D. (1.9 + 0.7) ×50% ×20% = 0.26（万元）

【答案】A

【解析】(1) 个人持有从公开发行和转让市场取得的"上市公司"股票而取得的股息红利，持股期限在 1 个月以上至 1 年（含 1 年）的，暂减按 50% 计入应纳税所得额；因此，张某取得的 1.9 万元股息应缴纳的个人所得税 =1.9×50% ×20%；选项 BC 错误。(2) 个人从"非上市公司"取得的股息所得，应以每次收入额全额为应纳税所得额；因此，张某取得的 0.7 万元股息应缴纳的个人所得税 =0.7×20%；选项 D 错误。

本章进阶练习题

一、单项选择题

1. 根据企业所得税法律制度的规定，下列有关非居民企业的表述中，正确的是(　　)。

A. 在境外成立的企业均属于非居民企业
B. 在境内成立但有来源于境外所得的企业属于非居民企业
C. 依照外国法律成立，实际管理机构在中

国境内的企业属于非居民企业

D. 依照外国法律成立，实际管理机构不在中国境内但在中国境内设立机构、场所的企业属于非居民企业

2. 根据企业所得税法律制度的规定，企业以非货币形式取得的收入，应当按照(　　)确定收入额。

A. 账面价值　　B. 公允价值

C. 账面原值　　D. 历史成本

3. 下列各项中，属于企业所得税不征税收入的是(　　)。

A. 股权转让收入

B. 国债利息收入

C. 确实无法偿付的应付款项

D. 财政拨款

4. 2017年5月6日，甲公司与乙公司签订合同，以预收款方式销售产品200件，不含税单价0.1万元，并于5月10日取得了全部产品销售额20万元。2017年5月20日，甲公司发出产品120件，6月25日发出产品80件。根据企业所得税法律制度的规定。下列关于甲公司确认销售收入实现日期及金额的表述中，正确的是(　　)。

A. 2017年5月6日应确认销售收入20万元

B. 2017年5月10日应确认销售收入20万元

C. 2017年5月20日应确认销售收入12万元

D. 2017年6月25日应确认销售收入20万元

5. 根据企业所得税法律制度的规定，企业缴纳的下列税金中，不得在计算企业所得税应纳税所得额时扣除的是(　　)。

A. 增值税　　B. 消费税

C. 资源税　　D. 房产税

6. 根据企业所得税法律制度的规定，纳税人的下列支出或损失，在计算企业所得税应纳税所得额时不得扣除的是(　　)。

A. 支付给投资者的股息

B. 企业职工因公出差乘坐交通工具发生的人身意外保险费支出

C. 购买劳动保护用品的合理支出

D. 在生产经营活动中发生的合理利息支出

7. 甲商贸有限责任公司2017年产品销售收入8000万元，当年发生管理费用500万元，其中业务招待费120万元。已知在计算企业所得税应纳税所得额时，业务招待费支出按照发生额的60%扣除，但最高不得超过当年销售（营业）收入的5‰。根据企业所得税法律制度的规定，甲商贸有限责任公司2017年度企业所得税税前可以扣除的管理费用为(　　)万元。

A. 40　　B. 72

C. 420　　D. 500

8. 某服装生产企业2017年实现商品销售收入3000万元，该企业当年实际发生广告费460万元、业务宣传费80万元。已知，企业发生的符合条件的广告费和业务宣传费支出，除国务院财政、税务主管部门另有规定外，不超过当年销售（营业）收入15%的部分，准予扣除；超过部分，准予在以后纳税年度结转扣除。根据企业所得税法律制度的规定，2017年该企业在企业所得税税前可扣除的广告费和业务宣传费合计为(　　)万元。

A. 0　　B. 450

C. 530　　D. 540

9. 甲企业主要从事化妆品制造和销售，2017年取得销售收入3000万元，广告费支出1000万元；上一年度结转广告费60万元。已知，自2016年1月1日起至2020年12月31日，对化妆品制造或销售、医药制造、饮料制造（不含酒类制造）企业发生广告费可以按照当年销售收入的30%在企业所得税前扣除，超过部分准予在以后纳税年度结转扣除。根据企业所得税法律制度的规定，甲企业计算2017年企业所得税应纳税所得额时准予扣除的广告费是(　　)万元。

A. 900　　B. 940

C. 1000　　D. 1060

10. 居民企业甲企业，2018年度计入成本、

费用的实发合理的工资总额为500万元，拨缴工会经费12万元，发生职工福利费50万元、职工教育经费15万元。已知，在计算企业所得税应纳税所得额时，工会经费、职工福利费支出、职工教育经费支出的扣除比例依次分别为不超过2%、14%和8%。根据企业所得税法律制度的规定，甲企业2018年度企业所得税税前准予扣除的工资和三项经费合计为(　　)万元。

A. 75　　B. 95

C. 575　　D. 595

11. 甲公司2017年的年度利润总额为300万元，当年发生的公益性捐赠支出为50万元。已知，公益性捐赠支出不超过年度利润总额的12%的部分，准予在计算应纳税所得额时扣除，超过部分准予结转以后3年内扣除。甲公司在计算当年企业所得税应纳税所得额时，准予扣除的公益性捐赠支出的数额为(　　)万元。

A. 50　　B. 30

C. 45　　D. 36

12. 根据企业所得税法律制度的规定，下列固定资产的最低折旧年限为3年的是(　　)。

A. 建筑物　　B. 生产设备

C. 汽车　　D. 电子设备

13. 根据企业所得税法律制度的规定，下列固定资产中，可以计算折旧扣除的是(　　)。

A. 已足额提取折旧仍继续使用的固定资产

B. 未投入使用的房屋、建筑物

C. 与经营活动无关的固定资产

D. 单独估价作为固定资产入账的土地

14. 甲企业为符合条件的小型微利企业。2018年甲企业的应纳税所得额为90万元。甲企业当年应缴纳的企业所得税税额为(　　)万元。

A. 22.5　　B. 18

C. 11.25　　D. 9

15. 某居民企业2017年按照会计准则计算出的会计利润总额为3000万元，其中符合减免所得税优惠的技术转让所得为600万元。假设无其他纳税调整事项，已知企业所得税税率为25%。2017年该企业应缴纳企业所得税税额为(　　)万元。

A. 600　　B. 612.5

C. 625　　D. 750

16. 某企业主要从事服装生产和销售，2018年利润总额为300万元，当年为开发新产品发生的研发费用为50万元（未形成无形资产，计入当期损益）。已知，该企业无其他纳税调整事项，企业所得税税率为25%。则该企业2018年应缴纳企业所得税(　　)万元。

A. 56.25　　B. 62.5

C. 65.625　　D. 75

17. 甲居民企业2017年度境内所得应纳税所得额为300万元，来源于境外A国税前所得100万元，境外实缴税款30万元。已知，甲企业选择按国（地区）别分别计算其来源于境外的应纳税所得额，适用的企业所得税税率为25%，全年已经预缴税款60万元。根据企业所得税法律制度的规定，下列说法正确的是(　　)。

A. 甲企业当年企业所得税汇算清缴应补税款15万元

B. 甲企业当年企业所得税汇算清缴应补税款40万元

C. 甲企业当年企业所得税汇算清缴应退税款15万元

D. 甲企业当年企业所得税汇算清缴应退税款40万元

18. 在中国境内未设立机构、场所的非居民企业取得的下列所得中，以差额为应纳税所得额的是(　　)。

A. 股息、红利等权益性投资收益

B. 利息、租金所得

C. 转让财产所得

D. 特许权使用费所得

19. 根据《个人所得税法（2018年修正）》的规定，下列各项中，属于居民个人的是(　　)。

A. 在中国境内有住所的个人
B. 在中国境内无住所而一个纳税年度内在中国境内居住满180天的个人
C. 在中国境内无住所又不居住的个人
D. 在中国境内无住所而一个纳税年度内在中国境内居住累计不满180天的个人

20. 甲企业退休职工刘某本月取得的下列收入中，应当按照规定计算缴纳个人所得税的是(　　)。
A. 退休工资1500元
B. 国家发行的金融债券利息收入500元
C. 稿酬所得3000元
D. 保险赔款5000元

21. 根据个人所得税法律制度的规定，个人取得特许权的经济赔偿收入，应按照(　　)缴纳个人所得税。
A. 劳务报酬所得
B. 利息、股息、红利所得
C. 特许权使用费所得
D. 偶然所得

22. 假设中国公民张某2019年每月从单位取得工资8000元，张某个人负担的基本社会保险费用1800元，住房公积金960元。根据《个人所得税法（2018年修正）》的规定，计算张某2019年综合所得的应纳税所得额时，专项扣除项目金额为(　　)元。
A. 81600　　B. 21600
C. 93120　　D. 33120

23. 假设2019年4月中国公民李某在某杂志发表专业文章一篇，取得稿酬3500元，根据《个人所得税法（2018年修正）》的规定，有关在计算李某2019年综合所得的应纳税所得额时该项收入应确认的收入额，下列计算列式正确的是(　　)。
A. 3500×（1－20%）
B. 3500×（1－20%）×70%
C. 3500－800
D. （3500－800）×70%

24. 假设2019年4月中国某演出单位演员李某取得“走穴”演出报酬共计20000元，根据《个人所得税法（2018年修正）》的规定，有关在计算李某2019年综合所得的应纳税所得额时该项收入应确认的收入额，下列计算列式正确的是(　　)。
A. 20000×（1－20%）
B. 20000×（1－20%）×70%
C. 20000×（1－20%）×20%
D. 20000×（1－20%）×20%×70%

25. 中国公民李某本月取得非上市公司的股息6000元，已知利息、股息、红利所得适用的个人所得税税率为20%。根据个人所得税法律制度的规定，就该项收入李某应缴纳的个人所得税为(　　)元。
A. 600　　B. 960
C. 1040　　D. 1200

26. 国庆期间，张某花5000元购买即开型福利彩票，其中一张彩票中了特等奖，奖品为价值80万元的宝马轿车一台和奖金20万元。根据个人所得税法律制度的规定，张某本次中奖应纳个人所得税为(　　)万元。
A. 4　　B. 16
C. 19.9　　D. 20

27. 某个体工商户发生的下列支出中，允许在计算个人所得税应纳税所得额时扣除的是(　　)。
A. 家庭生活用电支出
B. 直接向某灾区小学的捐赠
C. 已缴纳的城市维护建设税及教育费附加
D. 代公司员工负担的个人所得税税款

28. 根据《个人所得税法（2018年修正）》的规定，在计算居民个人的个人所得税应纳税所得额时，下列各项中，按照定额与比例相结合的方法扣除费用的是(　　)。
A. 劳务报酬所得
B. 特许权使用费所得
C. 经营所得
D. 财产租赁所得

29. 根据《个人所得税法（2018年修正）》的规定，居民个人取得综合所得需要办理汇算清缴的，应当在法定期限内办理。该法定期限为（　　）。

A. 当年12月31日前

B. 次年1月1日至5月31日

C. 次年1月1日至6月30日

D. 次年3月1日至6月30日

30. 根据《个人所得税法（2018年修正）》的规定，税务机关对扣缴义务人按照所扣缴的税款，付给一定比例的手续费。该比例为（　　）。

A. 1%　　B. 2%

C. 3%　　D. 5%

二、多项选择题

1. 根据企业所得税法律制度的规定，下列取得收入的主体中，应当缴纳企业所得税的有（　　）。

A. 国有独资公司

B. 股份有限公司

C. 合伙企业

D. 高等院校

2. 下列各项中，属于企业所得税征税对象的有（　　）。

A. 居民企业来源于中国境内的所得

B. 居民企业来源于中国境外的所得

C. 非居民企业来源于中国境内的所得

D. 非居民企业来源于中国境外且与境内所设机构、场所无实际联系的所得

3. 根据企业所得税法律制度的规定，下列有关所得来源地的表述中，正确的有（　　）。

A. 销售货物所得按照企业或机构、场所所在地确定

B. 提供劳务所得按照劳务发生地确定

C. 权益性投资资产转让所得按照投资企业所在地确定

D. 不动产转让所得按照不动产所在地确定

4. 根据企业所得税法律制度的规定，下列各项表述中，正确的有（　　）。

A. 纳税人采取售后回购方式销售商品的，符合销售收入确认条件的，销售的商品按售价确认收入，回购的商品作为购进商品处理

B. 纳税人采取以旧换新方式销售商品的，按照销售商品收入确认条件确认收入，回收的商品作为购进商品处理

C. 纳税人采取商业折扣方式销售商品的，按照扣除商业折扣后的金额确定销售商品收入金额

D. 纳税人采取现金折扣方式销售商品的，按照扣除现金折扣后的金额确定销售商品收入金额

5. 甲公司为居民企业。2017年发生下列业务取得的收入中，应当计入甲公司当年企业所得税应纳税所得额的有（　　）。

A. 接受乙企业给予的捐赠

B. 收取的丙企业支付的违约金

C. 举办业务技能培训收取的培训费

D. 收取的未到期的包装物押金

6. 根据企业所得税法律制度的规定，下列有关收入确认时间的表述中，正确的有（　　）。

A. 股息、红利等权益性投资收益，除国务院财政、税务主管部门另有规定外，按照被投资方作出利润分配决定的日期确认收入的实现

B. 利息收入，按照合同约定的债务人应付利息的日期确认收入的实现

C. 接受捐赠收入，按照合同约定的捐赠方应付捐赠资产的日期确认收入的实现

D. 特许权使用费收入，按照合同约定的特许权使用人应付特许权使用费的日期确认收入的实现

7. 根据企业所得税法律制度的规定，下列利息支出，可以在企业所得税税前据实扣除的有（　　）。

A. 非金融企业向金融企业借款的利息支出

B. 金融企业同业拆借利息支出

C. 非金融企业向非金融企业借款的利息支出

D. 金融企业的各项存款利息支出

8. 根据企业所得税法律制度的规定，企业发

生的下列支出中，超出规定扣除标准的部分准予在以后纳税年度结转扣除的有(　　)。

A. 职工福利费

B. 补充养老保险费

C. 职工教育经费

D. 业务宣传费

9. 根据企业所得税法律制度的规定，下列有关固定资产计税基础的表述中，正确的有(　　)。

A. 纳税人外购的固定资产以购买价款和支付的相关税费以及直接归属于使该资产达到预定用途发生的其他支出为计税基础

B. 纳税人自行建造的固定资产，以竣工结算前发生的支出为计税基础

C. 纳税人盘盈的固定资产，以同类固定资产的重置完全价值为计税基础

D. 纳税人通过捐赠方式取得的固定资产，以该资产在捐赠方账面上的净值为计税基础

10. 根据企业所得税法律制度的规定，下列关于长期待摊费用的说法中，正确的有(　　)。

A. 已足额提取折旧的固定资产的改建支出，按照固定资产预计尚可使用年限分期摊销

B. 租入固定资产的改建支出，按照合同约定的剩余租赁期限分期摊销

C. 固定资产的大修理支出，按照固定资产尚可使用年限分期摊销

D. 其他应当作为长期待摊费用的支出，自支出发生月份的次月起，分期摊销，摊销年限不得低于4年

11. 下列各项中，属于我国企业所得税的税收优惠形式的有(　　)。

A. 加计扣除

B. 加速折旧

C. 减计收入

D. 抵免应纳税额

12. 根据企业所得税法律制度的规定，下列表述中，正确的有(　　)。

A. 创业投资企业采取股权投资方式投资于未上市的中小高新技术企业2年以上的，可以按照其投资额的70%在股权持有满两年的当年抵扣该创业投资企业的应纳企业所得税税额

B. 企业以规定的资源作为主要原材料，生产国家非限制和禁止并符合国家和行业相关标准的产品取得的收入，减按90%计入收入总额

C. 企业购置并实际使用规定的环境保护、节能节水、安全生产等专用设备的，该专用设备的投资额的10%可以从企业当年的应纳税所得额中抵免

D. 企业安置残疾人员的，在按照支付给残疾职工工资据实扣除的基础上，按照支付给残疾职工工资的100%加计扣除

13. 根据企业所得税法律制度的规定，企业从事下列项目的所得，减半征收企业所得税的有(　　)。

A. 花卉的种植

B. 茶叶的种植

C. 海水养殖

D. 内陆养殖

14. 根据企业所得税法律制度的规定，下列关于企业所得税征收管理的说法，正确的有(　　)。

A. 按月或按季预缴所得税的，企业应当自月份或季度终了之日起30日内，向税务机关报送预缴企业所得税纳税申报表，预缴税款

B. 企业应当自年度终了之日起5个月内，向税务机关报送年度企业所得税纳税申报表

C. 企业只有在盈利情况下，才需要依照规定期限，向税务机关报送预缴企业所得税纳税申报表

D. 企业在年度中间终止经营活动的，应当自实际经营终止之日起60日内，向税务机关办理当期企业所得税汇算清缴

15. 根据《个人所得税法（2018年修正）》的规定，下列各项居民个人所得中，属于综合所得的有(　　)。

A. 特许权使用费所得
B. 劳务报酬所得
C. 稿酬所得
D. 财产租赁所得

16. 根据《个人所得税法（2018 年修正）》的规定，非居民个人取得的下列所得中，应按月或者按次分项计算个人所得税的有（　　）。
A. 工资、薪金所得
B. 劳务报酬所得
C. 财产租赁所得
D. 偶然所得

17. 个人所得税的下列各项中，适用超额累进税率计征个人所得税的有（　　）。
A. 偶然所得
B. 综合所得
C. 经营所得
D. 财产转让所得

18. 下列各项中，暂免征（暂不征）个人所得税的有（　　）。
A. 工资、薪金所得
B. 个人银行储蓄存款利息所得
C. 劳务报酬所得
D. 转让境内上市公司股票所得

19. 根据个人所得税法律制度的规定，下列表述正确的有（　　）。
A. 个人提供商标权的使用权取得的所得，按“稿酬所得”缴纳个人所得税
B. 编剧从电视剧的制作单位取得的剧本使用费，按“特许权使用费所得”缴纳个人所得税
C. 个人提供专利权的使用权取得的所得，按“特许权使用费所得”缴纳个人所得税
D. 作者将自己的文字作品手稿原件或复印件公开拍卖取得的所得，按“财产转让所得”缴纳个人所得税

20. 根据个人所得税法律制度的规定，下列表述正确的有（　　）。
A. 对职工个人以股份形式取得的仅作为分红依据，不拥有所有权的企业量化资产，不征收个人所得税
B. 对职工个人以股份形式取得的仅作为分红依据，不拥有所有权的企业量化资产，按照“利息、股息、红利所得”缴纳个人所得税
C. 对职工个人以股份形式取得的企业量化资产参与企业分配而获得的股息、红利，应按“利息、股息、红利所得”缴纳个人所得税
D. 对职工个人以股份形式取得的企业量化资产参与企业分配而获得的股息、红利，不征收个人所得税

21. 下列情形中，不征收个人所得税的有（　　）。
A. 企业通过价格折扣方式向个人销售商品
B. 企业向个人提供服务的同时给予赠品
C. 企业对累积消费达到一定额度的个人按消费积分反馈礼品
D. 企业对累积消费达到一定额度的顾客，给予额外抽奖机会，个人获奖所得

22. 个体工商户发生的下列支出中，在按“经营所得”计算个人所得税时不得扣除的有（　　）。
A. 个人所得税税款
B. 税收滞纳金
C. 用于个人和家庭的支出
D. 行政罚款

23. 个体工商户王某聘请工人李某从事食品加工，在按“经营所得”计算王某应缴纳的个人所得税时，下列各项可以扣除的有（　　）。
A. 王某支取的工资
B. 李某支取的工资
C. 为王某缴纳的基本社会保险
D. 为李某缴纳的基本社会保险

24. 下列各项中，属于个人所得税免税项目的有（　　）。
A. 个人取得的保险赔款
B. 个人取得的拆迁补偿款
C. 个人在县农业科技评比中取得的特等奖奖金
D. 个人向税务机关举报违法行为而获得的奖金

25. 根据《个人所得税法（2018年修正）》的规定，下列情形中，纳税人应当依法办理纳税申报的有（　　）。
A. 取得综合所得需要办理汇算清缴的
B. 取得应税所得，扣缴义务人未扣缴税款的
C. 取得境外所得的
D. 因移居境外注销中国户籍的

三、判断题

1. 甲公司于2017年向意大利的乙公司出售一处位于中国境内的房产，乙公司在意大利将房款支付给了甲公司在意大利的分支机构，就该笔转让所得，甲公司有义务向中国主管税务机关申报缴纳企业所得税。（　　）
2. 企业以货币形式和非货币形式从各种来源取得的收入，在计算企业所得税应纳税所得额时，均应计入收入总额。（　　）
3. 非营利组织从事营利性活动取得的收入，免征企业所得税。（　　）
4. 企业为在本企业任职或受雇的全体员工支付的补充养老保险费、补充医疗保险费，不得在企业所得税税前扣除。（　　）
5. 企业的不征税收入用于支出所形成的费用，不得在计算应纳税所得额时扣除；企业的不征税收入用于支出所形成的资产，其计算的折旧、摊销不得在计算应纳税所得额时扣除。（　　）
6. 企业以前年度发生的资产损失，属于实际资产损失的，准予追补至该项损失发生年度扣除，其追补确认期限一般不得超过5年。（　　）
7. 企业已经作为损失处理的资产，在以后纳税年度又全部收回或者部分收回时，应当计入当期收入。（　　）
8. 企业应当自固定资产投入使用月份的当月起计算折旧；停止使用的固定资产，应当自停止使用月份的次月起停止计算折旧。（　　）
9. 企业使用或者销售的存货的成本计算方法，可以在先进先出法、后进先出法、加权平均法、个别计价法中选用一种；计价方法一经选用，不得随意变更。（　　）
10. 企业承包建设国家重点扶持的公共基础设施项目，可以自该承包项目取得第一笔生产经营收入所属纳税年度起，第1年至第3年免征企业所得税，第4年至第6年减半征收企业所得税。（　　）
11. 企业从事符合条件的环境保护、节能节水项目的所得，自项目获利的纳税年度起，第1年至第3年免征企业所得税，第4年至第6年减半征收企业所得税。（　　）
12. 某企业为国家重点扶持的高新技术企业，2017年度实现利润总额为800万元；当年发生营业外支出100万元，分别为向税务机关支付税收滞纳金30万元，向工商行政管理部门支付罚款20万元，赞助支出50万元。假设除此之外无其他纳税调整事项，则该企业2017年应缴纳企业所得税 = （800 + 30 + 20 + 50） × 15% = 135（万元）。（　　）
13. 未在我国设立机构的非居民企业转让财产所得，以收入全额为企业所得税应纳税所得额。（　　）
14. 个人独资企业和合伙企业既是个人所得税的纳税义务人，又是企业所得税的纳税义务人。（　　）
15. 王律师以个人名义聘请助理刘某辅助其工作，每月向刘某支付1万元。根据个人所得税法律制度的规定，刘某每月取得的收入应当按“工资、薪金所得”缴纳个人所得税。（　　）
16. 根据《个人所得税法（2018年修正）》的规定，稿酬所得的收入额减按80%计算。（　　）
17. 根据《个人所得税法（2018年修正）》的规定，个人将其所得对教育、扶贫、济困等公益慈善事业进行捐赠，捐赠额未超过纳税人申报的收入额30%的部分，可以从其应纳税所得额中扣除；国务院规定对公益慈善事业捐赠实行全额税前扣除的，从其规定。（　　）

18. 个人以非货币性资产投资，属于个人转让非货币性资产和投资同时发生。对个人转让非货币性资产的所得，应按照“财产转让所得”，依法计算缴纳个人所得税。（　）
19. 王某设立甲个人独资企业，2018 年甲企业出资为王某购买房屋，房屋产权证书上产权人为王某，但该房屋一直用于甲企业生产经营。根据个人所得税法律制度的规定，该房屋属于甲企业的固定资产，王某无须就此缴纳个人所得税。（　）
20. 个体工商户代其从业人员或者他人负担的税款，不得在计算“经营所得”的个人所得税时扣除。（　）
21. 个体工商户生产经营活动中，应当分别核算生产经营费用和个人、家庭费用；对于生产经营与个人、家庭生活混用难以分清的费用，计算“经营所得”的个人所得税时，不得扣除。（　）
22. 根据《个人所得税法（2018 年修正）》的规定，财政部可以规定其他减税情形，报国务院备案。（　）
23. 根据《个人所得税法（2018 年修正）》的规定，国务院可以规定其他减税情形，报全国人民代表大会常务委员会批准。（　）
24. 根据《个人所得税法（2018 年修正）》的规定，居民个人从中国境外取得的所得，可以从其应纳税额中抵免已在境外缴纳的个人所得税税额，但抵免额不得超过该纳税人境外所得依照规定计算的应纳税额。（　）
25. 退休人员再任职取得的收入，按“工资、薪金所得”缴纳个人所得税。（　）
26. 个人因购买和处置债权取得的所得，按“财产转让所得”缴纳个人所得税。（　）
27. 个人转让自用 5 年以上并且是家庭唯一生活用房取得的所得，暂免征收个人所得税。（　）
28. 企业或个人取得的国债利息收入和国家发行的金融债券利息收入，分别免征企业所得税和个人所得税。（　）
29. 根据《个人所得税法（2018 年修正）》的规定，个人所得税以所得人为纳税人，以支付所得的单位或者个人为扣缴义务人。（　）
30. 纳税人取得利息、股息、红利所得，财产租赁所得，财产转让所得和偶然所得，按月或者按次计算个人所得税，有扣缴义务人的，由扣缴义务人按月或者按次代扣代缴税款。（　）
31. 非居民个人在中国境内从两处以上取得工资、薪金所得的，应当在取得所得的次月 15 日内申报纳税。（　）

四、不定项选择题

【资料 1】

甲服装公司是增值税一般纳税人，2018 年会计利润为 960 万元，其中销售货物取得不含税收入 5500 万元，出租生产设备取得不含税收入 400 万元。当年发生的部分业务如下：

（1）已计入成本费用中的实际发放的职工工资 1200 万元（其中残疾人员工资 40 万元），发生职工福利费支出 180 万元，拨缴工会经费 22 万元，发生职工教育经费 20 万元，另为投资者支付商业保险费 10 万元。

（2）发生广告费支出 800 万元，非广告性质的赞助支出 50 万元，发生业务招待费支出 60 万元。

（3）通过县级政府向贫困地区捐赠 120 万元，直接向某学校捐赠 20 万元。

（4）购置一台符合规定的节能节水专用设备并投入使用，取得普通发票注明设备含税价 80 万元。

已知：职工福利费支出，职工教育经费支出，拨缴的工会经费分别不超过工资、薪金总额的 14%、8% 和 2% 的部分，准予扣除；广告费不超过当年销售（营业）收入的 15%，准予扣除；业务招待费支出按发生额的 60% 扣除，但最高不得超过当年销售（营业）收入的 5‰；公益性捐赠支出不超过年度利润总额的12%的部分，准予在当年扣除；甲公司适用的企业所得税税率为25%。各扣除项目均已取得有效凭证，相关优惠已办理法定手续；除上述事项外，没有其他纳税调整项目。

要求：

根据上述资料，不考虑其他因素，分析回答下列小题。

1. 针对业务（1），下列说法正确的是（ ）。

A. 残疾人员的工资可以加计扣除50%，调减应纳税所得额20万元

B. 职工福利费支出、职工教育经费支出和拨缴的工会经费，共计应调增应纳税所得额12万元

C. 职工福利费支出、职工教育经费支出和拨缴的工会经费，无须纳税调整

D. 为投资者支付的商业保险费不得扣除，应调增应纳税所得额10万元

2. 针对业务（2），下列说法正确的是（ ）。

A. 发生的广告费可以全额在本年度企业所得税税前扣除

B. 发生的非广告性质的赞助支出可以全额在本年度企业所得税税前扣除

C. 发生的业务招待费支出应调增应纳税所得额24万元

D. 发生的业务招待费支出应调增应纳税所得额30.5万元

3. 针对业务（3），下列说法不正确的是（ ）。

A. 通过县级政府向贫困地区捐赠的120万元，可以全额在本年度企业所得税前扣除

B. 通过县级政府向贫困地区捐赠的120万元，可以在本年度企业所得税前扣除115.2万元

C. 直接向某学校捐赠20万元，可以全额在本年度企业所得税前扣除

D. 直接向某学校捐赠20万元，不得在本年度企业所得税前扣除

4. 假定甲公司本年度应纳税所得额为1047.3万元，有关甲公司本年度的应纳企业所得税税额，下列计算正确的是（ ）。

A. $1047.3 \times 25\%$

B. $(1047.3 - 80 \times 10\%) \times 25\%$

C. $1047.3 \times 25\% - 80 \times 10\%$

D. $1047.3 \times 25\% - 80 \div (1 + 16\%) \times 10\%$

【资料2】

中国境内居民企业甲公司2018年的生产经营情况如下：

（1）实现不含税销售收入为3000万元，出租生产设备取得不含税租金收入50万元；

（2）销售成本、销售费用、管理费用、税金及附加共计2800万元，全部符合税法规定，可以在企业所得税前扣除；

（3）“营业外支出”账户列支35万元，其中：通过希望工程基金委员会向某灾区捐款10万元，直接向某困难地区捐款5万元，非广告性赞助支出20万元。

已知：公益性捐赠支出不超过年度利润总额的12%的部分，准予在当年扣除；甲公司当年已预缴企业所得税40万元；适用的企业所得税税率为25%。

要求：

根据上述资料，不考虑其他因素，分析回答下列小题。

1. 在计算甲公司2018年企业所得税应纳税所得额时，不得扣除的项目是（ ）。

A. 通过希望工程基金委员会向灾区捐款

B. 直接向某困难地区捐款

C. 非广告性赞助支出

D. 已预缴的企业所得税税额

2. 有关甲公司2018年的生产经营情况，下列说法正确的是（ ）。

A. 甲公司2018年利润总额为215万元

B. 甲公司2018年利润总额为175万元

C. 甲公司2018年公益性捐赠，允许税前扣除10万元

D. 甲公司2018年公益性捐赠，允许税前扣除15万元

3. 甲公司2018年度企业所得税应纳税所得额为（ ）万元。

A. 240　　B. 224.2

C. 235　　D. 215

4. 有关甲公司2018年度的企业所得税汇算清缴，下列说法正确的是(　　)。
   A. 应补缴所得税20万元
   B. 应退所得税16.05万元
   C. 应补缴所得税18.75万元
   D. 应退所得税13.75万元

【资料3】

中国公民王先生为某大学教授，同时是甲公司（非上市公司）的股东，2018年11月取得的收入情况如下：

(1) 取得当月工资收入6000元、托儿补助费500元、住房补贴1000元、差旅费津贴300元；

(2) 取得甲公司为其购买的价值120万元的小轿车一辆，该车所有权登记在王先生名下；

(3) 取得其月初购入的A上市公司股票红利0.2万元（该股票于本月28日转让）；

(4) 将其持有的B上市公司股票（非限售股）转让，转让净收入3万元；

(5) 购买福利彩票中奖5万元，发生领奖交通费0.5万元、餐费0.1万元。

要求：

根据上述资料，不考虑其他因素，分析回答下列小题。

1. 下列各项中，应计入“工资、薪金所得”的是(　　)。
   A. 工资收入6000元
   B. 托儿补助费500元
   C. 住房补贴1000元
   D. 差旅费津贴300元
2. 有关王先生取得甲公司为其购买的小轿车，下列说法正确的是(　　)。
   A. 无须计算缴纳个人所得税
   B. 应按“工资、薪金所得”计征个人所得税
   C. 应按“经营所得”计征个人所得税
   D. 应按“利息、股息、红利所得”计征个人所得税
3. 有关王先生取得的上市公司股利和上市公司股票转让收入，下列说法正确的是(　　)。
   A. 王先生取得的上市公司股利免征个人所得税
   B. 王先生取得的上市公司股利应全额计入应纳税所得额，按“利息、股息、红利所得”计征个人所得税
   C. 王先生取得的上市公司股票转让收入不征收个人所得税
   D. 王先生取得的上市公司股票转让收入，应按“财产转让所得”计征个人所得税
4. 有关王先生取得福利彩票中奖收入应缴纳的个人所得税，下列计算正确的是(　　)。
   A. (5－0.5－0.1)×20%
   B. (5－0.5)×20%
   C. (5－0.1)×20%
   D. 5×20%

【资料4】

中国公民王某是国内甲公司工程师。2019年全年有关收支情况如下：

(1) 每月工资、薪金收入10000元，公司代扣代缴社会保险费共840元，住房公积金960元。

(2) 到乙公司连续开展技术培训取得报酬3800元。

(3) 出版技术专著取得稿酬收入15000元，发生材料费支出4000元。

(4) 取得企业债券利息3000元，取得机动车保险赔款4000元，参加有奖竞赛活动取得奖金2000元，电台抽奖获得价值5000元免费旅游一次。

已知：王某正在偿还首套住房贷款及利息；王某为独生女，其独生子正在就读大学3年级；王某父母均已年过60岁。王某夫妻约定由王某扣除住房贷款利息和子女教育费。

1. 在计算王某2019年综合所得应纳税所得额时，专项扣除合计额为(　　)。
   A. (840＋960)×12
   B. 60000＋(840＋960)×12
   C. 60000＋(840＋960)×12＋12000
   D. 60000＋(840＋960)×12＋12000＋12000＋24000

2. 有关王某技术培训收入在计算当年综合所得应纳税所得额时的收入额，下列计算列式正确的是(　　)。

A. 3800×（1－20%）

B. 3800－800

C. 3800×（1－20%）×70%

D. （3800－800）×70%

3. 有关王某稿酬收入在计算当年综合所得应纳税所得额时的收入额，下列计算列式正确的是(　　)。

A. 15000×（1－20%）

B. 15000×（1－20%）×70%

C. （15000－4000）×（1－20%）

D. （15000－4000）×（1－20%）×70%

4. 王某的下列收入中，免予征收个人所得税的是(　　)。

A. 企业债券利息3000元

B. 机动车保险赔款4000元

C. 参加有奖竞赛活动取得奖金2000元

D. 电台抽奖获得价值5000元免费旅游一次

本章进阶练习题参考答案及解析

扫码看答案

微信扫“扫码看答案”二维码，即可查阅电子版答案和解析，“手机看答案更轻松”。

一、单项选择题

1. 答案 D 【解析】（1）选项AC：虽未在境内成立，但实际管理机构在境内的，亦属于居民企业；（2）选项B：只要在境内成立，即为居民企业。

2. 答案 B 【解析】企业收入总额是指以货币形式和非货币形式从各种来源取得的收入；非货币形式收入应当按照公允价值确定收入额。

3. 答案 D 【解析】（1）选项AC：属于应税收入；（2）选项B：属于免税收入。

4. 答案 C 【解析】（1）销售商品采取预收款方式的，在发出商品时确认收入；（2）2017年5月20日应确认销售收入12万元，2017年6月25日应确认销售收入8万元。

5. 答案 A 【解析】允许在企业所得税税前扣除的税金，是指企业缴纳的除“企业所得税”和“增值税”以外的各项税金及附加。

6. 答案 A 【解析】（1）选项A：支付给投资者的股息不得在税前扣除；（2）选项B：企业职工因公出差乘坐交通工具发生的人身意外保险费支出，准予扣除；（3）选项C：企业发生的合理的劳动保护支出，准予税前扣除；（4）选项D：在生产经营活动中发生的合理利息支出，准予税前扣除。

7. 答案 C 【解析】（1）限额1＝8000×5‰＝40（万元），限额2＝120×60%＝72（万元），甲商贸有限责任公司2017年度企业所得税税前可以扣除的业务招待费为40万元；（2）业务招待费实际发生额超过允许扣除数额的部分，不得扣除。因此，本年度可以扣除的管理费用＝500－（120－40）＝420（万元）。

8. 答案 B 【解析】限额＝3000×15%＝450（万元），企业实际发生的广告费和业务宣传费支出＝460＋80＝540（万元），超过扣除限额，税前只能按限额扣除450万元。

9. 答案 A 【解析】（1）限额＝3000×30%＝900（万元）；（2）待扣金额＝当年实际发生额＋上年结转额＝1000＋60＝1060（万元）；（3）待扣金额＞税前扣除限额，甲企业2017年计算企业所得税应纳税所得额时准予扣除的广告费为900万元。

10. 答案 C 【解析】（1）工会经费：限

额 =500×2% =10（万元），实际发生额12万元超过限额，只能按10万元在税前扣除；（2）职工福利费：限额 =500×14% =70（万元），实际发生额50万元，未超过限额，据实在税前扣除；（3）职工教育经费：限额 =500×8% =40（万元），实际发生额15万元未超过限额，可以全额在税前扣除；（4）甲企业2018年度企业所得税税前准予扣除的工资和三项经费合计 =500 +10 +50 +15 =575（万元）。

11. 答案 D 【解析】限额 =300×12% =36（万元），实际发生捐赠额50万元，超过了扣除限额，2017年只能在税前扣除36万元。

12. 答案 D 【解析】（1）选项A：建筑物的最低折旧年限为20年；（2）选项B：生产设备的最低折旧年限为10年；（3）选项C：汽车的最低折旧年限为4年。

13. 答案 B 【解析】房屋、建筑物以外未投入使用的固定资产，属于不得计算折旧扣除的固定资产，未投入使用的房屋、建筑物可以计算折旧扣除。

14. 答案 D 【解析】（1）自2018年1月1日至2020年12月31日，对年应纳税所得额低于100万元（含100万元）的小型微利企业，其所得减按50%计入应纳税所得额，按20%的税率缴纳企业所得税。（2）甲企业2018年度应纳企业所得税税额 =90×50%×20% =9（万元）。

15. 答案 B 【解析】（1）一个纳税年度内，居民企业技术转让所得不超过500万元的部分，免征企业所得税；超过500万元的部分，减半征收企业所得税。（2）该企业应缴纳企业所得税 =［3000 -600 +（600 -500）×50%］×25% =612.5（万元）。（3）因为3000万元的会计利润中考虑了600万元的技术转让所得，所以“-600”后，再加上按照税法规定所得超过500万元的部分减半征收，即“（600 -500）×50%”，具体参考下图：

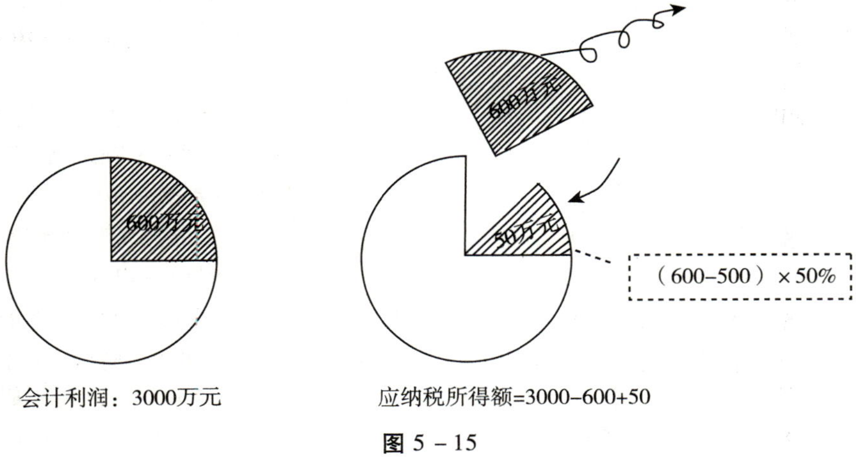

图 5 -15

16. 答案 C 【解析】企业开展研发活动中实际发生的研发费用，未形成无形资产计入当期损益的，在按规定据实扣除的基础上，在2018年1月1日至2020年12月31日期间，再按照实际发生额的75%在税前加计扣除。该企业2018年应缴纳企业所得税 =（300 -50×75%）×25% =65.625（万元）。（说明：50万元的研发费用已经计入当期损益，在计算利润总额时已经扣除，因此，计算应纳税所得额时再扣除50×75%即可。具体参考下图）

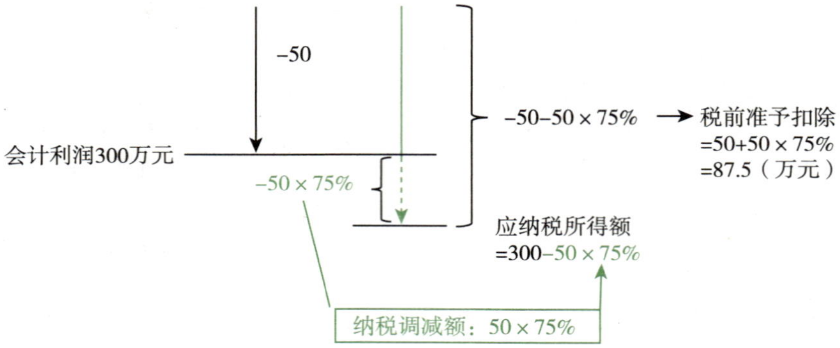

图 5－16

17. 答案 A 【解析】（1）境内所得部分应纳企业所得税税额＝300×25%＝75（万元）；（2）境外所得部分抵免限额＝100×25%＝25（万元），甲企业在A国的所得在境外实缴税款超过抵免限额，当年无须在境内补税；（3）甲企业当年汇算清缴应补税款＝75－60＝15（万元）。

18. 答案 C 【解析】在中国境内未设立机构、场所的或虽设立机构、场所但取得的所得与其所设机构、场所没有实际联系的非居民企业，其取得的来源于中国境内的所得，按下列方法计算应纳税所得额：（1）股息、红利等权益性投资收益和利息、租金、特许权使用费所得，以收入全额为应纳税所得额，不得扣除税法规定之外的税费支出；（2）转让财产所得，以收入全额减除财产净值后的余额为应纳税所得额。

19. 答案 A 【解析】选项BCD：在中国境内无住所而一个纳税年度内在中国境内居住累计满“183天”的个人，属于居民个人。

20. 答案 C 【解析】（1）选项A：按照国家统一规定发给干部、职工的安家费、退职费、基本养老保险金或者退休费、离休费、离休生活补助费，免征个人所得税；（2）选项B：国债和国家发行的金融债券利息免征个人所得税；（3）选项D：保险赔款免征个人所得税。

21. 答案 C 【解析】个人取得的特许权的经济赔偿收入，应按“特许权使用费所得”缴纳个人所得税。

22. 答案 D 【解析】综合所得的专项扣除，包括居民个人按照国家规定的范围和标准缴纳的基本养老保险、基本医疗保险、失业保险等社会保险费和住房公积金等。计算张某2019年综合所得的应纳税所得额时，专项扣除项目金额合计＝（1800＋960）×12＝33120（元）。

23. 答案 B 【解析】居民个人计入综合所得应纳税所得额的稿酬所得的收入额＝收入×（1－20%）×70%。

24. 答案 A 【解析】居民个人计入综合所得应纳税所得额的劳务报酬所得、特许权使用费所得的收入额＝收入×（1－20%）。

25. 答案 D 【解析】李某应缴纳的个人所得税＝6000×20%＝1200（元）。

26. 答案 D 【解析】（1）个人取得的应纳税所得，包括现金、实物和有价证券等形式；（2）偶然所得以每次取得该项收入为一次，偶然所得的应纳税额＝每次收入额×20%＝（80＋20）×20%＝20（万元）。

27. 答案 C 【解析】（1）选项A：属于单纯用于个人和家庭的支出，不得扣除；（2）选项B：属于不符合扣除规定的捐赠支出，不得扣除；（3）选项D：个体工商户代其从业人员或者他人负担的税款，不得扣除。

28. 答案 D 【解析】居民个人按照定额与比例相结合的方法扣除费用的征税项目仅存：财产租赁所得。

29. 答案 D

30. 答案 B

二、多项选择题

1. 答案 ABD 【解析】企业所得税的纳税人包括各类企业、事业单位、社会团体、民办非企业单位和从事经营活动的其他组织，但不包括个人独资企业和合伙企业。

2. 答案 ABC 【解析】（1）居民企业应当就其来源于中国境内、境外的所得缴纳企业所得税。（2）非居民企业一般只就来源于中国境内的所得纳税，但在中国境内设立机构、场所的非居民企业发生在中国境外但与其所设机构、场所有实际联系的所得也应纳税。

3. 答案 BD 【解析】（1）选项A：销售货物所得按照“交易活动发生地”确定所得来源地；（2）选项C：权益性投资资产转让所得按照“被投资企业所在地”确定所得来源地。

4. 答案 ABC 【解析】纳税人采取现金折扣方式销售商品的，按照扣除现金折扣前的金额确定销售商品收入金额，现金折扣在实际发生时作为财务费用扣除。

5. 答案 ABC 【解析】（1）选项ABC：选项A属于接受捐赠收入、选项B属于其他收入、选项C属于提供劳务收入，均应计入企业所得税应纳税所得额。（2）选项D：“逾期未退”（而非未到期的）包装物押金收入，属于其他收入，应计入企业所得税应纳税所得额。

6. 答案 ABD 【解析】接受捐赠收入，按照实际收到捐赠资产的日期确认收入的实现。

7. 答案 ABD 【解析】选项C：非金融企业向非金融企业借款的利息支出，不超过按照金融企业同期同类贷款利率计算的数额的部分，准予扣除，超过部分不得扣除。

8. 答案 CD 【解析】在经济法基础企业所得税的考查范围内，允许“在以后纳税年度结转扣除”的费用有3项：（1）职工教育经费；（2）广告费和业务宣传费支出；（3）公益性捐赠支出（3年内结转扣除）。

9. 答案 ABC 【解析】选项D：通过捐赠、投资、非货币性资产交换、债务重组等方式取得的固定资产，以该资产的公允价值和支付的相关税费为计税基础。

10. 答案 ABC 【解析】其他应当作为长期待摊费用的支出，自支出发生月份的次月起，分期摊销，摊销年限不得低于3年。

11. 答案 ABCD 【解析】我国企业所得税的税收优惠包括免税收入、可以减免税的所得、优惠税率、民族自治地方的减免税、加计扣除、抵扣应纳税所得额、加速折旧、减计收入、抵免应纳税额和其他专项优惠。

12. 答案 BD 【解析】（1）选项A：创业投资企业采取股权投资方式投资于未上市的中小高新技术企业两年以上的，可以按照其投资额的70%在股权持有满两年的当年抵扣该创业投资企业的“应纳税所得额”；（2）选项C：企业购置并实际使用规定的环境保护、节能节水、安全生产等专用设备的，该专用设备的投资额的10%可以从企业当年的“应纳税额”中抵免。

13. 答案 ABCD 【解析】企业从事下列项目的所得，减半征收企业所得税：（1）花卉、茶以及其他饮料作物和香料作物的种植；（2）海水养殖、内陆养殖。

14. 答案 BD 【解析】（1）选项A：按月或按季预缴的，企业应当自月份或者季度终了之日起15日内，向税务机关报送预缴企业所得税纳税申报表，预缴税款；（2）选项C：企业在纳税年度内无论盈利或者亏损，都应当依照规定期限，向税务机关报送预缴企业所得税纳税申报表、年度企业所得税纳税申报表、财务会计报告和税务机关规定应当报送的其他有关资料。

15. 答案 ABC 【解析】综合所得：(1)工资、薪金所得；(2)劳务报酬所得；(3)稿酬所得；(4)特许权使用费所得。

16. 答案 ABCD 【解析】本题解题的关键在于看清“非居民个人”。

17. 答案 BC 【解析】适用超额累进税率的：(1)综合所得；(2)经营所得。

18. 答案 BD 【解析】(1)选项B：自2008年10月9日(含)起，暂免征收储蓄存款利息所得的个人所得税；(2)选项D：我国目前对转让境内上市公司股票所得暂不征收个人所得税。

19. 答案 BC 【解析】(1)选项A：个人提供商标权的使用权取得的所得，按“特许权使用费所得”缴纳个人所得税；(2)选项D：作者将自己的文字作品手稿原件或复印件公开拍卖取得的所得，按“特许权使用费所得”缴纳个人所得税。

20. 答案 AC 【解析】(1)对职工个人以股份形式取得的仅作为分红依据，不拥有所有权的企业量化资产，不征收个人所得税；(2)对职工个人以股份形式取得的企业量化资产参与企业分配而获得的股息、红利，应按“利息、股息、红利所得”缴纳个人所得税。

21. 答案 ABC 【解析】选项D：企业对累积消费达到一定额度的顾客，给予额外抽奖机会，个人的获奖所得，按照“偶然所得”，全额适用20%的税率缴纳个人所得税。

22. 答案 ABCD 【解析】个体工商户的下列支出不得扣除：(1)个人所得税税款；(2)税收滞纳金；(3)罚金、罚款和被没收财物的损失；(4)不符合扣除规定的捐赠支出；(5)赞助支出；(6)用于个人和家庭的支出；(7)与取得生产经营收入无关的其他支出；(8)国家税务总局规定不准扣除的支出。

23. 答案 BCD 【解析】(1)选项A：业主的工资不能扣除；(2)选项CD：个体工商户按照国家有关规定为其“业主和从业人员”缴纳的基本社会保险和住房公积金，准予扣除。

24. 答案 ABD 【解析】选项C：“省”级人民政府、国务院“部”委和中国人民解放军“军”以上单位，以及外国组织、国际组织颁发的科学、教育、技术、文化、卫生、体育、环境保护等方面的奖金，免征个人所得税。

25. 答案 ABCD

三、判断题

1. 答案 √ 【解析】不动产转让所得按照“不动产所在地”确定所得来源地。本题中转让的房产位于中国境内，属于来源于中国境内的所得，甲公司有义务向中国主管税务机关申报缴纳企业所得税。

2. 答案 √ 【解析】企业所得税意义上的收入总额，是指以货币形式和非货币形式从各种来源取得的收入，包括不征税收入和免税收入。

3. 答案 × 【解析】符合条件的非营利组织的收入免征企业所得税；符合条件的非营利组织的收入，不包括非营利组织从事营利活动取得的收入，但国务院财政、税务主管部门另有规定的除外。

4. 答案 × 【解析】企业根据国家有关政策规定，为在本企业任职或者受雇的全体员工支付的补充养老保险费、补充医疗保险费，“分别”在不超过职工工资总额5%标准内的部分，在计算应纳税所得额时准予扣除；超过的部分，不予扣除。

5. 答案 √

6. 答案 √

7. 答案 √

8. 答案 × 【解析】企业应当自固定资产投

入使用月份的“次月”起计算折旧；停止使用的固定资产，应当自停止使用月份的次月起停止计算折旧。

9. 答案 × 【解析】企业使用或者销售的存货的成本计算方法，可以在先进先出法、加权平均法、个别计价法中选用一种（不包括后进先出法）；计价方法一经选用，不得随意变更。

10. 答案 × 【解析】企业从事国家重点扶持的公共基础设施项目的投资经营所得，自项目取得第一笔生产经营收入所属纳税年度起，第1年至第3年免征企业所得税，第4年至第6年减半征收企业所得税。但是，“企业承包经营、承包建设和内部自建自用”的，不得享受上述企业所得税优惠。

11. 答案 × 【解析】企业从事符合条件的环境保护、节能节水项目的所得，自项目“取得第一笔生产经营收入”所属纳税年度起，第1年至第3年免征企业所得税，第4年至第6年减半征收企业所得税。

12. 答案 √ 【解析】国家需要重点扶持的高新技术企业，减按15%的税率征收企业所得税；税收滞纳金、工商行政管理部门的罚款和与生产经营活动无关的非广告性质的赞助支出，均不得在所得税前扣除。所以该企业2017年应缴纳企业所得税 = （800 + 30 + 20 + 50） × 15% = 135（万元）。

13. 答案 × 【解析】对未在我国设立机构、场所的非居民企业取得的转让财产所得，以“收入全额减除财产净值后的余额”作为应纳税所得额。

14. 答案 × 【解析】个人独资企业和合伙企业不缴纳企业所得税，缴纳个人所得税。

15. 答案 × 【解析】刘某的1万元收入应按“劳务报酬所得”由王律师负责代扣代缴个人所得税。

16. 答案 × 【解析】劳务报酬所得、稿酬所得、特许权使用费所得以收入减除20%的费用后的余额为收入额；稿酬所得的收入额减按“70%”计算。

17. 答案 × 【解析】个人将其所得对教育、扶贫、济困等公益慈善事业进行捐赠，捐赠额未超过纳税人申报的“应纳税所得额”30%的部分，可以从其应纳税所得额中扣除；国务院规定对公益慈善事业捐赠实行全额税前扣除的，从其规定。

18. 答案 √

19. 答案 × 【解析】应视为甲企业对王某进行了实物性质的分配，按“经营所得”计征个人所得税。

20. 答案 √

21. 答案 × 【解析】对于生产经营与个人、家庭生活混用难以分清的费用，其40%视为与生产经营有关的费用，准予扣除。

22. 答案 × 【解析】“国务院”可以规定其他减税情形，报“全国人民代表大会常务委员会”备案。

23. 答案 × 【解析】国务院可以规定其他减税情形，报全国人民代表大会常务委员会“备案”。

24. 答案 √

25. 答案 √

26. 答案 √

27. 答案 √

28. 答案 × 【解析】（1）国债利息收入：企业所得税和个人所得税均免税；（2）国家发行的金融债券利息收入：企业所得税不免税，个人所得税免税。

29. 答案 √

30. 答案 √

31. 答案 √

四、不定项选择题

【资料1】

1. 答案 BD 【解析】（1）选项A：残疾人员的工资可以加计扣除“100%”，“调减”应纳税所得额40万元。（2）选项

BC：①税法允许扣除的职工福利费限额 = 1200 × 14% = 168（万元），实际发生额超过扣除限额，应调增应纳税所得额12万元（180 − 168）；②税法允许扣除的工会经费限额 = 1200 × 2% = 24（万元），实际发生额未超过扣除限额，无须纳税调整；③税法允许扣除的职工教育经费限额 = 1200 × 8% = 96（万元），实际发生额未超过扣除限额，可全额扣除。三项经费共计应调增应纳税所得额为12万元。（3）选项D：除另有规定外，企业为投资者或职工支付的商业保险费不得扣除。

2. 答案 AD 【解析】（1）选项A：销售（营业）收入 = 5500 + 400 = 5900（万元）；限额 = 5900 × 15% = 885（万元），实际发生额未超过扣除限额，无须纳税调整。（2）选项B：与生产经营活动无关的非广告性质的赞助支出不得在税前扣除，应调增应纳税所得额50万元。（3）选项CD：限额1 = 5900 × 5‰ = 29.5（万元），限额2 = 60 × 60% = 36（万元），应以29.5万元为限额扣除，应调增应纳税所得额30.5万元（60 − 29.5）。

3. 答案 AC 【解析】（1）选项AB：公益性捐赠扣除限额 = 960 × 12% = 115.2（万元），实际发生的公益性捐赠支出超过扣除限额，应调增应纳税所得额4.8万元（120 − 115.2）；（2）选项CD：直接捐赠支出不得在企业所得税税前扣除。

4. 答案 C 【解析】企业购置并实际使用规定的环境保护、节能节水、安全生产等专用设备的，该专用设备的投资额的10%可以从企业当年的应纳税额中抵免；当年不足抵免的，可以在以后5个纳税年度结转抵免。

【资料2】

1. 答案 BCD 【解析】选项A属于公益性捐赠，可以在年度利润总额12%以内扣除。

2. 答案 AC 【解析】（1）甲公司2018年利润总额 = 3000 + 50 − 2800 − 35 = 215（万元）；（2）甲公司2018年公益性捐赠税前扣除限额 = 215 × 12% = 25.8（万元），实际发生公益性捐赠10万元没有超过限额，所以允许税前扣除的公益性捐赠为10万元，直接向困难地区捐款不得在企业所得税前扣除。

3. 答案 A 【解析】甲公司2018年度应纳税所得额 = 215 + 5 + 20 = 240（万元），或者，甲公司2018年度应纳税所得额 = 3000 + 50 − 2800 − 10 = 240（万元）。

4. 答案 A 【解析】甲公司2018年度应补缴所得税 = 240 × 25% − 40 = 20（万元）。

【资料3】

1. 答案 AC 【解析】选项BD：托儿补助费和差旅费津贴，不属于工资、薪金性质的补贴、津贴，不予征收个人所得税。

2. 答案 D 【解析】（1）本题属于企业为投资者购买财产，并将所有权登记在投资者名下；（2）由于甲公司是个人独资企业、合伙企业以外的其他企业，王先生是甲公司的投资者，应按“利息、股息、红利所得”计征个人所得税；（3）如果王先生属于个人投资者及其家庭成员以外的其他人员，应按“工资、薪金所得”计征个人所得税；（4）如果将“甲公司”改为“甲个人独资企业”，则甲个人独资企业为投资者王先生购买汽车并登记于王先生名下，应按“经营所得”计征个人所得税。

3. 答案 BC 【解析】（1）选项AB：对个人持有从公开发行和转让市场取得的上市公司股票而取得的股息红利，持股期限在1个月以内（含1个月）的，其股息红利所得全额计入应纳税所得额；（2）选项CD：对境内上市公司股票（非限售股）转让所得，暂不征收个人所得税。

4. 答案 D 【解析】“偶然所得”以每次收入额全额（不得扣除领奖支出）作为应纳税所得额。

【资料4】

1. 答案 A 【解析】综合所得的法定扣除项

目：(1) 减除费用60000元；(2) 专项扣除；(3) 专项附加扣除；(4) 其他扣除。本题提问的是“专项扣除”，应选A选项。选项D是全部法定扣除项目合计。

2. 答案 A 【解析】居民个人计入综合所得应纳税所得额的劳务报酬所得、特许权使用费所得的收入额 = 收入 × (1 - 20%)。

3. 答案 B 【解析】居民个人计入综合所得应纳税所得额的稿酬所得的收入额 = 收入 × (1 - 20%) × 70%。

4. 答案 B 【解析】(1) 选项A：按照“利息、股息、红利所得”计税；(2) 选项CD：按“偶然所得”计税。

第六章　其他税收法律制度

本章考情分析

本章介绍了14税1费，其繁杂、细碎令无数考生却步，殊不知本章只要能分清各税各费的征收范围就已经成功了一半，这是一只“披了狼皮的羊”，完全不用怕！

本章可以切分为4个部分：（1）跟房、地相关的小税种；（2）跟车相关的小税种；（3）与利用本地资源相关的小税种；（4）由海关负责征收的小税种。本章在每套考卷中的分值约15分，通常不涉及不定项选择题，个别较为重要的小税种有可能在增值税、消费税的不定项选择题中挤占1小题的分值。

此外，按照考试大纲的要求，耕地占用税、印花税和城市维护建设税的内容收录了《中华人民共和国耕地占用税法》（征求意见稿）、《中华人民共和国印花税法》（征求意见稿）和《中华人民共和国城市维护建设税法》（征求意见稿）的相关内容，建议考生按照相关征求意见稿的内容复习，如果正式出台的法律文件与征求意见稿的内容有不一致，相信考试组织部门会妥善处理。按照往年考试情况，耕地占用税、印花税和城市维护建设税在每套试卷中的分值在3分左右，考生不必过虑。对本书所收录的这些“征求意见稿”的内容，我们将保持密切关注，一旦正式文件出台，我们将及时进行对比和整理，对考生后续的备考复习进行提示，请关注“东奥初级会计职称微信公众号”（至少在5月1日前认真关注一次）。

最近3年考试题型题量分析表

	2016年		2017年		2018年	
	卷1	卷2	卷1	卷2	卷1	卷2
单项选择题	3题 4.5分	5题 7.5分	5题 7.5分	5题 7.5分	5题 7.5分	5题 7.5分
多项选择题	2题4分	4题8分	3题6分	3题6分	1题2分	1题2分
判断题	2题2分	3题3分	1题1分	3题3分	2题2分	1题1分
不定项选择题	——	——	——	1题2分	——	1题2分
合计	7题 10.5分	12题 18.5分	9题 14.5分	12题 18.5分	8题 11.5分	8题 12.5分

说明：上表数据并非最近3年考试题库的完整统计，而是我们向参加当年考试的考生了解的、较为完整的代表性试卷进行的统计。

2019年本章考点的主要变化如下。

（1）根据《中华人民共和国耕地占用税法》（征求意见稿）、《中华人民共和国印花税法》（征求意见稿）和《中华人民共和国城市维护建设税法》（征求意见稿）对耕地占用税、印花税和城市维护建设税的内容进行了全面更新。

（2）根据《中华人民共和国烟叶税法》，对“烟叶税”进行了更新；根据《中华人民共和国船舶吨税法》，将2018年删除的船舶吨税恢复并更新。

（3）根据税收新政策，更新了一系列税收优惠。例如，新增“物流企业承租用于大宗商品仓储设施的土地城镇土地使用税优惠政策”“对页岩气减征资源税”的有关内容；调整“企业改制重组有关土地增值税政策”“新能源汽车免征车辆购置税”的有关内容。

（4）新增“自2004年8月1日起，对军队空余房产租赁收入暂免征收房产税”。

本章单元框架

- 跟房、地相关的小税种
  - 第1单元　耕地占用税
  - 拥有房地
    - 第2单元　城镇土地使用税
    - 第3单元　房产税
  - 房地权属转移
    - 第4单元　契税
    - 第5单元　土地增值税
    - 第6单元　印花税
- 跟车相关的小税种
  - 第7单元　车辆购置税
  - 第8单元　车船税
- 与本地资源相关的小税种
  - 第9单元　资源税
  - 第10单元　环境保护税
  - 第11单元　城建税及教育费附加、烟叶税
- 由海关负责征收的小税种
  - 第12单元　关税
  - 第13单元　船舶吨税

本章考点剖析

【提示】小税种远看遥相呼应，近看大不相同，实则差别万千。想要深入了解相关内容，听听名师怎么讲，快扫我们考点旁的听课二维码。

第1单元　耕地占用税

（2019年调整）

考点1：交不交耕地占用税？（★）

1. 纳税人

耕地占用税的纳税人为在我国境内占用耕地建房或者从事非农业建设的单位或者个人。

2. 征税范围

（1）耕地占用税的征税范围包括纳税人为建房或从事非农业建设而占用的国家所有和集体所有的耕地。

①耕地，是指用于种植农作物的土地。

②建房，包括建设建筑物和构筑物，建设农田水利设施除外。

③占用园地、林地、草地、农田水利用地、养殖水面以及养殖滩涂等其他农用地建房或者从事非农业建设的，应征收耕地占用税，适用税额可以适当低于当地占用耕地的适用税额。

【提示1】园地，包括果园、茶园、其他园地。

【提示2】林地，包括林地、灌木林地、疏林地、未成林地、迹地、苗圃等，不包括居民点内部的绿化林木用地，铁路、公路征地范围内的林木用地，以及河流、沟渠的护堤林用地。

【提示3】农田水利用地，包括农田排灌沟渠及相应附属设施用地。

【提示4】养殖水面，包括人工开挖或者天然形成的用于水产养殖的河流水面、湖泊水面、水库水面、坑塘水面及相应附属设施用地。

【提示5】养殖滩涂，包括专门用于种植或者养殖水生动植物的海水潮浸地带和滩地。

（2）建设直接为农业生产服务的生产设施占用耕地的，不征收耕地占用税。

3. 免征耕地占用税的项目

（1）军事设施占用应税土地免征耕地占用税；

（2）学校、幼儿园、养老院、医院占用应税土地免征耕地占用税。

【提示1】学校内经营性场所和教职工住房占用应税土地的，按照当地适用税额缴纳耕地占用税。

【提示2】医院内专门用于提供医护服务的场所及其配套设施免征耕地占用税，但医院内职工住房占用应税土地的，按照当地适用税额缴纳耕地占用税。

4. 按规定免征或者减征耕地占用税后，纳税人改变原占地用途，不再属于免征或者减征耕地占用税情形的，应当按照当地适用税额补缴耕地占用税。

5. 临时占用耕地

（1）纳税人临时占用耕地，应当按规定缴纳耕地占用税。

（2）纳税人在批准临时占用耕地期满之日起1年内恢复所占用耕地原状的，全额退还已经缴纳的耕地占用税。

（3）因污染、取土、采矿塌陷等损毁耕地的，比照临时占用耕地的情况，由造成损毁的单位或者个人缴纳耕地占用税。纳税人自损毁耕地之日起3年内恢复所损毁耕地原状的，全额退还已经缴纳的耕地占用税。

考点2：交多少耕地占用税？（★）

1. 税率

（1）有地区差别的幅度定额税率。

【提示】耕地占用税的税率不需要背诵，但是税率形式需要把握，参考下图：

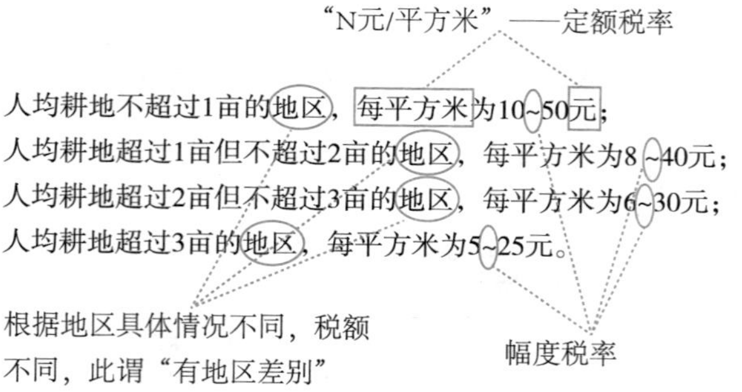

图6－1

（2）各地耕地占用税适用税额由省、自治区、直辖市人民代表大会或者其常委会在国务院规定的税额幅度内确定，报全国人民代表大会常务委员会和国务院备案。

（3）经济特区、经济技术开发区和经济发达且人均耕地特别少的地区，适用税额可以适当提高，但是提高的部分最高不得超过国务院规定的当地适用税额的50%。

（4）占用基本农田的，适用税额应当在国务院规定的当地适用税额的基础上提高50%。占用基本农田以外的优质耕地，适用税额可以适当提高，但是提高的部分最高不得超过国务院规定的当地适用税额的50%。

2. 计税依据与应纳税额

（1）耕地占用税以纳税人实际占用的耕地面积为计税依据，按照规定的适用税额一次性征收。

应纳税额 = 实际占用耕地面积（平方米）×适用税额

【案例】甲商贸公司因建设商场需要，经批准占用耕地1000平方米。已知当地耕地占用税适用税额为10元/平方米。则甲商贸公司应缴纳的耕地占用税 = 1000 × 10 = 10000（元）。

（2）纳税人实际占用耕地面积的核定以农用地转用审批文件为主要依据，必要的时候应当实地勘测。

3. 下列项目占用耕地，可以减按每平方米2元的税额标准征收耕地占用税

（1）铁路线路；

【提示】专用铁路和铁路专用线占用应税土地的，按照当地适用税额缴纳耕地占用税。

（2）公路线路；

【提示】专用公路和城区内机动车道占用应税土地的，按照当地适用税额缴纳耕地占用税。

（3）飞机场跑道、停机坪；

（4）港口；

（5）航道。

4. 农村居民在规定标准内占用耕地新建自用住宅，按照当地适用税额减半征收耕地占用税。

5. 农村烈士家属（包括父母、配偶和子女）、残疾军人以及生活困难的农村居民，在规定用地标准以内新建住宅缴纳耕地占用税确有困难的，可以免征或者减征耕地占用税，具体办法由省、自治区、直辖市人民代表大会或者其常委会规定。

考点3：怎么交耕地占用税？（★）

1. 纳税期限

（1）纳税人自收到土地管理部门农用地转用批复文件之日起30日内申报缴纳耕地占用税。

（2）单独选址项目占用耕地的，纳税人自收到土地管理部门建设用地批准书之日起30日内申报缴纳耕地占用税。

（3）未经批准占用耕地的，纳税人应当自实际占用耕地之日起30日内申报缴纳耕地占用税。

2. 纳税地点

纳税人占用耕地或其他农用地，应当在耕地或其他农用地所在地申报纳税。

3. 土地管理部门与税务机关的协作

（1）土地管理部门应当在向纳税人发放农用地转用批复文件或者建设用地批准书的同时，通知同级税务机关。

（2）土地管理部门应当在核查耕地占用税纳税或者免税证明后，办理供应建设用地手续。

【例题1·单选题】2016年7月甲公司开发住宅社区，经批准共占用耕地150000平方米，其中800平方米兴建幼儿园、5000平方米修建学校。已知耕地占用税适用税率为30元/平方米。甲公司应缴纳耕地占用税税额的下列算式中，正确的是（　　）。（2017年）

A. 150000 × 30 = 4500000（元）

B. （150000 − 800 − 5000）× 30 = 4326000（元）

C. （150000－5000）×30＝4350000（元）

D. （150000－800）×30＝4476000（元）

【解析】军事设施、学校、幼儿园、养老院、医院占用耕地，可以依法免征耕地占用税。

【答案】B

【例题2·多选题】根据耕地占用税法律制度的规定，下列各项中，免征耕地占用税的有（　　）。（2017年）

A. 公立学校教学楼占用耕地

B. 城区内机动车道占用耕地

C. 军事设施占用耕地

D. 医院内职工住房占用耕地

【解析】（1）选项B：公路线路占用应税土地，可以减按每平方米2元的税额标准缴纳耕地占用税；但专用公路和城区内机动车道占用应税土地的，按照当地适用税额缴纳耕地占用税。（2）选项D：医院内职工住房占用应税土地的，按照当地适用税额缴纳耕地占用税。

【答案】AC

【例题3·多选题】根据耕地占用税法律制度的规定，下列各项中，可以免征耕地占用税的有（　　）。（2015年）

A. 军用机场占用的耕地

B. 养老院为老人提供生活照顾场所占用的耕地

C. 幼儿园用于幼儿保育、教育场所占用的耕地

D. 学校内教职工住房占用的耕地

【解析】选项D：学校占用应税土地，免征耕地占用税；但学校内经营性场所和教职工住房占用应税土地的，按照当地适用税额缴纳耕地占用税。

【答案】ABC

【例题4·单选题】根据耕地占用税法律制度的规定，下列情形中，不缴纳耕地占用税的是（　　）。（2014年）

A. 占用市区工厂土地建设商品房

B. 占用市郊菜地建设公路

C. 占用牧草地建设厂房

D. 占用果园建设旅游度假村

【解析】（1）选项A：占用的是“工厂土地”，并非耕地，肯定不缴纳耕地占用税；（2）选项BCD：菜地、牧草地、果园均属于耕地，建设厂房（选项C）、旅游度假村（选项D）应当缴纳耕地占用税，建设公路（选项B）可能涉及减征。

【答案】A

【例题5·判断题】农村居民经批准在户籍所在地按照规定标准占用耕地，建设自用住宅，可以免征耕地占用税。（　　）（2013年）

【解析】农村居民在规定标准内占用耕地新建自用住宅，按照当地适用税额“减半征收”耕地占用税。

【答案】×

第2单元　城镇土地使用税

考点1：城镇土地使用税的基本规定（★★）

（一）征税范围

凡在城市、县城、建制镇和工矿区范围内（不包括农村）的土地，不论是属于国家所有的土地，还是集体所有的土地，都属于城镇土地使用税的征税范围。

【例题·多选题】根据城镇土地使用税法律制度的规定，下列各项中，属于城镇土地使用税征税范围的有（　　）。（2017年）

A. 集体所有的位于农村的土地

B. 集体所有的位于建制镇的土地

C. 国家所有的位于工矿区的土地

D. 集体所有的位于城市的土地

【答案】BCD

（二）纳税人

城镇土地使用税的纳税人，是指在城市、县城、建制镇、工矿区范围内使用土地的单位和个人。根据用地者的不同情况分别确定：

1. 城镇土地使用税由拥有土地使用权的单位或者个人缴纳；

2. 拥有土地使用权的纳税人不在土地所在地的，由“代管人或者实际使用人”缴纳；

3. 土地使用权未确定或者权属纠纷未解决的，由“实际使用人”纳税；

4. 土地使用权共有的，共有各方均为纳税人，由共有各方按实际使用土地的面积占总面积的比例“分别缴纳”。

【例题·多选题】根据城镇土地使用税法律制度的规定，下列关于城镇土地使用税纳税人的表述中，正确的有（　　）。（2016年、2012年）

A. 土地使用权未确定或权属纠纷未解决的，由实际使用人纳税

B. 土地使用权共有的，共有各方均为纳税人，由共有各方分别纳税

C. 拥有土地使用权的纳税人不在土地所在地的，由代管人或实际使用人纳税

D. 城镇土地使用税由拥有土地使用权的单位或个人缴纳

【答案】ABCD

（三）应纳税额

1. 年应纳税额 = 实际占用应税土地面积（平方米）×适用税额

2. 税率

城镇土地使用税实行“有幅度的地区差别定额税率”。

3. 计税依据：纳税人实际占用的土地面积。

（1）凡由省级人民政府确定的单位组织测定土地面积的，以测定的土地面积为准；

（2）尚未组织测定，但纳税人持有政府部门核发的土地使用证书的，以证书确定的土地面积为准；

（3）尚未核发土地使用证书的，应当由纳税人据实申报土地面积，并据以纳税，待核发土地使用证书后再作调整。

【例题1·单选题】甲房地产开发企业开发一住宅项目，实际占地面积12000平方米，建筑面积24000平方米，容积率为2.0，甲房地产开发企业缴纳的城镇土地使用税的计税依据为（　　）平方米。（2017年）

A. 24000　　B. 12000

C. 36000　　D. 18000

【解析】城镇土地使用税的计税依据是纳税人实际占用的土地面积，与建筑面积、容积率无关。

【答案】B

【例题2·多选题】甲、乙两家企业共有一项土地使用权，土地面积为1500平方米，甲、乙企业的实际占用比例为3∶2。已知该土地适用的城镇土地使用税年税额为每平方米5元。关于甲、乙企业共用该土地应缴纳的城镇土地使用税，下列处理正确的有（　　）。（2015年）

A. 甲企业应纳城镇土地使用税 = 1500 × 3/5 × 5 = 4500（元）

B. 甲企业应纳城镇土地使用税 = 1500 × 5 = 7500（元）

C. 乙企业应纳城镇土地使用税 = 1500 × 2/5 × 5 = 3000（元）

D. 乙企业应纳城镇土地使用税 = 1500 × 5 = 7500（元）

【解析】土地使用权共有的，以共有各方实际使用土地的面积占总面积的比例，分别计算缴纳城镇土地使用税。

【答案】AC

【例题3·多选题】下列关于城镇土地使用税的计税依据，表述正确的有（　　）。（2014年）

A. 尚未组织测定，但纳税人持有政府部门核发的土地使用证书的，以证书确定的土地面积为准

B. 尚未核发土地使用证书的，应由纳税人据实申报土地面积，并据以纳税，待核发土地使用证书后再作调整

C. 凡由省级人民政府确定的单位组织测定土地面积的，以测定的土地面积为准

D. 城镇土地使用税以实际占用的应税土地面积为计税依据

【解析】城镇土地使用税的计税依据是纳税人实际占用的土地面积。土地面积以平方米为计量标准，确定顺序：测定面积 > 证书所载面积 > 自行据实申报面积。

【答案】ABCD

（四）征收管理

1. 纳税义务发生时间

表6－1

情形	纳税义务发生时间
纳税人购置新建商品房	自房屋交付使用之次月起
纳税人购置存量房	自办理房屋权属转移、变更登记手续，房地产权属登记机关签发房屋权属证书之“次月”起
纳税人出租、出借房产	自交付出租、出借房产之次月起
以出让或转让方式有偿取得土地使用权的	应由受让方从合同约定交付土地时间的“次月”起缴纳城镇土地使用税；合同未约定交付土地时间的，由受让方从合同签订的次月起缴纳城镇土地使用税
纳税人新征用的“耕地”	自批准征用之日起满1年时
纳税人新征用的“非耕地”	自批准征用“次月”起

2. 纳税地点

（1）城镇土地使用税在“土地所在地”缴纳。

（2）纳税人使用的土地不属于同一省、自治区、直辖市管辖的，由纳税人“分别”向土地所在地税务机关缴纳城镇土地使用税。

3. 纳税期限：“按年计算，分期缴纳”，具体纳税期限由省、自治区、直辖市人民政府确定。

【例题1·单选题】甲企业2015年2月经批准新占用一块耕地建造办公楼，另占用一块非耕地建造企业仓库。下列关于甲企业城镇土地使用税和耕地占用税的有关处理，说法正确的是（　　）。（2015年）

A. 甲企业建造办公楼占地，应征收耕地占用税，并自批准征用之次月起征收城镇土地使用税

B. 甲企业建造办公楼占地，应征收耕地占用税，并自批准征用之日起满1年时征收城镇土地使用税

C. 甲企业建造仓库用地，不征收耕地占用税，应自批准征用之月起征收城镇土地使用税

D. 甲企业建造仓库用地，不征收耕地占用税，应自批准征用之日起满1年时征收城镇土地使用税

【解析】（1）选项AB：纳税人新征用的耕地，自批准征用之日起满1年时开始缴纳城镇土地使用税；（2）选项CD：纳税人新征用的非耕地，自批准征用次月起缴纳城镇土地使用税。

【答案】B

【例题2·多选题】根据城镇土地使用税法律制度的规定，下列关于城镇土地使用税纳税义务发生时间的表述中，正确的有（　　）。（2015年）

A. 纳税人购置新建商品房，自房屋交付使用之次月起缴纳城镇土地使用税

B. 纳税人以出让方式有偿取得土地使用权，应从合同约定交付土地时间的次月起缴纳城镇土地使用税

C. 纳税人新征用的耕地，自批准征用之日起满1年时开始缴纳城镇土地使用税

D. 纳税人新征用的非耕地，自批准征用次月起缴纳城镇土地使用税

【答案】ABCD

考点2：城镇土地使用税的税收优惠政策（★★）

1. 下列用地免征城镇土地使用税：

（1）国家机关、人民团体、军队自用的土地；

（2）由国家财政部门拨付事业经费的单位“自用”的土地；

（3）宗教寺庙、公园、名胜古迹“自用”的土地；

【提示】公园、名胜古迹内的索道公司经营用地，应按规定缴纳城镇土地使用税。

（4）市政街道、广场、绿化地带等公共用地；

（5）直接用于农、林、牧、渔业的生产用地。

【例题1·单选题】根据城镇土地使用税法律制度的规定，下列城市用地中，不属于城镇土地使用税免税项目的是（　　）。（2018年）

A. 公园自用的土地

B. 市政街道公共用地

C. 国家机关自用的土地

D. 企业生活区用地

【答案】D

【例题2·单选题】根据城镇土地使用税法律制度的规定，下列城市土地中，应缴纳城镇土地使用税的是（　　）。（2015年）

A. 企业生活区用地

B. 国家机关自用的土地

C. 名胜古迹自用的土地

D. 市政街道公共用地

【答案】A

2. 免税单位与纳税单位之间无偿使用的土地

对免税单位无偿使用纳税单位的土地（如公安、海关等单位使用铁路、民航等单位的土地），免征城镇土地使用税；对纳税单位无偿使用免税单位的土地，纳税单位应照章缴纳城镇土地使用税。

【提示】关键看“无偿使用方”：（1）为免税单位的，相应免税；（2）为纳税单位的，应照章纳税。

【例题·判断题】对公安部门无偿使用铁路、民航等单位的土地，免征城镇土地使用税。（　　）（2014年）

【答案】√

3. 房地产开发公司开发建造商品房的用地

房地产开发公司开发建造商品房的用地，除经批准开发建设经济适用房的用地外，对各类房地产开发用地一律不得减免城镇土地使用税。

4. 企业的铁路专用线、公路等用地

对企业的铁路专用线、公路等用地除另有规定者外，在企业厂区（包括生产、办公及生活区）以内的，应照章征收城镇土地使用税；在厂区以外、与社会公用地段未加隔离的，暂免征收城镇土地使用税。

【例题·单选题】2014年甲服装公司（位于某县城）实际占地面积30000平方米，其中办公楼占地面积500平方米，厂房仓库占地面积22000平方米，厂区内铁路专用线、公路等用地7500平方米，已知当地规定的城镇土地使用税每平方米年税额为5元。甲服装公司当年应缴纳城镇土地使用税税额的下列计算中，正确的是（　　）。（2015年）

A. $30000 \times 5 = 150000$（元）

B. $(30000 - 7500) \times 5 = 112500$（元）

C. $(30000 - 500) \times 5 = 147500$（元）

D. $(30000 - 22000) \times 5 = 40000$（元）

【解析】一般企业的办公楼占地、厂房仓库占地没有免税规定，而本题铁路专用线、公路等用地又位于“厂区内”，亦无免税规定，因此甲服装公司的实际占地全部应当征收城镇土地使用税。

【答案】A

5. 自2016年1月1日起，企业范围内的荒山、林地、湖泊等占地全额征收城镇土地使用税。

6. 林业系统用地

（1）对林区的“育林地、运材道、防火道、防火设施”用地，免征城镇土地使用税；

（2）林业系统的“森林公园、自然保护区”可比照公园免征城镇土地使用税；

（3）林业系统的“林区贮木场、水运码头”用地，暂予免征城镇土地使用税；

（4）除上述列举免税的土地外，对林业系统的其他生产用地及办公、生活区用地，均应征收城镇土地使用税。

【例题·单选题】某林场面积100万平方米，其中森林公园占地58万平方米、防火设施占地17万平方米、办公用地10万平方米、生活区用地15万平方米。该林场需要缴纳城镇土地使用税的面积是(　　)万平方米。(2015年)

A. 58　　B. 100

C. 42　　D. 25

【解析】森林公园占地：免；防火设施占地：免；办公用地、生活区用地：均应征收。因此，需要缴纳城镇土地使用税的面积 = 100 − 58 − 17 = 25（万平方米）。

【答案】D

7. 盐场、盐矿用地

(1) 对盐场、盐矿的生产厂房、办公、生活区用地，应照章征收城镇土地使用税；

(2) 盐场的“盐滩”、盐矿的“矿井”用地，暂免征收城镇土地使用税。

【例题·单选题】2014年甲盐场占地面积为300000平方米，其中办公用地35000平方米、生活区用地15000平方米、盐滩用地250000平方米。已知当地规定的城镇土地使用税每平方米年税额为0.8元，甲盐场当年应缴纳城镇土地使用税税额的下列计算中，正确的是(　　)。(2015年)

A. (35000 + 250000) × 0.8 = 228000（元）

B. 300000 × 0.8 = 240000（元）

C. (15000 + 250000) × 0.8 = 212000（元）

D. (35000 + 15000) × 0.8 = 40000（元）

【解析】针对盐场，只有“盐滩”用地是暂免征收城镇土地使用税的，其他占地照章征收。因此，甲盐场应当缴纳城镇土地使用税的面积 = 35000 + 15000，或者 = 300000 − 250000。

【答案】D

8. 电力行业用地

(1) 火电厂厂区围墙内的用地均应征收城镇土地使用税；对“厂区围墙外”的“灰场、输灰管、输油（气）管道、铁路专用线”用地，免征城镇土地使用税；厂区围墙外的其他用地，应照章征税。

(2) 水电站的发电厂房用地，生产、办公、生活用地，应征收城镇土地使用税；对“其他”用地给予免税照顾。

(3) 对供电部门的“输电线路”用地、“变电站”用地，免征城镇土地使用税。

【例题·单选题】某火电厂2009年占地80万平方米，其中厂区围墙内占地40万平方米、厂区围墙外灰场占地3万平方米、生活区及其他商业配套设施占地37万平方米。已知，该火电厂所在地适用的城镇土地使用税每万平方米年税额为1.5万元。根据城镇土地使用税法律制度的规定，该火电厂2009年应缴纳的城镇土地使用税税额为(　　)万元。(2010年)

A. 55.5　　B. 60

C. 115.5　　D. 120

【解析】针对火电厂，只有“厂区围墙外”的“灰场、输灰管、输油（气）管道、铁路专用线”用地免征城镇土地使用税。因此，该火电厂当年应缴纳的城镇土地使用税 = (80 − 3) × 1.5 = 115.5（万元）。

【答案】C

9. 水利设施用地

“水利设施及其管护用地”（如水库库区、大坝、堤防、灌渠、泵站等用地），免征城镇土地使用税；其他用地，如生产、办公、生活用地，应照章征税。

【例题·单选题】根据城镇土地使用税法律制度的规定，下列各项中，不属于免税项目的是(　　)。(2018年)

A. 水库管理部门的办公用地

B. 大坝用地

C. 堤防用地

D. 水库库区用地

【解析】选项BCD属于水利设施的管护用地，免征城镇土地使用税。

【答案】A

10. 交通部门港口用地

(1) 对港口的“码头”用地，免征城镇土地使用税；

(2) 对港口的露天堆货场用地，原则上应征收城镇土地使用税。

11. 民航机场用地

（1）机场飞行区（包括跑道、滑行道、停机坪、安全带、夜航灯光区）用地、“场内外”通讯导航设施用地和飞行区四周排水防洪设施用地，免征城镇土地使用税。

（2）在机场道路中，“场外”道路用地免征城镇土地使用税；场内道路用地依照规定征收城镇土地使用税。

（3）机场工作区（包括办公、生产和维修用地及候机楼、停车场）用地、生活区用地、绿化用地，均须按照规定征收城镇土地使用税。

12. 邮政部门的土地

（1）对邮政部门坐落在城市、县城、建制镇、工矿区范围内的土地，应当依法征收城镇土地使用税；

（2）对坐落在城市、县城、建制镇、工矿区范围以外的，尚在县邮政局内核算的土地，在单位财务账中划分清楚的，不征收城镇土地使用税。

13. 体育场馆的城镇土地使用税优惠政策

（1）国家机关、军队、人民团体、财政补助事业单位、居民委员会、村民委员会拥有的体育场馆，用于体育活动的土地，“免征”城镇土地使用税。

（2）经费自理事业单位、体育社会团体、体育基金会、体育类民办非企业单位拥有并运营管理的体育场馆，符合相关条件的，其用于体育活动的土地，“免征”城镇土地使用税。

（3）企业拥有并运营管理的大型体育场馆，其用于体育活动的土地，“减半征收”城镇土地使用税。

（4）享受上述税收优惠体育场馆的运动场地用于体育活动的天数不得低于全年自然天数的70%。

14. 自2018年5月1日起至2019年12月31日止，对物流企业承租用于大宗商品仓储设施的土地，减按所属土地等级适用税额标准的50%计征城镇土地使用税。（2019年新增）

【例题1·单选题】根据城镇土地使用税法律制度的规定，下列用地中，免予缴纳城镇土地使用税的是（　　）。（2018年、2014年）

A. 港口的码头用地

B. 邮政部门坐落在县城内的土地

C. 水电站的发电厂房用地

D. 火电厂厂区围墙内的用地

【解析】（1）选项A：“港口免码头”；（2）选项B：“邮政看坐落”；（3）选项CD：“电厂分水火”“水电倒着免”（发电厂房，生产、办公、生活用地并不免，其他用地免）“火灰分内外”（针对灰场、输灰管、输油（气）管道、铁路专用线：围墙内不免，围墙外免）。

【答案】A

【例题2·多选题】根据城镇土地使用税法律制度的规定，下列城市用地中，应缴纳城镇土地使用税的有（　　）。（2017年）

A. 民航机场场内道路用地

B. 商业企业经营用地

C. 火电厂厂区围墙内的用地

D. 市政街道公共用地

【解析】（1）选项A：在民航机场道路中，场外道路用地免征城镇土地使用税；场内道路用地依法征收城镇土地使用税。（2）选项D：市政街道、广场、绿化地带等公共用地，免征城镇土地使用税。

【答案】ABC

【例题3·单选题】甲贸易公司位于市区，实际占地面积为5000平方米，其中办公区占地4000平方米，生活区占地1000平方米；甲贸易公司还有一处位于农村的仓库，实际面积为1500平方米。已知，城镇土地使用税适用税率每平方米年税额为5元。计算甲贸易公司全年应缴纳城镇土地使用税税额的下列算式中，正确的是（　　）。（2018年）

A. $4000 \times 5 = 20000$（元）

B. $(5000 + 1500) \times 5 = 32500$（元）

C. $5000 \times 5 = 25000$（元）

D. $(4000 + 1500) \times 5 = 27500$（元）

【解析】（1）凡“在城市、县城、建制镇、工矿区范围内”（不包括农村）的土地，不论是属于国家所有的土地，还是集体所有的土地，都属于城镇土地使用税的征税范围。(2) 纳税主体是甲贸易公司，对其办公区或者生活区占地不存在免征或减征城镇土地使用税的规定，因此，甲贸易公司的全部市区占地（共计5000平方米）均应缴纳城镇土地使用税。

【答案】C

第3单元　房产税

考点1：是否应当缴纳房产税？(★★)

（一）房产税的纳税人

房产税的纳税人，是指在我国城市、县城、建制镇和工矿区内拥有房屋产权的单位和个人。具体包括。

1. 产权属于国家所有的，其“经营管理的单位”为纳税人；产权属于集体和个人的，集体单位和个人为纳税人。

2. 产权出典的，“承典人”为纳税人。

> 【提示】房产出租的，房产产权所有人（出租人）为纳税人。

3. 产权所有人、承典人均不在房产所在地的，房产“代管人或者使用人”为纳税人。

4. 产权未确定以及租典纠纷未解决的，房产“代管人或者使用人”为纳税人。

5. 纳税单位和个人无租使用房产管理部门、免税单位及纳税单位的房产，由“使用人”（纳税单位和个人）代为缴纳房产税。

6. 对居民住宅区内业主共有的经营性房产，由实际经营（包括自营和出租）的“代管人或使用人”缴纳房产税。

【例题1·判断题】产权未确定以及租典纠纷未解决的，暂不征收房产税。(　　)(2018年)

【解析】产权未确定以及租典纠纷未解决的，由房产代管人或者使用人纳税。

【答案】×

【例题2·单选题】关于房产税纳税人的下列表述中，不符合法律制度规定的是(　　)。(2012年)

A. 房屋出租的，承租人为纳税人

B. 房屋产权所有人不在房产所在地的，房产代管人或使用人为纳税人

C. 房屋产权属于国家的，其经营管理单位为纳税人

D. 房屋产权未确定的，房产代管人或使用人为纳税人

【解析】房屋出租的，出租人为房产税的纳税人。

【答案】A

（二）房产税的征税范围

1. 房产税的征税范围为城市、县城、建制镇和工矿区（不包括农村）的房屋。

2. 独立于房屋之外的建筑物，如围墙、烟囱、水塔、菜窖、室外游泳池等不属于房产税的征税对象。

3. 房地产开发企业建造的商品房，在出售前，不征收房产税，但对出售前房地产开发企业“已使用或出租、出借”的商品房应按规定征收房产税。

【例题1·单选题】根据房产税法律制度的规定，下列房屋中，不属于房产税征税范围的是(　　)。(2018年)

A. 建制镇的房屋　　B. 农村的房屋

C. 县城的房屋　　D. 城市的房屋

【解析】房产税的征税范围不包括农村的房屋。

【答案】B

【例题2·判断题】房地产开发企业建造的商品房，出售前已使用的，不征收房产税。(　　)(2016年)

【解析】房地产开发企业建造的商品房，在出售前，不征收房产税，但对出售前房地产开发企业已使用或出租、出借的商品房应按规定征收房产税。

【答案】×

考点 2：房产税应纳税额的计算（★★★）

1. 一般规定

表 6－2

<table>
<tr><th>计税方法</th><th>计税依据</th><th colspan="2">税率</th><th>计税公式</th></tr>
<tr><td>从价计征</td><td>以房产原值一次减除 10% ～30%后的余值为计税依据（具体扣除比例由省、自治区、直辖市人民政府确定）</td><td colspan="2">1.2%</td><td>应纳税额
＝应税房产余值×1.2%
＝应税房产原值×（1－扣除比例）×1.2%</td></tr>
<tr><td rowspan="3">从租计征</td><td rowspan="3">（1）以房屋出租取得的不含增值税租金收入为计税依据（包括货币收入和实物收入）
（2）以劳务或其他形式为报酬抵付房租收入的，应当根据“当地同类房产的租金水平”，确定一个标准租金额从租计征</td><td>一般情况</td><td>12%</td><td rowspan="3">应纳税额＝不含增值税的租金收入×12%或 4%</td></tr>
<tr><td>个人出租住房（不区分用途）</td><td rowspan="2">4%</td></tr>
<tr><td>企事业单位、社会团体以及其他组织按市场价格向个人出租用于居住的住房</td></tr>
</table>

【例题 1·单选题】2016 年 7 月 1 日，甲公司出租商铺，租期半年（至 2016 年 12 月 31 日租期届满），一次性收取含增值税租金 126000 元。已知增值税征收率为 5%，房产税从租计征的税率为 12%。计算甲公司出租商铺应缴纳房产税税额的下列算式中，正确的是（　　）。（2017 年）

A. 126000÷（1＋5%）×（1－30%）×12%＝10080（元）

B. 126000÷（1＋5%）×12%＝14400（元）

C. 126000×（1－30%）×12%＝10584（元）

D. 126000×12%＝15120（元）

【解析】（1）本题涉及“出租”房产，应从租计征房产税；（2）计征房产税的租金收入不含增值税，因此，应当先对“126000 元”作价税分离处理，排除选项 CD；（3）从租计征房产税的应纳税额＝不含增值税的租金收入×适用的房产税税率，选项 B 正确。

【答案】B

【例题 2·单选题】甲企业拥有一处原值 560000 元的房产。已知房产税税率为 1.2%，当地规定的房产税减除比例为 30%。甲企业该房产年应缴纳房产税税额的下列计算中，正确的是（　　）。（2015 年）

A. 560000×1.2%＝6720（元）

B. 560000÷（1－30%）×1.2%＝9600（元）

C. 560000×（1－30%）×1.2%＝4704（元）

D. 560000×30%×1.2%＝2016（元）

【解析】本题是对甲企业“拥有”的房产计算房产税，应当从价计征房产税，应纳税额＝应税房产原值 560000×（1－扣除比例 30%）×税率 1.2%。

【答案】C

【例题 3·单选题】甲企业 2017 年年初拥有一栋房产，房产原值 1000 万元，3 月 31 日将其对外出租，租期 1 年，每月不含增值税租金 1 万元。已知从价计征房产税税率为 1.2%，从租计征房产税税率为 12%，当地省政府规定计算房产余值的减除比例为 30%。2017 年甲企业上述房产应缴纳房产税（　　）万元。（2015 年）

A. 1.08　　B. 3.18

C. 3.76　　　　D. 8.4

【解析】甲企业该房产2017年前3个月为自用，从价计征；而后9个月为出租，从租计征；应当分段计算。因此，2017年甲企业上述房产应缴纳房产税 = 1000 × (1 - 30%) × 1.2% × 3/12 + 1 × 9 × 12% = 3.18（万元）。

【答案】B

2. 房屋原值

（1）房产原值，是指纳税人按照会计制度规定，在账簿固定资产科目中记载的房屋原价（不扣减折旧额）。

【例题·单选题】甲公司厂房原值500万元，已提折旧200万元。已知房产原值减除比例为30%，房产税从价计征税率为1.2%，计算甲公司年度应缴纳房产税税额的下列算式中，正确的是（　　）。(2017年)

A. 200 × (1 - 30%) × 1.2% = 1.68（万元）

B. 500 × 1.2% = 6（万元）

C. (500 - 200) × (1 - 30%) × 1.2% = 2.52（万元）

D. 500 × (1 - 30%) × 1.2% = 4.2（万元）

【解析】(1) 就自用厂房考虑房产税，应从价计征；(2) 房产原值不扣减折旧额，选项C排除，选项A直接以折旧额计算就更不靠谱了，选项A错误；(3) 从价计征是以房产"余值"计税，选项B系直接以"原值"计算，错误。

【答案】D

（2）房产原值应包括与房屋不可分割的各种附属设备或一般不单独计算价值的配套设施（如暖气、卫生、通风、照明、煤气等设备；各种管线；电梯、升降机、过道、晒台等）。

（3）凡以房屋为载体，不可随意移动的附属设备和配套设施，如给排水、采暖、消防、中央空调、电气及智能化楼宇设备等，无论在会计核算中是否单独记账与核算，都应计入房产原值，计征房产税。

【例题1·多选题】根据房产税法律制度的规定，下列与房屋不可分割的附属设备中，应计入房产原值计缴房产税的有（　　）。(2015年)

A. 中央空调

B. 电梯

C. 暖气设备

D. 给水排水管道

【答案】ABCD

【例题2·多选题】根据房产税法律制度的规定，下列各项中，应当计入房产原值，计征房产税的有（　　）。(2013年)

A. 独立于房屋之外的烟囱

B. 中央空调

C. 房屋的给水排水管道

D. 室外游泳池

【解析】(1) 选项AD：独立于房屋之外的建筑物，如围墙、烟囱、水塔、菜窖、室外游泳池等不属于房产税的征税范围；(2) 选项BC：凡以房屋为载体，不可随意移动的附属设备和配套设施，如给排水、采暖、消防、中央空调、电气及智能化楼宇设备等，无论在会计核算中是否单独记账与核算，都应计入房产原值，计征房产税。

【答案】BC

（4）纳税人对原有房屋进行改建、扩建的，要"相应增加"房屋的原值。对更换房屋附属设备和配套设施的，在将其价值计入房产原值时，可扣减原来相应设备和设施的价值；对附属设备和配套设施中易损坏、需要经常更换的零配件，更新后不再计入房产原值。

【例题·单选题】甲企业厂房原值2000万元，2015年11月对该厂房进行扩建，2015年年底扩建完工并办理验收手续，增加房产原值500万元。已知，房产税的原值扣除比例为30%，房产税比例税率为1.2%。计算甲企业2016年应缴纳房产税税额的下列算式中，正确的是（　　）。(2017年)

A. 2000 × (1 - 30%) × 1.2% + 500 × 1.2% = 22.8（万元）

B. (2000 + 500) × (1 - 30%) × 1.2% = 21（万元）

C. 2000 × 1.2% + 500 × (1 - 30%) ×

1.2% =28.2（万元）

D. 2000 ×（1 - 30%）×1.2% =16.8（万元）

【解析】（1）增加的房产原值500万元应当相应增加房屋原值，选项D未增加房屋原值，错误；（2）扩建前后该厂房的用途并未发生改变，均为自用厂房，均应从价计征，选项AC错误。

【答案】B

3. 投资联营的房产

（1）真投资：被投资方交、从价计征

对以房产投资联营、投资者参与投资利润分配、共担风险的，按房产余值作为计税依据计缴房产税。

（2）假投资：投资方/产权人交、从租计征

对以房产投资收取固定收入、不承担经营风险的，实际上是以联营名义取得房屋租金，应当以出租方取得的不含增值税的租金收入为计税依据计缴房产税。

4. 融资租赁房屋：由承租人交、从价计征

融资租赁房屋的房产税，由承租人自融资租赁合同约定开始日的次月起依照房产余值缴纳房产税。合同未约定开始日的，由承租人自合同签订的次月起依照房产余值缴纳房产税。

考点3：房产税的税收优惠政策（★）

1. 非营利性机构自用房产

（1）国家机关、人民团体、军队自用的房产免征房产税。

【提示】自2004年8月1日起，对军队空余房产租赁收入暂免征收房产税。（2019年新增）

（2）由国家财政部门拨付事业经费（全额或差额）的单位（学校、医疗卫生单位、托儿所、幼儿园、敬老院以及文化、体育、艺术类单位）所有的、本身业务范围内使用的房产免征房产税。

（3）宗教寺庙、公园、名胜古迹自用的房产免征房产税。

（4）对非营利性医疗机构、疾病控制机构和妇幼保健机构等卫生机构自用的房产免征房产税。

（5）老年服务机构自用的房产免征房产税。

2. 个人所有非营业用的房产免征房产税；对个人拥有的营业用房或者出租的房产，不属于免税房产，应照章征税。

【相关链接】对个人出租住房，不区分用途，按4%的税率征收房产税。

3. 毁损不堪居住的房屋和危险房屋，经有关部门鉴定，在停止使用后，可免征房产税。

4. 纳税人因房屋大修导致连续停用半年以上的，在房屋大修期间免征房产税。

5. 在基建工地为基建工地服务的各种工棚、材料棚、休息棚和办公室、食堂、茶炉房、汽车房等临时性房屋：

（1）施工期间：一律免征房产税。

（2）工程结束后：施工企业将这种临时性房屋交还或估价转让给基建单位的，应从基建单位接收的次月起，照章纳税。

6. 对高校学生公寓免征房产税。

7. 保障性住房

（1）对公共租赁住房免征房产税。

（2）对廉租住房经营管理单位按照政府规定价格、向规定保障对象出租廉租住房的租金收入，免征房产税。

8. 体育场馆的房产税优惠政策

（1）国家机关、军队、人民团体、财政补助事业单位、居民委员会、村民委员会拥有的体育场馆，用于体育活动的房产，“免征”房产税。

（2）经费自理事业单位、体育社会团体、体育基金会、体育类民办非企业单位拥有并运营管理的体育场馆，符合相关条件的，其用于体育活动的房产，“免征”房产税。

（3）企业拥有并运营管理的大型体育场

馆，其用于体育活动的房产，“减半征收”房产税。

（4）享受上述税收优惠体育场馆的运动场地用于体育活动的天数不得低于全年自然天数的70%。

【例题1·单选题】根据房产税法律制度的规定，下列各项中，应征收房产税的是（　　）。(2018年)

A. 国家机关自用的房产

B. 高等学校的学生公寓

C. 个人出租的住房

D. 老年服务机构自用的房产

【解析】选项C：对个人出租住房，不区分用途，按4%的税率征收房产税。

【答案】C

【例题2·单选题】根据房产税法律制度的规定，下列各项中，不予免征房产税的是（　　）。(2013年)

A. 名胜古迹中附设的经营性茶社

B. 公园自用的办公用房

C. 个人所有的唯一普通居住用房

D. 国家机关的职工食堂

【解析】（1）选项AB：宗教寺庙、公园、名胜古迹“自用”的房产免征房产税；（2）选项C：个人所有“非营业用”的房产免征房产税；（3）选项D：国家机关、人民团体、军队“自用”的房产免征房产税。

【答案】A

考点4：房产税的征收管理规定（★）

1. 纳税义务发生时间

（1）纳税人将原有房产用于生产经营，从生产经营之月起，缴纳房产税。

（2）纳税人自行新建房屋用于生产经营，从“建成”之次月起，缴纳房产税。

（3）纳税人委托施工企业建设的房屋，从“办理验收手续”之次月起，缴纳房产税。

（4）纳税人购置新建商品房，自房屋“交付使用”之次月起，缴纳房产税。

（5）纳税人购置存量房，自办理房屋“权属转移、变更登记”手续，房地产权属登记机关签发房屋权属证书之次月起，缴纳房产税。

（6）纳税人出租、出借房产，自交付出租、出借房产之次月起，缴纳房产税。

（7）房地产开发企业自用、出租、出借本企业建造的商品房，自房屋使用或交付之次月起，缴纳房产税。

（8）纳税人因房产的实物或权利状态发生变化而依法终止房产税纳税义务的，其应纳税款的计算截止到房产的实物或权利状态发生变化的当月末。

2. 纳税地点

房产税在“房产所在地”缴纳；房产不在同一地方的纳税人，应按房产的坐落地点分别向房产所在地的税务机关申报纳税。

3. 纳税期限

房产税实行“按年计算、分期缴纳”的征收方法，具体纳税期限由省、自治区、直辖市人民政府确定。

【例题·单选题】甲公司委托某施工企业建造一幢办公楼，工程于2009年12月完工，2010年1月办妥（竣工）验收手续，4月付清全部工程价款。根据房产税法律制度的规定，甲公司对此幢办公楼房产税的纳税义务发生时间是（　　）。(2010年)

A. 2009年12月

B. 2010年1月

C. 2010年2月

D. 2010年4月

【解析】纳税人委托施工企业建设的房屋，从办理“验收”手续之“次月”起，缴纳房产税。

【答案】C

表 6－3　房产税 VS 城镇土地使用税

<table>
<tr><th colspan="2"></th><th>城镇土地使用税</th><th>房产税</th></tr>
<tr><td colspan="2">纳税人
（一般情况）</td><td>（1）拥有土地使用权的单位或个人
（2）代管人或实际使用人
（3）共有各方</td><td>（1）产权所有人（经营管理国有房产的单位）
（2）承典人
（3）房产代管人、房产使用人</td></tr>
<tr><td colspan="2">征税对象</td><td>土地</td><td>房产</td></tr>
<tr><td colspan="2">征税的地域范围</td><td colspan="2">城市、县城、建制镇和工矿区（不包括农村）</td></tr>
<tr><td colspan="2">税率</td><td>定额税率</td><td>比例税率</td></tr>
<tr><td colspan="2">税额计算</td><td>年应纳税额＝实际占用应税土地面积（平方米）×适用税额</td><td>（1）从价计征：
年应纳税额＝应税房产原值×（1－扣除比例）×1.2%
（2）从租计征：
应纳税额＝不含增值税的租金收入×12%或4%</td></tr>
<tr><td rowspan="6">常考税收优惠</td><td>国家机关、人民团体、军队自用的房/地</td><td colspan="2">免</td></tr>
<tr><td>由国家财政部门拨付事业经费的单位自用的房/地</td><td colspan="2">免</td></tr>
<tr><td>宗教寺庙、公园、名胜古迹自用的房/地</td><td colspan="2">免</td></tr>
<tr><td>国家机关、军队、人民团体、财政补助事业单位、居民委员会、村民委员会拥有的体育场馆，用于体育活动的房/地</td><td colspan="2">免</td></tr>
<tr><td>经费自理事业单位、体育社会团体、体育基金会、体育类民办非企业单位拥有并运营管理的体育场馆，符合相关条件的，其用于体育活动的房/地</td><td colspan="2">免</td></tr>
<tr><td>企业拥有并运营管理的大型体育场馆，其用于体育活动的房/地</td><td colspan="2">减半</td></tr>
</table>

续表

		城镇土地使用税	房产税
纳税义务发生时间	纳税人购置新建商品房	房屋交付使用之次月起	
	纳税人购置存量房	办理房屋权属转移、变更登记手续，房地产权属登记机关签发房屋权属证书之次月起	
	纳税人出租、出借房产	交付出租、出借房产之次月起	
纳税地点		房产/土地所在地	
纳税期限		按年计算，分期缴纳	

阶段测验

请激活 APP 题库，进入机考环境进行“阶段测验”。

第4单元　契　税

考点1：契税的纳税人和征税范围（★★★）

（一）纳税人

契税的纳税人，是指在我国境内承受（受让、购买、受赠、交换等）土地、房屋权属转移的单位和个人。

【提示】（1）房产税、城镇土地使用税适用于房地权属未发生变动的情形；而契税、土地增值税都是房地权属发生变动的情形下才会涉及。（2）契税由承受方缴纳，土地增值税由转让方缴纳。

（二）征税范围

1. 一般范围

（1）地

①国有土地使用权出让；

②土地使用权转让，包括出售、赠与、交换或者以其他方式将土地使用权转移给其他单位和个人的行为，但不包括农村集体土地承包经营权的转移。

【提示1】我国的土地“所有权”只能属于国家或者集体，一般的单位和个人只能获得土地“使用权”。

【提示2】契税只针对国有土地使用权，不针对农村集体土地承包经营权。

【提示3】不论“出让”，还是“转让”，均属于契税的征税范围；何谓国有土地使用权的出让和转让？参考下图：

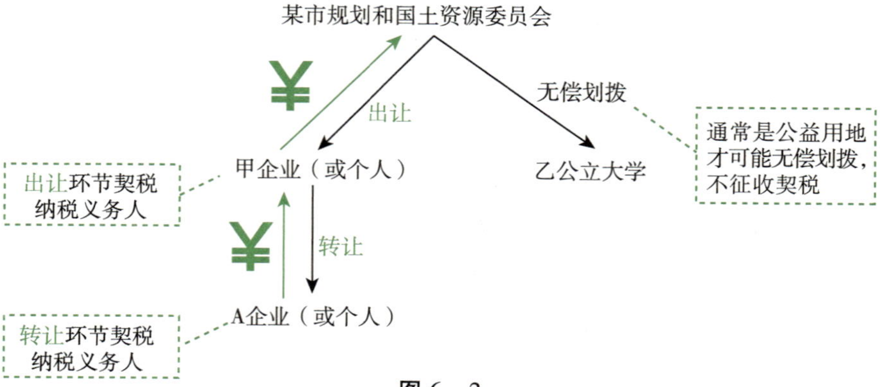

图6－2

（2）房

①房屋买卖；

②房屋赠与；

③房屋交换。

2. 视同发生应税行为

（1）以土地、房屋权属作价投资、入股；

【提示】公司增资扩股中，对以土地、房屋权属作价入股或作为出资投入企业的，征收契税。

（2）以土地、房屋权属抵债；

（3）以获奖方式承受土地、房屋权属；

（4）以预购方式或者预付集资建房款方式承受土地、房屋权属。

3. 土地、房屋典当、继承、分拆（分割）、抵押以及出租等行为，不属于契税的征税范围。

【提示】“抵押”和“抵债”不同，将土地、房屋权属抵押给债权人担保债权的实现时，土地、房屋的权属并不发生转移，不属于契税的征税范围；而将土地、房屋权属用于抵债时，土地、房屋权属将发生转移，属于契税的征税范围。参考下图：

图 6－3

【总结】是否应当征收契税，一看地域，二看行为，三看主体（具体见下表）：

表 6－4

一看地域	农村集体土地承包经营权的转移不征收契税	
二看行为	国有土地使用权出让、转让	√
	房屋买卖、赠与、交换	√
	以土地、房屋“出租”	×
	以土地、房屋投资入股	√
	以土地、房屋“抵债”	√
	以土地、房屋“抵押”	×
	以获奖方式承受土地、房屋权属	√
	以预购方式或者预付集资建房款方式承受土地、房屋权属	√
	土地、房屋典当、继承、分拆（分割）	×
三看主体	承受方是契税的纳税义务人	

【例题1·单选题】根据契税法律制度的规定，下列行为中，属于契税征税范围的是（　　）。（2018年）

A. 房屋抵押

B. 房屋交换

C. 房屋继承

D. 房屋出租

【解析】土地、房屋典当、继承（选项C）、分拆（分割）、抵押（选项A）以及出租（选项D）等行为，不属于契税的征税范围。

【答案】B

【例题2·多选题】根据契税法律制度的规定，下列各项中，属于契税征税范围的有（　　）。（2016年）

A. 国有土地使用权出让

B. 房屋交换

C. 农村集体土地承包经营权转移

D. 土地使用权赠与

【解析】选项C：农村集体土地承包经营权转移，不属于契税的征税范围。

【答案】ABD

【例题3·单选题】根据契税法律制度的规定，下列行为中，应征收契税的是（　　）。（2017年）

A. 甲公司出租地下停车场

B. 丁公司购买办公楼

C. 乙公司将房屋抵押给银行

D. 丙公司承租仓库

【解析】选项ACD所涉及“出租”“抵押”行为均不属于契税征税范围。

【答案】B

【例题4·单选题】根据契税法律制度的规定，下列各项中，属于契税纳税人的是（　　）。（2015年）

A. 获得住房奖励的个人

B. 转让土地使用权的企业

C. 继承父母汽车的子女

D. 出售房屋的个体工商户

【解析】（1）选项C：不属于契税的征税范围；（2）选项BD：契税纳税人为承受方，转让方、出售方不缴纳契税。

【答案】A

【例题5·单选题】2017年2月周某以150万元（不含增值税价格）出售自有住房一套，购进价格为200万元（不含增值税）住房一套。已知契税适用税率为5%，计算周某上述行为应缴纳契税税额的下列算式中，正确的是（　　）。（2017年）

A. $150\times5\%=7.5$（万元）

B. $200\times5\%=10$（万元）

C. $150\times5\%+200\times5\%=17.5$（万元）

D. $200\times5\%-150\times5\%=2.5$（万元）

【解析】契税由房屋、土地权属的承受人缴纳。在本题中：（1）周某出售的住房，应由受让方缴纳契税，周某作为转让方不必缴纳契税；（2）周某购进住房应照章缴纳的契税 $=200\times5\%=10$（万元）。

【答案】B

【例题6·单选题】甲公司出售一处位于郊区的仓库，取得收入120万元（不含增值税），又以260万元（不含增值税）购入一处位于市区繁华地区的门面房。已知当地政府规定的契税税率为4%，甲公司应缴纳契税税额的下列计算中，正确的是（　　）。（2014年）

A. $120\times4\%=4.8$（万元）

B. $(120+260)\times4\%=15.2$（万元）

C. $(260-120)\times4\%=5.6$（万元）

D. $260\times4\%=10.4$（万元）

【解析】契税由房屋、土地权属的承受人缴纳；在本题中，甲公司出售仓库应由承受方缴纳契税，甲公司不必缴纳，但甲公司承受门面房权属时则应缴纳契税。

【答案】D

考点2：契税应纳税额的计算（★★★）

1. 应纳契税税额 = 计税依据 × 税率

2. 契税采用比例税率，并实行3%～5%的幅度税率。

3. 计税依据

（1）以成交价格为计税依据

国有土地使用权出让、土地使用权出售、房屋买卖，以不含增值税的成交价格作为计税依据。

【例题1·单选题】2018年10月王某购买一套住房，支付购房价款97万元、增值税税额9.7万元。已知契税适用税率为3%，计算王某应缴纳契税税额的下列算式中，正确的是(　　)。(2017年)

A. (97+9.7) ×3% =3.201 (万元)

B. 97÷ (1-3%) ×3% =3 (万元)

C. (97-9.7) ×3% =2.619 (万元)

D. 97×3% =2.91 (万元)

【解析】本题的"购房价款97万元"即为不含增值税的成交价。

【答案】D

【例题2·单选题】甲公司于2016年11月向乙公司购买一处闲置厂房，合同注明的土地使用权价款2000万元(不含增值税)，厂房及地上附着物价款500万元(不含增值税)，已知当地规定的契税税率为3%，甲公司应缴纳的契税税额为(　　)万元。(2012年)

A. 15　　B. 45

C. 60　　D. 75

【解析】"连房带地一块儿卖"，成交价格应当既包括厂房及地上附着物的价款，又包括对应土地使用权的价款，但不含增值税。因此，甲公司应缴纳契税 = (2000 + 500) ×3% =75 (万元)。

【答案】D

(2) 以价格差额为计税依据

①土地使用权交换、房屋交换，以交换土地使用权、房屋的价格差额为计税依据。

②交换价格不相等的，由多交付货币、实物、无形资产或者其他经济利益的一方缴纳契税；交换价格相等的，免征契税。

【提示】此处的"交换"是指以房换房、以地换地、房地互换，如果是以房(地)抵债、以房(地)换货，应视同房屋(土地)买卖缴纳契税。

【例题·单选题】老李拥有一套价值72万元的住房，老张拥有一套价值52万元的住房，双方交换住房，由老张补差价20万元给老李。已知，本题涉及的价值、价格均不含增值税，契税的税率为3%，下列各项中，正确的是(　　)。(2015年)

A. 老李应缴纳契税2.16万元

B. 老张应缴纳契税0.6万元

C. 老李应缴纳契税0.6万元

D. 老张应缴纳契税2.16万元

【解析】(1)"老张补差价"，老张是多付差价的一方，应由老张缴纳契税，排除选项AC；(2)应以价格差额为计税依据，即老张应缴纳的契税 =20×3% =0.6 (万元)。

【答案】B

(3) 补交契税

以划拨方式取得土地使用权，经批准转让房地产时(转让方)应补交契税，以补交的土地使用权出让费用或土地收益作为计税依据。

(4) 核定计税依据

①土地使用权赠与、房屋赠与，由征收机关参照土地使用权出售、房屋买卖的市场价格核定计税依据。

②对成交价格明显低于市场价格而无正当理由的，或所交换的土地使用权、房屋价格的差额明显不合理并且无正当理由的，征收机关参照市场价格核定计税依据。

【例题·多选题】关于契税计税依据的下列表述中，符合法律制度规定的有(　　)。(2012年)

A. 受让国有土地使用权的，以成交价格为计税依据

B. 受赠房屋的，由征收机关参照房屋买卖的市场价格核定计税依据

C. 购入土地使用权的，以评估价格为计税依据

D. 交换土地使用权的，以交换土地使用权的价格差额为计税依据

【解析】(1) 选项AC：国有土地使用权出让、土地使用权出售、房屋买卖，以成交价格作为计税依据；(2) 选项B：土地使用权赠与、房屋赠与，计税依据由征税机关参照土地使用权出售、房屋买卖的市场价格确定；(3) 选项D：土地使用权交换、房屋交换，计税依据为所交换土地使用权、房屋的"价格差额"。

【答案】ABD

考点3：契税的税收优惠政策与征收管理规定（★）

（一）税收优惠政策

1. 国家机关、事业单位、社会团体、军事单位承受土地、房屋用于办公、教学、医疗、科研和军事设施的，免征契税。

2. 城镇职工按规定第一次购买公有住房的，免征契税。

3. 因不可抗力灭失住房而重新购买住房的，"酌情"准予减征或者免征契税。

4. 土地、房屋被县级以上人民政府征用、占用后，重新承受土地、房屋权属的，是否减征或者免征契税，由省、自治区、直辖市人民政府确定。

5. 纳税人承受荒山、荒沟、荒丘、荒滩土地使用权，用于农、林、牧、渔业生产的，免征契税。

6. 经批准减征、免征契税的纳税人，改变有关土地、房屋的用途的，就不再属于减征、免征契税范围，并且应当补缴已经减征、免征的税款。

【例题1·判断题】国家机关承受房屋用于办公，免征契税。（ ）（2018年）

【答案】√

【例题2·多选题】根据契税法律制度的规定，下列各项中，免征契税的有（ ）。（2015年）

A. 军事单位承受土地用于军事设施

B. 国家机关承受房屋用于办公

C. 纳税人承受荒山土地使用权用于农业生产

D. 城镇居民购买商品房用于居住

【解析】（1）选项AB：国家机关、事业单位、社会团体、军事单位承受土地、房屋用于办公、教学、医疗、科研和军事设施的，免征契税；（2）选项C：纳税人承受荒山、荒沟、荒丘、荒滩土地使用权，用于农、林、牧、渔业生产的，免征契税。

【答案】ABC

（二）征收管理规定

1. 纳税义务发生时间：纳税人签订土地、房屋权属转移合同的当天，或者纳税人取得其他具有土地、房屋权属转移合同性质凭证的当天。

2. 纳税地点：土地、房屋所在地的税务征收机关。

3. 纳税期限：纳税义务发生之日起10日内。

第5单元 土地增值税

考点1：交不交土地增值税？（★★★）

（一）纳税人

土地增值税的纳税人为转让国有土地使用权、地上建筑物及其附着物并取得收入的单位和个人。

【相关链接】契税的纳税人，是指在我国境内承受土地、房屋权属转移的单位和个人。

【提示】契税和土地增值税都适用于国有土地使用权、地上建筑物及其附着物权属转移的情形，但契税由承受方缴纳、土地增值税由转让方缴纳。

（二）征税范围的一般规定

1. 土地增值税只对转让国有土地使用权的行为征税，对出让国有土地使用权的行为不征税。

2. 土地增值税既对转让土地使用权的行为征税，也对转让地上建筑物及其附着物产权的行为征税。

3. 土地增值税只对有偿转让的房地产征税，对以继承、赠与等方式无偿转让的房地产，不予征税，但并非所有名为"赠与"的行为均不征税，不征收土地增值税的房地产赠与行为只包括以下内容。

（1）房产所有人、土地使用权所有人将

房屋产权、土地使用权赠与直系亲属或承担直接赡养义务人的行为；

（2）房产所有人、土地使用权所有人通过中国境内非营利的社会团体、国家机关将房屋产权、土地使用权赠与教育、民政和其他社会福利、公益事业的行为。

（三）特殊业务的处理

1. 房地产的交换

（1）房地产交换属于土地增值税的征税范围；

（2）对居民个人之间互换自有居住用房地产的，经当地税务机关核实，可以免征土地增值税。

2. 合作建房

对于一方出地，另一方出资金，双方合作建房，建成后按比例分房自用的，暂免征收土地增值税；建成后转让的，应征收土地增值税。

3. 房地产的出租：不属于土地增值税的征税范围。

4. 房地产的抵押 VS 抵债

对于房地产的抵押，在抵押期间不征收土地增值税；如果抵押期满以房地产抵债，发生房地产权属转移的，应列入土地增值税的征税范围。

5. 房地产代建行为：不属于土地增值税的征税范围。

6. 房地产进行重新评估而产生的评估增值：不属于土地增值税的征税范围。

7. 房地产开发企业

（1）房地产开发企业将开发的部分房地产转为企业自用或用于出租等商业用途时，如果产权未发生转移，不征收土地增值税。

（2）房地产开发企业将开发产品用于职工福利、奖励、对外投资、分配给股东或投资人、抵偿债务、换取其他单位和个人的非货币性资产等，发生所有权转移时应视同销售房地产，征收土地增值税。

8. 自 2008 年 11 月 1 日起，对居民个人转让住房一律免征土地增值税。

9. 企业改制重组（2019 年调整）

（1）企业发生整体改制的，对改制前的企业将国有土地使用权、地上建筑物及其附着物（以下简称“房地产”）转移、变更到改制后的企业，暂不征土地增值税。

（2）按照法律规定或者合同约定，两个或两个以上企业合并为一个企业，且原企业投资主体存续的，对原企业将房地产转移、变更到合并后的企业，暂不征土地增值税。

（3）按照法律规定或者合同约定，企业分设为两个或两个以上与原企业投资主体相同的企业，对原企业将房地产转移、变更到分立后的企业，暂不征土地增值税。

（4）单位、个人在改制重组时以房地产作价入股进行投资，对其将房地产转移、变更到被投资的企业，暂不征土地增值税。

（5）上述改制重组有关土地增值税政策不适用于房地产转移任意一方为房地产开发企业的情形。

10. 其他税收减免规定

（1）纳税人建造普通标准住宅（不包括高级公寓、别墅、度假村等）出售，增值额未超过扣除项目金额 20% 的，予以免税；超过 20% 的，应按全部增值额缴纳土地增值税。

【提示】对于纳税人既建普通标准住宅又搞其他房地产开发的，应分别核算增值额；不分别核算增值额或不能准确核算增值额的，其建造的普通标准住宅不能适用这一免税规定。

（2）因国家建设需要依法征用、收回的房地产，免征土地增值税；因城市实施规划、国家建设的需要而搬迁，由纳税人自行转让原房地产的，免征土地增值税。

（3）企事业单位、社会团体以及其他组织转让旧房作为公共租赁住房房源且增值额未超过扣除项目金额 20% 的，免征土地增值税。

【例题 1 · 单选题】根据土地增值税法律制度的规定，下列行为中，属于土地增值税征税范围的是（　　）。（2015 年）

A. 出租房屋

B. 代建房屋

C. 企业之间交换房屋

D. 评估房屋

【解析】选项C：企业之间交换房屋，既发生了房产产权的转移，交换双方又取得了实物形态的收入，属于土地增值税的征税范围；个人之间互换自有居住用房地产的，经当地税务机关核实，可以免征土地增值税（仍属于征税范围，只是可以依法获得免征优惠）。

【答案】C

【例题2·单选题】根据土地增值税法律制度的规定，下列各项中，不属于土地增值税纳税人的是（　　）。（2017年）

A. 出租住房的孙某

B. 转让国有土地使用权的甲公司

C. 出售商铺的潘某

D. 出售写字楼的乙公司

【解析】（1）土地增值税的纳税人为“转让”国有土地使用权、地上建筑物及其附着物并取得收入的单位和个人。主要判断要点有两个：①房地产权属转移；②转让方取得相关收益。选项A涉及的是“出租住房”，住房产权不发生转移，不征收土地增值税。（2）选项C：如果潘某转让的是住房（而非商铺），则适用居民个人转让住房的优惠政策，免征土地增值税。

【答案】A

【例题3·单选题】根据土地增值税法律制度的规定，下列各项中，属于土地增值税纳税人的是（　　）。（2015年）

A. 承租商铺的张某

B. 出让国有土地使用权的某市政府

C. 接受房屋捐赠的某学校

D. 转让厂房的某企业

【解析】（1）选项A：房地产出租，没有发生房屋产权、土地使用权的权属转移，不属于土地增值税的征税范围。（2）选项B：转让国有土地使用权征收土地增值税，出让国有土地使用权不征收土地增值税。（3）选项C：接受捐赠方属于承受方，不缴纳土地增值税；另外，如果属于房产所有人、土地使用权人通过中国境内非营利的社会团体、国家机关将房屋产权、土地使用权赠与教育、民政和其他社会福利、公益事业的行为，不征收土地增值税。

【答案】D

【例题4·单选题】根据土地增值税法律制度的规定，下列各项中，免征土地增值税的是（　　）。（2017年）

A. 由一方出地，另一方出资金，企业双方合作建房，建成后转让的房地产

B. 因城市实施规划、国家建设的需要而搬迁，企业自行转让原房地产

C. 企业之间交换房地产

D. 企业以房地产抵债而发生权属转移的房地产

【解析】（1）选项A：对于一方出地，另一方出资金，双方合作建房，建成后按比例分房自用的，暂免征收土地增值税；建成后转让的，应征收土地增值税。（2）选项B：因国家建设需要依法征用、收回的房地产，免征土地增值税；因城市实施规划、国家建设的需要而搬迁，由纳税人自行转让原房地产的，免征土地增值税。（3）选项C：企业之间交换房地产，应依法征收土地增值税；个人之间互换自有居住用房地产的，经当地税务机关核实，可以免征土地增值税。（4）选项D：对房地产的抵押，在抵押期间不征收土地增值税；但以房地产抵债而发生房地产权属转让的，应列入土地增值税的征税范围。

【答案】B

【例题5·多选题】根据土地增值税法律制度的规定，下列情形中，免于缴纳土地增值税的有（　　）。（2014年）

A. 因城市实施规划、国家建设的需要而搬迁，由纳税人自行转让原房地产

B. 纳税人建造高级公寓出售，增值额未超过扣除项目金额20%

C. 企事业单位转让旧房作为公共租赁住房房源，且增值额未超过扣除项目金额20%

D. 因国家建设需要依法征用、收回的房地产

【解析】（1）选项AD：因国家建设需要依法征用、收回的房地产，免征土地增值税；因城市实施规划、国家建设的需要而搬迁，由纳税人自行转让原房地产的，免征土地增值税。（2）选项B：纳税人建造“普通标准住宅”（不包括高级公寓、别墅、度假村等）出售，增值额未超过扣除项目金额20%的，予以免税；超过20%的，应按全部增值额缴纳土地增值税。

【答案】ACD

【例题6·判断题】纳税人建造普通标准住宅出售，增值额超过扣除项目金额20%的，应按全部增值额计算缴纳土地增值税。（　　）（2018年、2017年）

【答案】√

【例题7·判断题】房地产开发项目中同时包含普通住宅和非普通住宅的，应分别计算土地增值税的增值额。（　　）（2017年）

【答案】√

考点2：交多少土地增值税？（应纳税额的计算）（★）

（一）整体计算思路

1. 确定扣除项目金额

2. 计算增值额

增值额 = 房地产转让收入 - 扣除项目金额

【提示1】纳税人转让房地产取得的应税收入，应包括转让房地产的全部价款及有关的经济收益。从收入的形式来看，包括货币收入、实物收入和其他收入。

【提示2】土地增值税纳税人转让房地产取得的收入为不含增值税收入。

3. 计算增值率

增值率 = 增值额 ÷ 扣除项目金额 × 100%

4. 确定适用税率及速算扣除系数。土地增值税实行4级超率累进税率，税率表如下。

表6-5　土地增值税4级超率累进税率表

级数	增值额与扣除项目金额的比率	税率（%）	速算扣除系数（%）
1	不超过50%的部分	30	0
2	超过50%至100%的部分	40	5
3	超过100%至200%的部分	50	15
4	超过200%的部分	60	35

5. 计算应纳税额

应纳税额 = 增值额 × 适用税率 - 扣除项目金额 × 速算扣除系数

【例题·单选题】甲房地产公司2016年11月销售自行开发的商业房地产项目，取得不含增值税收入20000万元，准予从房地产转让收入额减除的扣除项目金额12000万元。已知土地增值税税率为40%，速算扣除系数为5%，甲房地产公司该笔业务应缴纳土地增值税税额的下列计算列式中，正确的是（　　）。（2016年）

A. （20000 - 12000）× 40% - 20000 × 5% = 2200（万元）

B. （20000 - 12000）× 40% - 12000 × 5% = 2600（万元）

C. 20000 × 40% - 12000 × 5% = 7400（万元）

D. 20000 × 40% - （20000 - 12000）× 5% = 7600（万元）

【解析】本题直接套用土地增值税计税公式即可解决。

【答案】B

（二）房地产开发企业新建房扣除项目金额的确定（5项）

1. 取得土地使用权所支付的金额

（1）纳税人为取得土地使用权所支付的地价款；

（2）纳税人在取得土地使用权时按国家

统一规定缴纳的有关费用和税金。

2. 房地产开发成本

房地产开发成本，包括土地征用及拆迁补偿费、前期工程费、建筑安装工程费、基础设施费、公共配套设施费和开发间接费用等。

3. 房地产开发费用

（1）能分摊且能证明

①财务费用中的利息支出，凡能够按转让房地产项目计算分摊并提供金融机构证明的，允许据实扣除，但最高不能超过按商业银行同类同期贷款利率计算的金额。

②其他房地产开发费用，按“取得土地使用权所支付的金额和房地产开发成本”的金额之和的5%以内计算扣除。

允许扣除的房地产开发费用＝允许扣除的利息＋（取得土地使用权所支付的金额＋房地产开发成本）×规定比率（5%以内）

（2）不能分摊或不能证明

财务费用中的利息支出，凡不能按转让房地产项目计算分摊或不能提供金融机构证明的，房地产开发费用（不区分利息费用和其他费用）按规定计算的金额之和的10%以内计算扣除。

允许扣除的房地产开发费用＝（取得土地使用权所支付的金额＋房地产开发成本）×规定比率（10%以内）

【例题·单选题】甲公司开发一项房地产项目，取得土地使用权支付的金额为1000万元，发生开发成本6000万元，发生开发费用2000万元，其中利息支出900万元无法提供金融机构贷款利息证明。已知，当地房地产开发费用的计算扣除比例为10%。甲公司计算缴纳土地增值税时，可以扣除的房地产开发费用为（　　）万元。（2013年）

A. 2000－900＝1100

B. 6000×10%＝600

C. 2000×10%＝200

D. （1000＋6000）×10%＝700

【解析】财务费用中的利息支出，凡不能按转让房地产项目计算分摊或不能提供金融机构证明的，允许扣除的房地产开发费用＝（取得土地使用权所支付的金额＋房地产开发成本）×所在省、自治区、直辖市人民政府规定的扣除比例；因此，甲公司可以扣除的房地产开发费用＝（1000＋6000）×10%＝700（万元）。

【答案】D

（3）财政部、国家税务总局对土地增值税扣除项目金额中利息支出的计算问题作了两点专门规定：

①利息的上浮幅度按国家的有关规定执行，超过上浮幅度的部分不允许扣除；

②对于超过贷款期限的利息部分和加罚的利息不允许扣除。

【例题·单选题】根据土地增值税法律制度的规定，下列各项中，在计算（新建房项目）土地增值税计税依据时不允许扣除的是（　　）。（2018年）

A. 在转让房地产时缴纳的城市维护建设税

B. 纳税人为取得土地使用权所支付的地价款

C. 土地征用及拆迁补偿费

D. 超过贷款期限的利息部分

【答案】D

4. 与转让房地产有关的税金

（1）城市维护建设税及教育费附加；

（2）《土地增值税暂行条例》等规定的土地增值税扣除项目涉及的增值税进项税额，允许在销项税额中抵扣的，不计入扣除项目；不允许在销项税额中抵扣的，可以计入扣除项目。

5. 加计扣除：（取得土地使用权所支付的金额＋房地产开发成本）×20%

（三）其他情形下扣除项目金额的确定

1. 房地产开发企业以外的其他企业转让新建房的扣除项目

（1）取得土地使用权所支付的金额

（2）房地产开发成本

（3）房地产开发费用

（4）与转让房地产有关的税金

①城市维护建设税及教育费附加、印花税；

②《土地增值税暂行条例》等规定的土地增值税扣除项目涉及的增值税进项税额，允许在销项税额中抵扣的，不计入扣除项目，不允许在销项税额中抵扣的，可以计入扣除项目。

2. 旧房及建筑物转让的扣除项目

（1）方法一：按评估价格扣除

①旧房及建筑物的评估价格（重置成本价×成新度折扣率）；

②取得土地使用权所支付的地价款和按国家统一规定缴纳的有关费用和税金；

③转让环节缴纳的税金。

【例题·多选题】根据土地增值税法律制度的规定，纳税人转让旧房及建筑物，在计算土地增值税税额时，准予扣除的项目有（　　）。（2016 年）

A. 评估价格

B. 转让环节缴纳的税金

C. 取得土地使用权所支付的地价款

D. 重置成本价

【解析】选项 D：重置成本价用于计算旧房及建筑物的评估价格，不能直接作为扣除项目金额扣除。

【答案】ABC

（2）方法二：按购房发票金额计算扣除

纳税人转让旧房及建筑物，凡不能取得评估价格，但能提供购房发票的，经当地税务部门确认，可以扣除：

①按发票所载金额并从购买年度起至转让年度止，每年加计 5% 计算的金额；

②转让环节缴纳的税金，包括城市维护建设税及教育费附加、印花税、购房时缴纳的契税（需提供契税的完税凭证）。

考点 3：怎么交土地增值税？（征收管理规定）（★★）

（一）土地增值税清算

1. 符合下列情形之一的，纳税人应当进行土地增值税清算：

（1）房地产开发项目全部竣工、完成销售的；

（2）整体转让未竣工决算房地产开发项目的；

（3）直接转让土地使用权的。

2. 符合下列情形之一的，主管税务机关可要求纳税人进行土地增值税清算：

（1）已竣工验收的房地产开发项目，已转让的房地产建筑面积占整个项目可售建筑面积的比例在 85% 以上，或该比例虽未超过 85%，但剩余的可售建筑面积已经出租或自用的；

（2）取得销售（预售）许可证满 3 年仍未销售完毕的；

（3）纳税人申请注销税务登记但未办理土地增值税清算手续的。

【例题·单选题】根据土地增值税法律制度的规定，下列各项中，不属于纳税人应当进行土地增值税清算的是（　　）。（2014 年）

A. 直接转让土地使用权的

B. 房地产开发项目全部竣工、完全销售的

C. 整体转让未竣工决算房地产开发项目的

D. 取得销售（预售）许可证满 3 年仍未销售完毕的

【解析】选项 D：属于主管税务机关可要求纳税人进行土地增值税清算的情形。

【答案】D

（二）其他征收管理规定

1. 纳税人应在转让房地产合同签订后 7 日内，到房地产所在地主管税务机关办理纳税申报。

2. 纳税人采取预售方式销售房地产的，对在项目全部竣工结算前转让房地产取得的收入，税务机关可以预征土地增值税。

3. 房地产开发企业有下列情形之一的，税务机关可以参照与其开发规模和收入水平相近的当地企业的土地增值税税负情况，按不低于预征率的征收率核定征收土地增值税：

（1）依照法律、行政法规的规定应当设置但未设置账簿的；

（2）擅自销毁账簿或者拒不提供纳税资料的；

（3）虽设置账簿，但账目混乱或者成本

资料、收入凭证、费用凭证残缺不全，难以确定转让收入或扣除项目金额的；

（4）符合土地增值税清算条件，未按照规定的期限办理清算手续，经税务机关责令限期清算，逾期仍不清算的；

（5）申报的计税依据明显偏低，又无正当理由的。

【例题·多选题】下列各项中，属于土地增值税核定征收的情形有（　　）。（2014年）

A. 依照法律、行政法规的规定应当设置但未设置账簿的

B. 擅自销毁账簿或者拒不提供纳税资料的

C. 虽设置账簿，但账目混乱或者成本资料、收入凭证、费用凭证残缺不全，难以确定转让收入或扣除项目金额的

D. 申报的计税依据明显偏低，又无正当理由的

【答案】ABCD

第6单元　印花税

（2019年调整）

【本单元考点框架】

- 印花税的纳税人（考点1）
- 印花税各税目的具体规定
  - 合同（考点2）
  - 产权转移书据（考点3）
  - 营业账簿（考点4）
  - 权利、许可证照（考点5）
  - 证券交易（考点6）
- 印花税税收优惠（考点7）
- 印花税征收管理（考点8）

考点1：印花税的纳税人（★★）

1. 印花税的纳税人是指订立、领受在中华人民共和国境内具有法律效力的应税凭证，或者在中华人民共和国境内进行证券交易的单位和个人。

【提示1】应税凭证是指：（1）《印花税税目税率表》规定的书面形式的合同；（2）产权转移书据；（3）营业账簿；（4）权利、许可证照。

【提示2】证券交易是指在依法设立的证券交易所上市交易或者在国务院批准的其他证券交易场所转让公司股票和以股票为基础发行的存托凭证。

2. 纳税人的种类

（1）立合同人指应税合同的当事人，不包括合同的担保人、证人、鉴定人。当事人的代理人有代理纳税义务。

（2）立账簿人。

（3）立据人。

（4）领受人。

（5）使用人指在国外书立、领受，但在国内使用应税凭证的单位和个人。

3. 如果一份合同或应税凭证由两方或两方以上当事人共同签订，签订合同或应税凭证的各方都是纳税人（证券交易除外），应各就其所持合同或应税凭证的计税金额履行纳税义务。

4. 对纳税人以电子形式签订的各类应税凭证按规定征收印花税。

【例题1·多选题】根据印花税法律制度的规定，下列各项中，属于印花税纳税人的有（　　）。（2017年）

A. 立据人

B. 各类电子应税凭证的签订人

C. 立合同人

D. 立账簿人

【答案】ABCD

【例题2·单选题】甲公司与乙公司签订买卖合同，合同约定丙为担保人，丁为鉴定人。下列关于该合同印花税纳税人的表述中，正确的是(　　)。(2018年)

A. 甲、乙、丙和丁为纳税人

B. 甲、乙和丁为纳税人

C. 甲、乙为纳税人

D. 甲、乙和丙为纳税人

【解析】印花税的纳税人——立合同人，是指书立合同的当事人（甲和乙），不包括合同的担保人（丙）、证人和鉴定人（丁）。

【答案】C

考点2：合同（★★★）

1. 应税合同的应纳税额的计算公式

应纳税额 = 价款或者报酬 × 适用税率

2. 应税合同、计税依据及税率

表6－6

应税合同（共11类）	计税依据及税率	备注
买卖合同	支付价款的0.3‰	（1）指动产买卖合同 （2）包括各出版单位与发行单位（不包括订阅单位和个人）之间订立的图书、报刊、音像征订凭证 （3）电网与用户之间签订的供用电合同不征印花税
借款合同	借款金额的0.05‰	指银行业金融机构和借款人订立的借款合同，不包括银行同业拆借
融资租赁合同	租金的0.05‰	——
租赁合同	租金的1‰	不包括企业与主管部门签订的租赁承包合同
承揽合同	支付报酬的0.3‰	——
建设工程合同	支付价款的0.3‰	包括总包合同、分包合同和转包合同
运输合同	运输费用的0.3‰	指货运合同和多式联运合同，不包括管道运输合同
技术合同	支付价款、报酬或者使用费的0.3‰	（1）包括专利申请权转让、非专利技术转让所书立的合同（专利权转让、专利实施许可所书立的合同应属于“产权转移书据”） （2）一般的法律、会计、审计等方面的咨询不属于技术咨询，其所立合同不贴印花
保管合同	保管费的1‰	包括作为合同使用的仓单、栈单（或称入库单）
仓储合同	仓储费的1‰	——
财产保险合同	保险费的1‰	不包括再保险合同

【提示1】应税合同仅限于列举的11类，未明确列举的其他合同（如人身保险合同、委托合同）不需缴纳印花税。

【提示2】应税合同的计税依据为合同列明的价款或者报酬，不包括增值税税款；合同中价款或者报酬与增值税税款未分开列明的，按照合计金额确定。

【提示3】同一应税凭证载有两个或者两个以上经济事项并分别列明价款或者报酬的，按照各自适用税目税率计算应纳税额；未分别列明价款或者报酬的，按税率高的计算应纳税额。

【例题1·多选题】根据印花税法律制度的规定，下列合同中，属于印花税征税范围的有(　　)。(2017年)

A. 运输合同

B. 买卖合同

C. 租赁合同

D. 技术合同

【答案】ABCD

【例题2·单选题】下列各项中，应当征收印花税的是(　　)。(2015年)

A. 甲公司与乙公司签订的运输合同

B. 会计咨询合同

C. 企业与主管部门签订的租赁承包合同

D. 电网与用户之间签订的供用电合同

【解析】(1) 选项B：一般的法律、会计、审计等方面的咨询不属于技术咨询，其所立合同不贴印花。(2) 选项C：财产租赁合同，不包括企业与主管部门签订的租赁承包合同。(3) 选项D：电网与用户之间签订的供用电合同不征收印花税。

【答案】A

【例题3·多选题】下列合同，属于印花税征税范围的有(　　)。(2013年)

A. 人身保险合同

B. 财产保险合同

C. 买卖合同

D. 委托代理合同

【解析】选项AD未在列举的11类合同中，不属于印花税征税范围。

【答案】BC

【例题4·单选题】甲公司与乙公司签订一份加工承揽合同，合同载明由甲公司提供原材料200万元，支付乙公司加工费30万元；又与丙公司签订了一份财产保险合同，保险金额1000万元，支付保险费1万元。已知承揽合同印花税税率为0.3‰，财产保险合同印花税税率为1‰，则甲公司签订的上述两份合同应缴纳印花税税额的下列计算中，正确的是(　　)。(2014年)

A. $200 \times 0.3‰ + 1000 \times 1‰$

B. $200 \times 0.3‰ + 1 \times 1‰$

C. $30 \times 0.3‰ + 1 \times 1‰$

D. $30 \times 0.3‰ + 1000 \times 1‰$

【解析】(1) 承揽合同，按支付报酬的0.3‰贴花；(2) 财产保险合同，按保险费的1‰贴花。

【答案】C

考点3：产权转移书据(★)

1. 产权转移书据，包括土地使用权出让和转让书据；房屋等建筑物、构筑物所有权、股权(不包括上市和挂牌公司股票)、商标专用权、著作权、专利权、专有技术使用权转让书据。

2. 应纳税额 = 价款 × 0.5‰

3. 价款

(1) 应税产权转移书据的计税依据为产权转移书据列明的价款，不包括增值税税款；产权转移书据中价款与增值税税款未分开列明的，按照合计金额确定。

(2) 应税合同、产权转移书据未列明价款或者报酬的，按照下列方法确定计税依据：

①按照订立合同、产权转移书据时市场价格确定；依法应当执行政府定价的，按照其规定确定。

②不能按照上述规定的方法确定的，按照实际结算的价款或者报酬确定。

考点4：营业账簿(★★)

1. 对记载资金的营业账簿征收印花税，对其他营业账簿不征收印花税。

2. 应纳税额 = 实收资本(股本)、资本公积合计金额 × 0.25‰

考点5：权利、许可证照(★★)

1. 权利、许可证照，包括政府部门发放的不动产权证书、营业执照、商标注册证、专利证书。

【提示】此处“不动产权证书”中的“不动产”，既包括房屋等建筑物、构筑物，也包括国有土地使用权。

2. 应纳税额 = 应税凭证件数 × 5 元/件

【提示】我国印花税税率包括比例税率和定额税率两种形式，实行定额税率（也称“按件贴花”）的仅限于“权利、许可证照”。

【例题 1·单选题】下列各项中，不属于印花税征税范围的是（　　）。（2018 年）

A. 餐饮服务许可证

B. 营业执照

C. 商标注册证

D. 不动产权证书

【答案】A

【例题 2·单选题】甲公司于 2018 年 8 月开业后，领受了营业执照、卫生许可证、不动产权证书、商标注册证各一件。已知“权利、许可证照”印花税单位税额为每件 5 元，甲公司应缴纳的印花税税额为（　　）元。（2013 年）

A. 5　　B. 10

C. 15　　D. 20

【解析】甲公司领受的卫生许可证，不属于印花税“权利、许可证照”，不需要缴纳印花税，甲公司应缴纳印花税额 = 3 × 5 = 15（元）。

【答案】C

【例题 3·单选题】根据印花税法律制度的规定，以件数作为计税依据缴纳印花税的是（　　）。（2018 年）

A. 产权转移书据

B. 权利、许可证照

C. 买卖合同

D. 运输合同

【答案】B

【例题 4·单选题】根据印花税法律制度的规定，下列凭证中，按件贴花的是（　　）。（2016 年）

A. 财产保险合同

B. 产权转移书据

C. 借款合同

D. 权利、许可证照

【答案】D

考点 6：证券交易（★）

1. 证券交易，是指在依法设立的证券交易所上市交易或者在国务院批准的其他证券交易场所转让公司股票和以股票为基础发行的存托凭证。

2. 对证券交易的出让方征收，不对证券交易的受让方征收。

3. 应纳税额 = 成交金额或者依法确定的计税依据 × 1‰

【提示】以非集中交易方式转让证券时无转让价格的，按照办理过户登记手续前一个交易日收盘价计算确定计税依据；办理过户登记手续前一个交易日无收盘价的，按照证券面值计算确定计税依据。

考点 7：印花税税收优惠（★★）

1. 法定凭证免税

（1）应税凭证的副本或者抄本，免征印花税；

（2）农民、农民专业合作社、农村集体经济组织、村民委员会购买农业生产资料或者销售自产农产品订立的买卖合同和农业保险合同，免征印花税；

（3）无息或者贴息借款合同、国际金融组织向我国提供优惠贷款订立的借款合同、金融机构与小型微利企业订立的借款合同，免征印花税；

（4）财产所有权人将财产赠与政府、学校、社会福利机构订立的产权转移书据，免征印花税；

（5）军队、武警部队订立、领受的应税

凭证，免征印花税；

（6）转让、租赁住房订立的应税凭证，免征个人（不包括个体工商户）应当缴纳的印花税；

（7）国务院规定免征或者减征印花税的其他情形。

2. 应纳税额不足1角的，免征印花税。

3. 对商店、门市部的零星加工修理业务开具的修理单，不贴印花。

4. 对铁路、公路、航运、水路承运快件行李、包裹开具的托运单据，暂免贴花。

5. 对企业车间、门市部、仓库设置的不属于会计核算范围的账簿，不贴印花。

6. 对运输、仓储、保管、财产保险、银行借款等，办理一项业务，既书立合同，又开立单据的，只就合同贴花；所开立的各类单据，不再贴花。

7. 对企业兼并的并入资金，凡已按资金总额贴花的，接收单位对并入的资金，不再补贴印花。

8. 书、报、刊发行单位之间，发行单位与订阅单位或个人之间书立的凭证，免征印花税。

9. 由外国运输企业运输进口货物的，外国运输企业所持有的一份结算凭证，免征印花税。

10. 下列特殊货运凭证，免征印花税：

（1）抢险救灾物资运输结算凭证；

（2）为新建铁路运输施工所属物料，使用工程临管线专用运费结算凭证。

11. 对在供需经济活动中使用电话、计算机联网订货，没有开具书面凭证的，暂不贴花。

12. 对国务院和省级人民政府批准进行政企脱钩、对企业进行改组和改变管理体制、变更企业隶属关系，以及国有企业改制、盘活国有资产，而发生的国有股权无偿转让划转行为，暂不征收证券交易印花税；对上市公司国有股权无偿转让，需要免征证券交易印花税的，须由企业提出申请，报证券交易所所在地税务局审批，并报国家税务总局备案。

【例题1·多选题】根据印花税法律制度的规定，下列各项中，免征印花税的有（　　）。（2018年）

A. 发行单位与订阅单位之间书立的凭证

B. 无息、贴息借款合同

C. 应税凭证的副本

D. 财产所有人将财产赠给学校所立的书据

【答案】ABCD

【例题2·多选题】根据印花税法律制度的规定，下列合同和凭证中，免征印花税的有（　　）。（2017年）

A. 农业保险合同

B. 保管合同

C. 军事物资运输结算凭证

D. 租赁合同

【解析】（1）选项C：军队、武警部队订立、领受的应税凭证，免征印花税；（2）选项BD：属于应税合同。

【答案】AC

【例题3·单选题】根据印花税法律制度的规定，下列各项中，应缴纳印花税的是（　　）。（2015年）

A. 报刊发行单位和订阅单位之间书立的凭证

B. 建设工程合同

C. 门市部零星修理业务开具的修理单

D. 农业保险合同

【解析】（1）选项A：书、报、刊发行单位之间，发行单位与订阅单位或个人之间书立的凭证，免征印花税；（2）选项C：对商店、门市部的零星加工修理业务开具的修理单，不贴印花；（3）选项D：农民、农民专业合作社、农村集体经济组织、村民委员会购买农业生产资料或者销售自产农产品订立的买卖合同和农业保险合同，免征印花税。

【答案】B

考点8：印花税征收管理（★★）

1. 纳税义务发生时间：通常为纳税人订立、领受应税凭证或者完成证券交易的当日。

2. 纳税地点

（1）单位纳税人应当向其机构所在地的主管税务机关申报缴纳印花税；

（2）个人纳税人应当向应税凭证订立、领受地或者居住地的税务机关申报缴纳印花税；

（3）纳税人出让或者转让不动产产权的，应当向不动产所在地的税务机关申报缴纳印花税；

（4）证券交易印花税的扣缴义务人应当向其机构所在地的主管税务机关申报缴纳扣缴的税款。

3. 纳税期限

（1）一般情况

①印花税按季、按年或者按次计征。

②按季、按年计征的，纳税人应当于季度、年度终了之日起15日内申报并缴纳税款。

③按次计征的，纳税人应当于纳税义务发生之日起15日内申报并缴纳税款。

（2）证券交易印花税按周解缴。证券交易印花税的扣缴义务人应当于每周终了之日起5日内申报解缴税款及孳息。

（3）已缴纳印花税的凭证所载价款或者报酬增加的，纳税人应当补缴印花税；已缴纳印花税的凭证所载价款或者报酬减少的，纳税人可以向主管税务机关申请退还印花税税款。

4. 缴纳方法

（1）自行贴花

①纳税人在书立、领受应税凭证时，自行计算应纳印花税税额，向当地征税机关或印花税票代售点购买印花税票，在应税凭证上一次自行贴足印花并自行注销。

②已贴用的印花税票不得重用；已贴花的凭证，修改后所载金额有增加的，其增加部分应当补贴印花。

（2）汇贴汇缴

①汇贴：一份凭证应纳税额超过500元的，纳税人应向当地税务机关申请填写缴款书或完税证，将其中一联粘贴在凭证上或者税务机关在凭证上加注完税标记代替贴花。

②汇缴：同一类应纳税凭证，需频繁贴花的，纳税人应向当地税务机关申请按期汇总缴纳印花税，但最长期限不得超过1个月。

（3）委托代征

对通过国家有关部门发放、鉴证、公证或仲裁的应税凭证，税务部门可以依法委托这些部门代征印花税，发给代征单位代征委托书，明确双方的权利和义务。

【例题·多选题】根据印花税法律制度的规定，下列各项中，属于印花税缴纳方法的有（　）。（2018年）

A. 自行贴花

B. 代扣代缴

C. 委托代征

D. 汇贴汇缴

【解析】印花税的纳税方法包括：自行贴花、汇贴汇缴和委托代征。

【答案】ACD

阶段测验

请激活APP题库，进入机考环境进行“阶段测验”。

第7单元　车辆购置税

考点1：是否应当缴纳车辆购置税？（★）

（一）征税范围

在我国境内购置应税车辆的单位和个人，为车辆购置税的纳税人。

1. 购置

购置包括购买、进口、自产、受赠、获奖或者以其他方式取得并自用应税车辆的行为。

【例题·单选题】甲汽车专卖店购入小汽车（非新能源车辆）12辆，下列行为中，应当由甲汽车专卖店作为纳税人缴纳车辆购置税的是（　　）。（2013年）

A. 将其中6辆销售给客户

B. 将其中2辆作为董事长、总经理的专用轿车

C. 将其中1辆赠送给乙企业

D. 库存3辆尚未售出

【解析】（1）选项A：应当由购买方缴纳；（2）选项B：属于"购买并自用"，甲汽车专卖店应当就该2辆小汽车缴纳车辆购置税；（3）选项C：应当由受赠方缴纳；（4）选项D：购入待售车辆不需要缴纳车辆购置税，待进一步处置时再行确定纳税人、缴纳车辆购置税。

【答案】B

2. 应税车辆

表6－7

应税车辆	具体范围
汽车	各类汽车（不论大小、不论载客还是载货）
摩托车	包括轻便摩托车、二轮摩托车、三轮摩托车
电车	包括无轨电车、有轨电车（但不包括电动自行车）
挂车	包括（全）挂车、半挂车（参考下图）
农用运输车	包括三轮农用运输车、四轮农用运输车

【例题·单选题】根据车辆购置税法律制度的规定，下列不属于车辆购置税征税范围的是（　　）。（2018年、2017年）

A. 三轮农用运输车

B. 电动自行车

C. 无轨电车

D. 挂车

【答案】B

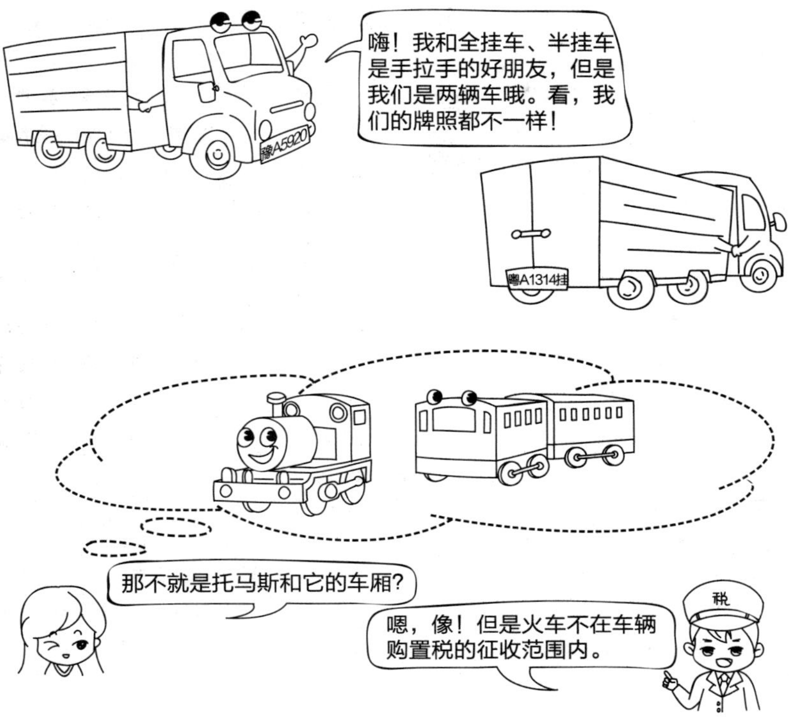

图 6－4

（二）税收优惠

1. 身份特殊

（1）外国驻华使馆、领事馆和国际组织驻华机构及其外交人员自用的车辆，免税。

（2）中国人民解放军和中国人民武装警察部队列入军队武器装备订货计划的车辆，免税。

（3）自 2016 年 1 月 1 日起至 2020 年 12 月 31 日止，对城市公交企业购置的公共汽电车辆免征车辆购置税。

2. 功能特殊

设有固定装置的非运输车辆（例如，吊车、电力工程车、清洁车、工程救险车），免税。

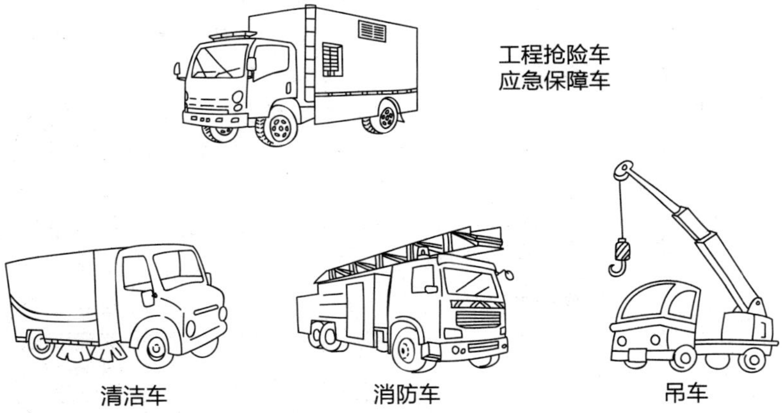

图 6－5

3. 自2018年1月1日至2020年12月31日，对购置的新能源汽车免征车辆购置税。（2019年调整）

【例题·单选题】根据车辆购置税法律制度的规定，下列各项非新能源车辆中，免征车辆购置税的是（　　）。（2018年）

A. 个人购买自用的汽车

B. 个人受赠自用的摩托车

C. 外国驻华使馆购买自用的汽车

D. 企业自产自用的汽车

【解析】（1）车辆购置税的纳税人为在我国境内购置规定车辆的“单位和个人”；（2）购置包括购买（选项A）、进口、自产（选项D）、受赠（选项B）、获奖或者以其他方式取得并自用应税车辆的行为；（3）选项C：外国驻华使馆、领事馆和国际组织驻华机构及其外交人员自用的车辆，免税。

【答案】C

考点2：车辆购置税的应纳税额（★）

1. 应纳税额计算的基本规定

（1）概览

表6－8

情形	计税依据	应纳税额
购买自用	纳税人购买应税车辆而支付给销售者的全部价款和价外费用，不包括增值税税款	应纳税额＝计税依据×税率（10%） 【提示】挂车（包括全挂车和半挂车）减半征收，应纳税额＝计税依据×10%×50%
进口自用	计税价格＝关税完税价格＋关税＋消费税	

（2）价外费用

价外费用是指销售方价外向购买方收取的基金、集资费、违约金（延期付款利息）和手续费、包装费、储存费、优质费、运输装卸费、保管费以及其他各种性质的价外收费，但不包括销售方代办保险等而向购买方收取的保险费，以及向购买方收取的代购买方缴纳的车辆购置税、车辆牌照费。

【案例】2018年10月，王某从增值税一般纳税人处购买一辆轿车（非新能源车辆）供自己使用，支付含增值税的价款221000元，另支付购置工具件和零配件价款1000元，车辆装饰费4000元。已知车辆购置税适用10%的税率，增值税税率为16%，王某应当缴纳的车辆购置税＝（221000＋1000＋4000）÷（1＋16%）×10%＝19482.76（元）。

【例题·单选题】根据车辆购置税法律制度的规定，下列费用中计入车辆购置税价外费用的是（　　）。（2018年）

A. 销售方价外向购买方收取的保管费

B. 向购买方收取的代购买方缴纳的车辆购置税

C. 向购买方收取的代购买方缴纳的车辆牌照费

D. 代办保险而向购买方收取的保险费

【解析】（1）车辆购置税价外费用的界定与增值税价外费用的界定基本一致；（2）车辆购置税的价外费用，是指销售方价外向购买方收取的基金、集资费、违约金（延期付款利息）和手续费、包装费、储存费、优质费、运输装卸费、保管费以及其他各种性质的价外收费，但不包括销售方代办保险等而向购买方收取的保险费，以及向购买方收取的代购买方缴纳的车辆购置税、车辆牌照费。

【答案】A

2. 最低计税价格

（1）使用最低计税价格的情形。

①纳税人自产、受赠、获奖或者以其他方式取得并自用的应税车辆的计税价格，由主管税务机关参照国家税务总局规定的最低计税价格核定。

②纳税人购买自用或者进口自用应税车辆，申报的计税价格低于同类型应税车辆的

最低计税价格，又无正当理由的，计税价格为国家税务总局核定的最低计税价格。

（2）连最低计税价格都没有咋办？

国家税务总局未核定最低计税价格的车辆，计税价格为纳税人提供的有效价格证明注明的价格；有效价格证明注明的价格明显偏低的，主管税务机关有权核定应税车辆的计税价格。

考点3：车辆购置税的征收管理（★）

1. 一次课征

（1）车辆购置税实行一次征收制度，税款应当一次缴清。

（2）购置已征车辆购置税的车辆，不再征收车辆购置税。

【案例】甲企业购进2辆小轿车（非新能源车辆）自用，其中一辆是未上牌照的新车，不含增值税成交价60000元，经核定同类型车辆的最低计税价格为120000元/辆；另一辆是已使用5年的旧车（取得原已征车辆购置税完税凭证），不含税成交价为50000元，同类型新车最低计税价格为180000元/辆。已知车辆购置税税率为10%。在本案中：（1）甲企业购买并自用的新车，申报的计税价格低于同类型应税车辆的最低计税价格，又无正当理由，应按国家税务总局规定的最低计税价格征收车辆购置税，应纳税额 = 120000 × 10% = 12000（元）；（2）甲企业购置的二手车，能够证明该车已经依法缴纳车辆购置税，不再重复征收车辆购置税。

2. 车辆购置税由税务机关（而非交通管理部门）征收。

3. 纳税期限

（1）纳税人购买自用应税车辆的，应当自购买之日起60日内申报纳税；

（2）进口自用应税车辆的，应当自进口之日起60日内申报纳税；

（3）自产、受赠、获奖或者以其他方式取得并自用应税车辆的，应当自取得之日起60日内申报纳税。

4. 已纳车辆购置税的退还

（1）已缴纳车辆购置税的车辆，发生下列情形之一的，准予纳税人申请退税：

①车辆退回生产企业或者经销商的；

②符合免税条件的设有固定装置的非运输车辆但已征税的；

③其他依据法律法规规定应予退税的情形。

（2）车辆退回生产企业或者经销商的，纳税人申请退税时，主管税务机关自纳税人办理纳税申报之日起，按已缴纳税款每满1年扣减10%计算退税额；未满1年的，按已缴纳税款全额退税。

5. 纳税环节：最终消费环节

纳税人应当在向公安机关车辆管理机构办理车辆登记注册前，缴纳车辆购置税。

6. 纳税地点

（1）纳税人购置需要办理车辆登记注册手续的应税车辆，应当向车辆登记注册地的主管税务机关申报纳税；

（2）纳税人购置不需要办理车辆登记注册手续的应税车辆，应当向纳税人所在地的主管税务机关申报纳税。

第8单元　车船税

【提示】考生需要先把车船税和车辆购置税区分开：（1）车辆购置税在“购置”时考虑，一次征收；车船税在“拥有”时考虑，年年得交。（2）对“船舶”而言，只有车船税的问题，不存在车辆购置税的问题。参考下图：

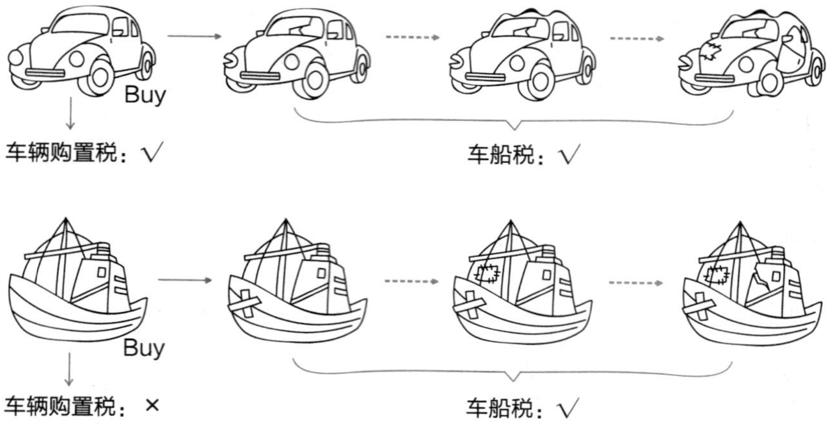

图6－6

考点1：交不交车船税？（★★★）

（一）征收范围

1. 车船税的征税范围是指在中华人民共和国境内属于车船税法所规定的应税车辆和船舶。具体包括以下内容。

（1）依法应当在车船登记管理部门登记的机动车辆和船舶；

（2）依法不需要在车船登记管理部门登记的在单位内部场所行驶或者作业的机动车辆和船舶。

2. 税目

车船税的税目分为5大类，包括乘用车、商用车、其他车辆、摩托车和船舶。

【解释1】乘用车为核定载客人数9人（含）以下的车辆。

【解释2】商用车包括客车和货车：①客车为核定载客人数9人以上的车辆（包括电车）；②货车包括半挂牵引车、挂车、客货两用汽车、三轮汽车和低速载货汽车等。

【解释3】其他车辆包括专用作业车和轮式专用机械车等（不包括拖拉机）。

【解释4】船舶包括机动船舶、非机动驳船、拖船和游艇。

【例题1·单选题】根据车船税法律制度的规定，下列各项中，不属于车船税征税范围的是（　　）。（2018年）

A. 摩托车　　B. 拖拉机

C. 游艇　　D. 挂车

【解析】专用作业车、轮式专用机械车属于“其他车辆”，属于车船税征税范围，但不包括拖拉机。

【答案】B

【例题2·判断题】甲钢铁厂依法不需要在车船登记管理部门登记的在单位内部场所行驶的机动车辆，属于车船税的征税范围。（　　）（2016年）

【答案】√

【例题3·多选题】根据车船税法律制度的规定，以下属于车船税征税范围的有（　　）。（2015年）

A. 用于耕地的拖拉机

B. 用于接送员工的客车

C. 用于休闲娱乐的游艇

D. 供企业经理使用的小汽车

【解析】选项A：专用作业车和轮式专用机械车等（不包括拖拉机）属于车船税的征税范围。

【答案】BCD

（二）免税车船（包括但不限于）

1. 捕捞、养殖渔船；

2. 军队、武装警察部队专用的车船；

3. 警用车船；

4. 依照法律规定应当予以免税的外国驻华使领馆、国际组织驻华代表机构及其有关人员的车船；

5. 对使用新能源车船，免征车船税。

【提示】免征车船税的新能源汽车是指纯电动“商用车”、插电式（含增程式）混合动力汽车、燃料电池“商用车”。纯电动“乘用车”和燃料电池“乘用车”不属于车船税征税范围，对其不征车船税。

6. 对节约能源车船，减半征收车船税。

【提示】就乘用车而言，获得许可在中国境内销售的排量为1.6升以下（含1.6升）的燃用汽油、柴油的乘用车（含非插电式混合动力、双燃料和两用燃料乘用车），且综合工况燃料消耗量符合标准的，属于节约能源乘用车。

7. 授权省级政府规定的减免税项目

（1）对受地震、洪涝等严重自然灾害影响纳税困难以及其他特殊原因确需减免税的车船，可以在一定期限内减征或者免征车船税；具体减免期限和数额由省、自治区、直辖市人民政府确定，报国务院备案。

（2）省、自治区、直辖市人民政府根据当地实际情况，可以对公共交通车船，农村居民拥有并主要在农村地区使用的摩托车、三轮汽车和低速载货汽车定期减征或者免征车船税。

【例题1·单选题】根据车船税法律制度的规定，下列车船中，应缴纳车船税的是（　　）。（2017年）

A. 商用客车

B. 捕捞渔船

C. 警用车船

D. 养殖渔船

【解析】选项BCD：免征车船税。

【答案】A

【例题2·单选题】根据车船税法律制度的规定，下列车辆中，免征车船税的是（　　）。（2016年）

A. 建筑公司专用作业车

B. 人民法院警务用车

C. 商场管理部门用车

D. 物流公司货车

【解析】选项B：警用车船免征车船税。

【答案】B

【例题3·单选题】根据车船税法律制度的规定，下列各项中，免征车船税的是（　　）。（2015年）

A. 家庭自用的纯电动乘用车

B. 国有企业的公用汽油动力乘用车

C. 外国驻华使领馆的自用商务车

D. 个体工商户自用摩托车

【解析】（1）选项A：纯电动乘用车和燃料电池乘用车，不属于车船税的征税范围（而非免税）；（2）选项C：依照法律规定应当予以免税的外国驻华使领馆、国际组织驻华代表机构及其有关人员的车船，免征车船税。

【答案】C

【例题4·单选题】以下车辆（均非新能源车辆）免交车船税的是（　　）。（2013年）

A. 救护车

B. 人民法院警车

C. 市政公务车

D. 公共汽车

【解析】（1）选项B：警用车船免征车船税；警用车船是指公安机关、国家安全机关、监狱、劳动教养管理机关和人民法院、人民检察院领取警用牌照的车辆和执行警务的专用船舶。（2）选项AC：税法未规定予以免征车船税的车船，应当依法缴纳车船税。（3）选项D：省、自治区、直辖市人民政府根据当地实际情况，可以对公共交通车船实施减征或免征车船税。

【答案】B

考点2：车船税的应纳税额（★★★）

1. 基本规定

表6－9

税目		计税单位	计税依据	应纳税额
乘用车		每辆	辆数	年应纳税额＝辆数×适用年基准税额
摩托车				
商用客车				
商用货车	挂车	整备质量每吨	整备质量吨位数	年应纳税额＝整备质量吨位数×货车适用年基准税额×50%
	半挂牵引车、客货两用汽车、三轮汽车和低速载货汽车等			年应纳税额＝整备质量吨位数×适用年基准税额
专用作业车				
轮式专用机械车（不包括拖拉机）				
船舶	机动船舶	净吨位每吨	净吨位数	年应纳税额＝净吨位数×适用年基准税额
	拖船、非机动驳船			年应纳税额＝净吨位数×机动船舶适用年基准税额×50%
	游艇	艇身长度每米	艇身长度	年应纳税额＝艇身长度×适用年基准税额

2. 购置新车船

购置当年的应纳税额自纳税义务发生的当月起按月计算。计算公式为。

应纳税额＝年应纳税额÷12×应纳税月份数

【案例】王某2018年10月15日购买一辆乘用车，已知该乘用车辆适用年基准税额480元：（1）如果该车排气量为1.6升（属于节约能源车），王某2018年应缴纳的车船税＝480×3÷12÷2＝60（元）；（2）如果该车排气量为2.0升，王某2018年应缴纳车船税税额＝480×3÷12＝120（元）。

【例题1·单选题】根据车船税法律制度的规定，下列各项中，以“辆数”为计税依据的是（　　）。(2018年)

A. 货车

B. 轮式专用机械车

C. 乘用车

D. 专用作业车

【解析】（1）选项ABD：以“整备质量吨位数”为计税依据；（2）选项C：乘用车、商用客车、摩托车均以“辆数”为计税依据。

【答案】C

【例题2·多选题】根据车船税法律制度的规定，下列车船中，以“辆数”为计税依据的有（　　）。(2017年)

A. 商用货车　　B. 机动船舶

C. 摩托车　　D. 商用客车

【解析】（1）选项A：商用货车以“整备质量吨位数”为计税依据；（2）选项B：机动船舶以“净吨位数”为计税依据。

【答案】CD

【例题3·单选题】根据车船税法律制度

的规定，下列各项中，属于机动船舶计税单位的是(　　)。(2014 年)

A. 净吨位每吨

B. 整备质量每吨

C. 艇身长度每米

D. 购置价格

【解析】(1) 选项 A：机动船舶的计税单位为净吨位每吨；(2) 选项 B：商用货车、专用作业车、轮式专用机械车的计税单位为整备质量每吨；(3) 选项 C：游艇的计税单位为艇身长度每米；(4) 选项 D：车船税的计税单位限于“每辆”“整备质量每吨”“净吨位每吨”和“艇身长度每米”。

【答案】A

【例题 4·单选题】下列车辆计算车船税时，按照货车税额的 50% 计算的是(　　)。(2013 年)

A. 半挂牵引车

B. 挂车

C. 客货两用汽车

D. 低速载货汽车

【解析】(1) 挂车的车船税税额按照货车税额的 50% 计算；(2) 拖船、非机动驳船的车船税税额分别按照机动船舶税额的 50% 计算。

【答案】B

【例题 5·单选题】甲公司 2016 年拥有机动船舶 10 艘，每艘净吨位为 150 吨；非机动驳船 5 艘，每艘净吨位为 80 吨。已知机动船舶适用年基准税额为每吨 3 元，计算甲公司当年应缴纳车船税税额的下列算式中，正确的是(　　)。(2017 年)

A. $(10\times150+5\times80)\times3=5700$ (元)

B. $10\times150\times3\times50\%+5\times80\times3=3450$ (元)

C. $(10\times150+5\times80)\times3\times50\%=2850$ (元)

D. $10\times150\times3+5\times80\times3\times50\%=5100$ (元)

【解析】(1) 机动船舶的年应纳税额 = 净吨位数 × 适用年基准税额，甲公司的 10 艘机动船舶应缴纳车船税税额 = $10\times150\times3$；(2) 拖船、非机动驳船分别按照机动船舶税额的 50% 计算，甲公司的 5 艘非机动驳船的车船税应纳税额 = 5 艘 × 净吨位数 × 适用年基准税额 × 50% = $5\times80\times3\times50\%$。

【答案】D

考点 3：车船税的征收管理规定（★）

1. 纳税义务发生时间

车船税纳税义务发生时间为取得车船所有权或者管理权的当月；取得车船所有权或者管理权的当月，应当以购买车船的发票或者其他证明文件所载日期的当月为准。

2. 车船税由税务机关负责征收。

3. 代收代缴车船税

(1) 车船税的纳税人，是在中华人民共和国境内属于税法规定的车辆、船舶的所有人或者管理人。但从事机动车第三者责任强制保险业务的保险机构为机动车车船税的扣缴义务人，应当在收取保险费时依法代收车船税，并出具代收税款凭证。

(2) 纳税人没有按照规定期限缴纳车船税的，扣缴义务人在代收代缴税款时，可以一并代收代缴欠缴税款的滞纳金。

(3) 扣缴义务人已代收代缴车船税的，纳税人不再向车辆登记地的主管税务机关申报缴纳车船税。

(4) 没有扣缴义务人的，纳税人应当向主管税务机关自行申报缴纳车船税。

4. 纳税地点

(1) 扣缴义务人代收代缴车船税的，纳税地点为扣缴义务人所在地。

(2) 纳税人自行申报缴纳车船税的，纳税地点为车船登记地的主管税务机关所在地。

(3) 依法不需要办理登记的车船，其车船税的纳税地点为车船的所有人或者管理人所在地。

5. 纳税申报

车船税按年申报，分月计算，一次性缴纳。

6. 已缴纳车船税的车船在同一纳税年度内办理转让过户的，不另纳税，也不退税。

7. 在一个纳税年度内，已完税的车船被

盗抢、报废、灭失的，纳税人可以凭有关管理机关出具的证明和完税凭证，向纳税所在地的主管税务机关申请退还自被盗抢、报废、灭失月份起至该纳税年度终了期间的税款。

【例题1·单选题】某企业2014年年初拥有小轿车2辆；当年4月，1辆小轿车被盗，已按照规定办理退税。通过公安机关的侦查，9月被盗车辆失而复得，并取得公安机关的相关证明。已知当地小轿车车船税年税额为500元/辆，该企业2014年实际应缴纳的车船税为（　　）元。（2015年）

A. 500　　B. 791.67

C. 833.33　　D. 1000

【解析】该企业就被盗后复得的小轿车应当缴纳7个月（1～3月，9～12月）的车船税，该企业2014年实际应缴纳车船税＝500×1＋500×1×（3＋4）/12＝791.67（元）。

【答案】B

【例题2·单选题】根据车船税法律制度的规定，下列关于车船税纳税申报的表述中，不正确的是（　　）。（2015年）

A. 扣缴义务人已代收代缴车船税的，纳税人不再向车辆登记地的主管税务机关申报缴纳车船税

B. 没有扣缴义务人的，纳税人应当向主管税务机关自行申报缴纳车船税

C. 已缴纳车船税的车船在同一纳税年度内办理转让过户的，需要另外纳税

D. 车船税按年申报，分月计算，一次性缴纳

【解析】选项C：已缴纳车船税的车船在同一纳税年度内办理转让过户的，不另纳税，也不退税。

【答案】C

阶段测验

请激活APP题库，进入机考环境进行“阶段测验”。

第9单元　资源税

【本单元考点框架】

- 交不交资源税？
  - 资源税的应税产品（考点1）
  - 资源税的纳税环节（考点2）
- 交多少资源税？
  - 资源税的税率形式（考点3）
  - 从量计征资源税应纳税额的计算（考点4）
  - 从价计征资源税应纳税额的计算（考点5）
- 资源税的税收优惠政策（考点6）
- 资源税的征收管理规定（考点7）

考点 1：资源税的应税产品（★★）

表 6－10

应税产品		特殊规定
原油		(1) 开采的天然原油征税，人造石油不征税 (2) 开采原油过程中用于加热、修井的原油，免税
天然气		包括专门开采的天然气和与原油同时开采的天然气
煤炭		包括原煤和以未税原煤加工的洗选煤
其他非金属矿	石墨、硅藻土、萤石、硫铁矿、氯化钾、硫酸钾	——
	高岭土、石灰石、磷矿、煤层（成）气、粘土、砂石	——
	井矿盐、湖盐、提取地下卤水晒制的盐	——
	未列举名称的其他非金属矿产品	——
金属矿	稀土、钨、钼	——
	金矿	——
	铁矿、铜矿、铅锌矿、镍矿、锡矿	——
	铝土矿	——
	未列举名称的其他金属矿产品	——
海盐		——

【例题 1·单选题】根据资源税法律制度的规定，下列各项中，不属于资源税征税范围的是(　　)。(2018 年)

A. 开采的原煤

B. 以未税原煤加工的洗选煤

C. 以空气加工生产的液氧

D. 开采的天然气

【解析】液氧、空气均不属于资源税的应税产品。

【答案】C

【例题 2·判断题】海盐属于资源税征税范围。(　　)(2017 年)

【解析】海盐属于资源税应税产品；井矿盐、湖盐、提取地下卤水晒制的盐属于“其他非金属矿”，也是资源税应税产品。

【答案】√

【例题 3·单选题】根据资源税法律制度的规定，下列各项中，不属于资源税征税范围的是(　　)。(2015 年)

A. 井矿盐　　B. 石灰石原矿

C. 金锭　　D. 柴油

【解析】选项 D：柴油是属于深加工产物(用原油或其他原料加工生产的凝点或倾点在 $-50℃ \sim 30℃$ 的可用作柴油发动机燃料的各种轻质油和以柴油组分为主、经调和精制可用作柴油发动机燃料的非标油)，不属于原油，不征收资源税。

【答案】D

【例题 4·多选题】根据资源税法律制度的规定，下列各项中，属于资源税征税范围的有(　　)。(2015 年)

A. 原煤　　B. 人造石油

C. 海盐原盐　　　　D. 稀土矿原矿

【解析】选项B：人造石油不征收资源税。

【答案】ACD

考点2：资源税的纳税环节（★★）

1. 资源税由开采或者生产应税产品的单位和个人在应税产品的销售或自用环节计算缴纳。

【提示1】资源税在生产、开采销售（包括出口）或自用环节计算缴纳，在进口、批发、零售等环节不缴纳资源税。

【提示2】与增值税不同，资源税实行一次课征制度，在生产、开采销售（包括出口）或自用环节缴纳过资源税，以后流转的各环节上均不再重复征收资源税。

【案例】

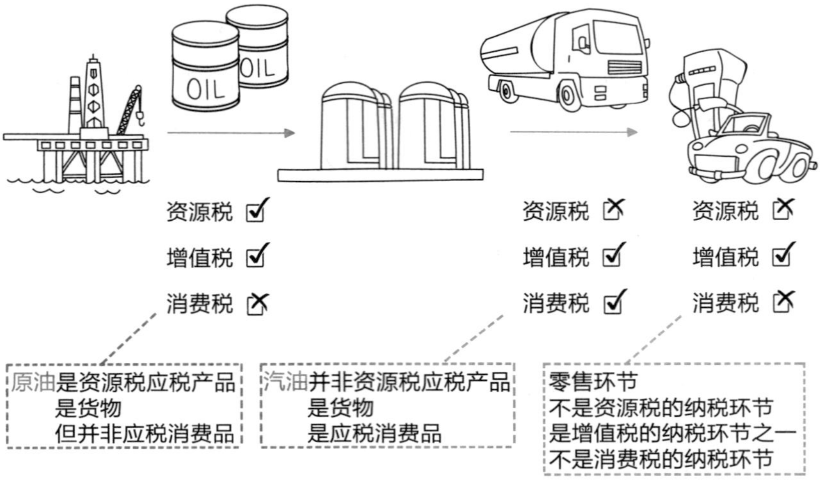

图6－7

【例题1·单选题】根据资源税法律制度的规定，下列各项中，属于资源税纳税人的是（　　）。（2015年）

A. 进口金属矿石的冶炼企业

B. 销售精盐的商场

C. 开采销售原煤的公司

D. 销售石油制品的加油站

【解析】（1）选项A：进口矿产品不征收资源税；（2）选项BD：应税产品在生产销售环节已经缴纳资源税的，在批发、零售等环节不再征收资源税（当然，精盐与石油制品也不属于资源税的征税范围）。

【答案】C

【例题2·多选题】根据资源税法律制度的规定，下列各项中，免征资源税的有（　　）。（2017年）

A. 开采原油过程中用于修井的原油

B. 开采原油过程中用于加热的原油

C. 开采后出口的原油

D. 开采后销售的原油

【解析】（1）选项AB：开采原油过程中用于加热、修井的原油，免税；（2）选项CD：开采后出口和销售的原油正常纳税。

【答案】AB

2. 以自采原矿加工应税产品或者精矿产品

（1）纳税人开采或者生产应税产品，自用于连续生产应税产品的，移送时不缴纳资源税。

【提示】纳税人将开采的原煤自用于连续生产洗选煤的，在原煤移送使用环节不缴纳资源税；将开采的原煤加工为洗选煤销售的，应当计算缴纳资源税。

【案例】

图 6－8

（2）纳税人以自采原矿加工精矿产品的，在原矿移送使用时不缴纳资源税，在精矿销售或者自用时缴纳资源税。

【提示 1】纳税人以自采原矿加工金锭的，在金锭销售或自用时缴纳资源税。

【提示 2】纳税人销售自采原矿或者自采原矿加工的金精矿、粗金，在原矿或者金精矿、粗金销售时缴纳资源税，在移送使用时不缴纳资源税。

【案例】

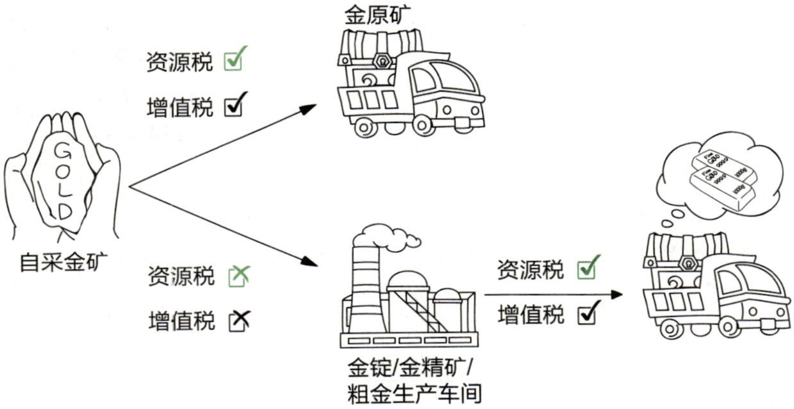

图 6－9

【提示 3】由于资源税实行一次课征制度，纳税人将单独核算的外购已税原矿销售，或者将外购已税原矿移送加工精矿产品，不需要计算缴纳资源税。纳税人同时以自采未税原煤和外购已税原煤加工洗选煤的，应当分别核算；未分别核算的，全部视为以自采未税原煤加工的洗选煤征税。

【案例】

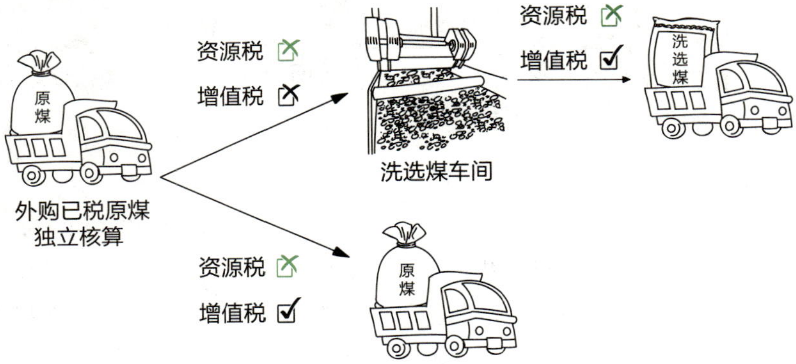

图 6－10

【例题1·判断题】纳税人将开采的原煤自用于连续生产洗选煤的，在原煤移送使用环节缴纳资源税。(　　)(2017年)

【解析】纳税人将开采的原煤自用于连续生产洗选煤的，在原煤移送使用环节不缴纳资源税；将开采的原煤加工为洗选煤销售的，以洗选煤销售额乘以折算率作为应税煤炭销售额，计算缴纳资源税。

【答案】×

【例题2·多选题】根据资源税法律制度的规定，下列关于金矿资源税纳税环节的表述中，正确的有(　　)。(2017年)

A. 纳税人自采金原矿销售的，在金原矿销售时缴纳资源税

B. 纳税人以自产金原矿加工金锭销售的，在金锭销售时缴纳资源税

C. 纳税人以自产金原矿加工金锭自用(用于连续生产资源税应税产品以外的其他方面)的，在金锭自用时缴纳资源税

D. 纳税人自采金原矿加工金精矿销售的，在原矿移送时缴纳资源税

【解析】选项D：纳税人自采金原矿加工金精矿销售的，在金精矿销售时（而非原矿移送时）缴纳资源税。

【答案】ABC

3. 纳税人开采或者生产应税产品，自用于连续生产应税产品或者精矿产品以外的其他方面的，视同销售，缴纳资源税。

【提示1】(1)纳税人以自采原矿直接加工为非应税产品的，视同原矿销售；纳税人以自采原矿洗选（加工）后的精矿连续生产非应税产品的，视同精矿销售。(2)纳税人以自采原矿直接加工为非应税产品或者以自采原矿加工的精矿连续生产非应税产品的，在原矿或者精矿移送环节计算缴纳资源税。

【提示2】以应税产品投资、分配、抵债、赠与、以物易物等，视同应税产品销售，在应税产品所有权转移时计算缴纳资源税。

【案例1】

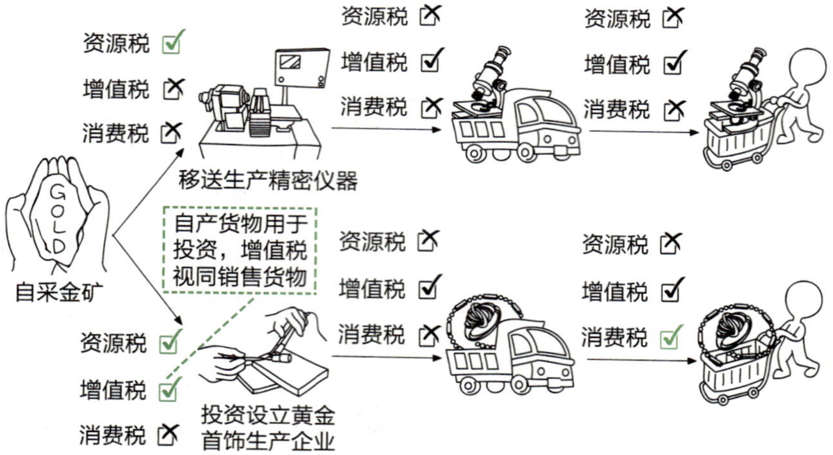

图6－11

【案例 2】

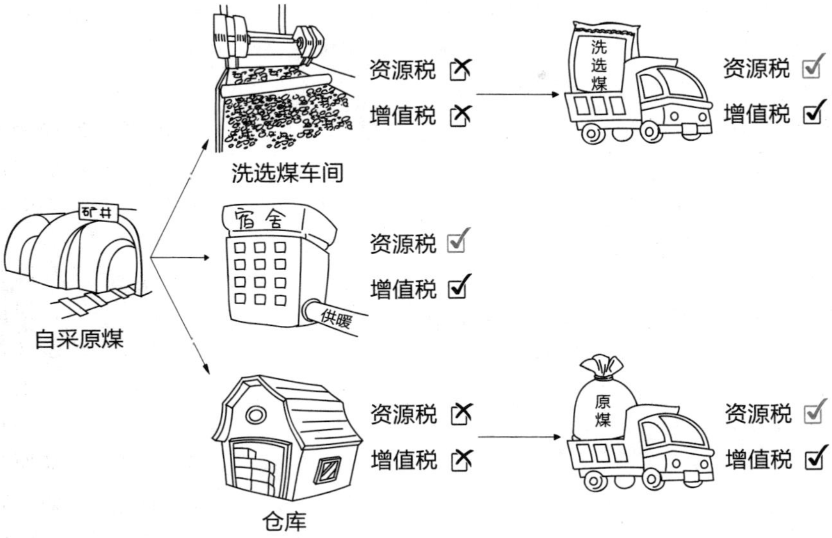

图 6－12

【案例 3】

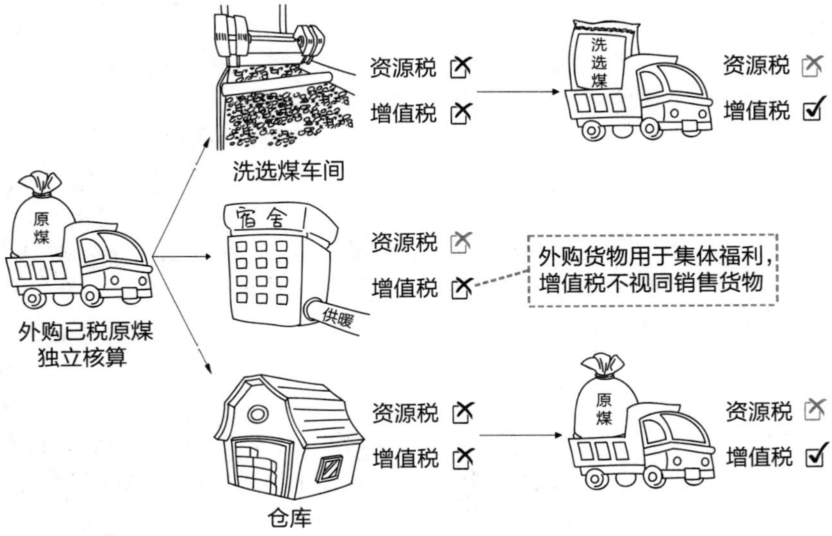

图 6－13

考点3：资源税的税率形式（★）

1. 基本规定

表6－11

征收方式	具体品目
从价定率计征（比例税率）	下列列举名称的金属矿和非金属矿： （1）原油、天然气、煤炭 （2）石墨、硅藻土、高岭土、萤石、石灰石、硫铁矿、磷矿、氯化钾、硫酸钾、井矿盐、湖盐、提取地下卤水晒制的盐、煤层（成）气、海盐 （3）稀土、钨、钼、铁矿、金矿、铜矿、铝土矿、铅锌矿、镍矿、锡矿
	未列举名称的其他金属矿产品
从量定额计征（定额税率）	粘土、砂石
按照从价计征为主、从量计征为辅的原则，由省级人民政府确定计征方式	未列举名称的其他非金属矿产品

【提示】目前，绝大多数应税产品实行从价计征的征收方式，采用从量定额计征的主要有“粘土、砂石”。

2. 纳税人开采或者生产不同税目应税产品的，应当分别核算不同税目应税产品的销售额或销售数量；未分别核算或者不能准确提供不同税目应税产品的销售额或者销售数量的，从高适用税率。

【例题·判断题】纳税人开采或者生产不同税目应税产品的，未分别核算或者不能准确提供不同税目应税产品的销售额或者销售数量的，从高适用税率。（　　）（2014年）

【答案】√

考点4：从量计征资源税应纳税额的计算（★）

1. 计税公式

应纳税额＝应税产品的销售数量×适用的定额税率

2. 销售数量的确定

（1）纳税人开采或者生产应税产品销售的，以实际销售数量（而非“生产数量”）为销售数量。

（2）纳税人开采或者生产应税产品自用的，以移送时的自用数量（包括生产自用和非生产自用）为销售数量。

（3）纳税人不能准确提供应税产品销售数量或移送使用数量的，以应税产品的产量或按主管税务机关确定的折算比换算成的数量为计征资源税的销售数量。

（4）纳税人将其开采的矿产品原矿自用于连续生产精矿产品，无法提供移送使用原矿数量的，可将其精矿按选矿比折算成原矿数量，以此作为销售数量。

【案例】甲厂本月开采砂石300万立方米，销售了250万立方米，其余50万立方米待售。已知该厂开采的砂石适用的资源税税额为0.2元/立方米。甲厂本月销售自采砂石应当缴纳的资源税＝250×0.2＝50（万元）。

考点5：从价计征资源税应纳税额的计算（★）

（一）基本规定

1. 计税公式

应纳税额＝应税产品的销售额×适用的比例税率

2. 销售额认定的一般规定

销售额是指纳税人销售应税产品向购买

方收取的全部价款和价外费用，不包括收取的增值税销项税额和运杂费用。

【提示1】价外费用，包括价外向购买方收取的手续费、补贴、基金、集资费、返还利润、奖励费、违约金、滞纳金、延期付款利息、赔偿金、代收款项、代垫款项、包装费、包装物租金、储备费、优质费以及其他各种性质的价外收费。

【提示2】对同时符合以下条件的运杂费用，纳税人在计算应税产品计税销售额时，可予以扣减：（1）包含在应税产品销售收入中；（2）属于纳税人销售应税产品环节发生的运杂费用，具体是指运送应税产品从坑口或者洗选（加工）地到车站、码头或者购买方指定地点的运杂费用；（3）取得相关运杂费用发票或者其他合法有效凭据；（4）将运杂费用与计税销售额分别进行核算。

【案例】甲企业主要从事铝土矿开采与销售，2018年10月，向乙企业销售自采铝土矿原矿，向乙企业收取含增值税价款116万元、优质费5.8万元、代乙企业将铝土矿原矿从开采地运至货运站的运费2.32万元（可提供相应凭据）。已知铝土矿适用的增值税税率为16%，甲企业铝土矿适用的资源税税率为3%。在本案中：（1）将自采原矿对外销售，属于资源税纳税环节；（2）从开采地至货运站的运费不包括在资源税计税销售额中；（3）优质费属于价外费用，应价税分离后并入销售额；（4）甲企业向乙企业销售铝土矿原矿应当缴纳的资源税 = （116 + 5.8） ÷ （1 + 16%） × 3% = 3.15（万元）。

（二）资源税的征税对象

表6－12

应税产品		征税对象
原油		原油
天然气		原矿
煤炭		原煤或以未税原煤加工的洗选煤
其他非金属矿	石墨、硅藻土、萤石、硫铁矿、氯化钾、硫酸钾	精矿
	高岭土、石灰石、磷矿、煤层（成）气、粘土、砂石	原矿
	井矿盐、湖盐、提取地下卤水晒制的盐	氯化钠初级产品
	未列举名称的其他非金属矿产品	原矿或精矿
金属矿	稀土、钨、钼	精矿
	金矿	金锭
	铁矿、铜矿、铅锌矿、镍矿、锡矿	精矿
	铝土矿	原矿
	未列举名称的其他金属矿产品	原矿或精矿
海盐		氯化钠初级产品

（三）销售额的换算与折算

1. 折算（征税对象为原矿，但销售精矿）

征税对象为原矿的，纳税人销售自采原矿加工的精矿，应将精矿销售额折算为原矿销售额缴纳资源税，即原矿销售额 = 精矿销售额 × 折算率。

【案例】甲企业主要从事铝土矿开采与销售，2018年10月将自采铝土矿原矿加工为精矿后向丙企业销售，向丙企业收取含增值税价款116万元。已知，铝土矿适用的增值税税率为16%，铝土矿以原矿为征税对象，甲企业铝土矿适用的资源税税率为3%、折算率为70%。在本案中：（1）以自采原矿加工精矿产品的，在原矿移送使用时不缴纳资源税，在精矿销售或自用时缴纳资源税；（2）甲企业向丙企业销售铝土矿精矿应当缴纳的资源税 = 116 ÷ （1 + 16%） × 70% × 3% = 2.1（万元）。

2. 换算（征税对象为精矿，但销售原矿）

征税对象为精矿的，纳税人销售原矿时，应将原矿销售额换算为精矿销售额缴纳资源税，通常使用的公式：精矿销售额 = 原矿销售额 × 换算比。

【案例】甲钨矿2018年10月销售自采原矿1万吨，每吨含增值税单价1160元；销售自采钨矿连续加工的精矿2万吨，每吨含增值税单价2088元。已知钨矿适用的增值税税率为16%，钨矿以精矿为征税对象、资源税税率为6.5%、换算比为1.13。在本案中：（1）甲钨矿销售钨矿精矿应缴纳的资源税 = 2088 ÷ （1 + 16%） × 2 × 6.5% = 234（万元）；（2）甲钨矿销售钨矿原矿应缴纳的资源税 = 1160 ÷ （1 + 16%） × 1 × 1.13 × 6.5% = 73.45（万元）；（3）甲钨矿上述业务共计应缴纳资源税 = 234 + 73.45 = 307.45（万元）。

第六章

【总结】

- 以原矿为征税对象
  - 销售原矿：原矿销售额 × 资源税税率
  - 销售精矿：精矿销售额 × 折算率 × 资源税税率
- 以精矿为征税对象
  - 销售原矿：原矿销售额 × 换算比 × 资源税税率
  - 销售精矿：精矿销售额 × 资源税税率

3. 煤炭

将自采的原煤加工为洗选煤销售的，以洗选煤销售额乘以折算率作为应税煤炭销售额，计算缴纳资源税。

【提示】洗选煤销售额包括洗选副产品的销售额，不包括洗选煤从洗选煤厂到车站、码头等的运输费用。

【案例1】甲煤炭开采企业2018年10月销售以自采未税原煤加工的洗煤10万吨，每吨不含增值税单价为1000元。另取得从洗煤厂到码头的不含增值税运费收入20万元（已提供相应凭据）。已知，折算率为80%，资源税税率为10%。在本案中：（1）纳税人将开采的原煤加工为洗选煤销售的，应当计算缴纳资源税。（2）洗选煤销售额包括洗选副产品的销售额，不包括洗选煤从洗选煤厂到车站、码头等的运输费用，因此，甲企业取得的从洗煤厂到码头的不含增值税运费收入20万元不缴纳资源税。（3）甲企业销售上述洗煤应缴纳的资源税 = 1000 × 10 × 80% × 10% = 800（万元）。

【案例2】某煤矿2018年10月开采原煤100万吨，当月对外销售90万吨；为职工宿舍供暖，使用本月开采的原煤2万吨；向洗煤车间移送本月开采的原煤5万吨加工洗煤，尚未对外销售；其余3万吨原煤待售。已知，该煤矿每吨原煤不含增值税售价为500元（不含从坑口到车站、码头等的运输费用），适用的资源税税率为5%。在本案中：（1）为职工宿舍供暖使用的2万吨原煤，视同销售，应缴纳资源税；（2）移送继续加工洗煤的原煤，在移送环节不缴纳资源税。因此，该煤矿2018年10月就上述业务应缴纳的资源税 = 原煤销售额 × 适用的比例税率 = （90 + 2） × 500 × 5% = 2300（万元）。

（四）核定销售额

纳税人有视同销售应税产品行为而无销售价格的，或者申报的应税产品销售价格明显偏低且无正当理由的，除另有规定外，应按下列顺序确定销售额：

1. 按纳税人最近时期同类产品的平均销售价格确定。

2. 按其他纳税人最近时期同类产品的平均销售价格确定。

3. 按应税产品组成计税价格确定。

组成计税价格 = 成本 × （1 + 成本利润率） ÷ （1 – 资源税税率）

【例题·不定项选择题】（2017 年）

甲煤矿为增值税一般纳税人，主要从事煤炭开采和销售业务，2018 年 10 月有关经营情况如下：

（1）购进井下用原木一批，取得增值税专用发票注明税额 26000 元。

（2）购进井下挖煤机一台，取得增值税专用发票注明税额 93500 元。

（3）接受洗煤设备维修劳务，取得增值税专用发票注明税额 6800 元。

（4）销售自产原煤 2000 吨，职工食堂领用自产原煤 50 吨，职工宿舍供暖领用自产原煤 100 吨，向乙煤矿无偿赠送自产原煤 10 吨，原煤不含增值税单价 500 元/吨。

已知：原煤增值税税率为 16%，资源税适用税率为 8%。

要求：

根据上述资料，不考虑其他因素，分析回答下列小题。

1. 计算甲煤矿当月允许抵扣增值税进项税额的下列算式中，正确的是（　　）。

A. 26000 + 6800 = 32800（元）

B. 26000 + 93500 + 6800 = 126300（元）

C. 93500 + 6800 = 100300（元）

D. 26000 + 93500 = 119500（元）

【解析】（1）有合法扣税凭证吗？业务（1）～（3）均取得了增值税专用发票；（2）用于可抵扣项目吗？业务（1）～（3）均用于生产性用途，未涉及法定不得抵扣进项税额的项目。因此，业务（1）～（3）所涉及的进项税额均可抵扣。

【答案】B

2. 甲煤矿发生的下列业务中，应计算增值税销项税额的是（　　）。

A. 销售自产原煤 2000 吨

B. 向乙煤矿无偿赠送自产原煤 10 吨

C. 职工食堂领用自产原煤 50 吨

D. 职工宿舍供暖领用自产原煤 100 吨

【解析】（1）选项 A：属于销售货物，应计缴增值税；（2）选项 B：自产产品用于无偿赠送，视同销售计缴增值税；（3）选项 CD：自产产品用于集体福利，视同销售计缴增值税。

【答案】ABCD

3. 计算甲煤矿当月应缴纳增值税税额的下列算式中，正确的是（　　）。

A. （50 + 100 + 10） × 500 × 16% – 32800 = – 20000（元）

B. （2000 + 100） × 500 × 16% – 100300 = 67700（元）

C. （2000 + 50 + 100 + 10） × 500 × 16% – 126300 = 46500（元）

D. （2000 + 50 + 10） × 500 × 16% – 119500 = 45300（元）

【解析】参考第 1、2 小题解析。

【答案】C

4. 计算甲煤矿当月应缴纳资源税税额的下列算式中，正确的是（　　）。

A. （2000 + 50 + 10） × 500 × 8% = 82400（元）

B. （2000 + 50 + 100） × 500 × 8% = 86000（元）

C. （2000 + 100 + 10） × 500 × 8% = 84400（元）

D. （2000 + 50 + 100 + 10） × 500 × 8% = 86400（元）

【解析】（1）自产原煤用于销售，应当缴纳资源税；（2）以应税产品投资、分配、抵债、赠与、以物易物等，视同应税产品销售，在应税产品所有权转移时计算缴纳资源税。

【答案】D

考点 6：资源税的税收优惠政策（★）

1. 纳税人开采或者生产应税产品过程中，因意外事故或者自然灾害等原因遭受重

第六章

大损失的，由省、自治区、直辖市人民政府酌情决定减税或者免税。

2. 纳税人的减税、免税项目，应当单独核算销售额和销售数量；未单独核算或者不能准确提供销售额和销售数量的，不予减税或者免税。

3. 自2018年4月1日至2021年3月31日，对页岩气资源税（按6%的规定税率）减征30%。（2019年新增）

考点7：资源税的征收管理规定（★）

1. 纳税义务发生时间

表6-13

具体情形	纳税义务发生时间
纳税人销售应税资源品目采取分期收款结算方式的	销售合同规定的收款日期的当天
纳税人销售应税资源品目采取预收货款结算方式的	发出应税产品的当天
纳税人销售应税资源品目采取其他结算方式的	收讫销售款或者取得索取销售款凭据的当天
纳税人自产自用应税资源品目的	移送使用应税产品的当天
扣缴义务人代扣代缴税款的	支付首笔货款或者开具应支付货款凭据的当天

2. 纳税地点

（1）纳税人应当向矿产品的开采地或盐的生产地缴纳资源税。

（2）纳税人在本省、自治区、直辖市范围开采或者生产应税产品，其纳税地点需要调整的，由省级税务机关决定。

（3）纳税人跨省开采资源税应税产品，其下属生产单位与核算单位不在同一省、自治区、直辖市的，对其开采的矿产品一律在开采地纳税。

（4）扣缴义务人代扣代缴的资源税，应当向收购地主管税务机关缴纳。

3. 纳税期限

资源税的纳税期限为1日、3日、5日、10日、15日或者1个月；纳税人以1个月为1期纳税的，自期满之日起10日内申报纳税。

【例题1·单选题】根据资源税法律制度的规定，关于资源税纳税义务发生时间的下列表述中，不正确的是（　　）。（2018年）

A. 自产自用应税资源品目的，为移送使用应税产品的当天

B. 销售应税资源品目采取预收货款结算方式的，为收讫销售款的当天

C. 扣缴义务人代扣代缴资源税税款的，为支付首笔货款或开具应支付货款凭据的当天

D. 销售应税资源品目采取分期收款结算方式的，为销售合同规定的收款日期的当天

【解析】选项B：纳税人销售应税资源品目采取预收货款结算方式的，纳税义务发生时间为发出应税产品的当天。

【答案】B

【例题2·判断题】纳税人销售应税资源品目采用分期收款结算方式的，其资源税纳税义务发生时间，为销售合同规定的收款日期的当天。（　　）（2017年）

【答案】√

第10单元　环境保护税

考点1：交不交环境保护税？(★★)

1. 环境保护税的纳税人为在中华人民共和国领域和中华人民共和国管辖的其他海域，直接向环境排放应税污染物的企业事业单位和其他生产经营者。

2. 有下列情形之一的，不属于直接向环境排放污染物，不缴纳相应污染物的环境保护税：

(1) 企业事业单位和其他生产经营者向依法设立的污水集中处理、生活垃圾集中处理场所排放应税污染物的；

(2) 企业事业单位和其他生产经营者在符合国家和地方环境保护标准的设施、场所贮存或者处置固体废物的。

【提示1】依法设立的城乡污水集中处理、生活垃圾集中处理场所超过国家和地方规定的排放标准向环境排放应税污染物的，应当缴纳环境保护税（不超过规定排放标准的，暂免环境保护税）。

【提示2】企业事业单位和其他生产经营者贮存或者处置固体废物不符合国家和地方环境保护标准的，应当缴纳环境保护税。

3. 环境保护税的征税范围是法定的大气污染物、水污染物、固体废物和噪声。

4. 下列情形，暂予免征环境保护税：

(1) 农业生产（不包括规模化养殖）排放应税污染物的；

(2) 机动车、铁路机车、非道路移动机械、船舶和航空器等流动污染源排放应税污染物的；

(3) 依法设立的城乡污水集中处理、生活垃圾集中处理场所排放相应应税污染物，不超过国家和地方规定的排放标准的；

(4) 纳税人综合利用的固体废物，符合国家和地方环境保护标准的；

(5) 国务院批准免税的其他情形。

5. 减税政策

(1) 纳税人排放应税大气污染物或者水污染物的浓度值低于国家和地方规定的污染物排放标准30%的，减按75%征收环境保护税。

(2) 纳税人排放应税大气污染物或者水污染物的浓度值低于国家和地方规定的污染物排放标准50%的，减按50%征收环境保护税。

【例题1·单选题】下列各项中，不征收环境保护税的是(　　)。(2018年)

A. 光源污染　　B. 噪声污染
C. 水污染　　D. 大气污染

【解析】目前，我国环境保护税的应税污染物仅限于法定的大气污染物、水污染物、固体废物和噪声（限于工业噪声）。

【答案】A

【例题2·单选题】甲企业生产150吨炉渣，30吨在符合国家和地方环境保护标准的设施中贮存，100吨综合利用且符合国家和地方环境保护标准，其余倒置弃于空地。已知炉渣适用的环境保护税税额为25元/吨。下列计算环境保护税的计算列式中，正确的是(　　)。(2018年)

A. (150－100－30)×25＝500（元）
B. (150－30)×25＝3000（元）
C. (150－100)×25＝1250（元）
D. 150×25＝3750（元）

【解析】(1) 企业事业单位和其他生产经营者在符合国家和地方环境保护标准的设施、场所贮存或者处置固体废物的，不属于直接向环境排放污染物，不缴纳相应污染物的环境保护税；因此，甲企业在符合国家和地方环境保护标准的设施中贮存的30吨炉渣，不缴纳环境保护税。(2) 纳税人综合利用的固体废物，符合国家和地方环境保护标准的，暂予免征环境保护税；因此，甲企业综合利用且符合国家和地方环境保护标准的100吨炉渣，暂免征收环境保护税。综上所述，甲企业应纳环境保护税＝(150－30－100)×25＝500（元）。

【答案】A

考点2：交多少环境保护税？（★）

1. 基本规定

表6－14

<table>
<tr><th>税目</th><th>税率</th><th>计税依据</th><th>计税公式</th></tr>
<tr><td>大气污染物</td><td rowspan="4">实行定额税率，具体税额由题目已知条件告知</td><td rowspan="2">污染物排放量折合的污染当量数</td><td rowspan="2">应纳税额＝污染当量数×具体适用税额</td></tr>
<tr><td>水污染物</td></tr>
<tr><td>固体废物</td><td>固体废物的排放量</td><td>应纳税额＝固体废物排放量×具体适用税额</td></tr>
<tr><td>工业噪声</td><td>超过国家规定标准的分贝数</td><td>应纳税额＝超过国家规定标准的分贝数对应的具体适用税额</td></tr>
</table>

2. 使用哪方数据？

（1）纳税人安装使用符合国家规定和监测规范的污染物自动监测设备的，按照污染物自动监测数据计算；

（2）纳税人未安装使用污染物自动监测设备的，按照监测机构出具的符合国家有关规定和监测规范的监测数据计算；

（3）因排放污染物种类多等原因不具备监测条件的，按照国务院环境保护主管部门规定的排污系数、物料衡算方法计算；

（4）不能按上述第（1）项至第（3）项规定的方法计算的，按照省、自治区、直辖市人民政府环境保护主管部门规定的抽样测算的方法核定计算。

考点3：怎么交环境保护税？（★）

1. 环境保护税由税务机关（而非环保部门）依法征收。

2. 环保部门与税务机关的信息互通

环境保护主管部门应当将排污单位的排污许可、污染物排放数据、环境违法和受行政处罚情况等环境保护相关信息，定期交送税务机关。税务机关应当将纳税人的纳税申报、税款入库、减免税额、欠缴税款以及风险疑点等环境保护税涉税信息，定期交送环境保护主管部门。

3. 纳税义务发生时间

纳税义务发生时间为纳税人排放应税污染物的当日。

4. 纳税地点

纳税人应当向应税污染物排放地的税务机关申报缴纳环境保护税。

5. 纳税期限

（1）环境保护税按月计算，按季申报缴纳；不能按固定期限计算缴纳的，可以按次申报缴纳。

（2）纳税人按季申报缴纳的，应当自季度终了之日起15日内，向税务机关办理纳税申报并缴纳税款。

（3）纳税人按次申报缴纳的，应当自纳税义务发生之日起15日内，向税务机关办理纳税申报并缴纳税款。

第11单元　城建税及教育费附加、烟叶税

考点1：城市维护建设税（★）（2019年调整）

1. 纳税人

（1）城市维护建设税的纳税人，是指在中华人民共和国境内缴纳增值税、消费税的单位和个人；包括各类企业（含外商投资企业、外国企业）、行政单位、事业单位、军事单位、社会团体及其他单位，以及个体工商户和其他个人（含外籍个人）。

（2）城市维护建设税扣缴义务人为负有增值税、消费税扣缴义务的单位和个人。

2. 税率

（1）城市维护建设税实行地区差别比例税率，共两档，具体为：

①纳税人所在地为市区的，税率为7%；

②纳税人所在地不在市区的，税率为5%。

（2）由受托方代扣代缴、代收代缴增值税、消费税的单位和个人，其代扣代缴、代收代缴的城市维护建设税按受托方所在地适用税率执行。

（3）流动经营等无固定纳税地点的单位和个人，在经营地缴纳增值税、消费税的，其城市维护建设税的缴纳按经营地适用税率执行。

3. 计税依据

城市维护建设税的计税依据，为纳税人实际缴纳（而非应当缴纳）的增值税、消费税税额，以及出口货物、劳务或者跨境销售服务、无形资产增值税免抵税额。

4. 应纳税额的计算

（1）计算公式

应纳税额＝（实际缴纳的增值税＋实际缴纳的消费税＋出口货物、劳务或者跨境销售服务、无形资产增值税免抵税额）×适用税率

（2）对实行增值税期末留抵退税的纳税人，允许其从城市维护建设税的计税依据中扣除退还的增值税税额。

5. 税收优惠

城市维护建设税属于增值税、消费税的一种附加税，原则上不单独规定税收减免条款。如果税法规定减免增值税、消费税，也就相应地减免了城市维护建设税。现行城市维护建设税的减免规定主要有：

（1）对进口货物或者境外单位和个人向境内销售劳务、服务、无形资产缴纳的增值税、消费税税额，不征收城市维护建设税。

（2）对出口货物、劳务和跨境销售服务、无形资产以及因优惠政策退还增值税、消费税的，不退还已缴纳的城市维护建设税。

（3）对增值税、消费税实行先征后返、先征后退、即征即退办法的，除另有规定外，对随增值税、消费税附征的城市维护建设税，一律不予退（返）还。

6. 征收管理

（1）纳税义务发生时间

①城市维护建设税纳税义务发生时间为缴纳增值税、消费税的当日。

②城市维护建设税扣缴义务发生时间为扣缴增值税、消费税的当日。

（2）纳税地点

①城市维护建设税纳税地点为实际缴纳增值税、消费税的地点。

②扣缴义务人应当向其机构所在地或者居住地的主管税务机关申报缴纳其扣缴的税款。

③代扣代缴、代收代缴增值税、消费税的单位和个人，同时也是城市维护建设税的代扣代缴、代收代缴义务人，其纳税地点为代扣代收地。

④对流动经营等无固定纳税地点的单位和个人，应随同增值税、消费税在经营地纳税。

（3）纳税期限

①城市维护建设税按月或者按季计征；不能按固定期限计征的，可以按次计征。

②实行按月或按季计征的，纳税人应当于月度或者季度终了之日起15日内申报并缴纳税款；实行按次计征的，纳税人应当于纳税义务发生之日起15日内申报并缴纳税款。

【例题1·单选题】甲公司向税务机关应缴纳增值税10万元，实际缴纳增值税8万元，应缴纳消费税5万元，实际缴纳消费税4.5万元。已知适用的城市维护建设税税率为7%，计算甲公司当月应缴纳城市维护建设税的下列算式中，正确的是（　　）。（2018年）

A. 4.5×7%＝0.315（万元）

B. （8＋4.5）×7%＝0.875（万元）

C. 10×7%＝0.7（万元）

D. （10＋5）×7%＝1.05（万元）

【答案】B

【例题2·单选题】甲公司向税务机关实际缴纳增值税70000元、消费税50000元；向海关缴纳进口环节增值税40000元、消费税30000元。已知城市维护建设税适用税率为7%，计算甲公司当月应缴纳城市维护建设税税额的下列算式中，正确的是（　　）。（2017年）

A. （70000＋50000＋40000＋30000）×7%＝13300（元）

B. （70000＋40000）×7%＝7700（元）

C. （50000＋30000）×7%＝5600（元）

D. （70000＋50000）×7%＝8400（元）

【解析】海关对进口货物代征的增值税、消费税，不征收城市维护建设税，选项ABC排除。

【答案】D

【例题3·单选题】根据城市维护建设税法律制度的规定，下列关于城市维护建设税税收优惠的表述中，不正确的是（　　）。（2016年）

A. 对出口货物退还增值税的，可同时退还已缴纳的城市维护建设税

B. 海关对进口货物代征的增值税，不征收城市维护建设税

C. 对增值税实行先征后退办法的，除另有规定外，不予退还增值税附征的城市维护建设税

D. 对增值税实行即征即退办法的，除另有规定外，不予退还增值税附征的城市维护建设税

【解析】选项A：对出口货物、劳务和跨境销售服务、无形资产以及因优惠政策退还增值税、消费税的，不退还已缴纳的城市维护建设税。

【答案】A

考点2：教育费附加（★）

1. 纳税人：税法规定征收增值税、消费税的单位和个人。

2. 计征依据：纳税人实际缴纳的增值税、消费税税额之和。

3. 征收比率：3%。

4. 计算公式

应纳教育费附加＝（实际缴纳的增值税＋实际缴纳的消费税）×3%

5. "进口不征、出口不退"

（1）海关对进口产品代征的增值税、消费税，不征收教育费附加；

（2）对出口产品退还增值税、消费税的，不退还已征的教育费附加；但对由于减免增值税、消费税而发生退税的，可同时退还已征收的教育费附加。

考点3：烟叶税（★）

1. 烟叶税的纳税人为在中华人民共和国境内收购烟叶的单位。

2. 烟叶税的征税范围包括晾晒烟叶、烤烟叶。

3. 烟叶税的计税依据是纳税人收购烟叶实际支付的价款总额。（2019年调整）

4. 烟叶税的应纳税额＝烟叶价款总额×税率

＝烟叶收购价款×（1＋10%）×20%

【提示】纳税人收购烟叶实际支付的价款总额包括纳税人支付给烟叶生产销售单位和个人的烟叶收购价款和价外补贴。其中，价外补贴统一按烟叶收购价款的10%计算。

【案例】某卷烟厂是增值税一般纳税人，2018年10月收购一批烟叶，合法收购凭证上注明烟叶收购价款为50万元；该卷烟厂按照规定的方式和比例向烟叶生产者支付了价外补贴，并与烟叶收购价款在同一收购凭证上分别注明。该卷烟厂收购该批烟叶应缴纳的烟叶税 =50×（1+10%）×20%=11（万元）。

5. 烟叶税在烟叶收购环节征收。

6. 烟叶税的纳税义务发生时间为纳税人收购烟叶的当日；具体指纳税人向烟叶销售者付讫收购烟叶款项或者开具收购烟叶凭证的当日。

7. 烟叶税按月计征，纳税人应当于纳税义务发生月终了之日起15日内申报纳税。（2019年调整）

8. 对依法查处没收的违法收购的烟叶，由收购罚没烟叶的单位（而非罚没单位）按照购买金额计算缴纳烟叶税。

9. 纳税人收购烟叶，应当向烟叶收购地的主管税务机关申报纳税。

【例题1·多选题】根据烟叶税法律制度的规定，下列各项中，属于烟叶税征收范围的有（　　）。（2018年）

A. 晾晒烟叶　　B. 烟丝

C. 卷烟　　D. 烤烟叶

【解析】烟叶税的征税范围包括晾晒烟叶、烤烟叶。

【答案】AD

【例题2·单选题】根据烟叶税法律制度的规定，下列属于烟叶税纳税人的是（　　）。（2018年）

A. 生产烟叶的个人

B. 收购烟叶的单位

C. 销售香烟的单位

D. 消费香烟的个人

【解析】（1）香烟不属于烟叶税的征税范围，排除选项CD；（2）选项AB：烟叶税的纳税人为在中华人民共和国境内“收购”烟叶的“单位”。

【答案】B

第六章

阶段测验

请激活APP题库，进入机考环境进行“阶段测验”。

第12单元　关　税

【本单元考点框架】

- 文字性考点
  - 关税的纳税人（考点1）
  - 关税税率的种类（考点2）
  - 关税应纳税额的计算方法（考点3）
  - 关税的税收优惠（考点5）
  - 关税的征收管理（考点6）
- 应用性考点——关税完税价格（考点4）

考点1：关税的纳税人（★）

1. 贸易性商品的纳税人是经营进出口货物的收、发货人，包括。

（1）外贸进出口公司；

（2）工贸或农贸结合的进出口公司；

（3）其他经批准经营进出口商品的企业。

2. 物品的纳税人，包括。

（1）入境旅客随身携带的行李、物品的持有人；

（2）各种运输工具上服务人员入境时携带自用物品的持有人；

（3）馈赠物品以及其他方式入境个人物品的所有人；

（4）个人邮递物品的收件人。

【提示】关税的课税对象是进出境的货物、物品。

考点2：关税税率的种类（★）

1. 关税的税率分为进口税率和出口税率两种。

2. 进口税率又分为下列种类，进口货物适用何种关税税率是以进口货物的原产地为标准的。

（1）最惠国税率，适用于：

①原产于与我国共同适用最惠国条款的世界贸易组织成员国或地区的进口货物；

②原产于与我国签订含有相互给予最惠国待遇的双边贸易协定的国家或者地区的进口货物；

③原产于我国的进口货物。

（2）协定税率

对原产于与我国签订含有关税优惠条款的区域性贸易协定的国家或地区的进口货物，按协定税率征收关税。

（3）特惠税率

对原产于与我国签订含有特殊关税优惠条款的贸易协定的国家或地区的进口货物，按特惠税率征收关税。

（4）关税配额税率

关税配额是进口国限制进口货物数量的措施，把征收关税和进口配额相结合以限制进口；对于在配额内进口的货物可以适用较低的关税配额税率，对于配额之外的则适用较高税率。

（5）暂定税率

在最惠国税率的基础上，对于一些国内需要降低进口关税的货物，以及出于国际双边关系的考虑需要个别安排的进口货物，可以实行暂定税率。

（6）普通税率

①原产于未与我国共同适用最惠国条款的世界贸易组织成员国或地区，未与我国订有相互给予最惠国待遇、关税优惠条款贸易协定和特殊关税优惠条款贸易协定的国家或者地区的进口货物，适用普通税率；

②原产地不明的货物，适用普通税率。

3. 税率的确定

（1）进出口货物，应当按照收发货人或者他们的代理人申报进口或者出口之日实施的税率征税；

（2）进口货物到达前，经海关核准先行申报的，应当按照装载此货物的运输工具申报进境之日实施的税率征税；

（3）进出口货物的补税和退税，适用该进出口货物原申报进口或者出口之日实施的税率，但另有规定除外。

【例题1·单选题】根据关税法律制度的规定，对原产于与我国签订含有特殊关税优惠条款的贸易协定的国家或地区的进口货物，适用特定的关税税率。该税率为（　　）。（2018年）

A. 普通税率

B. 协定税率

C. 特惠税率

D. 最惠国税率

【解析】对原产于与我国签订含有特殊关税优惠条款的贸易协定的国家或地区的进口货物，按特惠税率征收。

【答案】C

【例题2·单选题】根据关税法律制度的规定，原产地不明的进口货物适用的关税税率是(　　)。(2017年)

A. 协定税率

B. 最惠国税率

C. 特惠税率

D. 普通税率

【解析】选项D：普通税率适用于原产于未与我国共同适用最惠国条款的世界贸易组织成员国或地区，未与我国订有相互给予最惠国待遇、关税优惠条款贸易协定和特殊关税优惠条款贸易协定的国家或者地区的进口货物，以及原产地不明的进口货物。

【答案】D

【例题3·判断题】对从境外采购进口的原产于中国境内的货物，不征收进口关税。(　　)(2016年)

【解析】对从境外采购进口的原产于中国境内的货物，按照最惠国税率征税。

【答案】×

【例题4·判断题】进口货物适用的关税税率是以进口货物的原产地为标准的。(　　)(2015年)

【答案】√

考点3：关税应纳税额的计算方法（★★）

表6－15

计算方法	适用范围	计算公式
从价税	一般的进（出）口货物	应纳税额＝应税进（出）口货物数量×单位完税价格×适用税率
从量税	进口啤酒、原油等	应纳税额＝应税进口货物数量×关税单位税额
复合税	进口广播用录像机、放像机、摄像机等	应纳税额＝应税进口货物数量×关税单位税额＋应税进口货物数量×单位完税价格×适用税率
滑准税	进口规定适用滑准税的商品	进口商品价格越高，(比例）税率越低；税率与商品进口价格反方向变动

【例题1·单选题】根据关税法律制度的规定，下列关税应纳税额计算方法中，关税税率随着进口商品价格的变动而反方向变动的是(　　)。(2018年)

A. 从价税计算方法

B. 复合税计算方法

C. 滑准税计算方法

D. 从量税计算方法

【答案】C

【例题2·多选题】根据关税法律制度的规定，下列进口货物中，实行从价加从量复合税率计征进口关税的有(　　)。(2017年)

A. 摄像机　　B. 啤酒

C. 放像机　　D. 广播用录像机

【答案】ACD

【例题3·多选题】根据关税法律制度的规定，下列进口货物中，实行从量计征进口关税的有(　　)。(2016年)

A. 啤酒　　B. 汽车

C. 高档手表　　D. 原油

【答案】AD

【例题4·多选题】下列各项中，属于关税的计税方法有(　　)。(2015年)

A. 从价税计算法

B. 从量税计算法

C. 复合税计算法

D. 滑准税计算法

【答案】ABCD

第六章

考点4：关税完税价格（★★★）

1. 一般贸易项下进口货物的完税价格

（1）一般贸易项下进口的货物以海关审定的成交价格为基础的到岸价格作为完税价格。

（2）到岸价格包括。

①货价；

②货物运抵我国关境内输入地点起卸前的包装费、运费、保险费和其他劳务费等费用；

③为了在境内生产、制造、使用或出版、发行的目的而向境外支付的与该进口货物有关的专利、商标、著作权，以及专有技术、计算机软件和资料等费用。

（3）佣金、回扣、违约罚款的处理

①在货物成交过程中，进口人在成交价格外另支付给卖方的佣金，应计入成交价格，而向境外采购代理人支付的买方佣金则不能列入，如已包括在成交价格中应予以扣除。

②卖方付给进口人的正常回扣，应从成交价格中扣除。

③卖方违反合同规定延期交货的罚款，卖方在货价中冲减时，罚款不能从成交价格中扣除。

2. 出口货物的完税价格

出口货物应当以海关审定的货物售予境外的离岸价格，扣除出口关税后作为完税价格。计算公式：

出口货物完税价格＝离岸价格÷（1＋出口税率）

【例题1·单选题】根据关税法律制度的规定，一般贸易项下进口的货物以海关审定的成交价格为基础的到岸价格作为完税价格。下列关于成交价格的表述中，正确的是（　　）。（2015年）

A. 在货物成交过程中，向境外采购代理人支付的买方佣金，应计入成交价格

B. 在货物成交过程中，进口人在成交价格外另支付给卖方的佣金，应计入成交价格

C. 卖方付给进口人的正常回扣，应计入成交价格

D. 卖方违反合同规定延期交货的罚款，可以从成交价格中扣除

【解析】（1）选项A：向境外采购代理人支付的买方佣金不得计入进口关税完税价格；（2）选项C：卖方付给进口人的正常回扣，应从成交价格中扣除；（3）选项D：卖方违反合同规定延期交货的罚款，卖方在货价中冲减时，罚款则不能从成交价格中扣除。

【答案】B

【例题2·不定项选择题（节选）】（2014年）2018年10月甲公司为……进口一批高档香水精，海关审定的货价210万元，运抵我国关境内输入地点起卸前的包装费11万元、运输费20万元、保险费4万元……已知：高档化妆品消费税税率为15%，关税税率为10%，增值税税率为16%……

【解析】（1）“运抵我国关境内输入地点起卸前”发生的包装费、运费、保险费均应计入关税完税价格；（2）关税完税价格＝210＋11＋20＋4＝245（万元）；（3）应缴纳的关税＝245×10%＝24.5（万元）；（4）应缴纳的进口增值税＝（关税完税价格＋关税＋消费税）×增值税税率＝（关税完税价格＋关税）÷（1－消费税税率）×增值税税率＝（245＋24.5）÷（1－15%）×16%＝50.73（万元）；（5）应缴纳的进口消费税＝（关税完税价格＋关税）÷（1－消费税税率）×消费税税率＝（245＋24.5）÷（1－15%）×15%＝47.56（万元）；（6）不需要缴纳城市维护建设税和教育费附加。

【例题3·单选题】2018年10月，甲企业进口一辆小汽车自用，支付买价17万元，货物运抵我国关境内输入地点起卸前的运费和保险费共计3万元，货物运抵我国关境内输入地点起卸后的运费和保险费共计2万元，另支付买方佣金1万元。已知关税税率为20%，消费税税率为25%，城建税税率为7%，教育费附加征收率为3%。假设无其他纳税事项，则下列关于甲企业相关税金的计算，正确的是（　　）。（2015年）

A. 应纳进口关税4.2万元

B. 应纳进口环节消费税8万元

C. 应纳进口环节增值税 4.08 万元

D. 应纳城建税和教育费附加 1.34 万元

【解析】货物运抵我国关境内输入地点起卸“后”的运费和保险费不计入关税完税价格；向境外采购代理人支付的买方佣金不计入关税完税价格。在本题中：（1）选项 A：甲企业应缴纳的关税 = （17 + 3） × 20% = 4（万元）；（2）选项 B：甲企业应纳进口环节消费税 = （17 + 3 + 4） ÷ （1 − 25%） × 25% = 8（万元）；（3）选项 C：甲企业应纳进口环节增值税 = （17 + 3 + 4 + 8） × 16% = 5.12（万元）；（4）选项 D：城建税和教育费附加“进口不征、出口不退”。

【答案】B

考点 5：关税的税收优惠（★★）

1. 经海关审查无误后可以免税的情形（法定性减免税）

（1）一票货物关税税额、进口环节增值税或者消费税税额在人民币 50 元以下的；

（2）无商业价值的广告品及货样；

（3）国际组织、外国政府无偿赠送的物资；

（4）进出境运输工具装载的途中必需的燃料、物料和饮食用品；

（5）因故退还的中国出口货物，可以免征进口关税，但已征收的出口关税不予退还；

（6）因故退还的境外进口货物，可以免征出口关税，但已征收的进口关税不予退还。

2. 酌情减免税的情形

（1）在境外运输途中或者在起卸时，遭受到损坏或者损失的；

（2）起卸后海关放行前，因不可抗力遭受损坏或者损失的；

（3）海关查验时已经破漏、损坏或者腐烂，经证明不是保管不慎造成的。

【例题 1 · 判断题】无商业价值的广告品及货样，经海关审核无误后可以免征关税。（　　）（2017 年）

【答案】√

【例题 2 · 单选题】根据关税法律制度的规定，下列各项中，海关可以酌情减免关税的是（　　）。（2014 年）

A. 进出境运输工具装载的途中必需的燃料、物料和饮食用品

B. 无商业价值的广告品及货样

C. 国际组织无偿赠送的物资

D. 在境外运输途中受到损坏的进口货物

【解析】选项 ABC 均属于法定性减免税的情形，经海关审查无误后可以免税。

【答案】D

【例题 3 · 单选题】下列各项中，经海关审查无误后可以免征关税的是（　　）。（2013 年）

A. 关税税额为人民币 200 元的一票货物

B. 广告品和货样

C. 外国公司无偿赠送的物资

D. 进出境运输工具装载的途中必需的燃料、物料和饮食用品

【解析】（1）选项 A：一票货物关税税额、进口环节增值税或者消费税税额在人民币 50 元以下的，经海关审查无误后免征关税；（2）选项 B：“无商业价值的”广告品及货样，经海关审查无误后免征关税；（3）选项 C：国际组织、外国政府无偿赠送的物资，经海关审查无误后免征关税。

【答案】D

【例题 4 · 判断题】对于因故退还的中国出口货物已经征收的出口关税，海关予以退还。（　　）（2013 年）

【解析】因故退还的中国出口货物，经海关审查无误后可以免征进口关税，但已征收的出口关税不予退还；因故退还的境外进口货物，经海关审查无误后可以免征出口关税，但已征收的进口关税不予退还。

【答案】×

考点 6：关税的征收管理（★）

（一）关税的征收时间

关税是在货物实际进出境时，即在纳税人按进出口货物通关规定向海关申报后、海关放行前一次性缴纳。

（二）税款的退还、补征与追征

1. 税款的退还

（1）适用情形

①由于海关误征，多缴纳税款的；

②海关核准免验的进口货物在完税后，发现有短卸情况，经海关审查认可的；

③已征出口关税的货物，因故未装运出口申报退关，经海关查验属实的。

（2）纳税人可以从缴纳税款之日起的1年内申请退税，逾期不予受理。

2. 税款的补征和追征

（1）进出口货物完税后，如发现少征或漏征税款（非因收发货人或其代理人违规），海关有权在1年内予以补征；

（2）进出口货物完税后，如因收发货人或其代理人违反规定而造成少征或漏征税款的，海关在3年内可以追缴。

（三）海关暂不予放行旅客行李物品的有关事项

旅客携运进出境的行李物品有下列情形之一的，海关暂不予放行：

1. 旅客不能当场缴纳进境物品税款的；

2. 进出境的物品属于许可证件管理的范围，但旅客不能当场提交的；

3. 进出境的物品超出自用合理数量，按规定应当办理货物报关手续或其他海关手续，其尚未办理的；

4. 对进出境物品的属性、内容存疑，需要由有关主管部门进行认定、鉴定、验核的；

5. 按规定暂不予以放行的其他行李物品。

第13单元 船舶吨税（以下简称“吨税”）（2019年恢复、调整）

考点1：交不交船舶吨税？（★）

1. 征税范围

自中华人民共和国境外港口进入境内港口的船舶为船舶吨税的应税船舶。

2. 免征吨税的船舶

（1）应纳税额在人民币50元以下的船舶；

（2）自境外以购买、受赠、继承等方式取得船舶所有权的初次进口到港的空载船舶；

（3）吨税执照期满后24小时内不上下客货的船舶；

（4）非机动船舶（不包括非机动驳船）；

（5）捕捞、养殖渔船；

（6）避难、防疫隔离、修理、改造、终止运营或者拆解，并不上下客货的船舶；

（7）军队、武装警察部队专用或者征用的船舶；

（8）警用船舶；

（9）依照法律规定应当予以免税的外国驻华使领馆、国际组织驻华代表机构及其有关人员的船舶；

（10）国务院规定的其他船舶。

【例题·单选题】根据船舶吨税法律制度的规定，下列船舶中，不予免征船舶吨税的是（ ）。（2013年）

A. 捕捞渔船

B. 非机动驳船

C. 养殖渔船

D. 军队专用船舶

【解析】选项B：非机动船舶（不包括非机动驳船），免征船舶吨税。

【答案】B

考点2：交多少船舶吨税？（★）

1. 税率

（1）吨税设置优惠税率和普通税率。

（2）适用优惠税率的船舶：

①中华人民共和国籍的应税船舶；

②船籍国（地区）与中华人民共和国签订含有相互给予船舶税费最惠国待遇条款的条约或者协定的应税船舶。

（3）吨税按照船舶净吨位和吨税执照期限征收，并实行“复式税率”。税率表如下。

表 6－16

税目 （按船舶净吨位划分）	税率（元/净吨）						备注
	普通税率 （按执照期限划分）			优惠税率 （按执照期限划分）			
	1 年	90 日	30 日	1 年	90 日	30 日	
不超过 2000 净吨	12.6	4.2	2.1	9.0	3.0	1.5	1. 拖船和非机动驳船分别按相同净吨位船舶税率的 50% 计征税款 2. 拖船按照发动机功率每千瓦折合净吨位 0.67 吨
超过 2000 净吨， 但不超过 10000 净吨	24.0	8.0	4.0	17.4	5.8	2.9	
超过 10000 净吨， 但不超过 50000 净吨	27.6	9.2	4.6	19.8	6.6	3.3	
超过 50000 净吨	31.8	10.6	5.3	22.8	7.6	3.8	

2. 应纳税额

应纳税额＝应税船舶净吨位×适用税率

【案例】甲国某货轮停靠上海港装卸货物，该货轮净吨位为 9000 吨，货轮负责人已向我国海关领取了船舶吨税执照，在港口停留期限为 30 天。已知甲国与我国签订含有互相给予船舶税费最惠国待遇条款的条约。在本案中，查上表可知，净吨位为 9000 吨、停留期限为 30 天的普通税率为 4.0 元/净吨，优惠税率为 2.9 元/净吨；由于两国订有“最惠国待遇”条约，应适用优惠税率，对该货轮应征船舶吨税＝9000×2.9＝26100（元）。

考点 3：怎么交船舶吨税？（★）

1. 吨税由海关负责征收。海关征收吨税应当制发缴款凭证。

2. 时间

（1）吨税纳税义务发生时间为应税船舶进入港口的当日。

（2）应税船舶在吨税执照期满后尚未离开港口的，应当申领新的吨税执照，自上一次执照期满的次日起续缴吨税。

（3）应税船舶负责人应当自海关填发吨税缴款凭证之日起 15 日内缴清税款。未按期缴清税款的，自滞纳税款之日起至缴清税款之日止，按日加收滞纳税款万分之五的税款滞纳金。

【例题·单选题】根据船舶吨税法律制度的规定，应税船舶负责人应当自海关填发吨税缴款凭证之日起一定期限内缴纳税款。该期限是（　　）。（2014 年）

A. 30 日　　B. 3 日

C. 15 日　　D. 10 日

【答案】C

3. 纳税担保

应税船舶到达港口前，经海关核准先行申报并办结出入境手续的，应税船舶负责人应当向海关提供与其依法履行吨税缴纳义务相适应的担保；应税船舶到达港口后，依照船舶吨税法的规定向海关申报纳税。下列财产、权利可以用于担保：

（1）人民币、可自由兑换货币；

（2）汇票、本票、支票、债券、存单；

（3）银行、非银行金融机构的保函；

（4）海关依法认可的其他财产、权利。

4. 补征、追征与退还

（1）海关发现少征或者漏征税款的，应当自应税船舶应当缴纳税款之日起 1 年内，补征税款。

（2）因应税船舶违反规定造成少征或者漏征税款的，海关可以自应当缴纳税款之日起3年内追征税款，并自应当缴纳税款之日起按日加征少征或者漏征税款万分之五的税款滞纳金。

（3）海关发现多征税款的，应当在24小时内通知应税船舶办理退还手续，并加算银行同期活期存款利息。

（4）应税船舶发现多缴税款的，可以自缴纳税款之日起3年内以书面形式要求海关退还多缴的税款并加算银行同期活期存款利息；海关应当自受理退税申请之日起30日内查实并通知应税船舶办理退还手续。

阶段测验

请激活APP题库，进入机考环境进行“阶段测验”。

本章进阶练习题

一、单项选择题

1. 2018年10月，农村居民刘某经批准在本村占用耕地150平方米新建住宅，另占用耕地20平方米用于修建大型鱼塘增氧泵。已知当地适用的耕地占用税税额为每平方米45元。有关刘某就上述业务应当缴纳的耕地占用税，下列计算正确的是（　　）。

A. 150×45

B. 150×45×50%

C. （150+20）×45

D. （150+20）×45×50%

2. 甲公司2018年年初实际占地面积为5000平方米，2018年7月10日，甲公司经有关部门批准新征用非耕地2000平方米。已知甲公司所占用的土地适用的城镇土地使用税年单位税额为5元/平方米。有关甲公司2018年应当缴纳的城镇土地使用税，下列计算正确的是（　　）。

A. 5000×5

B. 5000×5+2000×5

C. 5000×5+2000×5×5/12

D. 5000×5+2000×5×6/12

3. 位于市区的A楼，占用土地面积为5000平方米，建筑使用面积为20000平方米，甲公司和乙国家机关共同使用A楼办公，占用面积比例为4∶1。已知A楼所在地城镇土地使用税年单位税额为每平方米5元。有关甲公司每年应缴纳的城镇土地使用税，下列计算正确的是（　　）。

A. 5000×5

B. 5000×4/5×5

C. 20000×5

D. 20000×4/5×5

4. 下列各项中，应缴纳城镇土地使用税的是（　　）。

A. 直接用于水产养殖业的生产用地

B. 名胜古迹园区内附设的小卖部用地
C. 公园中管理单位的办公用地
D. 免税单位无偿使用纳税单位的土地

5. 根据房产税法律制度的规定，下列表述中，正确的是(　　)。
A. 房屋产权属于国家所有的，不缴纳房产税
B. 房屋产权属于集体和个人所有的，集体单位和个人为房产税纳税人
C. 房屋产权出典的，出典人为房产税纳税人
D. 房产产权未确定的，不缴纳房产税

6. 下列有关房产税的表述中，正确的是(　　)。
A. 房地产开发企业建造的商品房，在出售前一律不征收房产税
B. 纳税单位无租使用免税单位的房产，应由使用人代为缴纳房产税
C. 对居民住宅区内业主共有的经营性房产，由业主委员会代为缴纳房产税
D. 产权所有人、承典人不在房产所在地的，免征房产税

7. 某企业 2018 年自有生产用房原值 5000 万元，账面已提折旧 800 万元。已知从价计征房产税税率为 1.2%，当地政府规定计算房产余值的扣除比例为 20%。根据房产税法律制度的规定，该企业 2018 年度应缴纳的房产税税额为(　　)万元。
A. 50.4　　B. 40.32
C. 48　　D. 60

8. 甲企业 2018 年度自有房屋 10 栋，全部自用于生产经营，房产原值共 1500 万元，但不包括中央空调 120 万元。已知当地政府规定的计算房产余值的扣除比例为 20%，从价计征房产税税率为 1.2%。有关甲企业 2018 年度应缴纳的房产税，下列计算列式中，正确的是(　　)。
A. 1500 × 1.2%
B. 1500 × （1 - 20%） × 1.2%
C. （1500 + 120） × 1.2%
D. （1500 + 120） × （1 - 20%） × 1.2%

9. 张某有 20 间房屋：自用居住 2 间；自用于开设餐馆 8 间；2018 年 1 月 1 日出典 6 间，典期 2 年；其余 4 间自 2012 年 1 月 1 日起出租给刘某，租期 10 年。根据房产税法律制度的规定，有关张某 2018 年房产税的缴纳，下列说法正确的是(　　)。
A. 自用居住的 2 间房屋免征房产税
B. 用于开设餐馆的 8 间房屋免征房产税
C. 用于出典的 6 间房屋应由张某缴纳房产税
D. 用于出租的 4 间房屋应由刘某缴纳房产税

10. 甲公司委托乙施工企业建造一幢办公楼，工程于 2018 年 1 月 31 日完工，2018 年 3 月 31 日办妥竣工验收手续，2018 年 9 月 30 日该办公楼投入使用。根据房产税法律制度的规定，该办公楼应当自(　　)起征收房产税。
A. 2018 年 2 月 1 日
B. 2018 年 4 月 1 日
C. 2018 年 9 月 30 日
D. 2018 年 10 月 1 日

11. 林某有面积为 140 平方米的住宅一套，不含增值税的市场价格为 96 万元。黄某有面积为 120 平方米的住宅一套，不含增值税的市场价格为 72 万元。两人进行房屋交换，差价部分黄某以现金补偿林某。已知契税适用税率为 3%，根据契税法律制度的规定，黄某应缴纳的契税税额为(　　)万元。
A. 4.8　　B. 2.88
C. 2.16　　D. 0.72

12. 王某有两处住房，将其中一套出售给张某，房屋的不含增值税成交价格为 570000 元，将另一处价值 600000 元的三室两厅的住房与李某的两处住房交换，王某支付交换房屋差价款不含增值税金额为 124000 元。已知当地政府规定的契税税率为 3%，王某上述行为应缴纳契税(　　)元。
A. 3720　　B. 18000
C. 20820　　D. 21720

13. 某企业 2018 年 10 月购置办公楼一栋，支付不含增值税的金额 2200 万元、增值税 220 万元。已知，销售不动产增值税税率

为10%，契税税率为3%。计算该企业购置办公楼应缴纳契税税额的下列算式中，正确的是(　　)。

A. 2200×3%

B. (2200+220)×3%

C. 2200×(1-10%)×3%

D. 2200÷(1+10%)×3%

14. 根据契税法律制度的规定，契税的纳税义务发生时间是(　　)。

A. 纳税人实际取得土地、房屋的当天

B. 纳税人办理土地、房屋权属变更登记手续的当天

C. 纳税人签订土地、房屋权属转移合同的当天

D. 纳税人实际支付购买价款的当天

15. 甲公司转让一座旧仓库，该仓库原造价为80万元；经法定评估机构评定，转让时该仓库的重置成本价为200万元，成新度折扣率为六成。根据土地增值税法律制度的规定，甲公司转让该仓库时的评估价格为(　　)万元。

A. 48　　B. 80

C. 120　　D. 200

16. 甲房地产公司开发一个房地产项目，取得土地使用权支付的金额为9324万元、开发成本6000万元、管理费用200万元、销售费用400万元、利息支出600万元。已知，甲公司发生的利息支出能按转让房地产项目计算分摊且有金融机构证明，其他房地产开发费用的计算扣除比例为5%。甲公司计算缴纳土地增值税时，可以扣除的房地产开发费用为(　　)。

A. 600万元

B. 200+400+600=1200(万元)

C. (9324+6000)×5%=766.2(万元)

D. 600+(9324+6000)×5%=1366.2(万元)

17. 甲房地产公司开发一个房地产项目，取得土地使用权支付的金额为9324万元、开发成本6000万元、允许扣除的房地产开发费用为1366.2万元、允许扣除的有关税金及附加290万元。有关甲公司计算缴纳土地增值税时扣除项目金额合计的下列计算列式中，正确的是(　　)。

A. 1366.2+290=1656.2(万元)

B. 9324+6000=15324(万元)

C. 9324+6000+1366.2+290=16980.2(万元)

D. 9324+6000+1366.2+290+(9324+6000)×20%=20045(万元)

18. 甲房地产公司开发一项房地产项目，2017年11月，该项目实现全部销售，共计取得不含税收入31000万元，准予从房地产转让收入额减除的扣除项目金额为20045万元。已知土地增值税税率为40%，速算扣除系数为5%，甲房地产公司该笔业务应缴纳土地增值税税额的下列计算列式中，正确的是(　　)。

A. (31000-20045)×40%-31000×5%=2832(万元)

B. (31000-20045)×40%-20045×5%=3379.75(万元)

C. 31000×40%-20045×5%=11397.75(万元)

D. 31000×40%-(31000-20045)×5%=11852.25(万元)

19. 甲企业和乙企业签订一份买卖合同，丙企业为鉴定人，丁企业为甲的担保人。该业务中，印花税的纳税义务人为(　　)。

A. 甲企业和乙企业

B. 甲企业、乙企业和丙企业

C. 甲企业、乙企业和丁企业

D. 甲企业、乙企业、丙企业和丁企业

20. 根据印花税法律制度的规定，下列表述中，不正确的是(　　)。

A. 对纳税人以电子形式签订的各类应税凭证，不缴纳印花税

B. 应税凭证的副本或者抄本，免征印花税

C. 专利权转让合同，要按照产权转移书据缴纳印花税

D. 法律、会计方面的咨询合同不属于技术咨询合同，不缴纳印花税

21. 乙建筑公司与甲企业签订一份建设工程

合同，合同上注明总包金额为1200万元；施工期间，乙建筑公司又将其中400万元的安装工程分包给丙建筑公司，并签订了分包合同。已知建设工程合同适用的印花税税率为0.3‰，甲企业、乙建筑公司和丙建筑公司共应缴纳印花税（　　）元。

A. 2400　　B. 9600

C. 8000　　D. 4000

22. 甲公司向乙公司租赁2台起重机并签订租赁合同，合同注明起重机总价值为80万元，租期为2个月，每台每月租金2万元。已知租赁合同适用印花税税率为1‰，根据印花税法律制度的规定，甲公司和乙公司签订该租赁合同共计应缴印花税（　　）元。

A. 40　　B. 80

C. 160　　D. 800

23. 甲汽贸公司本月购进4辆新汽车（非新能源车辆）并作下列处置，其中应当由甲公司缴纳车辆购置税的是（　　）。

A. 赠送给乙企业1辆

B. 自用为通勤车1辆

C. 作为有奖销售奖品奖励客户1辆

D. 加价转让给丙企业1辆

24. 某4S店本月进口9辆商务车（非新能源车辆），海关核定的关税完税价格为40万元/辆，本月已经销售4辆，3辆仍放置在展厅待售，2辆本店自用。已知商务车适用关税税率为25%，消费税税率为12%。有关本月该4S店应缴纳的车辆购置税，下列计算正确的是（　　）。

A. 40×（1+25%）÷（1－12%）×10%×2

B. 40×（1+25%）÷（1－12%）×10%×（3+2）

C. 40×（1+25%）÷（1－12%）×10%×4

D. 40×（1+25%）÷（1－12%）×10%×（4+3+2）

25. 甲公司2018年11月接受捐赠进口小汽车（非新能源车辆）10辆并自用，无法取得该型号小汽车的市场价格。已知捐赠方取得该小汽车时的成本为80000元/辆，小汽车成本利润率为10%，消费税税率为9%，国家税务总局规定的同类型应税车辆最低计税价格为150000元/辆。则甲公司就上述业务应缴纳车辆购置税的计算正确的是（　　）。

A. 150000×10×10%

B. 150000×10×（1+10%）÷（1－9%）×10%

C. 80000×10×（1+10%）×（1+9%）×10%

D. 80000×10×（1+10%）÷（1－9%）×10%

26. 甲公司2017年年初拥有并使用下列车辆（均为汽油动力车）：（1）整备质量5吨的载货卡车15辆，该型号货车当地规定车船税年税额为每吨50元；（2）7座乘用车6辆，当地规定该型号乘用车车船税年税额每辆420元。根据车船税法律制度的规定，甲公司2017年应纳车船税税额为（　　）元。

A. 3190　　B. 3270

C. 6270　　D. 21390

27. 张某2018年10月购置摩托车一辆，并在当月取得相应的发票，已知当地摩托车车船税单位年税额为每辆60元。根据车船税法律制度的规定，张某2018年就该摩托车应纳车船税（　　）元。

A. 0　　B. 10

C. 15　　D. 60

28. 我国车船税的税率形式是（　　）。

A. 地区差别比例税率

B. 有幅度的比例税率

C. 有幅度的定额税率

D. 全国统一的定额税率

29. 有关车船税的征收管理，下列表述正确的是（　　）。

A. 车船税按年申报，分月缴纳

B. 车船税纳税义务发生时间为取得车船所有权或者管理权的次月

C. 依法需要办理登记的车船，其车船税

的纳税地点为车船的登记地或者车船税扣缴义务人所在地

D. 不需要办理登记的车船不缴纳车船税

30. 根据资源税法律制度的规定，下列各项中，需要计算缴纳资源税的是(　　)。

A. 甲企业进口铁矿石

B. 丙企业销售自产的井矿盐

C. 丁企业开采原油过程中加热、修井用的原油

D. 乙企业销售其从矿区采购的铜矿石

31. 甲煤矿 2018 年 10 月开采原煤 100 万吨，当月对外销售 90 万吨，职工宿舍供暖使用本月自采原煤 2 万吨，其余 8 万吨原煤待售。已知该煤矿每吨原煤不含增值税售价为 500 元（不含从坑口到车站、码头的运输费用），适用的资源税税率为 5%。有关甲煤矿 2018 年 10 月应缴纳的资源税，下列计算正确的是(　　)。

A. 100×500×5%

B. （90+2）×500×5%

C. （90+8）×500×5%

D. 90×500×5%

32. 某煤炭开采企业，为增值税一般纳税人，2018 年 10 月向某能源公司销售其以自采原煤生产的洗选煤 80000 吨，含增值税售价为 0.116 万元/吨，另收取洗选煤厂到购买方的运输费 1 万元（可提供相关凭证）。已知，洗选煤折算率为 87.5%，增值税税率为 16%，资源税税率为 8%。有关该煤炭开采企业上述业务应缴纳的资源税，下列计算列式正确的是(　　)。

A. 0.116×80000÷（1+16%）×8%

B. 0.116×80000÷（1+16%）×87.5%×8%

C. ［0.116×80000+1］÷（1+16%）×8%

D. ［0.116×80000+1］÷（1+16%）×87.5%×8%

33. 2018 年 10 月，甲油田生产原油 100 万吨，本月销售 30 万吨，不含税售价为 8000 元/吨；另收购乙企业同品种的已税原油 10 万吨，收购价 4500 元/吨。已知该油田生产的原油资源税税率为 6%，有关甲油田本月应当缴纳资源税的下列计算中，正确的是(　　)。

A. 8000×100×6%

B. 8000×30×6%

C. 8000×100×6%+4500×10×6%

D. 8000×30×6%+4500×10×6%

34. 某石化企业为增值税一般纳税人，2018 年 10 月开采原油 10000 吨，并将开采的原油对外销售 6000 吨，取得含税销售额 2320 万元，同时向购买方收取延期付款利息 2.32 万元、包装费 1.16 万元，另支付运杂费 6.96 万元（能提供相应凭据）。已知，原油适用的增值税税率为 16%、资源税税率为 10%。根据资源税法律制度的规定，有关该石化企业上述业务应当缴纳的资源税，下列计算列式正确的是(　　)。

A. 2320÷（1+16%）×10%

B. （2320+2.32+1.16）×10%

C. （2320+2.32+1.16）÷（1+16%）×10%

D. （2320+2.32+1.16+6.96）÷（1+16%）×10%

35. 甲企业 2018 年 10 月产生固体废物 10000 吨，其中综合利用、符合国家和地方环境保护标准的固体废物 2500 吨，在符合国家和地方环境保护标准的场所处置 5000 吨。已知甲企业所产生的固体废物适用的环境保护税税额为每吨 25 元，甲企业当月应缴纳的环境保护税为(　　)元。

A. 250000　　B. 187500

C. 125000　　D. 62500

36. 甲建筑施工企业 2018 年 10 月经依法监测，每天噪声超标 11 分贝。已知，工业噪声超标 10～12 分贝的，环境保护税税额为每月 2800 元。甲建筑施工企业 2018 年 10 月应当缴纳环境保护税(　　)元。

A. 0　　B. 2800

C. 28000　　D. 33600

37. 某企业本月实际缴纳增值税 50 万元、消

费税 10 万元、契税 6 万元、房产税 8 万元。已知该企业适用的城市维护建设税税率为 7%，该企业本月应当缴纳城市维护建设税(　　)万元。

A. (50 + 10 + 6) × 7% = 4.62

B. (50 + 10 + 6 + 8) × 7% = 5.18

C. (50 + 10) × 7% = 4.2

D. (50 + 10 + 8) × 7% = 4.76

38. 甲公司进口一批高档化妆品，对此业务的税务处理，下列说法正确的是(　　)。

A. 甲公司进口高档化妆品无须缴纳增值税

B. 甲公司进口高档化妆品无须缴纳消费税

C. 甲公司进口高档化妆品无须缴纳城市维护建设税

D. 甲公司进口高档化妆品无须缴纳关税

39. 对原产于与我国签订含有特殊关税优惠条款的贸易协定的国家或地区的进口货物，按(　　)征收关税。

A. 最惠国税率　　B. 协定税率

C. 特惠税率　　D. 普通税率

40. 某进出口公司进口一批设备，经海关审定的成交价格折合人民币（下同）为 200 万元。另外，向境外采购代理人支付的买方佣金 5 万元，货物运抵我国境内输入地点起卸前的运输费 8 万元、保险费 2 万元。根据关税法律制度的规定，下列计算正确的是(　　)。

A. 该批设备关税完税价格 = 200 + 5 + 8 + 2 = 215（万元）

B. 该批设备关税完税价格 = 200 + 5 + 8 = 213（万元）

C. 该批设备关税完税价格 = 200 + 8 + 2 = 210（万元）

D. 该批设备关税完税价格为 200 万元

41. 进出口货物完税后，如发现少征或漏征税款，海关有权在一定期限内予以补征；如因收发货人或其代理人违反规定而造成少征或漏征关税税款的，海关在一定期限内可以追缴。根据关税法律制度的规定，该两项期限分别为(　　)。

A. 1 年，1 年

B. 1 年，3 年

C. 3 年，3 年

D. 3 年，1 年

42. 有关我国船舶吨税的特点，下列表述正确的是(　　)。

A. 吨税实行从价加从量的复合税率

B. 吨税以船舶净吨位为计税依据

C. 吨税以应税船舶的所有权人为纳税义务人

D. 吨税应当自船舶到港之日起 15 日内缴清

二、多项选择题

1. 下列各项中，免征耕地占用税的有(　　)。

A. 军事设施占用耕地

B. 临时占用耕地

C. 医院内职工住房占用耕地

D. 学校教学楼占用耕地

2. 有关我国耕地占用税的特征，下列表述正确的有(　　)。

A. 耕地占用税实行有地区差别的幅度定额税率

B. 耕地占用税以纳税人实际占用的耕地面积为计税依据

C. 为非农业建设占用集体所有的耕地征收耕地占用税，占用国家所有的耕地不征收耕地占用税

D. 耕地占用税由土地管理部门负责征收

3. 下列有关城镇土地使用税计税依据的表述中，正确的有(　　)。

A. 凡由省级人民政府确定的单位组织测定土地面积的，以测定的土地面积为准

B. 尚未组织测定，但纳税人持有政府部门核发的土地使用证书的，以证书确定的土地面积为准

C. 尚未核发土地使用证书的，应当由纳税人据实申报土地面积，并据以纳税，待核发土地使用证书后再作调整

D. 纳税人计算城镇土地使用税的计税依据是实际占用的土地面积

4. 下列各项中，应当缴纳城镇土地使用税的有(　　)。
A. 港口的码头用地
B. 公园内附设的影剧院用地
C. 水电站的发电厂房用地
D. 火电厂厂区围墙内的用地
5. 下列有关城镇土地使用税纳税义务发生时间的表述中，正确的有(　　)。
A. 纳税人新征用的非耕地，自批准征用之次月起缴纳城镇土地使用税
B. 纳税人出租房产，自交付出租房产之次月起缴纳城镇土地使用税
C. 纳税人购置新建商品房，自房地产权属登记机关签发房屋权属证书之次月起缴纳城镇土地使用税
D. 纳税人购置存量房，自办理房屋权属转移、变更登记手续，房地产权属登记机关签发房屋权属证书之次月起缴纳城镇土地使用税
6. 下列各项建筑物中，不属于房产税征税范围的有(　　)。
A. 位于县城的某独立水塔
B. 位于建制镇的某平房
C. 位于农村的某二层小楼
D. 位于市区的菜窖
7. 下列有关房产税减免税的规定中，表述正确的有(　　)。
A. 国家机关自用的办公楼，免征房产税
B. 公园附设的照相馆占用的房产，免征房产税
C. 某公立高校教室用房，免征房产税
D. 个人所有居住用房，免征房产税
8. 下列有关房产税的纳税义务发生时间，表述不正确的有(　　)。
A. 纳税人将原有房产用于生产经营，从生产经营之次月起，缴纳房产税
B. 纳税人自行新建房屋用于生产经营，从建成之次月起，缴纳房产税
C. 纳税人购置新建商品房，从办理验收手续之次月起，缴纳房产税
D. 纳税人购置存量房，自房屋交付使用之次月起，缴纳房产税
9. 有关我国房产税的特征，下列表述正确的有(　　)。
A. 对位于中华人民共和国境内的房产普遍征收
B. 实行定额税率
C. 房产税的计税依据为房产余值或者不含增值税的租金收入
D. 房产税应当在房产所在地缴纳
10. 下列各项中，属于契税纳税义务人的有(　　)。
A. 以房屋产权抵债的抵债方
B. 房屋产权赠与中的受赠方
C. 房屋产权交换中多付差价一方
D. 以房屋产权投资的投资方
11. 下列各项中，减征或免征契税的有(　　)。
A. 城镇职工按规定第一次购买公有住房的
B. 因不可抗力灭失住房而重新购买住房的
C. 国家机关承受房屋用于办公
D. 纳税人承受荒山用于工业园的开发建设
12. 下列各项中，属于土地增值税纳税义务人的有(　　)。
A. 出租办公楼的某外商投资企业
B. 转让商铺的某自然人
C. 转让划拨取得的国有土地使用权的某中学
D. 为客户代建仓库的某建筑安装公司
13. 下列各项中，不属于土地增值税征税范围的有(　　)。
A. 国家机关转让自用的房产
B. 继承人依法继承的房产
C. 对国有企业进行评估增值的房产
D. 对外出租的房产
14. 下列各项中，不征或免征土地增值税的有(　　)。
A. 个人之间互换自有居住用房地产，经当地税务机关核实的
B. 以房地产抵债而发生房地产权属转移的

C. 将土地使用权通过中国红十字会赠与教育事业的

D. 一方出地，一方出资金，双方合作建房，建成后转让的

15. 房地产开发企业转让新建商品房，在确定土地增值税的扣除项目时，允许作为“与转让房地产有关的税金”项目扣除的税金有（ ）。

A. 教育费附加

B. 房产税

C. 城市维护建设税

D. 增值税

16. 根据土地增值税法律制度的有关规定，下列情形中，税务机关可要求纳税人进行土地增值税清算的有（ ）。

A. 房地产开发项目全部竣工并完成销售的

B. 整体转让未竣工决算房地产开发项目的

C. 纳税人申请注销税务登记但未办理土地增值税清算手续的

D. 取得销售（预售）许可证满3年仍未销售完毕的

17. 有关我国土地增值税和契税的下列表述中，不正确的有（ ）。

A. 转让房地产时，契税的纳税义务人同时也是土地增值税的纳税义务人

B. 契税采用有地区差别的定额税率，土地增值税采用4级超额累进税率

C. 契税和土地增值税都是向房地产所在地的主管税务机关申报缴纳

D. 契税和土地增值税均应在纳税义务发生之日起10日申报纳税

18. 下列属于印花税纳税义务人的有（ ）。

A. 因其发明创造，经申请依法取得国家专利机关颁发的专利证书的某人

B. 在国外领受但在国内使用应税凭证的某人

C. 以电子形式签订买卖合同的当事人

D. 与银行签订借款合同的外商投资企业

19. 根据印花税法律制度的规定，下列各项中，需要征收印花税的有（ ）。

A. 营业执照

B. 不动产权证书

C. 安全生产许可证

D. 卫生许可证

20. 有关车辆购置税的纳税申报期限，下列表述不正确的有（ ）。

A. 购买自用应税车辆的，应当自购买之日起60日内申报纳税

B. 进口自用应税车辆的，应当自进口之日起60日内申报纳税

C. 受赠取得并自用应税车辆的，应当自取得之日起180日内申报纳税

D. 获奖取得并自用应税车辆的，应当自取得之日起180日内申报纳税

21. 有关我国车辆购置税的特点，下列表述正确的有（ ）。

A. 车辆购置税采用比例税率

B. 车辆购置税的计税依据中不包括增值税税款

C. 车辆购置税实行一次征收制度

D. 车辆购置税由车辆管理部门征收

22. 下列车船中，属于车船税征税范围的有（ ）。

A. 挂车　　B. 非机动驳船

C. 电动自行车　　D. 摩托车

23. 根据车船税法律制度的规定，下列车船（汽油动力）中，免征车船税的有（ ）。

A. 警用车船

B. 养殖渔船

C. 物流公司营运用货车

D. 汽车租赁公司出租用乘用车

24. 下列车船中，以整备质量吨位数为车船税计税依据的有（ ）。

A. 非机动驳船

B. 客货两用车

C. 低速载货汽车

D. 专用作业车

25. 下列各项中，不属于资源税纳税义务人的有（ ）。

A. 销售自产天然气的甲气田

B. 销售自产人造石油的乙油田

C. 出口外购天然气的丙天然气销售公司

D. 购进使用天然气的丁供热企业

26. 甲煤矿2018年10月发生的下列业务中，应当征收资源税的有(　　)。

A. 销售外购已税原煤100吨

B. 将自采未税原煤50吨移送职工宿舍供暖使用

C. 将自采未税原煤500吨移送加工洗选煤

D. 销售以自采未税原煤加工的洗选煤200吨

27. 某石化企业为增值税一般纳税人，2018年10月将其开采的原油2000吨移送加工生产汽油1300吨。已知，该石化企业同类原油不含增值税的销售额为0.33万元/吨，原油适用的增值税税率为16%，资源税税率为10%。根据相关税收法律制度的规定，下列说法正确的有(　　)。

A. 该石化企业移送原油生产汽油时，不需要缴纳增值税

B. 该石化企业移送原油生产汽油时，应当缴纳增值税 $=0.33\times2000\times16\%$

C. 该石化企业移送原油生产汽油时，不需要缴纳资源税

D. 该石化企业移送原油生产汽油时，应当缴纳资源税 $=0.33\times2000\times10\%$

28. 根据资源税法律制度的规定，下列应税产品中，采用从价定率方式计征资源税的有(　　)。

A. 原油　　B. 稀土

C. 海盐　　D. 粘土

29. 有关资源税的纳税义务发生时间，下列表述正确的有(　　)。

A. 纳税人销售应税资源品目采取分期收款结算方式的，其纳税义务发生时间，为销售合同规定的收款日期的当天

B. 纳税人销售应税资源品目采取预收货款结算方式的，其纳税义务发生时间，为收到预收款的当天

C. 纳税人销售应税资源品目采取直接收款结算方式的，其纳税义务发生时间，为收讫销售款或者取得索取销售款凭据的当天

D. 纳税人自产自用应税资源品目的纳税义务发生时间，为移送使用应税产品的当天

30. 下列各项中，属于我国现行环境保护税的应税污染物的有(　　)。

A. 大气污染物　　B. 光污染物

C. 水污染物　　D. 生活噪声

31. 下列各项中，暂予免征环境保护税的有(　　)。

A. 农业生产（不包括规模化养殖）排放应税污染物的

B. 机动车等流动污染源排放应税污染物的

C. 依法设立的城乡污水集中处理、生活垃圾集中处理场所排放应税污染物的

D. 纳税人综合利用的固体废物，符合国家和地方环境保护标准的

32. 下列有关环境保护税的表述中，正确的有(　　)。

A. 环境保护税实行定额税率

B. 环境保护税应当向应税污染物排放地的环境保护机关申报缴纳

C. 环境保护税应当按月向企业机构所在地税务机关申报缴纳

D. 环境保护税的纳税义务发生时间为纳税人排放应税污染物的当日

33. 下列关于教育费附加的规定，说法正确的有(　　)。

A. 对纳税人进口货物海关代征的增值税、消费税，不作为教育费附加的计征依据

B. 对出口产品退还增值税、消费税的，可同时退还已征收的教育费附加

C. 现行教育费附加征收比率为3%

D. 教育费附加单独缴纳，不与增值税、消费税同时缴纳

34. 有关我国烟叶税的特点，下列说法正确的有(　　)。

A. 烟叶税实行比例税率

B. 烟叶税在烟叶收购环节征收

C. 纳税人应当自烟叶验收入库之日起30日内申报缴纳烟叶税

D. 烟叶税由税务机关征收

35. 下列各项中，属于关税纳税人的有(　　)。

A. 进口货物的收货人

B. 出口货物的收货人

C. 入境旅客随身携带的行李的持有人

D. 个人邮递物品的收件人

36. 下列有关关税税率的表述中，正确的有(　　)。

A. 进口货物适用何种关税税率以进口货物的原产地为标准

B. 我国进口税率和出口税率实行统一标准

C. 进出口货物，一般应当按照收发货人或者他们的代理人申报进口或者出口之日实施的税率征税

D. 进口货物到达前，经海关核准先行申报的，应当按照装载此货物的运输工具"申报进境之日"实施的税率征税

37. 下列进口货物中，实行复合计征关税的有(　　)。

A. 啤酒

B. 原油

C. 广播用放像机

D. 广播用录像机

38. 下列进口货物中，海关可以酌情减免关税的有(　　)。

A. 在境外运输途中或者在起卸时，遭受到损坏或者损失的货物

B. 起卸后海关放行前，因不可抗力遭受损坏或者损失的货物

C. 海关查验时已经破漏、损坏或者腐烂，经证明为保管不慎造成的货物

D. 因不可抗力，不能按期缴纳税款的货物

39. 下列进口货物中，属于经海关审查无误后可以免税的情形有(　　)。

A. 无商业价值的广告品和货样

B. 国际组织无偿赠送的物资

C. 在境外运输途中遭受到损坏的进口货物

D. 起卸后海关放行前，因不可抗力遭受损坏的进口货物

40. 根据关税法律制度的规定，旅客携运进出境的下列行李物品中，海关暂不予放行的有(　　)。

A. 旅客不能当场缴纳进境物品税款的

B. 进出境的物品属于许可证件管理的范围，但旅客不能当场提交的

C. 进出境的物品超出自用合理数量，按规定应当办理货物报关手续或其他海关手续，其尚未办理的

D. 对进出境物品的属性、内容存疑，需要由有关主管部门进行认定、鉴定、验核的

41. 下列各税种中，采用比例税率和定额税率两种税率形式的有(　　)。

A. 印花税　　B. 车船税

C. 资源税　　D. 房产税

42. 下列各项中，属于免征船舶吨税的船舶有(　　)。

A. 应纳税额在人民币 100 元以下的船舶

B. 吨税执照期满后 24 小时内不上下客货的船舶

C. 捕捞、养殖渔船

D. 军队专用的船舶

三、判断题

1. 按规定免征或者减征耕地占用税后，纳税人改变原占地用途，不再属于免征或者减征耕地占用税情形的，应当按照当地适用税额补缴耕地占用税。(　　)

2. 纳税人临时占用耕地无须缴纳耕地占用税。(　　)

3. 土地使用权共有的，共有各方为纳税人，由共有各方协商轮流缴纳城镇土地使用税。(　　)

4. 凡在城市、县城、建制镇和工矿区范围内的土地，不论是属于国家所有的土地，还是集体所有的土地，都属于城镇土地使用税的征税范围。(　　)

5. 甲盐场 2018 年共占地 5000 平方米，其中盐滩用地 3500 平方米、办公用地 800 平方米，其余为职工宿舍用地。已知甲盐场所在地城镇土地使用税年单位税额为每平方

米2元，则甲盐场2018年应缴纳的城镇土地使用税 =（5000 - 3500 - 800）×2 = 1400（元）。（　）

6. 房产产权未确定以及租典纠纷未解决的，暂不征收房产税。（　）

7. 公园门票售票处使用的房产免征房产税，公园出租给旅游企业开办旅游用品商店的房产应当照章征收房产税。（　）

8. 在基建工地为基建工地服务的各种工棚、材料棚、休息棚和办公室、食堂、茶炉房、汽车房等临时性房屋，在施工期间一律免征房产税。（　）

9. 对以房产投资联营，投资者参与投资利润分红、共担风险的，按房产余值作为计税依据计征房产税。（　）

10. 融资租赁房屋的房产税，由承租人自融资租赁合同约定开始日的次月起从租计征房产税。（　）

11. 以房屋权属设定抵押，抵押期间无须缴纳契税；以房屋权属抵债，债务人应当申报缴纳契税。（　）

12. 契税采用有地区差异的幅度定额税率。（　）

13. 纳税人缴纳契税的纳税期限为纳税义务发生之日起7日内。（　）

14. 同一应税凭证载有两个或者两个以上经济事项并分别列明价款或者报酬的，按照各自适用税目税率计算应纳税额；未分别列明价款或者报酬的，按税率高的计算应纳税额。（　）

15. 对企业车间、门市部、仓库设置的不属于会计核算范围的账簿，不贴印花。（　）

16. 一份凭证应纳印花税税额超过400元的，纳税人应当向当地税务机关申请填写缴款书或者完税证，将其中一联粘贴在凭证上或者税务机关在凭证上加注完税标记代替贴花。（　）

17. 纳税人自产、受赠、获奖或者以其他方式取得并自用的应税车辆的车辆购置税计税价格，主管税务机关参照国家税务总局规定的最低计税价格核定。（　）

18. 纳税人应当在向公安机关车辆管理机构办理车辆登记注册手续前，缴纳车辆购置税。（　）

19. 甲企业在拍卖会上购进1辆二手小汽车，并取得该辆二手车原已纳车辆购置税完税凭证，甲企业购入该辆二手车不必缴纳车辆购置税。（　）

20. 新购车辆，缴纳车辆购置税当年，不必缴纳车船税。（　）

21. 车辆退回生产企业或者经销商的，纳税人可以申请退还车辆购置税，主管税务机关自纳税人办理纳税申报之日起，按已缴纳税款每满1年扣减20%计算退税额；未满1年的，按已缴纳税款全额退税。（　）

22. 从事机动车第三者责任强制保险业务的保险机构为机动车车船税的扣缴义务人。（　）

23. 已缴纳车船税的车船在同一纳税年度内办理转让过户的，不另纳税，也不退税。（　）

24. 在一个纳税年度内，已完税的车船被盗抢、报废、灭失的，纳税人可以凭有关管理机关出具的证明和完税凭证，向纳税所在地的主管税务机关申请退还自被盗抢、报废、灭失次月起至该纳税年度终了期间的税款。（　）

25. 对新能源车船、节约能源车船，免征车船税。（　）

26. 超市销售食用盐不缴纳资源税，盐场生产销售井矿盐应当缴纳资源税。（　）

27. 企业事业单位和其他生产经营者向依法设立的污水集中处理、生活垃圾集中处理场所排放应税污染物，应当缴纳环境保护税。（　）

28. 环境保护税的纳税人为在中华人民共和国领域和中华人民共和国管辖的其他海域，直接向环境排放应税污染物的单位和个人。（　）

29. 环境保护税按月计算，按季申报缴纳；不能按固定期限计算缴纳的，可以按次申报缴纳。（　）

30. 在中华人民共和国境内收购烟叶的单位应当代扣代缴烟叶税。（　）
31. 我国进口关税一律采用比例税率。（　）
32. 关税配额是指关税的税率随着进口商品价格的变动而反方向变动的一种税率形式。（　）
33. 滑准税是指关税的税率随着进口商品价格的变动而反方向变动的一种税率形式，即价格越高，税率越低。（　）
34. 因故退还的中国出口货物，经海关审查无误后，可以免征进口关税，但已征收的出口关税，不予退还。（　）
35. 因故退还的境外进口货物，经海关审查无误后，可以免征出口关税，但已征收的进口关税不予退还。（　）
36. 根据关税法律制度的规定，旅客不能当场缴纳进境物品税款的，海关对其携运进境的该物品暂不予放行。（　）
37. 船舶吨税纳税义务发生时间为应税船舶进入港口的当日。（　）

本章进阶练习题参考答案及解析

扫码看答案

微信扫“扫码看答案”二维码，即可查阅电子版答案和解析，“手机看答案更轻松”。

一、单项选择题

1. 答案 B【解析】（1）建设直接为农业生产服务的生产设施占用规定的农用地的，不征收耕地占用税，刘某占用的修建大型鱼塘增氧泵用地不需要缴纳耕地占用税，排除选项 CD；（2）选项 AB：农村居民经批准在户口所在地按照规定标准占用耕地建设自用住宅，可以按照当地的适用税额标准“减半征收”耕地占用税。
2. 答案 C【解析】纳税人新征用的非耕地，自批准征用“次月（8 月）起”缴纳城镇土地使用税。
3. 答案 B【解析】（1）城镇土地使用税的计税依据为实际占用的土地面积，而非建筑使用面积，选项 CD 错误；（2）国家机关自用的土地免税，甲公司仅就自己占用的部分缴纳城镇土地使用税即可。
4. 答案 B【解析】（1）选项 B：公园、名胜古迹中附设的营业单位用地，应照章征收城镇土地使用税；（2）选项 ACD 都属于免征城镇土地使用税的范围。
5. 答案 B【解析】（1）选项 A：房屋产权属于国家所有的，其经营管理的单位为纳税义务人；（2）选项 C：房屋产权出典的，承典人为纳税义务人；（3）选项 D：房屋产权未确定的，房产代管人或者使用人为纳税义务人。
6. 答案 B【解析】（1）选项 A：房地产开发企业建造的商品房，在出售前，不征收房产税，但对出售前房地产开发企业已使用或出租、出借的商品房应按规定征收房产税；（2）选项 C：对居民住宅区内业主共有的经营性房产，由实际经营（包括自营和出租）的代管人或使用人缴纳房产税；（3）选项 D：产权所有人、承典人均不在房产所在地的，房产代管人或者使用人为纳税人。
7. 答案 C【解析】（1）“房产原值”不扣减折旧额；（2）本题为自有房产，应从价计征。因此，应纳房产税 = 5000 ×（1 - 20%）× 1.2% = 48（万元）。
8. 答案 D【解析】（1）凡以房屋为载体，不可随意移动的附属设备和配套设施，如给排水、采暖、消防、中央空调、电气及智能化楼宇设备等，无论在会计核算中是否单独记账与核算，都应计入房产原值，计征房产税，选项 AB 排除；（2）本题是自用房产，应当从价计征，应纳房产税 = 房产原值 ×（1 - 扣除比例）× 1.2%，选项 C 未考虑

"×（1-扣除比例）"，错误。

9. 答案 A【解析】（1）选项AB：个人所有非营业用的房产免征房产税，张某自用居住的2间房免征房产税，但营业用房应当从价计征，照章纳税；（2）选项C：房屋产权出典的，承典人为房产税纳税人，张某作为出典方不缴纳房产税；（3）选项D：房屋出租的，应当由出租人（张某）缴纳房产税，从租计征。

10. 答案 B【解析】纳税人委托施工企业建设的房屋，从办理"验收"手续之"次月"起，缴纳房产税。

11. 答案 D【解析】（1）房屋交换，以所交换房屋的价格差额为计税依据；（2）交换价格不相等的，由多交付货币或其他经济利益的一方缴纳契税；（3）黄某应缴纳契税 =（96-72）×3% = 0.72（万元）。

12. 答案 A【解析】（1）契税的纳税人是指在我国境内"承受"土地、房屋权属的单位和个人；王某出售给张某的房屋，应由张某缴纳契税。（2）土地使用权交换、房屋交换的，交换价格相等时，免征契税；交换价格不等时，由多交付货币、实物、无形资产或者其他经济利益的一方（王某）缴纳契税。（3）王某应缴纳契税 = 124000×3% = 3720（元）。

13. 答案 A【解析】（1）"2200万元"为不含增值税金额，不需要价税分离，选项D错误；（2）计征契税的成交价格应不含增值税，选项A正确，选项BC错误。

14. 答案 C【解析】契税的纳税义务发生时间是纳税人签订土地、房屋权属转移合同的当天，或者纳税人取得其他具有土地、房屋权属转移合同性质凭证的当天。

15. 答案 C【解析】旧房及建筑物的评估价格是指在转让已使用的房屋及建筑物时，由政府批准设立的房地产评估机构评定的重置成本价乘以成新度折扣率后的价格。

16. 答案 D【解析】财务费用中的利息支出，凡能够按转让房地产项目计算分摊并提供金融机构证明的：（1）利息支出，允许据实扣除；选项C未考虑利息支出的据实扣除，予以排除。（2）除利息支出以外的其他房地产开发费用，按"取得土地使用权所支付的金额和房地产开发成本"的金额之和的5%以内计算扣除；选项A没有考虑其他房地产开发费用，错误；选项B将管理费用、销售费用据实扣除，错误。（3）允许扣除的房地产开发费用 = 允许扣除的利息 +（取得土地使用权所支付的金额 + 房地产开发成本）×规定比率（5%以内），选项D正确。

17. 答案 D【解析】房地产开发企业新建房的扣除项目金额共5项：（1）取得土地使用权所支付的金额（"9324万元"）；（2）房地产开发成本（"6000万元"）；（3）允许扣除的房地产开发费用（"1366.2万元"）；（4）允许扣除的有关税金及附加（"290万元"）；（5）税法规定的加计扣除金额 =（取得土地使用权所支付的金额 + 房地产开发成本）×20% =（9324+6000）×20%。

18. 答案 B【解析】土地增值税应纳税额 = 增值额（31000-20045）×适用税率-扣除项目金额（20045）×速算扣除系数。

19. 答案 A【解析】（1）如果一份合同或应税凭证由两方或两方以上当事人共同签订，签订合同或应税凭证的各方都是纳税人，应各就其所持合同或应税凭证的计税金额履行纳税义务；（2）合同当事人是指对凭证有直接权利义务关系的单位和个人，不包括合同的担保人、证人、鉴定人。

20. 答案 A【解析】对纳税人以电子形式签订的各类应税凭证应按规定征收印花税。

21. 答案 B【解析】建设工程总包合同和

分包合同都要贴花，印花税的纳税人是签订合同的双方；在本题中，甲企业、乙建筑公司和丙建筑公司共应缴纳印花税 =（1200 + 400）×0.3‰×2×10000 = 9600（元）。

22. 答案 C 【解析】租期内全部租金 = 2×2×2 = 8（万元），租赁合同应当以凭证所载租金作为计税依据，又由于签订合同的各方当事人都是印花税的纳税人，因此，该租赁合同双方当事人甲公司和乙公司共计应缴印花税 = 8×10000×1‰×2 = 160（元）。

23. 答案 B 【解析】车辆购置税应由购置并使用的一方缴纳；甲汽贸公司应仅就其购入并自用的汽车缴纳车辆购置税；其他 3 辆车应分别由乙企业、获奖客户和丙企业缴纳车辆购置税。

24. 答案 A 【解析】（1）销售的 4 辆应由购买方缴纳车辆购置税；（2）待售的 3 辆目前无须缴纳车辆购置税；（3）该 4S 店应仅就自用的 2 辆缴纳车辆购置税。

25. 答案 A 【解析】纳税人自产、受赠、获奖或者以其他方式取得并自用的应税车辆的计税价格，由主管税务机关参照国家税务总局规定的最低计税价格核定。

26. 答案 C 【解析】（1）载货卡车应纳车船税额 = 5×50×15 = 3750（元）；（2）7 座乘用车应纳车船税额 = 420×6 = 2520（元）。因此，甲公司 2017 年应纳车船税税额 = 3750 + 2520 = 6270（元）。

27. 答案 C 【解析】车船税纳税义务发生时间为取得车船所有权或者管理权的当月。购置当年的应纳税额自纳税义务发生的“当月起”按月计算。在本题中，张某的摩托车于 10 月购进并在当月取得发票，2018 年度应当缴纳 3 个月的车船税，应纳车船税 = 60÷12×3 = 15（元）。

28. 答案 C 【解析】车船税实行有幅度的定额税率，车辆的具体适用税额由省、自治区、直辖市人民政府根据规定确定并报国务院备案。

29. 答案 C 【解析】（1）选项 A：车船税按年申报，分月计算，一次性缴纳；（2）选项 B：车船税纳税义务发生时间为取得车船所有权或者管理权的“当月”；（3）选项 D：依法不需要办理登记的车船也属于车船税的征税范围，应照章缴纳车船税。

30. 答案 B 【解析】（1）选项 ABD：资源税在生产（开采）销售或自用环节计算缴纳，在进口、批发、零售等环节不缴纳；（2）选项 C：开采原油过程中用于加热、修井的原油，免征资源税。

31. 答案 B 【解析】为职工宿舍供暖使用的 2 万吨原煤，应视同销售原煤，计算缴纳资源税。

32. 答案 B 【解析】（1）洗选煤销售额不包括洗选煤从洗选煤厂到车站、码头等的运输费用，选项 CD 错误。（2）将开采的原煤加工为洗选煤销售的，以洗选煤销售额乘以折算率作为应税煤炭销售额计算缴纳资源税，选项 A 错误、选项 B 正确。

33. 答案 B 【解析】（1）甲油田的收购行为并非资源税的应税行为，选项 CD 错误；（2）选项 AB：从价定率计征资源税的，销售额应为纳税人销售应税矿产品向购买方收取的全部价款和价外费用（在本题中体现为：销售数量×不含税单价）。

34. 答案 C 【解析】（1）实行从价定率征收资源税的销售额，包括纳税人销售应税产品向购买方收取的全部价款和价外费用（“2.32 万元”“1.16 万元”），不包括增值税销项税额和运杂费用（“6.96 万元”）；排除选项 AD。（2）“2320 万元”题目明确为含税销售额，“2.32 万元”“1.16 万元”属于价外费用，均应作价税分离，选项 B 错误、选项 C 正确。

35. 答案 D 【解析】（1）企业事业单位和其他生产经营者在符合国家和地方环境保护标准的设施、场所贮存或者处置固体废物的，不属于直接向环境排放污染物，不缴纳相应污染物的环境保护税；（2）纳税人综合利用的固体废物，符合国家和地方环境保护标准的，暂予免征环境保护税。因此，甲企业当月应缴纳的环境保护税 =（10000 - 2500 - 5000）×25 = 62500（元）。

36. 答案 B 【解析】应税噪声的应纳税额 = 超过国家规定标准的分贝数对应的具体适用税额。

37. 答案 C 【解析】城市维护建设税计税依据与增值税、消费税有关，与契税、房产税无关，排除选项ABD。

38. 答案 C 【解析】（1）选项A：应缴纳增值税，进口货物的增值税由海关代征；（2）选项B：应缴纳消费税，进口应税消费品（如高档化妆品），进口环节的消费税由海关代征；（3）选项C：城市维护建设税及教育费附加，进口不征，出口不退；（4）选项D：凡准许进出口的货物，除国家另有规定的以外，均应由海关征收进口关税或出口关税。

39. 答案 C

40. 答案 C 【解析】（1）向境外采购代理人支付的买方佣金不能计入关税完税价格；（2）货物运抵我国关境内输入地点起卸前的包装费、运费、保险费和其他劳务费等费用应计入关税完税价格。

41. 答案 B 【解析】进出口货物完税后，如发现少征或漏征税款，海关有权在1年内予以补征；如因收发货人或其代理人违反规定而造成少征或漏征税款的，海关在3年内可以追缴。

42. 答案 B 【解析】（1）选项A：我国吨税采用定额税率，并实行复式税率（包括普通税率和优惠税率）；（2）选项C：我国的船舶吨税，以应税船舶负责人为纳税人；（3）选项D：应税船舶负责人应当自海关填发吨税缴款凭证之日起15日内缴清税款。

二、多项选择题

1. 答案 AD 【解析】（1）选项B：纳税人临时占用耕地，应当按规定缴纳耕地占用税。（2）选项C：医院内职工住房占用应税土地的，按照当地适用税额缴纳耕地占用税。

2. 答案 AB 【解析】（1）选项C：耕地占用税的征税范围包括纳税人为建房或从事非农业建设而占用的国家所有和集体所有的耕地；（2）选项D：耕地占用税由税务机关负责征收。

3. 答案 ABCD

4. 答案 BCD 【解析】（1）选项A：港口的码头用地，免征城镇土地使用税；对港口的露天堆货场用地，原则上应征收城镇土地使用税。（2）选项B：公园自用的土地免征城镇土地使用税，但非自用土地（如附设的影剧院用地）应当照章征税。（3）选项C：水电站的发电厂房用地，生产、办公、生活用地，应征收城镇土地使用税；对其他用地给予免税照顾。（4）选项D：火电厂厂区围墙内的用地均应征收城镇土地使用税；对厂区围墙外的灰场、输灰管、输油（气）管道、铁路专用线用地，免征城镇土地使用税；厂区围墙外的其他用地，应照章征税。

5. 答案 ABD 【解析】选项C：纳税人购置新建商品房，自房屋交付使用之次月起缴纳城镇土地使用税。

6. 答案 ACD 【解析】（1）选项AD：独立于房屋之外的建筑物，如围墙、烟囱、水塔、菜窖、室外游泳池等（不论位于哪里）不属于房产税的征税对象；（2）选项C：房产税的征税范围为城市、县城、建制镇和工矿区（不包括农村）的房屋。

7. 答案 ACD 【解析】选项B：公园附设的照相馆所占用的房产，不属于公园自用的房产，要照章缴纳房产税。

8. 答案 ACD 【解析】（1）选项A：纳税人将原有房产用于生产经营，从生产经营“之月”起，缴纳房产税；（2）选项C：纳税人购置新建商品房，自房屋交付使用之次月起，缴纳房产税；（3）选项D：纳税人购置存量房，自办理房屋权属转移、变更登记手续，房地产权属登记机关签发房屋权属证书之次月起，缴纳房产税。

9. 答案 CD 【解析】（1）选项A：房产税的征税范围为城市、县城、建制镇和工矿区（不包括农村）的房屋；（2）选项B：房产税的税率包括12%（或4%）和1.2%两类，均为比例税率。

10. 答案 BC 【解析】（1）选项A：应当以接受房屋抵债的债权人为契税纳税义务人；（2）选项D：以房屋产权投资的，被投资方为契税纳税义务人。

11. 答案 ABC 【解析】选项D：纳税人承受荒山、荒沟、荒丘、荒滩土地使用权，用于农、林、牧、渔业生产的，免征契税。

12. 答案 BC 【解析】（1）选项A：房地产出租行为，由于没有发生房产产权、土地使用权的转让，不属于土地增值税的征税范围；（2）选项D：房地产代建行为，没有发生房地产权属的转移，不属于土地增值税的征税范围。

13. 答案 BCD 【解析】选项A：国家机关转让自用的房产，属于土地增值税的征税范围，需要缴纳土地增值税。

14. 答案 AC 【解析】（1）选项A：个人之间互换自有居住用房地产的，经当地税务机关核实，可免征土地增值税；（2）选项B：以房地产抵债而发生房地产权属转移的，属于土地增值税的征税范围，需要缴纳土地增值税；（3）选项C：土地使用权所有人通过中国境内非营利的社会团体、国家机关将土地使用权赠与教育、民政和其他社会福利、公益事业的行为，不属于土地增值税的征税范围，不征收土地增值税；（4）选项D：对于一方出地，另一方出资金，双方合作建房，建成后按比例分房自用的，暂免征收土地增值税，建成后转让的，应征收土地增值税。

15. 答案 AC 【解析】选项BD：房地产开发企业转让新建商品房，计算缴纳土地增值税时，与转让房地产有关的税金为在转让房地产时缴纳的城建税，教育费附加可视同税金扣除，但不包括房产税和增值税。

16. 答案 CD 【解析】选项AB：属于纳税人“应进行”土地增值税清算的情形。

17. 答案 ABD 【解析】（1）选项A：转让房地产时，转让方是土地增值税的纳税义务人，受让方是契税的纳税义务人；（2）选项B：契税采用比例税率，并实行3%～5%的幅度税率，而土地增值税采用4级超率累进税率；（3）选项D：契税纳税人应当自纳税义务发生之日起10日内申报纳税，而土地增值税纳税人应在转让房地产合同签订后7日内申报纳税。

18. 答案 ABCD 【解析】（1）选项A：属于权利、许可证照的领受人；（2）选项B：属于应税凭证的使用人；（3）选项C：以电子形式签订的各类应税凭证的当事人也属于印花税的纳税义务人；（4）选项D：与银行签订借款合同的外商投资企业也是印花税的纳税义务人。

19. 答案 AB 【解析】权利、许可证照，包括政府部门发放的不动产权证书、营业执照、商标注册证、专利证书。

20. 答案 CD 【解析】选项CD：自产、受赠、获奖或者以其他方式取得并自用应税车辆的，应当自取得之日起60日内申报纳税。

21. 答案 ABC 【解析】选项D：车辆购置税由税务机关负责征收。

22. 答案 ABD 【解析】（1）选项A：挂车属于商用货车，应征车船税；（2）选项B：非机动驳船也属于车船税的征收范围，按机动船舶税额的50%计税；（3）选项D：摩托车本身即为车船税税目，应征车船税。

23. 答案 AB 【解析】警用车船和养殖渔船免征车船税。

24. 答案 BCD 【解析】选项A：机动船舶、

拖船、非机动驳船，以净吨位数为计税依据。

25. 答案 BCD 【解析】（1）选项ACD：开采销售（而非购进后出口、使用）天然气的企业才属于资源税的纳税义务人；（2）选项B：人造石油不征收资源税。

26. 答案 BD 【解析】（1）选项A：甲煤矿销售外购已税原煤，不需再缴纳资源税；（2）选项B：纳税人开采应税产品自用于连续生产应税产品以外的其他方面的，视同销售，缴纳资源税；（3）选项C：纳税人将其开采的原煤，自用于连续生产洗选煤的，在原煤移送使用环节不缴纳资源税；（4）选项D：销售以未税原煤加工的洗选煤，征收资源税。

27. 答案 AD 【解析】（1）选项AB：将自产的货物用于集体福利、个人消费、投资、分配、无偿赠送，应当视同销售货物，缴纳增值税；但将自产的货物用于继续生产其他货物，属于货物尚未流出企业进入流转，不征收增值税。（2）选项CD：纳税人开采或者生产资源税应税产品，自用于连续生产应税产品或者精矿产品以外的其他方面的，视同销售，缴纳资源税。在本题中，“汽油”已经属于成品油，并非资源税的应税产品或者精矿产品，即将原油移送生产成品油属于将应税产品用于生产非应税产品，移送时应缴纳资源税。

28. 答案 ABC 【解析】选项D：采用从量定额方式计征资源税。

29. 答案 ACD 【解析】选项B：纳税人销售应税资源品目采取预收货款结算方式的，其纳税义务发生时间为发出应税产品的当天。

30. 答案 AC 【解析】我国现行环境保护税的应税污染物包括大气污染物、水污染物、固体废物和噪声，其中噪声指的是工业噪声。

31. 答案 ABD 【解析】选项C：依法设立的城乡污水集中处理、生活垃圾集中处理场所排放相应应税污染物，不超过国家和地方规定的排放标准的，暂予免征环境保护税；依法设立的城乡污水集中处理、生活垃圾集中处理场所超过国家和地方规定的排放标准向环境排放应税污染物的，应当缴纳环境保护税。

32. 答案 AD 【解析】（1）选项B：环境保护税由税务机关征收；（2）选项C：环境保护税按月计算，按季申报缴纳，纳税人应当向应税污染物排放地的税务机关申报缴纳。

33. 答案 AC 【解析】（1）选项B：教育费附加“进口不征、出口不退”；（2）选项D：教育费附加与增值税、消费税同时缴纳。

34. 答案 ABD 【解析】选项C：烟叶税按月计征，纳税人应当于纳税义务发生月终了之日起15日内申报并缴纳税款。

35. 答案 ACD 【解析】（1）选项AB：进口货物的收货人、出口货物的发货人为关税纳税人；（2）选项CD：入境旅客随身携带的行李、物品的持有人，各种运输工具上服务人员入境时携带自用物品的持有人，馈赠物品以及其他方式入境个人物品的所有人，以及个人邮递物品的收件人，均属于进口物品的关税纳税人。

36. 答案 ACD 【解析】选项B：我国的关税税率分为进口税率和出口税率两种，二者并不统一。

37. 答案 CD 【解析】（1）选项AB：实行从量计征关税；（2）选项CD：实行从价加从量复合计征关税。

38. 答案 AB 【解析】（1）选项C：海关查验时已经破漏、损坏或者腐烂，经证明“不是保管不慎造成”的货物，海关可以酌情减免关税；（2）选项D：经依法提供税款担保后，可以申请延期纳税，但不属于酌情减免关税的情形。

39. 答案 AB 【解析】关税的减税、免税分为法定性减免税、政策性减免税和临时性减免税。选项AB属于法定性减免税，经海关审查无误后可以免税；选项CD由海关“酌情”减免税。

40. 答案 ABCD

41. 答案 AC 【解析】(1) 选项B：车船税采用定额税率；(2) 选项D：房产税采用比例税率。

42. 答案 BCD 【解析】选项A：应纳税额在人民币“50元以下”的船舶，免征吨税。

三、判断题

1. 答案 √

2. 答案 × 【解析】纳税人临时占用耕地，应当缴纳耕地占用税。

3. 答案 × 【解析】土地使用权共有的，共有各方均为纳税人，以共有各方实际使用土地的面积占总面积的比例，分别计算缴纳。

4. 答案 √

5. 答案 × 【解析】对盐场、盐矿的生产厂房、办公、生活区用地，应照章征收城镇土地使用税；盐场的盐滩、盐矿的矿井用地，暂免征收城镇土地使用税。因此，甲盐场2018年应缴纳的城镇土地使用税 = (5000 - 3500) × 2 = 3000 (元)。

6. 答案 × 【解析】房产产权未确定以及租典纠纷未解决的，房产代管人或者使用人为纳税人。

7. 答案 √ 【解析】公园“自用”的房产免征房产税。

8. 答案 √

9. 答案 √

10. 答案 × 【解析】融资租赁房屋的房产税，原则上由承租人自融资租赁合同约定开始日的次月起依照房产余值缴纳（从价计征）房产税。

11. 答案 × 【解析】以房屋权属设定抵押，抵押期间无须缴纳契税；以房屋权属抵债，“债权人”应当申报缴纳契税。

12. 答案 × 【解析】契税采用比例税率，并实行3% ~ 5%的幅度税率，具体税率由各省、自治区、直辖市人民政府在幅度税率规定范围内，按照本地区的实际情况确定。

13. 答案 × 【解析】纳税人缴纳契税的纳税期限为纳税义务发生之日起10日内。

14. 答案 √

15. 答案 √

16. 答案 × 【解析】一份凭证应纳印花税税额“超过500元”的，纳税人应当向当地税务机关申请填写缴款书或完税证，将其中一联粘贴在凭证上或者税务机关在凭证上加注完税标记代替贴花。

17. 答案 √

18. 答案 √

19. 答案 √ 【解析】购置已征车辆购置税的车辆，不再征收车辆购置税。

20. 答案 × 【解析】购置的新车船，购置当年的车船税应纳税额自纳税义务发生的“当月起”按月计算。

21. 答案 × 【解析】车辆退回生产企业或者经销商的，纳税人申请退税时，主管税务机关自纳税人办理纳税申报之日起，按已缴纳税款每满1年扣减10%计算退税额；未满1年的，按已缴纳税款全额退税。

22. 答案 √

23. 答案 √

24. 答案 × 【解析】在一个纳税年度内，已完税的车船被盗抢、报废、灭失的，纳税人可以凭有关管理机关出具的证明和完税凭证，向纳税所在地的主管税务机关申请退还自被盗抢、报废、灭失月份起至该纳税年度终了期间的税款。

25. 答案 × 【解析】对使用新能源车船，免征车船税；对节约能源车船，减半征收车船税。

26. 答案 √

27. 答案 × 【解析】企业事业单位和其他生产经营者向依法设立的污水集中处理、

生活垃圾集中处理场所排放应税污染物的，不属于直接向环境排放污染物，不缴纳相应污染物的环境保护税。

28. 答案 × 【解析】环境保护税的纳税人为在中华人民共和国领域和中华人民共和国管辖的其他海域，直接向环境排放应税污染物的企业事业单位和其他生产经营者（不包括个人）。

29. 答案 √

30. 答案 × 【解析】在中华人民共和国境内收购烟叶的单位就是烟叶税的纳税义务人。

31. 答案 × 【解析】进口关税一般采用比例税率，实行从价计征的办法，但对啤酒、原油等少数货物实行从量计征，对广播用录像机、放像机、摄像机等实行从价加从量的复合税率。

32. 答案 × 【解析】（1）关税配额是进口国限制进口货物数量的措施，把征收关税和进口配额相结合以限制进口；对于在配额内进口的货物可以适用较低的关税配额税率，对于配额之外的则适用较高税率。（2）滑准税是指关税的税率随着进口商品价格的变动而反方向变动的一种税率形式，即价格越高、税率越低，税率为比例税率。

33. 答案 √

34. 答案 √

35. 答案 √

36. 答案 √

37. 答案 √

第七章　税收征收管理法律制度

本章考情分析

由于本书将“税务行政复议”的有关内容与第一章“行政复议”的内容合并，已经在本书第一章中全部讲解并配以习题演练，本书第七章不再对“税务行政复议”的内容进行重复讲解。

本章在每套考卷中的分值约5分（不包括“税务行政复议”的分值），通常不涉及不定项选择题。

最近3年考试题型题量分析表

	2016年		2017年		2018年	
	卷1	卷2	卷1	卷2	卷1	卷2
单项选择题	2题3分	3题4.5分	2题3分	2题3分	2题3分	1题1.5分
多项选择题	2题4分	1题2分	1题2分	1题2分	1题2分	1题2分
判断题	1题1分	1题1分	——	1题1分	——	——
不定项选择题	——	——	——	——	——	——
合计	5题8分	5题7.5分	3题5分	4题6分	3题5分	2题3.5分

说明：上表数据并非最近3年考试题库的完整统计，而是我们向参加当年考试的考生了解的、较为完整的代表性试卷进行的统计。

2019年本章考点的主要变化如下。

（1）根据国地税合并改革的一系列政策，对税务机关统一称谓。

（2）新增“工业及信息传输、软件和信息技术服务业增值税小规模纳税人自行开具增值税专用发票”“将二手车销售统一发票纳入增值税发票管理新系统”，以及“增值税普通发票（折叠票）”的有关内容。

本章考点框架

- 第1单元 税务管理
  - 税务登记管理（考点1）
  - 账簿和凭证管理（考点2）
  - 发票管理（考点3）
  - 纳税申报（考点4）
  - 涉税专业服务（考点5）
- 第2单元 税款征收
  - 税款征收的方式（考点1）
  - 应纳税额的核定与调整（考点2）
  - 税款征收措施（考点3～7）
- 第3单元 其他考点
  - 税务检查（考点1）
  - 税收法律责任（考点2）

本章考点剖析

【提示】税收征收管理法律制度可以说是维护国家税收必不可少的内容，同时也是考试中的重点，学习中的难点。与其在这里单打独斗，不如请名师带您过关斩将，快扫我们考点旁的听课二维码。

第1单元 税务管理

考点1：税务登记管理（★★）

1. 从事生产、经营的纳税人

企业，企业在外地设立的分支机构和从事生产、经营的场所，个体工商户和从事生产、经营的事业单位，都应当办理税务登记。

2. 非从事生产经营但依法负有纳税义务的单位和个人

（1）国家机关、个人和无固定生产经营场所的流动性农村小商贩，不办理税务登记。

（2）其他非从事生产经营但依法负有纳税义务的单位和个人，应当办理税务登记。

3. 扣缴义务人

依法负有扣缴税款义务的扣缴义务人（国家机关除外），应当办理扣缴税款登记。

4. “多证合一”登记制度改革

根据《工商总局等十三部门关于推进全国统一“多证合一”改革的意见》（工商企注字〔2018〕31号），在“五证合一”的基础上，进一步将19项涉及企业、个体工商户、农民专业合作社证照的事项整合到营业执照上，首批实行“二十四证合一”。

【提示】“五证合一”的“五证”，是指工商营业执照、组织机构代码证、税务登记证、社会保险登记证、统计登记证。

【例题·判断题】企业在外地设立从事生产、经营的场所不需要办理税务登记。（　　）（2011年）

【解析】企业在外地设立的分支机构和从事生产、经营的场所，应当办理税务登记。

【答案】×

考点2：账簿和凭证管理（★）

1. 从事生产、经营的纳税人应当自领取营业执照或者发生纳税义务之日起15日内，按照国家有关规定设置账簿。

2. 生产、经营规模小又确无建账能力的纳税人，可以聘请经批准从事会计代理记账业务的专业机构或者经税务机关认可的财会人员代为建账和办理账务。聘请上述机构或者人员有实际困难的，经县以上税务机关批准，可以按照税务机关的规定，建立收支凭证粘贴簿、进货销货登记簿或者使用税控装置。

3. 扣缴义务人应当自税收法律、行政法规规定的扣缴义务发生之日起10日内，按照所代扣、代收的税种，分别设置代扣代缴、代收代缴税款账簿。

【例题1·单选题】根据税收征收管理法律制度的规定，从事生产、经营的纳税人应当自领取营业执照或者发生纳税义务之日起一定期限内，按照国家有关规定设置账簿。该期限是（　）。（2016年、2015年）

A. 10日　　B. 15日

C. 7日　　D. 30日

【答案】B

【例题2·单选题】扣缴义务人应当在法定扣缴义务发生之日起（　）内，按所代扣、代收的税种，分别设置代扣代缴、代收代缴税款账簿。（2015年）

A. 15日　　B. 10日

C. 30日　　D. 60日

【答案】B

考点3：发票管理（★★★）

1. 发票的类型

（1）增值税专用发票包括增值税专用发票和机动车销售统一发票。

（2）增值税普通发票包括增值税普通发票（折叠票）、增值税电子普通发票和增值税普通发票（卷票）。

【提示】增值税普通发票（卷票）由纳税人自愿选择使用，重点在生活性服务业纳税人中推广；纳税人可依法书面向税务机关要求使用印有本单位名称的增值税普通发票（卷票）。

（3）其他发票包括农产品收购发票、农产品销售发票、门票、过路（过桥）费发票、定额发票、客运发票和二手车销售统一发票等。

2. 发票适用的范围

（1）增值税发票管理新系统（以下简称"新系统"）+增值税一般纳税人

①增值税一般纳税人销售货物、提供加工修理修配劳务和发生应税行为，使用新系统开具增值税专用发票、增值税普通发票、机动车销售统一发票、增值税电子普通发票。

②自2018年4月1日起，二手车交易市场、二手车经销企业、经纪机构和拍卖企业应当通过新系统开具二手车销售统一发票。（2019年新增）

③单位和个人可以登录全国增值税发票查验平台对新系统开具的发票信息进行查验。（2019年新增）

（2）新系统+增值税小规模纳税人

①增值税小规模纳税人销售货物、提供加工修理修配劳务月销售额超过3万元（按季纳税9万元），或者销售服务、无形资产月销售额超过3万元（按季纳税9万元），使用新系统开具增值税普通发票、机动车销售统一发票、增值税电子普通发票。

②自2018年2月1日起，月销售额超过3万元（或季销售额超过9万元）的工业以及信息传输、软件和信息技术服务业增值税小规模纳税人发生增值税应税行为，需要开具增值税专用发票的，可以通过新系统自行开具。上述纳税人销售其取得的不动产，需要开具增值税专用发票的，应当按照有关规定向税务机关申请代开。（2019年新增）

（3）印有本单位名称的增值税普通发票

纳税人可依法书面向税务机关要求使用

印有本单位名称的增值税普通发票（折叠票）或增值税普通发票（卷票），税务机关按规定确认印有该单位名称发票的种类和数量。纳税人通过新系统开具印有本单位名称的增值税普通发票（折叠票）或增值税普通发票（卷票）。

（4）门票、过路（过桥）费发票、定额发票、客运发票和二手车销售统一发票继续使用。

（5）税务机关使用新系统代开增值税专用发票和增值税普通发票。代开增值税专用发票使用六联票，代开增值税普通发票使用五联票。

3. 发票的开具

（1）由付款方向收款方开具发票的特殊情形。

销售商品、提供服务以及从事其他经营活动的单位和个人，对外发生经营业务收取款项，收款方应当向付款方开具发票；但下列情况，由付款方向收款方开具发票：

①收购单位和扣缴义务人支付个人款项时；

②国家税务总局认为其他需要由付款方向收款方开具发票的。

（2）取得发票时，不得要求变更品名和金额。

（3）不得有下列虚开发票的行为：

①为他人、为自己开具与实际经营业务情况不符的发票；

②让他人为自己开具与实际经营业务情况不符的发票；

③介绍他人开具与实际经营业务情况不符的发票。

（4）购买方纳税人识别号的填写

自2017年7月1日起，购买方为企业（包括公司、非公司制企业法人、企业分支机构、个人独资企业、合伙企业和其他企业）的，索取增值税普通发票时，应向销售方提供纳税人识别号或统一社会信用代码；销售方为其开具增值税普通发票时，应在“购买方纳税人识别号”栏填写购买方的纳税人识别号或统一社会信用代码。不符合规定的发票，不得作为税收凭证。

4. 发票使用中的禁止行为

任何单位和个人应当按照发票管理规定使用发票，不得有下列行为：

（1）转借、转让、介绍他人转让发票、发票监制章和发票防伪专用品；

（2）知道或者应当知道是私自印制、伪造、变造、非法取得或者废止的发票而受让、开具、存放、携带、邮寄、运输；

（3）拆本使用发票；

（4）扩大发票使用范围；

（5）以其他凭证代替发票使用。

5. 开具发票的单位和个人应当建立发票使用登记制度，设置发票登记簿，并定期向主管税务机关报告发票使用情况。

6. 已开具的发票存根联和发票登记簿，应当保存5年；保存期满，报经税务机关查验后销毁。

7. 发票的检查

（1）税务机关在发票管理中有权进行下列检查：

①检查印制、领购、开具、取得、保管和缴销发票的情况；

②调出发票查验；

③查阅、复制与发票有关的凭证、资料；

④向当事各方询问与发票有关的问题和情况；

⑤在查处发票案件时，对与案件有关的情况和资料，可以记录、录音、录像、照相和复制。

（2）税务人员进行检查时，应当出示税务检查证。

（3）调出发票查验的具体规定。

①调出已开具的发票查验。

税务机关需要将已开具的发票调出查验时，应当向被查验的单位和个人开具“发票换票证”。

②调出空白发票查验。

税务机关需要将空白发票调出查验时，应当开具“收据”，经查无问题的，应当及时返还。

【例题1·单选题】根据税收征收管理法

律制度的规定，开具发票的单位和个人应当依照税务机关的规定存放和保管发票，已经开具的发票存根联和发票登记簿应当至少保存一定期限。该期限为(　　)。(2018 年、2015 年、2014 年)

A. 20 年　　B. 15 年

C. 10 年　　D. 5 年

【解析】已开具的发票存根联和发票登记簿，应当保存 5 年；保存期满，报经税务机关查验后销毁。

【答案】D

【例题 2 · 多选题】根据税收征收管理法律制度的规定，下列各项中，属于税务机关发票管理权限的有(　　)。(2018 年、2014 年)

A. 检查印制、领购、开具、取得、保管和缴销发票的情况

B. 查阅、复制与发票有关的凭证、资料

C. 调出发票查验

D. 向当事各方询问与发票有关的问题和情况

【解析】除了选项 ABCD 外，还有在查处发票案件时，对与案件有关的情况和资料，可以记录、录音、录像、照相和复制。

【答案】ABCD

【例题 3 · 多选题】根据税收征收管理法律制度的规定，下列行为中，属于未按照规定使用发票的有(　　)。(2015 年、2014 年)

A. 扩大发票使用范围

B. 拆本使用发票

C. 以其他凭证代替发票使用

D. 转借发票

【解析】任何单位和个人应当按照发票管理规定使用发票，不得有下列行为：(1) 转借、转让、介绍他人转让发票、发票监制章和发票防伪专用品 (选项 D)；(2) 知道或者应当知道是私自印制、伪造、变造、非法取得或者废止的发票而受让、开具、存放、携带、邮寄、运输；(3) 拆本使用发票 (选项 B)；(4) 扩大发票使用范围 (选项 A)；(5) 以其他凭证代替发票使用 (选项 C)。

【答案】ABCD

【例题 4 · 单选题】根据税收征收管理法律制度的规定，关于发票开具、使用和保管的下列表述中，正确的是(　　)。(2015 年)

A. 销售货物开具发票时，可按付款方要求变更品名和金额

B. 经单位财务负责人批准后，可拆本使用发票

C. 已经开具的发票存根联保存期满后，开具发票的单位可直接销毁

D. 收购单位向个人支付收购款项时，由付款方向收款方开具发票

【解析】(1) 选项 A：取得发票时，不得要求变更品名和金额；(2) 选项 B：禁止拆本使用发票；(3) 选项 C：保存期满，应报经税务机关查验后销毁。

【答案】D

【例题 5 · 多选题】根据发票管理法律制度的规定，下列关于发票开具和保管的表述中，符合法律规定的有(　　)。(2014 年)

A. 不得为他人开具与实际经营业务不符的发票

B. 已经开具的发票存根联和发票登记簿应当保存 3 年

C. 取得发票时，不得要求变更品名和金额

D. 开具发票的单位和个人应当建立发票使用登记制度，设置发票登记簿

【解析】选项 B：已经开具的发票存根联和发票登记簿，应当保存 5 年。

【答案】ACD

考点 4：纳税申报 (★)

1. 纳税申报的方式

(1) 自行申报

(2) 邮寄申报

邮寄申报以寄出的邮戳日期为实际申报日期。

(3) 数据电文申报

采取数据电文方式办理纳税申报的，其申报日期以税务机关计算机网络系统收到该

数据电文的时间为准。

（4）其他方式申报（如简易申报、简并征期）

2. 纳税人在纳税期内没有应纳税款的，也应当按照规定办理纳税申报。

3. 纳税人享受减税、免税待遇的，在减税、免税期间应当按照规定办理纳税申报。

4. 延期办理纳税申报

（1）因自身原因需要延期：事前申请

①纳税人、扣缴义务人按照规定的期限办理纳税申报或者报送代扣代缴、代收代缴税款报告表确有困难，需要延期的，应当在规定的期限内向税务机关提出书面延期申请，经税务机关核准，在核准的期限内办理。

②经核准延期办理纳税申报、报送事项的，应当在纳税期内按照上期实际缴纳的税额或者税务机关核定的税额预缴税款，并在核准的延期内办理税款结算。

（2）因不可抗力需要延期：事后报告

纳税人、扣缴义务人因不可抗力，不能按期办理纳税申报或者报送代扣代缴、代收代缴税款报告表的，可以延期办理；但是，应当在不可抗力情形消除后立即向税务机关报告。

【例题1·判断题】纳税人在纳税期内没有应纳税款，可以不办理纳税申报。（　　）（2018年）

【解析】纳税人在纳税期内没有应纳税款的，也应当按照规定办理纳税申报。

【答案】×

【例题2·判断题】纳税人在纳税期内没有应纳税款的，不需办理纳税申报。（　　）（2012年）

【解析】纳税人在纳税期内没有应纳税款的，也应当按照规定办理纳税申报。

【答案】×

【例题3·判断题】甲企业按照国家规定享受3年内免缴企业所得税的优惠待遇，甲企业在这3年内不需办理企业所得税的纳税申报。（　　）（2016年）

【解析】纳税人享受减税、免税待遇的，在减税、免税期间应当按照规定办理纳税申报。

【答案】×

【例题4·判断题】纳税人享受减税、免税待遇的，在减税、免税期间可以不办理纳税申报。（　　）（2014年、2013年）

【解析】纳税人享受减税、免税待遇的，在减税、免税期间应按规定办理纳税申报。

【答案】×

【例题5·多选题】根据税收征收管理法律制度的规定，下列纳税申报方式中，符合规定的有（　　）。（2018年）

A. 甲企业在规定的申报期限内，自行到主管税务机关指定的办税服务大厅申报

B. 经税务机关批准，丙企业以网络传输方式申报

C. 经税务机关批准，乙企业使用统一的纳税申报专用信封，通过邮局交寄

D. 实行定期定额缴纳税款的丁个体工商户，采用简易申报方式申报

【解析】（1）选项A：属于自行申报；（2）选项B：属于数据电文申报；（3）选项C：属于邮寄申报；（4）选项D：属于其他方式申报，即实行定期定额缴纳税款的纳税人，可以实行简易申报、简并征期等方式申报纳税。

【答案】ABCD

【例题6·单选题】根据税收征收管理法律制度的规定，下列关于纳税申报方式的表述中，不正确的是（　　）。（2014年）

A. 邮寄申报以税务机关收到的日期为实际申报日期

B. 数据电文方式的申报日期以税务机关计算机网络系统收到该数据电文的时间为准

C. 实行定期定额缴纳税款的纳税人，可以实行简易申报、简并征期等方式申报纳税

D. 自行申报是指纳税人、扣缴义务人按照规定的期限自行直接到主管税务机关办理纳税申报手续

【解析】选项A：邮寄申报以寄出的邮戳

第七章

日期为实际申报日期。

【答案】A

【例题7·判断题】经核准延期办理纳税申报、报送事项的，应当在纳税期内按照上期实际缴纳的税额或者税务机关核定的税额预缴税款，并在核准的延期内办理税款结算。（ ）（2014年）

【答案】√

考点5：涉税专业服务（★）

1. 涉税专业服务机构

涉税专业服务机构是指税务师事务所和从事涉税专业服务的会计师事务所、律师事务所、代理记账机构、税务代理公司、财税类咨询公司等机构。

2. 涉税专业服务的业务范围

（1）纳税申报代理；

（2）一般税务咨询；

（3）专业税务顾问；

（4）税收策划；

（5）涉税鉴证；

（6）纳税情况审查（接受行政机关、司法机关委托，依法对企业纳税情况进行审查，作出专业结论）；

（7）其他税务事项代理，如代理建账记账、发票领用、减免退税申请等税务事项；

（8）其他涉税服务。

【提示1】第（3）、（4）、（5）、（6）项涉税业务，应当由具有税务师事务所、会计师事务所、律师事务所资质的涉税专业服务机构从事，相关文书应由税务师、注册会计师、律师签字，并承担相应的责任。

【提示2】税务机关所需的涉税专业服务，应当通过政府采购方式购买。

3. 税务代理委托协议

（1）必备内容

①委托人及涉税专业服务机构名称和住址；

②委托代理项目和范围；

③委托代理的方式；

④委托代理的期限；

⑤双方的义务及责任；

⑥委托代理费用、付款方式及付款期限；

⑦违约责任及赔偿方式；

⑧争议解决方式；

⑨其他需要载明的事项。

（2）主体

税务代理委托协议中的当事人一方必须是涉税专业服务机构，税务代理执业人员不得以个人名义直接接受委托。税务代理执业人员承办税务代理业务由涉税专业服务机构委派。

（3）责任承担

①凡是由于委托方未及时提供真实的、完整的、合法的生产经营情况、财务报表及有关纳税资料造成代理工作失误的，由委托方承担责任。

②执业人员违反国家法律、法规进行代理或未按协议约定进行代理，给委托人造成损失的，由涉税专业服务机构和执业人员个人承担相应的赔偿责任。

4. 涉税报告和文书

涉税专业服务机构为委托人出具的各类涉税报告和文书，由双方留存备查，其中，税收法律、法规及国家税务总局规定报送的，应当向税务机关报送。

5. 税务代理业务档案需妥善保存，专人负责；税务代理业务档案保存应不少于5年。

6. 监管

（1）监管机关

税务机关对涉税专业服务机构在中华人民共和国境内从事涉税专业服务进行监管。

（2）监管体系

税务机关通过建立行政登记、实名制管理、业务信息采集、检查和调查、信用评价、公告与推送等制度，同时加强对税务师行业协会的监督指导，形成较为完整的涉税专业服务机构监管体系。

【例题1·单选题】下列各项中，不属于涉税专业服务机构提供的涉税业务的是（ ）。（2018年）

第七章

A. 税收策划

B. 纳税申报代理

C. 涉税鉴证

D. 公证服务

【解析】选项D：不属于涉税业务。

【答案】D

【例题2·判断题】税务代理执业人员可以以个人名义直接接受税务代理委托，签订税务代理委托协议。(　　)(2018年)

【解析】税务代理委托协议中的当事人一方必须是涉税专业服务机构，税务代理执业人员不得以个人名义直接接受委托。税务代理执业人员承办税务代理业务由涉税专业服务机构委派。

【答案】×

【例题3·单选题】税务代理业务档案保存至少为(　　)年。(2018年)

A. 2　　B. 5

C. 1　　D. 3

【解析】税务代理业务档案需妥善保存，专人负责；税务代理业务档案保存应不少于5年。

【答案】B

第2单元　税款征收

考点1：税款征收的方式（★）

征收方式	适用范围
查账征收	适用于财务会计制度健全，能够如实核算和提供生产经营情况，并能正确计算应纳税款和如实履行纳税义务的纳税人
查定征收	适用于生产经营规模较小、产品零星、税源分散、会计账册不健全，但能控制原材料或进销货的小型厂矿和作坊
查验征收	适用于纳税人财务制度不健全，生产经营不固定，零星分散、流动性大的税源
定期定额征收	适用于经主管税务机关认定和县以上税务机关（含县级）批准的生产、经营规模小，达不到规定设置账簿标准，难以查账征收，不能准确计算计税依据的个体工商户（包括个人独资企业）

【例题1·单选题】根据税收征收管理法律制度的规定，下列税款征收方式中，适用于纳税人财务制度不健全，生产经营不固定，零星分散、流动性大的税源的是(　　)。(2018年、2015年)

A. 定期定额征收

B. 查定征收

C. 查验征收

D. 查账征收

【解析】“零星分散、流动性大”——查验征收。

【答案】C

【例题2·单选题】甲公司为大型国有企业，财务会计制度健全，能够如实核算和提供生产经营情况，并能正确计算应纳税款和如实履行纳税义务，其适用的税款征收方式是(　　)。(2015年)

A. 定期定额征收

B. 查账征收

C. 查定征收

D. 查验征收

【解析】“财务会计制度健全”——查账征收。

【答案】B

考点2：应纳税额的核定与调整（★）

1. 情形

纳税人有下列情形之一的，税务机关有权核定其应纳税额：

（1）依照法律、行政法规的规定可以不设置账簿的；

（2）依照法律、行政法规的规定应当设置但未设置账簿的；

（3）擅自销毁账簿或者拒不提供纳税资料的；

（4）虽设置账簿，但账目混乱或者成本资料、收入凭证、费用凭证残缺不全，难以查账的；

（5）发生纳税义务，未按照规定的期限办理纳税申报，经税务机关责令限期申报，逾期仍不申报的；

（6）纳税人申报的计税依据明显偏低，又无正当理由的。

2. 方法

税务机关有权采用下列任何一种方法核定应纳税额；当其中一种方法不足以正确核定应纳税额时，可以同时采用两种以上的方法核定。

（1）参照当地同类行业或者类似行业中经营规模和收入水平相近的纳税人的税负水平核定；

（2）按照营业收入或者成本加合理的费用和利润的方法核定；

（3）按照耗用的原材料、燃料、动力等推算或者测算核定；

（4）按照其他合理方法核定。

【例题1·多选题】根据税收征收管理法律制度的规定，纳税人发生的下列情形中，税务机关有权核定其应纳税额的有（　　）。（2018年、2015年）

A. 纳税人申报的计税依据明显偏低，又无正当理由的

B. 依照法律、行政法规的规定可以不设置账簿的

C. 拒不提供纳税资料的

D. 虽设置账簿，但账目混乱、难以查账的

【答案】ABCD

【例题2·判断题】纳税人发生纳税义务，未按照规定的期限办理纳税申报，经税务机关责令限期申报，逾期仍不申报，税务机关有权核定其应纳税额。（　　）（2017年）

【答案】√

考点3：税款征收措施——责令缴纳（★★）

1. 纳税人未按照规定期限缴纳税款的、扣缴义务人未按照规定期限解缴税款的，税务机关可责令限期缴纳，并从滞纳税款之日起，按日加收滞纳金。

（1）滞纳金的加收标准：从滞纳税款之日起，按日加收滞纳税款万分之五的滞纳金。

（2）加收滞纳金的起止时间：自税款法定缴纳期限届满次日起至纳税人、扣缴义务人实际缴纳或者解缴税款之日止。

【案例】甲公司8月应纳增值税30万元，甲公司迟迟未缴，税务机关责令其缴纳并加收滞纳金，甲公司直到10月15日才缴清上述税款。已知，甲公司的增值税纳税期限为1个月，不考虑其他因素。在本案中：（1）增值税纳税期限为1个月的，应于次月1日起15日内申报纳税并结清上月应纳税款；因此，甲公司应缴纳税款的最晚期限是9月15日。（2）加收滞纳金的起止时间为9月16日（含）至10月15日（含），共计15+15=30（天）。（3）甲公司应缴纳的税款滞纳金=30×0.5‰×30=0.45（万元）。

【相关链接】以商业汇票贴现的，实付贴现金额按票面金额扣除贴现日至汇票到期日前1日的利息计算；承兑人在异地的纸质商业汇票，贴现的期限以及贴现利息的计算应另加3天的划款日期。如9月15日办理贴现，到期日为10月15日，承兑人在本地的，计算贴息的期间应自9月15日（含）起至10月14日（含）止，共计16+14=30（天）。

第七章

2. 对未按照规定办理税务登记的从事生产、经营的纳税人以及临时从事生产经营的纳税人，由税务机关核定其应纳税额，责令其缴纳应纳税额。

3. 税务机关有根据认为从事生产、经营的纳税人有逃避纳税义务行为的，可以在规定的纳税期之前，责令限期缴纳应纳税款。

4. 纳税担保人未按照规定的期限缴纳所担保的税款，税务机关可以责令其限期缴纳应纳税款。

【例题1·单选题】按照规定甲公司最晚应于2017年5月15日缴纳应纳税款，甲公司迟迟未缴纳，主管税务机关责令其于当年6月30日前缴纳，并加收滞纳金，甲公司最终于7月14日缴纳税款。关于主管税务机关对甲公司加收滞纳金的起止时间的下列表述中，正确的是（　　）。（2018年）

A. 2017年6月15日至2017年7月15日

B. 2017年6月30日至2017年7月15日

C. 2017年5月16日至2017年7月14日

D. 2017年7月1日至2017年7月14日

【解析】加收滞纳金的起止时间：自税款法定缴纳期限届满次日（5月16日）起至纳税人、扣缴义务人实际缴纳或者解缴税款之日（7月14日）止。

【答案】C

【例题2·单选题】根据税收征收管理法律制度的规定，纳税人未按照规定期限缴纳税款的，税务机关可责令限期缴纳，并从滞纳之日起，按日加收滞纳税款一定比例的滞纳金。该比例为（　　）。（2017年）

A. 万分之五　　B. 万分之七

C. 万分之一　　D. 万分之三

【答案】A

考点4：税款征收措施——责令提供纳税担保（★★）

1. 适用纳税担保的情形

（1）税务机关有根据认为从事生产、经营的纳税人有逃避纳税义务行为，在规定的纳税期之前经责令其限期缴纳应纳税款，在限期内发现纳税人有明显的转移、隐匿其应纳税的商品、货物，以及其他财产或者应纳税收入的迹象，责成纳税人提供纳税担保的；

（2）欠缴税款、滞纳金的纳税人或者其法定代表人需要出境的；

（3）纳税人同税务机关在纳税上发生争议而未缴清税款，需要申请行政复议的；

（4）税收法律、行政法规规定可以提供纳税担保的其他情形。

2. 纳税担保的方式：保证、抵押、质押。

3. 纳税担保的范围：税款、滞纳金和实现税款、滞纳金的费用。

【例题1·多选题】根据税收征收管理法律制度的规定，下列各项中，适用纳税担保的情形有（　　）。（2017年、2014年）

A. 纳税人同税务机关在纳税上发生争议而未缴清税款，需要申请行政复议的

B. 纳税人在税务机关责令缴纳应纳税款限期内，有明显转移、隐匿其应纳税的商品、货物以及应纳税收入的迹象

C. 欠缴税款、滞纳金的纳税人或者其法定代表人需要出境的

D. 从事生产、经营的纳税人未按规定期限缴纳税款，税务机关责令限期缴纳，逾期仍未缴纳的

【解析】选项D：从事生产、经营的纳税人未按照规定期限缴纳税款的，税务机关可责令限期缴纳；逾期仍未缴纳的，税务机关可以依法采取税收强制执行措施。

【答案】ABC

【例题2·单选题】根据税收征收管理法律制度的规定，下列各项中，不属于纳税担保方式的是（　　）。（2017年、2014年）

A. 保证　　B. 扣押

C. 质押　　D. 抵押

【解析】选项B：“扣押、查封”“冻结存款”属于税收保全措施。

【答案】B

【例题3·单选题】根据税收征收管理法律制度的规定，下列各项中，不属于纳税担保范围的是（　　）。（2016年）

A. 罚款

B. 滞纳金

C. 税款

D. 实现税款、滞纳金的费用

【解析】纳税担保的范围包括税款、滞纳金和实现税款、滞纳金的费用。

【答案】A

【例题4·多选题】根据税收征收管理法律制度的规定，纳税担保范围包括(　　)。(2014年、2012年)

A. 税款

B. 罚款

C. 滞纳金

D. 实现税款的费用

【解析】纳税担保范围包括税款、滞纳金和实现税款、滞纳金的费用。

【答案】ACD

考点5：税款征收措施——阻止出境（★★）

欠缴税款的纳税人或者其法定代表人在出境前未按规定结清应纳税款、滞纳金或者提供纳税担保的，税务机关可以通知出境管理机关阻止其出境。

【例题1·单选题】税务机关在查阅甲公司公开披露的信息时发现，其法定代表人张某有一笔股权转让收入未申报缴纳个人所得税，要求张某补缴税款80万元、滞纳金3.8万元。张某未结清应纳税款、滞纳金的情况下，拟出国考察，且未提供纳税担保，税务机关知晓后对张某可以采取的税款征收措施是(　　)。(2017年)

A. 查封住房

B. 查封股票交易账户

C. 通知出境管理机关阻止出境

D. 冻结银行存款

【答案】C

【例题2·单选题】根据税收征收管理法律制度的规定，对欠缴税款、滞纳金的纳税人或其法定代表人需要出境的，税务机关可以采取的措施是(　　)。(2015年)

A. 书面通知其开户银行从其存款中扣缴税款

B. 责令提供纳税担保

C. 核定、调整应纳税额

D. 依法拍卖其价值相当于应纳税款的商品

【解析】欠缴税款、滞纳金的纳税人或者其法定代表人需要出境的，税务机关可以要求纳税人提供纳税担保。

【答案】B

考点6：税款征收措施——采取税收保全措施（★★）

1. 适用税收保全的情形及措施

（1）税务机关责令具有税法规定情形的纳税人提供纳税担保而纳税人拒绝提供纳税担保或无力提供纳税担保的，经县以上税务局（分局）局长批准，税务机关可以采取下列税收保全措施：

①书面通知纳税人开户银行或者其他金融机构冻结纳税人的金额相当于应纳税款的存款。

②扣押、查封纳税人的价值相当于应纳税款的商品、货物或者其他财产。

（2）对未按照规定办理税务登记的从事生产、经营的纳税人，以及临时从事经营的纳税人，由税务机关核定其应纳税额，责令缴纳；不缴纳的，税务机关可以扣押其价值相当于应纳税款的商品、货物。

（3）税务机关对从事生产、经营的纳税人以前纳税期的纳税情况依法进行税务检查时，发现纳税人有逃避纳税义务行为，并有明显的转移、隐匿其应纳税的商品、货物以及其他财产或者应纳税的收入的迹象的，可以依法定批准权限采取税收保全措施或者强制执行措施。

2. 不适用税收保全措施的财产

（1）个人及其所扶养家属维持生活必需的住房和用品（不包括机动车辆、金银饰品、古玩字画、豪华住宅或者一处以外的住房），不在税收保全措施的范围之内。

（2）税务机关对单价5000元以下的其他生活用品，不采取税收保全措施。

3. 税务机关采取税收保全措施的期限一般不得超过6个月。

【例题1·多选题】根据税收征收管理法律制度的规定，下列各项中，属于税收保全措施的有(　　)。(2018年)

A. 拍卖纳税人的价值相当于应纳税款的财产

B. 责令纳税人提供纳税担保

C. 书面通知纳税人开户银行冻结纳税人的金额相当于应纳税款的存款

D. 扣押纳税人的价值相当于应纳税款的商品

【解析】(1)选项A："拍卖"属于税收强制执行措施；(2)选项B："责令提供纳税担保"和"税收保全措施"均属于税款征收措施，二者是并列关系；(3)选项CD："冻结"和"扣押、查封"均为常见的税收保全措施。

【答案】CD

【例题2·单选题】根据税收征收管理法律制度的规定，下列各项中，不适用税收保全措施的财产是(　　)。(2018年)

A. 纳税人的古董

B. 纳税人的别墅

C. 纳税人的豪华小汽车

D. 纳税人的家庭唯一普通住房

【解析】(1)个人及其所扶养家属维持生活必需的住房和用品，不在税收保全措施范围之内；(2)个人及其所扶养家属维持生活必需的住房和用品不包括机动车辆(选项C)、金银饰品、古玩字画(选项A)、豪华住宅(选项B)或一处以外的住房(选项D是"唯一""普通"住房，不适用税收保全措施)。

【答案】D

【例题3·多选题】根据税收征收管理法律制度的规定，下列各项中，可以适用税收保全的财产有(　　)。(2018年)

A. 金银首饰　　B. 古玩字画

C. 豪华住宅　　D. 小汽车

【解析】(1)个人及其所扶养家属维持生活必需的住房和用品，不在税收保全措施范围之内；(2)个人及其所扶养家属维持生活必需的住房和用品不包括机动车辆(选项D)、金银饰品(选项A)、古玩字画(选项B)、豪华住宅(选项C)或一处以外的住房。

【答案】ABCD

【例题4·多选题】根据税收征收管理法律制度的规定，下列各项中，属于税收保全措施的有(　　)。(2014年)

A. 要求纳税人以抵押的方式为其应当缴纳的税款及滞纳金提供担保

B. 书面通知纳税人开户银行或者其他金融机构冻结纳税人的金额相当于应纳税款的存款

C. 扣押、查封纳税人的价值相当于应纳税款的商品、货物或者其他财产

D. 依法拍卖纳税人的价值相当于应纳税款的商品，以拍卖所得抵缴税款

【解析】(1)选项A：属于责令纳税人提供纳税担保；(2)选项BC：属于采取税收保全措施；(3)选项D：属于采取强制执行措施。

【答案】BC

【例题5·单选题】根据税收征收管理法律制度的规定，下列个人财产中，不适用税收保全措施的是(　　)。(2014年)

A. 豪华住宅

B. 金银饰品

C. 古玩字画

D. 维持生活必需的住房

【解析】个人及其所扶养家属维持生活必需的住房和用品，不在税收保全措施的范围之内；个人及其所扶养家属维持生活必需的住房和用品不包括机动车辆、金银饰品、古玩字画、豪华住宅或者一处以外的住房。

【答案】D

【例题6·单选题】税务机关采取税收保全措施的期限一般最长不得超过(　　)。(2013年)

A. 3个月　　B. 6个月

C. 1年　　D. 3年

【解析】税务机关采取税收保全措施的期限一般不得超过6个月；重大案件需要延

长的，应当报国家税务总局批准。

【答案】B

【例题7·单选题】根据税收征收管理法律制度的规定，下列个人财产中，不适用税收保全措施的是(　　)。(2012年)

A. 机动车辆

B. 金银首饰

C. 古玩字画

D. 维持生活必需的住房

【解析】个人及其所扶养家属维持生活必需的住房和用品（不包括机动车辆、金银饰品、古玩字画、豪华住宅或者一处以外的住房），不在税收保全措施的范围之内。

【答案】D

【例题8·多选题】根据税收征收管理法律制度的规定，下列各项中，属于税收保全措施的有(　　)。(2009年)

A. 书面通知纳税人开户银行从其存款中直接扣缴税款

B. 依法拍卖纳税人的价值相当于应纳税款的商品、货物或者其他财产

C. 书面通知纳税人开户银行冻结纳税人的金额相当于应纳税款的存款

D. 扣押、查封纳税人的价值相当于应纳税款的商品、货物或者其他财产

【解析】(1) 选项AB：属于税收强制执行措施；(2) 选项CD：属于税收保全措施。

【答案】CD

【例题9·单选题】某酒店2007年12月取得餐饮收入5万元，客房出租收入10万元，该酒店未在规定期限内进行纳税申报，经税务机关责令限期申报，逾期仍不申报。根据税收征收管理法律制度的规定，税务机关有权对该酒店采取的税款征收措施是(　　)。(2008年)

A. 采取税收保全措施

B. 责令提供纳税担保

C. 税务人员到酒店直接征收税款

D. 核定其应纳税额

【解析】纳税人发生纳税义务，未按照规定的期限办理纳税申报，经税务机关责令限期申报；逾期仍不申报的，税务机关有权核定其应纳税额。

【答案】D

考点7：税款征收措施——采取强制执行措施（★★）

1. 适用强制执行的情形及措施

从事生产、经营的纳税人、扣缴义务人未按照规定的期限缴纳或者解缴税款，纳税担保人未按照规定的期限缴纳所担保的税款，由税务机关责令限期缴纳；逾期仍未缴纳的，经县以上税务局（分局）局长批准，税务机关可以采取下列强制执行措施：

(1) 书面通知其开户银行或者其他金融机构从其存款中扣缴税款；

(2) 扣押、查封、依法拍卖或者变卖其价值相当于应纳税款的商品、货物或者其他财产，以拍卖或者变卖所得抵缴税款。

2. 强制执行的范围

(1) 税务机关采取强制执行措施时，对上述纳税人、扣缴义务人、纳税担保人未缴纳的滞纳金同时强制执行。

(2) 个人及其所扶养家属维持生活必需的住房和用品（不包括机动车辆、金银饰品、古玩字画、豪华住宅或者一处以外的住房），不在强制执行措施的范围之内。

(3) 税务机关对单价5000元以下的其他生活用品，不采取强制执行措施。

【例题1·单选题】根据税收征收管理法律制度的规定，下列各项中，属于税务机关可以采取的强制执行措施是(　　)。(2018年)

A. 责令缴纳

B. 阻止出境

C. 责令提供纳税担保

D. 拍卖变卖

【解析】(1) 税务机关可以采取的强制执行措施包括强制扣款、拍卖变卖。(2) 选项ABC：属于其他的税款征收措施，与强制执行措施是并列关系。

【答案】D

【例题2·单选题】根据税收征收管理法律制度的规定，税务机关依法采取强制执行

措施时，对个人及其所扶养家属维持生活必需的住房和用品，不在强制执行措施的范围之内。对单价在一定金额以下的其他生活用品，不采取强制执行措施。该金额为（　　）元。（2016年）

A. 5000　　B. 10000

C. 20000　　D. 15000

【解析】税务机关对单价5000元以下的其他生活用品，不采取强制执行措施。

【答案】A

【例题3·判断题】税务机关有权对个人及其所扶养家属维持生活必需的住房和用品采取强制执行措施。（　　）（2015年）

【解析】个人及其所扶养家属维持生活必需的住房和用品，既不在税收保全措施的范围内，也不在强制执行措施的范围内。

【答案】×

【例题4·多选题】根据税收征收管理法律制度的规定，税务机关在税款征收中可以根据不同情况采取相应的税款征收措施，下列各项中，属于税款征收措施的有（　　）。（2010年）

A. 罚款

B. 责令缴纳

C. 阻止出境

D. 责令提供纳税担保

【解析】（1）税款征收措施的种类：①责令缴纳；②责令提供纳税担保；③采取税收保全措施；④采取强制执行措施；⑤阻止出境。（2）选项A：属于行政处罚。

【答案】BCD

第3单元　其他考点

考点1：税务检查（★★）

1. 税务检查措施

（1）查账权

检查纳税人的账簿、记账凭证、报表和有关资料，检查扣缴义务人代扣代缴、代收代缴税款账簿、记账凭证和有关资料。

（2）场地检查权

到纳税人的生产、经营场所和货物存放地（不包括生活场所）检查纳税人应纳税的商品、货物或者其他财产，检查扣缴义务人与代扣代缴、代收代缴税款有关的经营情况。

（3）责成提供资料权

责成纳税人、扣缴义务人提供与纳税或者代扣代缴、代收代缴税款有关的文件、证明材料和有关资料。

（4）询问权

询问纳税人、扣缴义务人与纳税或者代扣代缴、代收代缴税款有关的问题和情况。

（5）交通邮政检查权

到车站、码头、机场、邮政企业及其分支机构检查纳税人托运、邮寄应纳税商品、货物或者其他财产的有关单据、凭证和有关资料（不包括自带物品）。

（6）存款账户查询权

①经县以上税务局（分局）局长批准，指定专人负责，凭全国统一格式的检查存款账户许可证明，查询从事生产、经营的纳税人、扣缴义务人在银行或者其他金融机构的存款账户；

②税务机关在调查税收违法案件时，经设区的市、自治州以上税务局（分局）局长批准，可以查询案件涉嫌人员的储蓄存款。

2. 依法采取税收保全措施或者强制执行措施。

3. 税务机关调查税务违法案件时，对与案件有关的情况和资料，可以记录、录音、录像、照相和复制。

4. 税务机关依法进行税务检查时，有权向有关单位和个人调查纳税人、扣缴义务人和其他当事人与纳税或者代扣代缴、代收代缴税款有关的情况。

5. 税务机关派出的人员进行税务检查

时，应当出示税务检查证和税务检查通知书，并有责任为被检查人保守秘密；未出示税务检查证和税务检查通知书的，被检查人有权拒绝检查。

【例题 1·判断题】纳税人对税务检查人员未出示税务检查证和税务检查通知书的，有权拒绝检查。（　　）（2017 年）

【答案】√

【例题 2·多选题】根据税收征收管理法律制度的规定，下列各项中，属于税务机关税务检查职权的有（　　）。（2016 年）

A. 检查扣缴义务人代扣代缴、代收代缴税款账簿、记账凭证和有关资料

B. 检查纳税人托运、邮寄应税商品、货物或者其他财产的有关单据

C. 检查纳税人存放在生产、经营场所应纳税的货物

D. 检查纳税人的账簿、记账凭证、报表和有关资料

【答案】ABCD

【例题 3·多选题】根据税收征收管理法律制度的规定，下列各项中，属于税务机关派出人员在税务检查中应履行的职责有（　　）。（2016 年）

A. 出示税务检查通知书

B. 出示税务机关组织机构代码证

C. 为被检查人保守秘密

D. 出示税务检查证

【解析】税务机关派出的人员进行税务检查时，应当出示税务检查证和税务检查通知书，并有责任为被检查人保守秘密。

【答案】ACD

【例题 4·多选题】根据税收征收管理法律制度的规定，税务机关在实施税务检查时，可以采取的措施有（　　）。（2015 年）

A. 检查纳税人的会计资料

B. 检查纳税人货物存放地的应纳税商品

C. 检查纳税人托运、邮寄应纳税商品的单据、凭证

D. 到车站检查旅客自带物品

【解析】选项 D：税务机关有权到车站、码头、机场、邮政企业及其分支机构检查纳税人托运、邮寄应纳税商品、货物或者其他财产的“有关单据、凭证和有关资料”（不包括自带物品）。

【答案】ABC

【例题 5·多选题】根据税收征收管理法律制度的规定，下列各项中，属于税务机关税务检查职权范围的有（　　）。（2015 年）

A. 询问纳税人与纳税有关的问题和情况

B. 检查纳税人的账簿、记账凭证和报表

C. 到车站、码头检查纳税人托运应税商品、货物的有关单据、凭证和有关资料

D. 到纳税人的经营场所检查纳税人应纳税的商品和货物

【解析】税务机关在税务检查中享有的权利：（1）查账权（选项 B）；（2）场地检查权（选项 D）；（3）询问权（选项 A）；（4）责成提供资料权；（5）交通邮政检查权（选项 C）；（6）存款账户查询权。

【答案】ABCD

考点 2：税收法律责任（★）

1. 账簿、凭证管理

纳税人未按照规定设置、保管账簿或者保管记账凭证和有关资料的，由税务机关责令限期改正，可以处 2000 元以下的罚款；情节严重的，处 2000 元以上 10000 元以下的罚款。

2. 纳税申报

纳税人未按照规定的期限办理纳税申报和报送纳税资料的，由税务机关责令限期改正，可以处 2000 元以下的罚款；情节严重的，处 2000 元以上 10000 元以下的罚款。

3. 非法印制、转借、倒卖、变造或者伪造完税凭证的，由税务机关责令改正，处 2000 元以上 1 万元以下的罚款；情节严重的，处 1 万元以上 5 万元以下的罚款；构成犯罪的，依法追究刑事责任。

4. 税务代理人违反税收法律、行政法规，造成纳税人未缴或者少缴税款的，除由纳税人缴纳或者补缴应纳税款、滞纳金外，

对税务代理人处纳税人未缴或者少缴税款50%以上3倍以下的罚款。

5. 逃避追缴欠税

（1）纳税人欠缴应纳税款，采取转移或者隐匿财产的手段，妨碍税务机关追缴欠缴的税款的，由税务机关追缴欠缴的税款、滞纳金，并处罚款；构成犯罪的，依法追究刑事责任。

（2）扣缴义务人应扣未扣、应收而不收税款的，由税务机关向纳税人追缴税款，对扣缴义务人处以应扣未扣、应收未收税款50%以上3倍以下的罚款。

6. 偷税

（1）偷税行为的界定

纳税人采取伪造、变造、隐匿、擅自销毁账簿、记账凭证，或者在账簿上多列支出或者不列、少列收入，或者经税务机关通知申报而拒不申报或者进行虚假的纳税申报的手段，不缴或者少缴应纳税款的行为。

（2）偷税行为的法律责任

①对于纳税人的偷税行为，由税务机关追缴其不缴或少缴的税款、滞纳金，并处以罚款；构成犯罪的，依法追究刑事责任。

②纳税人、扣缴义务人编造虚假计税依据的，由税务机关责令限期改正，并处罚款。

③为纳税人、扣缴义务人非法提供银行账户、发票、证明或者其他方便，导致未缴、少缴税款的，税务机关除没收其违法所得外，可处以罚款。

7. 抗税

（1）抗税是指纳税人、扣缴义务人以暴力、威胁方法拒不缴纳税款的行为。

（2）对抗税行为，除由税务机关追缴其拒缴的税款、滞纳金外，依法追究刑事责任。情节轻微，未构成犯罪的，由税务机关追缴其拒缴的税款、滞纳金，并处以罚款。

8. 骗税

（1）骗税行为是指纳税人以假报出口或者其他欺骗手段，骗取国家出口退税款的行为。

（2）纳税人有骗税行为，由税务机关追缴其骗取的退税款，并处骗取税款1倍以上5倍以下的罚款；构成犯罪的，依法追究刑事责任。

（3）为纳税人、扣缴义务人非法提供银行账户、发票、证明或者其他方便，骗取国家出口退税款的，税务机关除没收其违法所得外，可以处未缴、少缴或者骗取的税款1倍以下的罚款。

9. 纳税人、扣缴义务人不配合税务检查

税务检查期间，纳税人、扣缴义务人发生不配合税务机关进行税务检查的下列行为，由税务机关责令改正，可以处1万元以下的罚款；情节严重的，处1万元以上5万元以下的罚款：

（1）逃避、拒绝或者以其他方式阻挠税务机关检查的；

（2）提供虚假资料，不如实反映情况，或者拒绝提供有关资料的；

（3）拒绝或者阻止税务机关记录、录音、录像、照相和复制与案件有关的情况和资料的；

（4）转移、隐匿、销毁有关资料的；

（5）有不依法接受税务检查的其他情形的。

【例题1·判断题】税收法律责任分为行政责任和刑事责任两种。（　　）（2016年）

【答案】√

【例题2·多选题】下列属于税法规定的偷税手段的有（　　）。（2016年）

A. 伪造变造账簿、记账凭证

B. 以暴力拒不缴纳税款

C. 隐匿、擅自销毁账簿和记账凭证

D. 转移或者隐匿财产

【解析】（1）选项B：属于抗税；（2）选项D：属于逃避追缴欠税。

【答案】AC

【例题3·单选题】根据税收征收管理法律制度的规定，纳税人发生的下列行为中，属于偷税的是（　　）。（2015年）

A. 以暴力、威胁方法，拒不缴纳税款的

B. 在账簿上多列支出、少列收入，少缴应纳税款的

C. 未按照规定的期限办理纳税申报和报送纳税资料的

D. 假报出口，骗取国家出口退税款的

【解析】（1）选项 A：属于抗税行为；（2）选项 C：属于违反税务管理基本规定的行为；（3）选项 D：属于骗税行为。

【答案】B

【例题 4 · 多选题】根据税收征收管理法律制度的规定，纳税人的下列行为中，属于偷税的有（　　）。（2014 年）

A. 采取转移或隐匿财产的手段，妨碍税务机关追缴欠缴税款

B. 伪造账簿，不缴应纳税款

C. 进行虚假纳税申报，少缴应纳税款

D. 按照规定应设置账簿而未设置的

【解析】（1）偷税是指纳税人采取伪造、变造、隐匿、擅自销毁账簿、记账凭证，或者在账簿上多列支出或者不列、少列收入，或者经税务机关通知申报而拒不申报或者进行虚假的纳税申报的手段，不缴或者少缴应纳税款的行为；（2）选项 A：属于逃避税务机关追缴欠税行为；（3）选项 D：属于违反税务管理基本规定的行为，由税务机关核定应纳税额。

【答案】BC

【例题 5 · 判断题】纳税人有骗税行为，由税务机关追缴其骗取的退税款并按照规定处以罚款；构成犯罪的依法追究刑事责任。（　　）（2017 年）

【答案】√

【例题 6 · 单选题】根据税收征收管理法律制度的规定，纳税人有骗税行为，由税务机关追缴其骗取的退税款，并处骗取税款一定倍数的罚款。该倍数为（　　）。（2016 年）

A. 5 倍以上 10 倍以下

B. 1 倍以上 5 倍以下

C. 10 倍

D. 10 倍以上 15 倍以下

【解析】纳税人有骗税行为，由税务机关追缴其骗取的退税款，并处骗取税款 1 倍以上 5 倍以下的罚款；构成犯罪的，依法追究刑事责任。

【答案】B

【例题 7 · 判断题】纳税人编造虚假计税依据的，由税务机关责令限期改正，并处以罚款。（　　）（2015 年）

【答案】√

本章进阶练习题

一、单项选择题

1. 根据税收征收管理法律制度的规定，从事生产、经营的纳税人应当自领取营业执照或者发生纳税义务之日起（　　）内，按规定设置账簿。

A. 7 日　　B. 10 日

C. 15 日　　D. 30 日

2. 根据税收征收管理法律制度的规定，扣缴义务人应当自法定扣缴义务发生之日起（　　）内，按照所代扣、代收的税种，分别设置代扣代缴、代收代缴税款账簿。

A. 7 日　　B. 10 日

C. 15 日　　D. 30 日

3. 根据税收征收管理法律制度的规定，采取数据电文方式办理纳税申报的，其申报日

期应当以(　　)为准。

A. 纳税人、扣缴义务人首次在税务机关指定系统中填报的时间

B. 纳税人、扣缴义务人发出纳税申报数据电文的时间

C. 税务机关收到纳税申报数据电文确认书的时间

D. 税务机关计算机网络系统收到纳税申报数据电文的时间

4. 下列涉税专业服务业务中，代理记账机构可以从事的是(　　)。

A. 纳税申报代理

B. 专业税务顾问

C. 涉税鉴证

D. 纳税情况审查

5. 某公司2018年8月应缴纳增值税60000元，城市维护建设税4200元。该公司在规定期限内未进行纳税申报，税务机关责令其缴纳税款并加收滞纳金，该公司在9月30日办理了申报缴纳手续。税务机关核定该公司增值税和城市维护建设税均以1个月为一个纳税期。该公司应缴纳的滞纳金金额是(　　)元。

A. 60000×0.5‰×15=450

B. (60000+4200)×0.5‰×15=481.5

C. 60000×0.5‰×30=900

D. (60000+4200)×0.5‰×30=963

6. 某公司将税务机关确定的最晚应于2018年11月5日缴纳的税款30万元拖至2018年11月15日缴纳。根据税收征收管理法律制度的规定，税务机关应依法加收该公司滞纳税款的滞纳金为(　　)元。

A. 150　　B. 1500

C. 1000　　D. 2250

7. 根据税收征收管理法律制度的规定，下列各项中，属于税收保全措施的是(　　)。

A. 查封纳税人价值相当于应纳税款的货物

B. 停止出口退税权

C. 书面通知纳税人开户银行从其存款中扣缴税款

D. 拍卖纳税人价值相当于应纳税款的货物，以拍卖所得抵缴税款

8. 税务机关采取税收保全措施的期限一般不得超过(　　)。

A. 3个月　　B. 6个月

C. 12个月　　D. 24个月

9. 下列各项中，属于逃避税务机关追缴欠税行为的是(　　)。

A. 欠缴应纳税款的纳税人，转移或者隐匿财产以妨碍税务机关追缴

B. 纳税人擅自销毁账簿以不缴应纳税款

C. 纳税人在账簿上多列支出以少缴应纳税款

D. 纳税人进行虚假的纳税申报以少缴应纳税款

10. 纳税人、扣缴义务人以暴力、威胁方法拒不缴纳税款的行为，属于(　　)。

A. 骗税　　B. 抗税

C. 偷税　　D. 逃税

二、多项选择题

1. 根据税收征收管理法律制度的规定，下列各项中，可以不办理税务登记的有(　　)。

A. 国家机关

B. 企业在外地设立的分支机构

C. 无固定生产经营场所的流动性农村小商贩

D. 负有个人所得税纳税义务的自然人

2. 下列各项中，属于虚开发票行为的有(　　)。

A. 为自己开具与实际经营业务情况不符的发票

B. 为他人开具与实际经营业务情况不符的发票

C. 让他人为自己开具与实际经营业务情况不符的发票

D. 介绍他人开具与实际经营业务情况不符的发票

3. 下列各项中，属于税收征收管理法律制度禁止的行为有(　　)。

A. 转借发票

B. 拆本使用发票

C. 扩大发票使用范围
D. 以其他凭证代替发票使用
4. 根据税收征收管理法律制度的规定，纳税申报方式包括（　　）。
A. 自行申报
B. 邮寄申报
C. 数据电文申报
D. 简并征期
5. 根据税收征收管理法律制度的规定，下列各项中，属于涉税专业服务机构可以接受委托从事的涉税业务有（　　）。
A. 税收策划
B. 专业税务顾问
C. 涉税鉴证
D. 纳税情况审查
6. 根据税收征收管理法律制度的规定，下列涉税业务中，只能由具有税务师事务所、会计师事务所、律师事务所资质的涉税专业服务机构从事的有（　　）。
A. 税收策划
B. 纳税申报代理
C. 一般税务咨询
D. 涉税鉴证
7. 有关涉税专业服务的下列表述中，正确的有（　　）。
A. 税务代理委托协议中的当事人一方必须是具体承办业务的税务代理执业人员
B. 凡是由于委托方未及时提供真实的、完整的、合法的生产经营情况、财务报表及有关纳税资料造成代理工作失误的，由委托方承担责任
C. 税务代理业务档案保存应不少于10年
D. 税务机关对涉税专业服务机构在中华人民共和国境内从事涉税专业服务进行监管
8. 根据税收征收管理法律制度的规定，下列各项中，属于税款征收方式的有（　　）。
A. 查验征收
B. 定期定额征收
C. 查账征收
D. 查定征收
9. 根据税收征收管理法律制度的规定，下列情形中，税务机关有权核定纳税人应纳税额的有（　　）。
A. 纳税人按照法律、行政法规的规定应当设置但未设置账簿的
B. 纳税人虽设置账簿，但账目混乱难以查账的
C. 纳税人申报的计税依据明显偏低，但有正当理由的
D. 纳税人发生纳税义务，未按照规定的期限办理纳税申报的
10. 根据税收征收管理法律制度的规定，下列情形中，税务机关有权责令纳税人提供纳税担保的有（　　）。
A. 税务机关有根据认为从事生产、经营的纳税人有逃避纳税义务行为的
B. 欠缴税款、滞纳金的纳税人或者其法定代表人需要出境的
C. 纳税人同税务机关在纳税上发生争议而未缴清税款，需要申请行政复议的
D. 未按照规定的期限办理纳税申报，经税务机关责令限期申报；逾期仍不申报的
11. 根据税收征收管理法律制度的规定，纳税担保的范围包括（　　）。
A. 税款
B. 滞纳金
C. 罚款
D. 为实现税款变卖担保财产的费用
12. 根据税收征收管理法律制度的规定，下列各项中，符合规定的有（　　）。
A. 个人及其所扶养家属维持生活必需的住房和用品，不在税收保全措施和强制执行措施的范围之内
B. 税收强制执行措施的适用范围不仅限于从事生产经营的纳税人，也包括扣缴义务人
C. 采取税收强制执行措施时，被执行人未缴纳的罚款必须同时执行
D. 采取税收保全措施时，冻结的存款以纳税人应纳税款的数额为限
13. 根据税收征收管理法律制度的规定，税务机关在进行税务检查时，可以采取的行为有（　　）。

A. 检查纳税人的账簿、记账凭证、报表和有关资料
B. 到纳税人的生活场所进行检查
C. 到车站、码头、机场、邮政企业及其分支机构检查纳税人托运、邮寄应纳税商品、货物或者其他财产的有关单据、凭证和有关资料
D. 询问纳税人、扣缴义务人与纳税或者代扣代缴、代收代缴税款有关的问题和情况

三、判断题

1. 不从事生产经营的单位和个人，不办理税务登记。（　）
2. 销售商品、提供服务以及从事其他经营活动的单位和个人，对外发生经营业务收取款项，应当由付款方向收款方开具发票。（　）
3. 全面“营改增”后，门票、过路（过桥）费发票、定额发票、客运发票和二手车销售统一发票不得使用。（　）
4. 自 2017 年 7 月 1 日起，购买方为企业（包括公司、非公司制企业法人、企业分支机构、个人独资企业、合伙企业和其他企业）的，索取增值税普通发票时，应向销售方提供纳税人识别号或统一社会信用代码。（　）
5. 已开具的发票，税务机关有权调出查验；空白发票，税务机关无权调出查验。（　）
6. 纳税人在纳税期内没有应纳税款的，也应当按照规定办理纳税申报。（　）
7. 纳税人享受减税、免税待遇的，在减税、免税期间不用办理纳税申报。（　）
8. 只有税务师事务所和从事涉税专业服务的会计师事务所、律师事务所可以从事涉税专业服务。（　）
9. 只有税务师事务所和从事涉税专业服务的会计师事务所、律师事务所可以提供专业税务顾问、税收策划、涉税鉴证和纳税情况审查服务。（　）
10. 代理记账机构可以提供纳税申报代理、一般税务咨询服务。（　）
11. 对生产经营规模较小、产品零星、税源分散、会计账册不健全，但能控制原材料或进销货的小型厂矿和作坊，税务机关可以采用查账征收的方式征收税款。（　）
12. 发生纳税义务，未按照规定的期限办理纳税申报，经税务机关责令限期申报；逾期仍不申报的，税务机关可以采取税收强制执行措施。（　）
13. 欠缴税款的纳税人或者其法定代表人在出境前未按规定结清应纳税款、滞纳金或者提供纳税担保的，税务机关可以通知出境管理机关阻止其出境。（　）
14. 税务机关调查税务违法案件时，对与案件有关的情况和资料，可以记录、录音、录像、照相和复制。（　）
15. 税务机关派出的人员进行税务检查时，应当出示税务检查证和税务检查通知书。（　）

本章进阶练习题参考答案及解析

扫码看答案

微信扫“扫码看答案”二维码，即可查阅电子版答案和解析，“手机看答案更轻松”。

一、单项选择题

1. 答案 C
2. 答案 B
3. 答案 D 【解析】采取数据电文方式办理纳税申报的，其申报日期以税务机关计算机网络系统收到该数据电文的时间为准。
4. 答案 A 【解析】选项 BCD：应当由具有

税务师事务所、会计师事务所、律师事务所资质的涉税专业服务机构从事，相关文书应由税务师、注册会计师、律师签字，并承担相应的责任。

5. 答案 B 【解析】（1）纳税人未按照规定期限缴纳税款的，税务机关可责令限期缴纳，并从滞纳税款之日起，按日加收滞纳税款万分之五的滞纳金。（2）加收滞纳金的起止时间，为法律、行政法规规定或者税务机关依照法律、行政法规的规定确定的税款缴纳期限届满次日起至纳税人实际缴纳税款之日止。（3）增值税纳税人以1个月为一个纳税期的，自期满之日起15日内申报纳税。城建税由纳税人在缴纳增值税、消费税的同时缴纳，其纳税期限与增值税、消费税的纳税期限一致。在本题中，8月应缴纳的增值税、城建税应当最晚于9月15日缴纳，该公司实际缴纳税款的日期为9月30日，滞纳天数为15天，应缴纳的滞纳金金额 $= (60000 + 4200) \times 0.5‰ \times 15 = 481.5$（元）。

6. 答案 B 【解析】（1）加收滞纳金的起止时间为按规定确定的税款缴纳期限届满次日起至纳税人实际缴纳税款之日止（11月6日至11月15日）；（2）应加收滞纳金 $= 30 \times 10000 \times 0.5‰ \times 10 = 1500$（元）。

7. 答案 A 【解析】（1）选项B：属于税务机关作出的行政处罚行为；（2）选项CD：属于税收强制执行措施。

8. 答案 B 【解析】税务机关采取税收保全措施的期限一般不得超过6个月；重大案件需要延长的，应当报国家税务总局批准。

9. 答案 A 【解析】（1）选项A：纳税人欠缴应纳税款，采取转移或者隐匿财产的手段，妨碍税务机关追缴欠缴的税款的，属于逃避税务机关追缴欠税行为；（2）选项BCD：属于偷税行为。

10. 答案 B 【解析】抗税是指纳税人、扣缴义务人以“暴力、威胁”方法拒不缴纳税款的行为。

二、多项选择题

1. 答案 ACD 【解析】（1）选项B：从事生产、经营的纳税人（包括企业，企业在外地设立的分支机构和从事生产、经营的场所，个体工商户和从事生产、经营的事业单位）都应当办理税务登记；（2）选项ACD：非从事生产经营但依照规定负有纳税义务的单位和个人，也应当办理税务登记，但国家机关、个人和无固定生产经营场所的流动性农村小商贩除外。

2. 答案 ABCD 【解析】选项ABCD均为虚开发票的行为，任何单位和个人禁止虚开发票。

3. 答案 ABCD

4. 答案 ABCD 【解析】纳税申报的方式包括自行申报、邮寄申报、数据电文申报和其他方式申报（如简易申报、简并征期）。

5. 答案 ABCD

6. 答案 AD 【解析】选项BC：可以由代理记账机构、税务代理公司、财税类咨询公司等从事。

7. 答案 BD 【解析】（1）选项A：税务代理委托协议中的当事人一方必须是涉税专业服务机构，税务代理执业人员不得以个人名义直接接受委托；（2）选项C：税务代理业务档案需妥善保存，专人负责；税务代理业务档案保存应不少于5年。

8. 答案 ABCD 【解析】税款征收方式包括查账征收、查定征收、查验征收、定期定额征收。

9. 答案 AB 【解析】（1）选项C：纳税人申报的计税依据明显偏低，又无正当理由的，税务机关有权核定其应纳税额；（2）选项D：纳税人发生纳税义务，未按照规定的期限办理纳税申报，经税务机关责令限期申报，逾期仍不申报的，税务机关有权核定其应纳税额。

10. 答案 BC 【解析】（1）选项A：税务机关有根据认为从事生产、经营的纳税人有逃避纳税义务行为时，可以责令纳税人在规定的纳税期之前限期缴纳应纳税款；只有在限期内，发现纳税人有明显的转移、隐匿其应纳税的商品、货物以及其他财产或者应纳税收入迹象的，税务机关才有权责令纳税人提供纳税担保。(2) 选项D：纳税人发生纳税义务，未按照规定的期限办理纳税申报，经税务机关责令限期申报；逾期仍不申报的，税务机关有权核定其应纳税额。

11. 答案 ABD 【解析】纳税担保的范围包括税款、滞纳金和实现税款、滞纳金的费用。费用包括抵押、质押登记费用，质押保管费用，以及保管、拍卖、变卖担保财产等相关费用支出。

12. 答案 ABD 【解析】选项C：税务机关采取强制执行措施时，纳税人、扣缴义务人、纳税担保人未缴纳的税款、滞纳金必须同时强制执行，但不包括罚款。

13. 答案 ACD 【解析】选项B：税务机关可以到纳税人的生产、经营场所和货物存放地检查纳税人应纳税的商品、货物或其他财产，但是不包括到纳税人的生活场所进行检查。

三、判断题

1. 答案 × 【解析】除国家机关、个人和无固定生产经营场所的流动性农村小商贩外的其他非从事生产经营但依法负有纳税义务的单位和个人，应当办理税务登记。

2. 答案 × 【解析】销售商品、提供服务以及从事其他经营活动的单位和个人，对外发生经营业务收取款项，收款方应当向付款方开具发票。但下列情况，由付款方向收款方开具发票：(1) 收购单位和扣缴义务人支付个人款项时；(2) 国家税务总局认为其他需要由付款方向收款方开具发票的。

3. 答案 × 【解析】全面“营改增”后，门票、过路（过桥）费发票、定额发票、客运发票和二手车销售统一发票继续使用。

4. 答案 √

5. 答案 × 【解析】税务机关需要将空白发票调出查验时，应当开具收据，经查无问题的，应当及时返还。

6. 答案 √

7. 答案 × 【解析】纳税人享受减税、免税待遇的，在减税、免税期间应当按照规定办理纳税申报。

8. 答案 × 【解析】涉税专业服务机构是指税务师事务所和从事涉税专业服务的会计师事务所、律师事务所、代理记账机构、税务代理公司、财税类咨询公司等机构。

9. 答案 √

10. 答案 √

11. 答案 × 【解析】查定征收适用于生产经营规模较小、产品零星、税源分散、会计账册不健全，但能控制原材料或进销货的小型厂矿和作坊。

12. 答案 × 【解析】发生纳税义务，未按照规定的期限办理纳税申报，经税务机关责令限期申报；逾期仍不申报的，税务机关有权核定其应纳税额。

13. 答案 √

14. 答案 √

15. 答案 √

第八章　劳动合同与社会保险法律制度

本章考情分析

本章由2个部分内容组成：(1) 劳动合同法律制度；(2) 社会保险法律制度。本章在每套考卷中的分值约15分，各种题型均可涉及。

最近3年考试题型题量分析表

	2016年		2017年		2018年	
	卷1	卷2	卷1	卷2	卷1	卷2
单项选择题	5题 7.5分	5题 7.5分	3题 4.5分	3题 4.5分	4题6分	4题6分
多项选择题	4题8分	3题6分	2题4分	5题10分	3题6分	3题6分
判断题	1题1分	1题1分	1题1分	1题1分	1题1分	1题1分
不定项选择题	——	——	4题8分	——	——	——
合计	10题 16.5分	9题 14.5分	10题 17.5分	9题 15.5分	8题13分	8题13分

说明：上表数据并非最近3年考试题库的完整统计，而是我们向参加当年考试的考生了解的、较为完整的代表性试卷进行的统计。

2019年本章考点的主要变化如下。

(1) 根据社会保险新政策，对“职工基本养老保险的单位缴费率”“失业保险缴费率”进行了调整。

(2) 新增“社会保险费交由税务部门统一征收”的有关规定。

本章单元框架

- 劳动合同法律制度
  - 第1单元　劳动合同的订立
  - 劳动合同的内容
    - 第2单元　劳动合同的必备条款
    - 第3单元　劳动合同的约定条款
  - 第4单元　劳动合同的履行与重大变故
  - 第5单元　特殊种类的劳动合同
  - 第6单元　劳动争议的解决机制
- 社会保险法律制度
  - 第7单元　职工基本养老保险与职工基本医疗保险
  - 第8单元　工伤保险
  - 第9单元　失业保险及社会保险的征管制度

本章考点剖析

【提示】本章内容与我们的生活息息相关，熟练掌握与深刻理解显得尤为重要。请跟着名师的步伐，带您“码”上入行，快扫我们考点旁的听课二维码。

第1单元　劳动合同的订立

【本单元考点框架】

- 劳动合同的订立主体（考点1）
- 劳动关系的建立（考点2）
- 书面劳动合同的签订（考点3）
- 劳动合同的效力（考点4）

考点1：劳动合同的订立主体：劳动者和用人单位（★★）

（一）主体资格

1. 劳动者

（1）劳动年龄

禁止用人单位招用未满16周岁的未成年人；文艺、体育、特种工艺单位招用未满16周岁的未成年人，必须依照国家有关规定，履行审批手续，并保障其接受义务教育的权利。

（2）就业权利平等

①劳动者就业，不因民族、种族、性别、宗教信仰不同而受歧视。

②妇女享有与男子平等的就业权利。在录用职工时，除国家规定的不适合妇女的工种或者岗位外，不得以性别为由拒绝录用妇女或者提高对妇女的录用标准。

2. 用人单位设立的分支机构

用人单位设立的分支机构，依法取得营业执照或者登记证书的，可以作为用人单位与劳动者订立劳动合同；未依法取得营业执照或者登记证书的，受用人单位委托可以与劳动者订立劳动合同。

（二）用人单位的义务和责任

1. 告知义务

用人单位招用劳动者时，应当如实告知劳动者工作内容、工作条件、工作地点、职业危害、安全生产状况、劳动报酬，以及劳动者要求了解的其他情况。

2. 不得扣押证件、收取财物

（1）用人单位招用劳动者，不得扣押劳动者的居民身份证和其他证件。用人单位扣押劳动者居民身份证等证件的，由劳动行政部门责令限期退还劳动者本人，并依照有关法律规定给予处罚。

（2）用人单位招用劳动者，不得要求劳动者提供担保或者以其他名义向劳动者收取财物。用人单位以担保或者其他名义向劳动者收取财物的，由劳动行政部门责令限期退还劳动者本人，并以每人500元以上2000元以下的标准对用人单位处以罚款；给劳动者造成损害的，应当承担赔偿责任。

（三）劳动者的义务

用人单位有权了解劳动者与劳动合同直接相关的基本情况，劳动者应当如实说明。

【例题1·多选题】根据劳动合同法律制度的规定，特定用人单位招用未满16周岁的未成年人应按规定履行审批手续并保障其接受义务教育的权利。下列用人单位中，可招用未满16周岁未成年人的有（　　）。(2018年)

A. 文艺单位

B. 物流配送单位

C. 体育单位

D. 餐饮单位

【解析】禁止用人单位招用未满16周岁的未成年人；“文艺、体育、特种工艺单位”招用未满16周岁的未成年人，必须依法履行审批手续，并保障其接受义务教育的权利。

【答案】AC

【例题2·单选题】用人单位招用劳动者的下列情形中，符合法律规定的是（　　）。(2016年)

A. 丙超市与刚满15周岁的初中毕业生赵某签订劳动合同

B. 乙公司以只招男性为由拒绝录用应聘者李女士从事会计工作

C. 甲公司设立的分公司已领取营业执照，该分公司与张某订立劳动合同

D. 丁公司要求王某提供2000元保证金后才与其订立劳动合同

【解析】（1）选项A：赵某未满16周岁，丙超市不属于文艺、体育、特种工艺单位，不得招用未满16周岁的未成年人；（2）选项B：“会计”不属于国家规定的不适合妇女的岗位，不得拒绝录用女性；（3）选项C：该分公司已依法取得营业执照，可以作为用人单位与劳动者订立劳动合同；（4）选项D：用人单位招用劳动者，不得扣押劳动者的居民身份证和其他证件，不得要求劳动者提供担保或者以其他名义向劳动者收取财物。

【答案】C

【例题3·多选题】根据劳动合同法律制度的规定，下列各项中，属于用人单位订立劳动合同时应当承担的义务有（　　）。(2015年)

A. 告知劳动者工作内容、工作条件、工作地点、职业危害、安全生产状况、劳动报酬等情况

B. 不得扣押劳动者相关证件

C. 不得向劳动者索取财物

D. 不得要求劳动者提供担保

【答案】ABCD

考点2：劳动关系的建立（★★★）

用人单位自用工之日起即与劳动者建立劳动关系；用人单位与劳动者在用工前订立劳动合同的，劳动关系自用工之日起建立。

【提示】劳动关系的建立时间只与“用工之日”有关，与是否签订了书面劳动合同、书面劳动合同的签订时间（先签合同后用工或先用工后签合同）、书面劳动合同约定的合同期限起算点、试用期满时间、发放第一笔工资的时间等均无关。

【例题1·单选题】2015年6月5日，张某到甲公司工作。6月8日，甲公司与张某签订劳动合同，约定合同期限自2015年6月

9日起至2017年6月8日止，每月20日发放工资。甲公司与张某劳动关系建立的时间为(　　)。(2016年)

A. 2015年6月9日

B. 2015年6月20日

C. 2015年6月8日

D. 2015年6月5日

【解析】用人单位自用工之日（2015年6月5日）起即与劳动者建立劳动关系。

【答案】D

【例题2·单选题】2013年4月，赵某应聘到甲公司工作，双方口头约定了1个月试用期，但未订立书面劳动合同。根据劳动合同法律制度的规定，关于双方劳动关系建立的下列表述中，正确的是(　　)。(2014年)

A. 甲公司应与赵某补签书面劳动合同，双方之间的劳动关系自合同补签之日起建立

B. 赵某与甲公司未订立书面劳动合同，双方之间未建立劳动关系

C. 赵某与甲公司之间的劳动关系自赵某进入公司开始工作时建立

D. 赵某与甲公司之间的劳动关系自试用期满时建立

【答案】C

【例题3·单选题】2011年3月1日，甲公司与韩某签订劳动合同，约定合同期限1年，试用期1个月，每月15日发放工资。韩某3月10日上岗工作。甲公司与韩某建立劳动关系的起始时间是(　　)。(2011年)

A. 2011年3月1日

B. 2011年3月10日

C. 2011年3月15日

D. 2011年4月10日

【答案】B

考点3：书面劳动合同的签订（★★★）

表8-1

情形		用人单位的处理
自用工之日起1个月内	订立书面劳动合同	合法，双方依法依约继续履行劳动合同即可
	经用人单位书面通知，劳动者不与用人单位订立书面劳动合同	用人单位： （1）应当书面通知劳动者终止劳动关系 （2）无须向劳动者支付经济补偿金 （3）应当依法向劳动者支付其实际工作时间的劳动报酬
用工之日起超过1个月不满1年	用人单位与劳动者补订了书面劳动合同	应当依法向劳动者每月支付2倍的工资（1倍正常工资+1倍工资补偿）；起算时间为用工之日起满1个月的次日，截止时间为补订书面劳动合同的前1日
	劳动者不与用人单位订立书面劳动合同	用人单位： （1）应当书面通知劳动者终止劳动关系 （2）应向劳动者支付经济补偿金
用工之日起满1年	用人单位仍未与劳动者订立书面劳动合同	（1）视为自用工之日起满1年的当日已经与劳动者订立无固定期限劳动合同，应立即与劳动者补订书面劳动合同 （2）应当依法向劳动者每月支付2倍的工资；支付时限为自用工之日起满1个月的次日至满1年的前1日（共计11个月）

【案例】王某2018年1月1日正式开始在甲公司工作：（1）甲公司应当最迟于2018年2月1日前“书面通知”王某签订书面劳动合同，如果王某拒绝签订书面劳动合同，甲公司应当“书面通知”王某终止劳动关系，向王某支付实际工作时间的劳动报酬，但无须支付工资补偿和经济补偿金。（2）如果甲公司至2018年9月1日才提出与王某签订书面劳动合同：①即使双方当天订立了书面劳动合同，甲公司也应当在支付正常的工资之外，再支付1倍工资作为补偿（连同正常工资在内，共计2倍工资），加付1倍工资的时间为用工之日起满1个月的次日至补订书面劳动合同的前1日，即甲公司除了支付1～8月的正常工资外，还应当支付共计7个月（2～8月）的工资补偿；②如果王某已经不愿意与甲公司订立书面劳动合同，则甲公司应当书面通知王某终止劳动关系，支付1～8月的正常工资，并支付经济补偿金。（3）如果甲公司至2019年1月1日仍未与王某订立书面劳动合同的，则视为甲公司已于2019年1月1日与王某订立了无固定期限劳动合同，正常工资照付，同时还应另外向王某支付2018年2月至2018年12月，共计11个月的工资补偿。（参考下图）

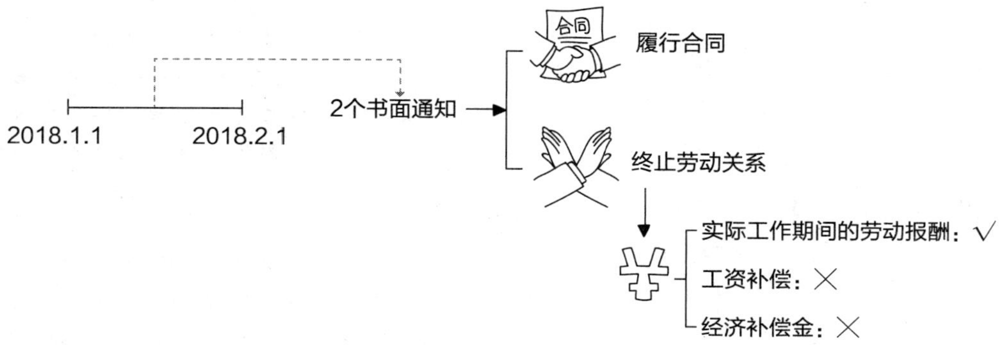

图8－1

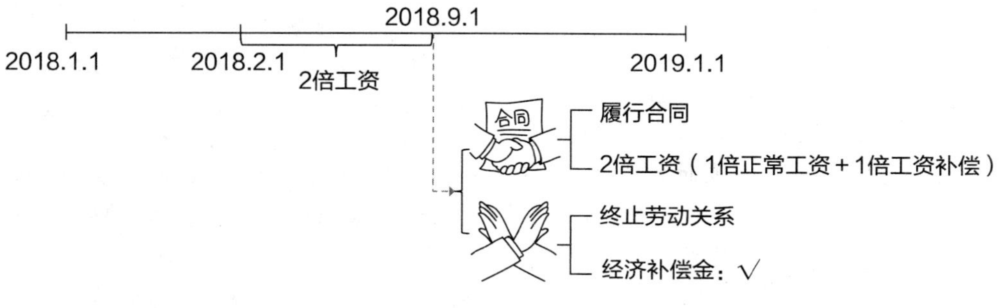

图8－2

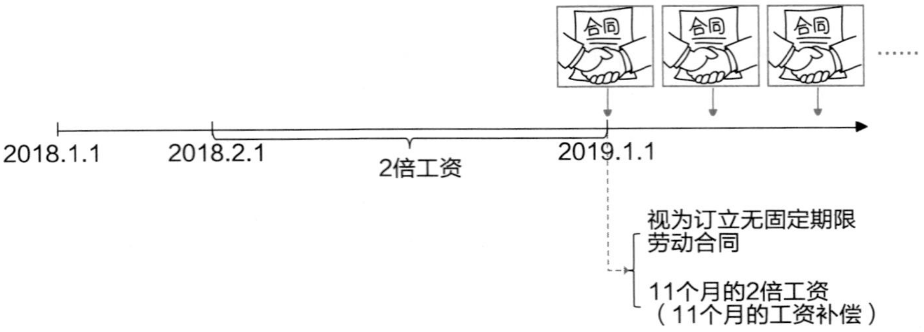

图 8－3

【提示】未按照法律规定期限签订书面劳动合同的情形下，劳动者获得双倍工资的最长期限是11个月。也就是说，如果用工之日起满1年，用人单位仍未与劳动者签订书面劳动合同，不论双方何时补签书面劳动合同，劳动者只能获得11个月的工资补偿。

【例题1·单选题】2013年3月12日，吴某应聘到甲公司工作，每月领取工资2000元，直至2014年2月12日甲公司方与其订立书面劳动合同。根据劳动合同法律制度的规定，甲公司应依法向吴某支付未及时订立书面劳动合同的工资补偿为(　　)。(2015年)

A. 22000元　　B. 20000元

C. 44000元　　D. 19000元

【解析】(1) 用人单位自用工之日起超过1个月不满1年（至补订劳动合同时，甲公司已经用工11个月）未与劳动者订立书面劳动合同的，应当向劳动者每月支付2倍的工资；(2) 用人单位向劳动者每月支付2倍工资的起算时间为用工之日起满1个月的次日，截止时间为补订书面劳动合同的前1日，即2013年4月12日至2014年2月11日，共计10个月。

【答案】B

【例题2·单选题】周某于2011年4月11日进入甲公司就职，经周某要求，公司于2012年4月11日才与其签订劳动合同。已知周某每月工资2000元，已按时足额领取。甲公司应向周某支付工资补偿的金额是(　　)元。(2012年)

A. 0　　B. 2000

C. 22000　　D. 24000

【解析】用人单位自用工之日起满1年未与劳动者订立书面劳动合同的，自用工之日起满1个月的次日至满1年的前1日（共11个月）应当向劳动者每月支付2倍的工资，并视为自用工之日起满1年的当日已经与劳动者订立无固定期限劳动合同，应当立即与劳动者补订书面劳动合同。

【答案】C

【例题3·多选题】2012年7月5日，王某到甲公司上班，但甲公司未与其签订书面合同。甲公司该行为法律后果的下列表述中，正确的有(　　)。(2013年)

A. 甲公司和王某之间尚未建立劳动关系

B. 甲公司应在2012年8月5日前与王某签订书面劳动合同

C. 若甲公司在2012年10月5日与王某补订了书面劳动合同，王某有权要求甲公司向其支付2个月的双倍工资

D. 若甲公司在2013年10月5日与王某补订了书面劳动合同，王某有权要求甲公司向其支付11个月的双倍工资

【解析】(1) 选项A：劳动关系自用工之日起建立，王某和甲公司之间已于2012年7月5日建立了劳动关系；(2) 选项B：书面劳动合同应当自用工之日起1个月内签订；(3) 选项C：补订书面合同的时间在用工之日起1年内，每月支付2倍工资的起算时间为用工之日起满1个月的次日（8月5日），截止时间为补订书面劳动合同的前1日（10

月4日）；（4）选项D：补订书面合同的时间已经超过用工之日起1年，王某只能要求自用工之日起满1个月的次日至满1年的前1日（共计11个月）的2倍工资。

【答案】BCD

【例题4·单选题】2017年7月1日，李某到甲公司工作，按月领取工资3000元。同年9月1日，甲公司与李某签订书面劳动合同。已知，当地月最低工资标准为1800元，当地上年度职工月平均工资为3500元。因未及时与李某签订书面劳动合同，甲公司应向其补偿的工资数额为（ ）。（2018年）

A. 7000元 B. 1800元

C. 3000元 D. 3500元

【解析】用人单位自用工之日起超过1个月不满1年未与劳动者订立书面劳动合同的（甲公司与李某补订合同时距用工之日起已满2个月），应当自用工之日满1个月的次日起至补订书面劳动合同的前1日（8月1日至8月31日），向劳动者每月支付2倍的工资（1倍正常工资+1倍工资补偿）；在本题中，李某已经按月领取正常工资，因此，还需要向李某支付8月1日至8月31日的工资补偿3000元。

【答案】C

考点4：劳动合同的效力（★）

1. 生效时间

劳动合同由用人单位与劳动者协商一致，并经用人单位与劳动者在劳动合同文本上签字或者盖章生效。

【提示】劳动合同生效时间与劳动关系建立时间不同：（1）可以双方先在劳动合同文本上签字或者盖章，劳动合同相应生效，而后再实际用工，劳动关系于实际用工之日起建立；（2）也可以先实际用工（先建立劳动关系），而后双方再在合同文本上签字或盖章（劳动合同生效）。

2. 下列劳动合同无效或者部分无效

（1）以欺诈、胁迫的手段或者乘人之危，使对方在违背真实意思的情况下订立或者变更劳动合同的；

（2）用人单位免除自己的法定责任、排除劳动者权利的；

（3）违反法律、行政法规强制性规定的。

3. 无效劳动合同的法律后果

（1）无效劳动合同，从订立时起就没有法律约束力；劳动合同部分无效，不影响其他部分效力的，其他部分仍然有效。

（2）劳动合同被确认无效，劳动者已付出劳动的，用人单位应当向劳动者支付劳动报酬。

（3）劳动合同被确认无效，给对方造成损害的，有过错的一方应当承担赔偿责任。

【例题1·多选题】根据劳动合同法律制度的规定，下列关于无效劳动合同法律后果的表述中，正确的有（ ）。（2018年）

A. 劳动合同部分无效，不影响其他部分效力的，其他部分仍然有效

B. 劳动合同被确认无效，给对方造成损害的，有过错的一方应当承担赔偿责任

C. 无效劳动合同，从合同订立时起就没有法律约束力

D. 劳动合同被确认无效，劳动者已付出劳动的，用人单位应当向劳动者支付劳动报酬

【答案】ABCD

【例题2·多选题】根据劳动合同法律制度的规定，下列各项中，劳动合同无效或者部分无效的有（ ）。（2013年）

A. 以欺诈手段，使对方在违背真实意思的情况下订立的劳动合同

B. 用人单位免除自己的法定责任、排除劳动者权利的劳动合同

C. 违反法律、行政法规强制性规定的劳动合同

D. 劳动合同订立后，用人单位变更名称的

【解析】选项D：用人单位变更名称、法定代表人、主要负责人或者投资人等事项，不影响劳动合同的履行。

【答案】ABC

第2单元　劳动合同的必备条款

【本单元考点框架】

- 劳动合同主要内容总述（考点1）
- 劳动合同必备条款
  - 无固定期限劳动合同（考点2）
  - 工时制度（考点3）
  - 带薪年休假（考点4）
  - 劳动报酬
    - 劳动报酬的基本规定（考点5）
    - 加班工资（考点6）
    - 最低工资制度（考点7）

考点1：劳动合同主要内容总述（★）

表8－2

类型	具体条款
必备条款	用人单位的名称、住所和法定代表人或者主要负责人
	劳动者的姓名、住址和居民身份证或者其他有效身份证件号码
必备条款	劳动合同期限
	工作内容和工作地点
	工作时间和休息休假
	劳动报酬
	社会保险
	劳动保护、劳动条件和职业危害防护
约定条款	试用期
	服务期
	保守商业秘密和竞业限制
	其他约定事项：如补充保险

【例题·多选题】根据劳动合同法律制度的规定，下列各项中，属于劳动合同必备条款的有（　　）。（2017年）

A. 社会保险　　B. 劳动报酬

C. 服务期　　D. 劳动合同期限

【答案】ABD

考点2：无固定期限劳动合同（★★）

（一）何谓“无固定期限劳动合同”

1. 用人单位与劳动者协商一致，可以选择订立固定期限劳动合同、无固定期限劳动合同或以完成一定工作任务为期限的劳动合同。

2. 无固定期限劳动合同是指用人单位与劳动者约定无确定终止时间的劳动合同。该合同只是“无确切终止时间”，而非“无终止时间”，一旦出现了法定情形或者双方协商一致解除的，无固定期限劳动合同同样也能够解除。

【提示】无固定期限劳动合同的订立主要有3种情形：（1）双方自由协商、一致同意订立；（2）依照法律规定，直接视为订立了无固定期限劳动合同；（3）出现法定情形时，法律强制用人单位与劳动者订立无固定期限劳动合同（除非劳动者有相反意愿）。

（二）视为订立无固定期限劳动合同的情形

用人单位自用工之日起满1年不与劳动者订立书面劳动合同的，视为用人单位自用工之日起满1年的当日已经与劳动者订立无固定期限劳动合同。

（三）应当订立无固定期限劳动合同

1. 准确理解“应当”——劳动者有权说“No!”

出现法定应当订立无固定期限劳动合同的情形时，如果劳动者提出订立固定期限劳动合同，则用人单位应当与其订立固定期限劳动合同。

2. 应当订立无固定期限劳动合同的情形

（1）10年

①劳动者在该用人单位连续工作满10年的；

②用人单位初次实行劳动合同制度或者国有企业改制重新订立劳动合同时，劳动者在该用人单位连续工作满10年且距法定退休年龄不足10年的。

（2）2次

劳动者和用人单位已经连续订立2次固定期限劳动合同，且劳动者没有下述情形（简称“劳动者法定情形”），续订劳动合同的：

①严重违反用人单位的规章制度的；

②严重失职，营私舞弊，给用人单位造成重大损害的；

③劳动者同时与其他用人单位建立劳动关系，对完成本单位的工作任务造成严重影响，或者经用人单位提出，拒不改正的；

④劳动者以欺诈、胁迫的手段或者乘人之危，使用人单位在违背真实意思的情况下订立或者变更劳动合同，致使劳动合同无效的；

⑤被依法追究刑事责任的；

⑥劳动者患病或者非因工负伤，在规定的医疗期满后不能从事原工作，也不能从事由用人单位另行安排的工作的；

⑦劳动者不能胜任工作，经过培训或者调整工作岗位，仍不能胜任工作的。

3. 法律责任

用人单位违反规定不与劳动者订立无固定期限劳动合同的，自应当订立无固定期限劳动合同之日起向劳动者每月支付2倍的工资。

【提示】区别于用人单位未按照法律规定期限签订书面劳动合同，此处的“2倍工资”没有最多11个月的限制。

【例题1·多选题】2008年以来，甲公司与下列职工均已连续订立2次固定期限劳动合同，再次续订劳动合同时，除职工提出订立固定期限劳动合同外，甲公司应与之订立无固定期限劳动合同的有（　　）。（2016年）

A. 不能胜任工作，经过培训能够胜任的李某

B. 因交通违章承担行政责任的范某

C. 患病休假，痊愈后能继续从事原工作的王某

D. 同时与乙公司建立劳动关系，经甲公司提出立即改正的张某

【解析】本题针对“劳动者法定情形”的细节出题。（1）选项A：劳动者不能胜任工作，经过培训或者调整工作岗位，仍不能胜任工作的（李某经培训能够胜任）；（2）选项B：被依法追究刑事责任（而非行政责任）的；（3）选项C：劳动者患病或者非因工负伤，在规定的医疗期满后不能从事原工作，也不能从事由用人单位另行安排的工作的（王某可以从事原工作）；（4）选项D：劳动者同时与其他用人单位建立劳动关系，对完成本单位的工作任务造成严重影响，或者经用人单位提出，拒不改正的（张某已经立即改正）。

【答案】ABCD

【例题2·多选题】根据劳动合同法律制度的规定，下列各项中，除劳动者提出订立固定期限劳动合同外，用人单位与劳动者应当订立无固定期限劳动合同的情形有（　）。(2011年)

A. 劳动者在该用人单位连续工作满10年的

B. 连续订立2次固定期限劳动合同，且劳动者不具备法定情形，继续续订的

C. 国有企业改制重新订立劳动合同，劳动者在该用人单位连续工作满5年且距法定退休年龄不足15年的

D. 用人单位初次实行劳动合同制度，劳动者在该用人单位连续工作满10年且距法定退休年龄不足10年的

【解析】(1) 选项B：连续订立2次固定期限劳动合同，且劳动者不具有法定情形(如严重违反用人单位的规章制度、被依法追究刑事责任等)，续订劳动合同的，除劳动者提出订立固定期限劳动合同外，应当订立无固定期限劳动合同；(2) 选项CD：用人单位初次实行劳动合同制度或者国有企业改制重新订立劳动合同时，劳动者在该用人单位连续工作满10年，且距法定退休年龄不足10年的，除劳动者提出订立固定期限劳动合同外，应当订立无固定期限劳动合同。

【答案】ABD

考点3：工时制度（★）

1. 我国目前实行的工时制度主要有标准工时制、不定时工作制和综合计算工时制三种类型。

2. 国家实行劳动者每日工作8小时、每周工作40小时的标准工时制度。

3. 有些企业因工作性质和生产特点不能实行标准工时制度，应保证劳动者每天工作不超过8小时，每周工作不超过40小时，每周至少休息1天。

4. 用人单位由于生产经营需要，经与工会和劳动者协商后可以延长工作时间，一般每日不得超过1小时；因特殊原因需要延长工作时间的，在保障劳动者身体健康的条件下延长工作时间，每日不得超过3小时，每月不得超过36小时。

5. 有下列情形之一的，延长工作时间不受上述规定的限制：

(1) 发生自然灾害、事故或者因其他原因，威胁劳动者生命健康和财产安全，需要紧急处理的；

(2) 生产设备、交通运输线路、公共设施发生故障，影响生产和公众利益，必须及时抢修的；

(3) 法律、行政法规规定的其他情形。

考点4：带薪年休假（简称“年休假”）（★★★）

1. 职工在年休假期间享受与正常工作期间相同的工资收入。

2. 能否休？

(1) 机关、团体、企业、事业单位、民办非企业单位、有雇工的个体工商户等单位的职工连续工作1年以上的，享受带薪年休假。

(2) 不能享受当年带薪年休假的情形：

①职工依法享受寒暑假，其休假天数多于年休假天数的；

②职工请事假累计20天以上且单位按照规定不扣工资的；

③累计工作满1年不满10年的职工，请病假累计2个月以上的；

④累计工作满10年不满20年的职工，请病假累计3个月以上的；

⑤累计工作满20年以上的职工，请病假累计4个月以上的。

3. 怎么休？

(1) 职工累计工作已满1年不满10年的，年休假5天；已满10年不满20年的，年休假10天；已满20年的，年休假15天。

(2) 国家法定休假日、休息日不计入年休假的假期。

(3) 年休假在1个年度内可以集中安排，也可以分段安排，一般不跨年度安排；单位因生产、工作特点确有必要跨年度安排职工年休假的，可以跨1个年度安排。

(4) 职工新进用人单位且符合享受带薪

年休假条件的，当年度年休假天数按照在本单位剩余日历天数折算确定，折算后不足1整天的部分不享受年休假。

【案例】王某的工作年限为12年，某年7月1日调到乙公司工作，随后向乙公司提出补休年休假的申请。已知，王某到乙公司时，当年剩余日历天数占全年总日历天数的比例为1/2。在本案中：（1）按照王某的工作年限（12年），其可享受10天的带薪年休假。（2）王某在乙公司可以补休5天年休假（10×1/2）。（3）王某可以补休几天，直接按上述规定计算，与王某在原单位是否已经休过年休假没有任何关系。

【例题1·单选题】张某于2012年1月首次就业后一直在甲公司工作，2017年张某可以享受的当年年休假天数为（　　）。（2018年）

A. 0　　B. 10天

C. 15天　　D. 5天

【解析】职工累计工作已满1年不满10年的，年休假5天。

【答案】D

【例题2·单选题】刘某在甲公司工作3年。已知刘某累计工作18年且符合享受年休假条件。刘某可享受的当年年休假天数为（　　）。（2018年）

A. 10天　　B. 5天

C. 15天　　D. 20天

【解析】职工累计工作（而非在本单位工作）已满10年不满20年的，年休假10天。

【答案】A

【例题3·单选题】甲公司职工罗某今年已享受带薪年休假3天，同年10月，罗某又向公司提出补休当年剩余年休假的申请。已知，罗某首次就业即到甲公司工作，工作已满12年，且不存在不能享受当年年休假的情形。罗某可享受剩余年休假的天数为（　　）。（2018年）

A. 2天　　B. 5天

C. 7天　　D. 12天

【解析】职工累计工作已满10年不满20年的，年休假10天，罗某可享受剩余年休假的天数=10－3=7（天）。

【答案】C

【例题4·单选题】方某工作已满15年，2009年上半年在甲公司已休带薪年休假5天；下半年调到乙公司工作，提出补休年休假的申请。已知，方某调到乙公司工作时当年剩余日历天数占全年日历天数的比例约为1/2。乙公司对方某补休年休假申请符合法律规定的答复是（　　）。（2010年）

A. 不可以补休年休假

B. 可补休5天年休假

C. 可补休10天年休假

D. 可补休15天年休假

【解析】（1）方某累计工作已满15年，可以享受10天的带薪年休假；（2）方某调到乙公司时，当年剩余日历天数占全年日历天数的比例约为1/2，方某可以在乙公司补休的年休假=10×1/2=5（天）。

【答案】B

【例题5·多选题】根据劳动合同法律制度的规定，下列关于职工带薪年休假制度的表述中，正确的有（　　）。（2015年）

A. 职工连续工作1年以上方可享受年休假

B. 机关、团体、企业、事业单位、民办非企业单位、有雇工的个体工商户等单位的职工均可依法享受年休假

C. 国家法定休假日、休息日不计入年休假的假期

D. 职工在年休假期间享受与正常工作期间相同的工资收入

【解析】（1）选项AB：机关、团体、企业、事业单位、民办非企业单位、有雇工的个体工商户等单位的职工连续工作1年以上的，享受带薪年休假；（2）选项CD：职工在年休假期间享受与正常工作期间相同的工资收入，国家法定休假日、休息日不计入年休假的假期。

【答案】ABCD

【例题6·多选题】根据劳动合同法律制度的规定，下列情形中，职工不能享受当年带薪年休假的有（　　）。（2012年）

A. 依法享受寒暑假，其休假天数多于年休假天数的

B. 请事假累计20天以上，且单位按照规定不扣工资的

C. 累计工作满1年不满10年，请病假累计2个月以上的

D. 累计工作满20年以上，请病假累计满3个月的

【解析】选项D：累计工作满20年以上的职工，请病假累计4个月以上的，不得享受当年的带薪年休假。

【答案】ABC

考点5：劳动报酬的基本规定（★★★）

1. 工资应当以法定货币支付，不得以实物及有价证券替代货币支付。

2. 工资必须在用人单位与劳动者约定的日期支付，如遇节假日或休息日，则应提前在最近的工作日支付。

3. 工资至少每月支付一次，实行周、日、小时工资制的可按周、日、小时支付工资。

4. 对完成一次性临时劳动或某项具体工作的劳动者，用人单位应按有关协议或合同规定在其完成劳动任务后即支付工资。

5. 用人单位拖欠或者未足额支付劳动报酬的，劳动者可以依法向当地人民法院申请支付令，人民法院应当依法发出支付令。

【例题1·判断题】用人单位与劳动者约定的支付工资日期，如遇节假日或休息日，则应该延迟至最近的工作日。（ ）（2018年）

【解析】工资必须在用人单位与劳动者约定的日期支付，如遇节假日或休息日，则应"提前"在最近的工作日支付。

【答案】×

【例题2·多选题】根据劳动合同法律制度的规定，下列关于劳动报酬支付的表述中，正确的有（ ）。（2017年）

A. 工资至少每月支付一次，实行周、日、小时工资制的，可按周、日、小时支付工资

B. 用人单位依法安排劳动者在日标准工作时间以外延长工作时间的，按照不低于劳动合同规定的劳动者本人小时工资标准的150%支付劳动者工资

C. 用人单位与劳动者约定的支付日期遇节假日或休息日，应提前在最近的工作日支付

D. 工资应当以法定货币支付，不得以实物及有价证券替代货币支付

【解析】（1）选项A：工资至少每月支付一次，实行周、日、小时工资制的，可按周、日、小时支付工资；（2）选项B：用人单位依法安排劳动者在日标准工作时间以外延长工作时间的，按照不低于劳动合同规定的劳动者本人小时工资标准的150%支付劳动者工资；（3）选项C：用人单位与劳动者约定的支付日期遇节假日或休息日，应提前在最近的工作日支付；（4）选项D：工资应当以法定货币支付，不得以实物及有价证券替代货币支付。

【答案】ABCD

考点6：加班工资（★★★）

1. 基本规定

（1）加班工资的支付标准

①用人单位依法安排劳动者在日标准工作时间以外延长工作时间的，按照不低于劳动合同规定的劳动者本人小时工资标准的150%支付劳动者工资；

②用人单位依法安排劳动者在休息日工作，不能安排补休的，按照不低于劳动合同规定的劳动者本人日或小时工资标准的200%支付劳动者工资；

③用人单位依法安排劳动者在法定休假日工作的，按照不低于劳动合同规定的劳动者本人日或小时工资标准的300%支付劳动者工资。

表8-3 加班时间、补休与加班工资

加班时间	是否可以补休作补偿	加班工资支付标准
日标准工作时间以外延长工作时间（晚上加班）	×	150%
休息日工作（周末加班）	√	200%
法定休假日工作（春节加班）	×	300%

【案例 1】

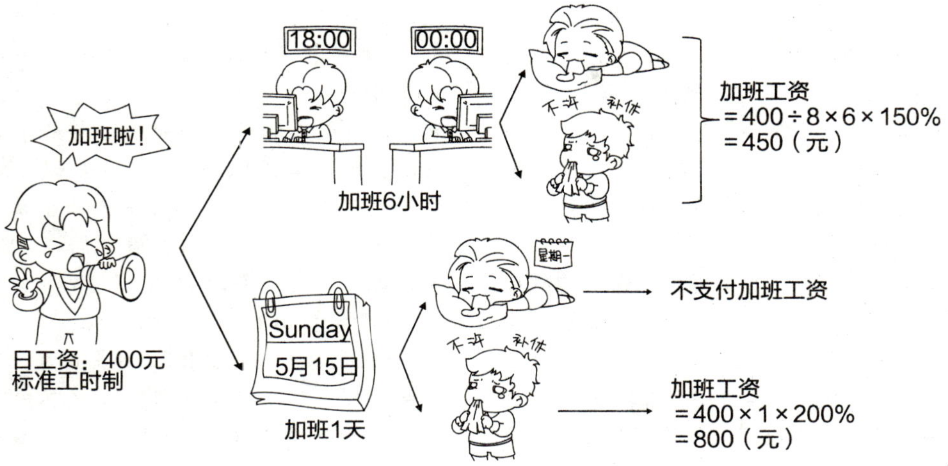

图 8－4

【案例 2】

（1）“十一”放假安排

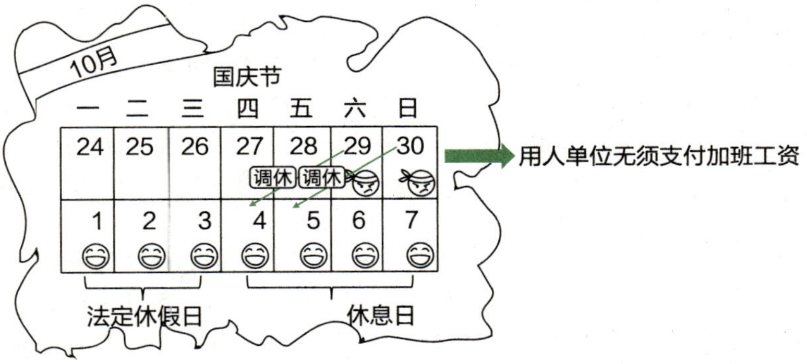

图 8－5

（2）小王的加班情况

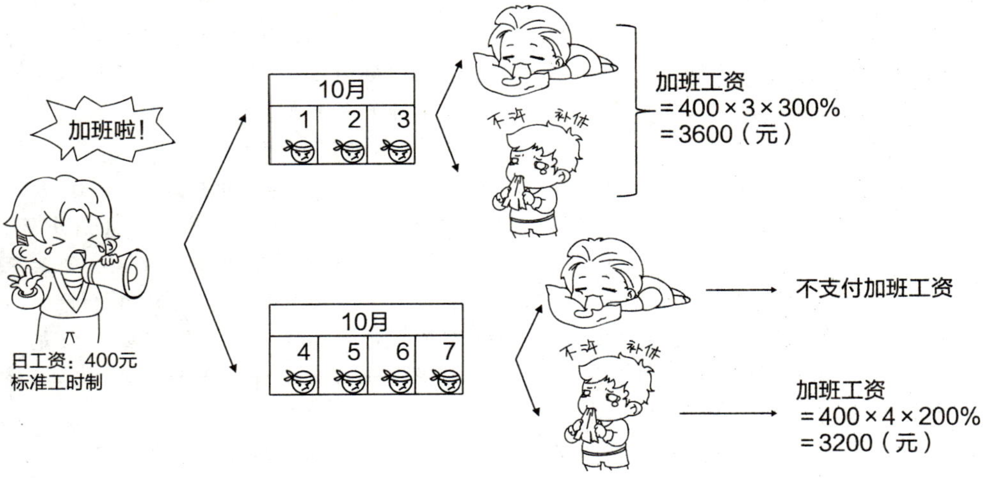

图 8－6

（2）法律责任

用人单位安排加班不支付加班费的，由劳动行政部门责令限期支付加班费；逾期不支付的，责令用人单位按应付金额50%以上100%以下的标准向劳动者加付赔偿金。

2. 用人单位应当依法支付劳动者在法定休假日和婚丧假期间以及依法参加社会活动期间的工资。

【案例】王某本月如果每个工作日均到单位上班，应发放工资4000元，但王某本月休婚假10天、请假参加人大会议3天，本月法定工作日为20天。在本案中，虽然王某本月实际在单位上班的天数屈指可数，但单位仍应发放全月工资4000元，不得以休婚假、参加人大会议为由扣减王某工资。

3. 在部分公民放假的节日期间（如妇女节、青年节），对参加社会活动或单位组织庆祝活动和照常工作的职工，单位应支付工资报酬，但不支付加班工资。如果该节日恰逢星期六、星期日，单位安排职工加班工作，则应当依法支付“休息日”的加班工资（200%）。

【案例】张女士的工作为标准工时制，全月工资为4000元，本月法定工作日为20天。由于工作需要，本月单位安排其在妇女节照常工作（本来可以休半天）：（1）如果3月8日为周一，单位本月应向张女士发放工资 = 4000 + 4000 ÷ 20 × 0.5 = 4100（元）。（2）如果3月8日为周六且单位不能安排补休，单位本月应向张女士发放工资 = 4000 + 4000 ÷ 20 × 1 × 200% = 4400（元）（按照规定，部分公民放假的节日，如果适逢星期六、星期日，不补休，应支付加班工资）。

【例题1·多选题】根据劳动合同法律制度的规定，下列关于劳动报酬支付的表述中，正确的有（　　）。（2017年）

A. 对在国际劳动妇女节（工作日）照常工作的女职工，用人单位应支付加班工资

B. 用人单位应当支付劳动者在法定休假日期间的工资

C. 用人单位与劳动者约定的支付工资日期遇节假日的，应提前在最近的工作日支付

D. 用人单位不得以有价证券替代货币支付工资

【解析】（1）选项A：在部分公民放假的节日期间（如妇女节），对参加社会活动或单位组织庆祝活动和照常工作的职工，单位应支付“工资报酬”，但不支付“加班工资”。（2）选项B：用人单位应当依法支付劳动者在法定休假日和婚丧假期间以及依法参加社会活动期间的工资。

【答案】BCD

【例题2·单选题】2016年5月，甲公司安排李某于5月1日（国际劳动节）、5月7日（周六）分别加班1天，事后未安排补休。已知甲公司实行标准工时制，李某的日工资为200元。计算甲公司应支付李某5月最低加班工资的下列算式中，正确的是（　　）。（2017年）

A. 200 × 300% + 200 × 200% = 1000（元）

B. 200 × 200% + 200 × 150% = 700（元）

C. 200 × 100% + 200 × 200% = 600（元）

D. 200 × 300% + 200 × 300% = 1200（元）

【解析】（1）5月1日加班，属于在法定休假日加班，应按不低于劳动合同规定的劳动者本人日或小时工资标准的300%支付劳动者工资；（2）5月7日加班，属于在休息日加班，由于甲公司未安排补休，应按不低于劳动合同规定的劳动者本人日或小时工资标准的200%支付劳动者工资。（注意：法定休假日加班，不论是否安排补休，均应依法支付加班工资；休息日加班，如果能安排补休不支付加班工资，不能安排补休的，应依法支付加班工资）

【答案】A

【例题3·单选题】2016年10月，甲公司安排职工李某于10月1日（国庆节）、10月15日（周六）分别加班1天，事后未安排其补休。已知甲公司实行标准工时制，李某的日工资为300元。计算甲公司应支付李某10月最低加班工资的下列算式中，正确的是（　　）。（2017年）

A. 300 × 300% + 300 × 300% = 1800（元）

B. $300\times300\%+300\times200\%=1500$（元）

C. $300\times100\%+300\times200\%=900$（元）

D. $300\times200\%+300\times150\%=1050$（元）

【解析】（1）用人单位依法安排劳动者在法定休假日（如国庆节）工作的，无论是否安排补休，按照不低于劳动合同规定的劳动者本人日或小时工资标准的“300%”支付劳动者工资，排除选项 CD；（2）用人单位依法安排劳动者在休息日（周六日）工作，不能安排补休的，按照不低于劳动合同规定的劳动者本人日或小时工资标准的“200%”支付劳动者工资，排除选项 A。

【答案】B

【例题 4 · 单选题】2016 年 5 月，甲公司安排职工刘某在日标准工作时间以外延长工作时间累计 12 小时。已知甲公司实行标准工时制度，刘某日工资为 160 元。分析甲公司应支付刘某 5 月最低加班工资的下列算式中，正确的是（　　）。（2017 年）

A. $160\div8\times12\times100\%=240$（元）

B. $160\div8\times12\times150\%=360$（元）

C. $160\div8\times12\times200\%=480$（元）

D. $160\div8\times12\times300\%=720$（元）

【解析】用人单位依法安排劳动者在日标准工作时间以外延长工作时间的，按照不低于劳动合同规定的劳动者本人小时工资标准的 150% 支付劳动者加班工资。

【答案】B

考点 7：最低工资制度（★★★）

1. 最低工资不包括延长工作时间的工资报酬，以货币形式支付的住房补贴和用人单位支付的伙食补贴，中班、夜班、高温、低温、井下、有毒、有害等特殊工作环境和劳动条件下的津贴，国家法律、法规、规章规定的社会保险福利待遇。

2. 国家实行最低工资保障制度；最低工资的具体标准由各省、自治区、直辖市人民政府确定，报国务院备案。

3. 劳动合同履行地与用人单位注册地不一致的，有关劳动者的最低工资标准，按照劳动合同履行地的有关规定执行；用人单位注册地的有关标准高于劳动合同履行地的有关标准，且用人单位与劳动者约定按照用人单位注册地的有关规定执行的，从其约定。

4. “扣工资”

因劳动者本人原因给用人单位造成经济损失的，用人单位可以按照劳动合同的约定要求其赔偿经济损失。经济损失的赔偿，可从劳动者本人的工资中扣除，但每月扣除的部分不得超过劳动者当月工资的 20%。若扣除后的剩余工资部分低于当地月最低工资标准，则按最低工资标准支付。

【提示】在上述情形下，该劳动者当月实得工资应当按照当月应得工资的 80%（标准 1）和当地月最低工资标准（标准 2）的孰高值发放。

【例题 1 · 单选题】甲公司职工齐某因违章操作给公司造成经济损失 8000 元，甲公司按照劳动合同约定要求齐某赔偿该损失，并按月从其工资中扣除。已知齐某月工资 2600 元，当地月最低工资标准为 2200 元，甲公司每月可以从齐某工资中扣除的最高限额为（　　）。（2018 年）

A. 400 元　　B. 2600 元

C. 520 元　　D. 2200 元

【解析】标准 1（劳动者当月工资的 80%）$=2600\times80\%=2080$（元），标准 2（最低工资标准）为 2200 元；公司每月至少应按标准 1 和标准 2 中的孰高值（2200 元）向齐某发放工资，因此，可扣除的最高限额 $=2600-2200=400$（元）。

【答案】A

【例题 2 · 单选题】甲公司职工李某因违章操作给公司造成经济损失 30000 元，甲公司按照劳动合同约定要求李某赔偿该损失，并按月从其工资中扣除。已知李某月工资 2400 元，当地月最低工资标准为 2200 元，甲公司每月可以从李某工资中扣除的最高限额为（　　）元。（2018 年）

A. 30000　　B. 2400

C. 2200　　D. 200

【解析】标准 1（劳动者当月工资的

80%）=2400×80%=1920（元），标准2（最低工资标准）为2200元；公司每月至少应按标准1和标准2中的孰高值（2200元）向李某发放工资，因此，可扣除的最高限额=2400－2200=200（元）。

【答案】D

第3单元　劳动合同的约定条款

【本单元考点框架】

劳动合同的约定条款
- 试用期（考点1）
- 服务期（考点2）
- 竞业限制（考点3）

考点1：试用期（★★★）

1. 试用期属于劳动合同“约定条款”，双方可以约定，也可以不约定试用期。

2. 试用期的期限

（1）最多可以约定多长时间的试用期？

表8－4

适用情形	试用期期限
①劳动合同期限<3个月 ②以完成一定工作任务为期限的劳动合同 ③非全日制用工	不得约定试用期
3个月≤劳动合同期限<1年	约定的试用期应当≤1个月
1年≤劳动合同期限<3年	约定的试用期应当≤2个月
①劳动合同期限≥3年 ②无固定期限劳动合同	约定的试用期应当≤6个月

（2）试用期包含在劳动合同期限内；劳动合同仅约定试用期的，试用期不成立，该期限为劳动合同期限。

（3）“同一”用人单位与“同一”劳动者只能约定“一次”试用期。

（4）法律责任

用人单位违反规定与劳动者约定试用期的，由劳动行政部门责令改正；违法约定的试用期已经履行的，由用人单位以劳动者试用期满月工资为标准，按已经履行的超过法定试用期的期间向劳动者支付赔偿金。

3. 试用期工资

劳动者在试用期的工资不得低于本单位相同岗位最低档工资的80%或者劳动合同约定工资（试用期满后工资）的80%，并不得低于用人单位所在地的最低工资标准。

【提示】由于同工同酬的要求，劳动合同约定工资应当大于或等于本单位相同岗位最低档工资：（1）劳动合同明确约定工资数额，且该数额符合同工同酬的要求的，试用期工资不低于“约定工资的80%”和“当地最低工资标准”二者的孰高数；（2）劳动合同未约定具体工资数额而是约定参照执行本单位相同岗位的工资制度的，或者约定了具体工资数额但不符合同工同酬要求的，试用期工资不低于“本单位相同岗位最低档工资的80%”和“当地最低工资标准”二者的孰高数。

【案例】

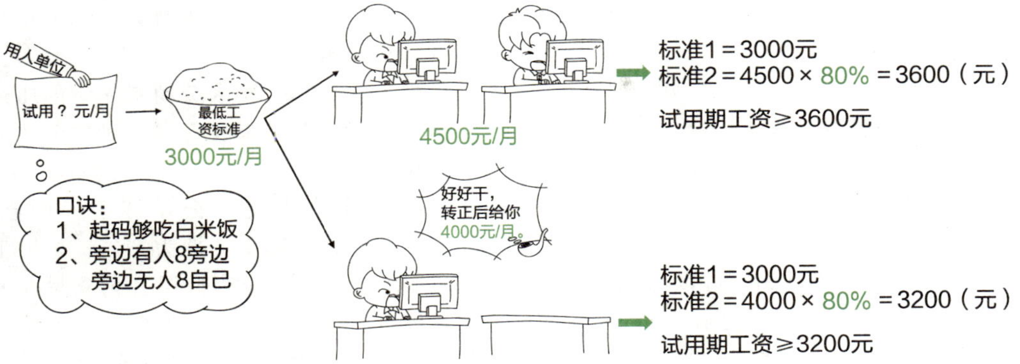

图 8－7

【例题 1·多选题】根据劳动合同法律制度的规定，下列劳动合同可以约定试用期的有（　　）。（2018 年）

A. 无固定期限劳动合同

B. 劳动合同期限不满 3 个月的

C. 1 年期劳动合同

D. 以完成一定工作任务为期限的劳动合同

【解析】参考表 8－4。

【答案】AC

【例题 2·判断题】劳动合同仅约定试用期没有约定劳动合同期限的，劳动合同无效。（　　）（2018 年）

【解析】劳动合同仅约定试用期的，试用期不成立，该期限为劳动合同期限。

【答案】×

【例题 3·多选题】甲公司与其职工对试用期期限的下列约定中，符合法律规定的有（　　）。（2018 年）

A. 夏某的劳动合同期限 4 年，双方约定的试用期为 4 个月

B. 周某的劳动合同期限 1 年，双方约定的试用期为 1 个月

C. 刘某的劳动合同期限 2 年，双方约定的试用期为 3 个月

D. 林某的劳动合同期限 5 个月，双方约定的试用期为 5 日

【解析】参考表 8－4。

【答案】ABD

【例题 4·多选题】用人单位与劳动者对试用期所作的下列约定中，符合法律规定的有（　　）。（2015 年）

A. 乙公司与赵某订立 1 年期劳动合同，约定其试用期 2 个月

B. 丁公司聘请李某从事非全日制用工，约定其试用期半个月

C. 丙公司与白某订立无固定期限劳动合同，约定其试用期 4 个月

D. 甲公司与陆某订立以完成一定工作任务为期限的劳动合同，约定其试用期 1 个月

【解析】（1）选项 A：劳动合同期限 1 年以上不满 3 年的，试用期不得超过 2 个月；（2）选项 B：非全日制用工双方当事人不得约定试用期；（3）选项 C：3 年以上固定期限和无固定期限的劳动合同，试用期不得超过 6 个月；（4）选项 D：以完成一定工作任务为期限的劳动合同，不得约定试用期。

【答案】AC

【例题 5·多选题】根据劳动合同法律制度的规定，下列关于试用期的表述中，正确的有（　　）。（2014 年）

A. 订立固定期限劳动合同应当约定试用期

B. 同一用人单位与同一劳动者只能约定一次试用期

C. 试用期包含在劳动合同期限内

D. 订立无固定期限劳动合同不应约定试用期

【解析】（1）选项 AD：试用期属于劳动合同的约定条款，双方可以约定，也可以不

约定试用期；（2）选项D：无固定期限的劳动合同，约定的试用期不得超过6个月。

【答案】BC

考点2：服务期（★★）

1. 约定服务期的条件

用人单位为劳动者提供专项培训费用，对其进行专业技术培训的，可以与该劳动者订立协议（约定条款），约定服务期。

2. 用人单位与劳动者约定服务期的，不影响按正常的工资调整机制提高劳动者在服务期期间的劳动报酬。

3. 劳动合同期满，但是用人单位与劳动者约定的服务期尚未到期的，劳动合同应当续延至服务期满；双方另有约定的，从其约定。

4. 劳动者违反服务期约定的违约责任

（1）劳动者违反服务期约定的，应当按照约定向用人单位支付违约金。

（2）违约金的数额不得超过用人单位提供的培训费用。

（3）用人单位要求劳动者支付的违约金不得超过服务期尚未履行部分所应分摊的培训费用。

【案例】王某与甲公司订立劳动合同，期限为3年，约定服务期为5年，如果王某违反服务期约定，应当向甲公司支付5万元的违约金。合同签订后，甲公司为王某提供培训支付培训费为3万元（有合法支付凭证）。在本案中：（1）3年的劳动合同期限届满时，服务期仍有2年时间，劳动合同应当续延至服务期满。（2）如果劳动合同刚履行了2年，王某违反了服务期的约定要求解除劳动合同，则甲公司可以要求王某支付的违约金 $=3\times3/5=1.8$（万元）。

5. 劳动合同解除与服务期违约金的支付

表8－5

情形		是否支付违约金
用人单位提出解除劳动合同	劳动者存在下列法定过错情形： （1）劳动者严重违反用人单位的规章制度的 （2）劳动者严重失职、营私舞弊，给用人单位造成重大损害的 （3）劳动者同时与其他用人单位建立劳动关系，对完成本单位的工作任务造成严重影响，或者经用人单位提出，拒不改正的 （4）劳动者以欺诈、胁迫的手段或者乘人之危，使用人单位在违背真实意思的情况下订立或者变更劳动合同的 （5）劳动者被依法追究刑事责任的	√
	劳动者并无法定过错情形	×
劳动者提出解除劳动合同	用人单位存在下列法定过错情形： （1）用人单位未按照劳动合同约定提供劳动保护或者劳动条件的 （2）用人单位未及时足额支付劳动报酬的 （3）用人单位未依法为劳动者缴纳社会保险费的 （4）用人单位的规章制度违反法律、法规的规定，损害劳动者权益的 （5）用人单位以欺诈、胁迫的手段或者乘人之危，使劳动者在违背真实意思的情况下订立或者变更劳动合同的 （6）用人单位在劳动合同中免除自己的法定责任、排除劳动者权利的 （7）用人单位违反法律、行政法规强制性规定的 （8）法律、行政法规规定劳动者可以解除劳动合同的其他情形	×
	用人单位并无法定过错情形	√

【例题1·单选题】吴某受甲公司委派去德国参加技术培训，公司为此支付培训费用10万元。培训前双方签订协议，约定吴某自培训结束后5年内不得辞职，否则应支付违约金10万元。吴某培训完毕后在甲公司连续工作满2年时辞职。甲公司依法要求吴某支付的违约金数额最高为(　　)。(2016年)

A. 0　　B. 10万元

C. 6万元　　D. 4万元

【解析】(1) 约定的违约金 (10万元) 未超过公司支付的培训费用 (10万元)；(2) 约定的服务期共计5年，已履行2年。因此，甲公司依法要求吴某支付的违约金最高额 = 10 × (5 - 2) /5 = 6 (万元)。

【答案】C

【例题2·单选题】甲公司为员工张某支付培训费用3万元，约定服务期3年。2年后，张某以甲公司自其入职之日起从未按照合同约定提供劳动保护为由，向甲公司提出解除劳动合同。根据劳动合同法律制度的规定，下列说法正确的是(　　)。(2013年)

A. 张某违反了服务期的约定

B. 甲公司可以要求张某支付3万元的违约金

C. 甲公司可以要求张某支付1万元的违约金

D. 张某无须支付违约金

【解析】用人单位与劳动者约定了服务期，如存在“用人单位未按照劳动合同约定提供劳动保护或者劳动条件”等情形，劳动者有权随时通知用人单位解除劳动合同，不属于违反服务期的约定，用人单位不得要求劳动者支付违约金。

【答案】D

考点3：竞业限制（★★）

1. 适用范围

(1) 竞业限制的人员限于用人单位的高级管理人员、高级技术人员和其他负有保密义务的人员。

(2) 竞业限制的范围、地域、期限由用人单位与劳动者约定（约定条款），竞业限制的约定不得违反法律、法规的规定。

(3) 在解除或者终止劳动合同后，竞业限制人员到与本单位生产或者经营同类产品、从事同类业务的有竞争关系的其他用人单位工作，或者自己开业生产或者经营同类产品、从事同类业务的竞业限制期限，不得超过2年。

2. 竞业限制补偿金

(1) 竞业限制补偿金是用人单位对劳动者履行竞业限制义务的经济补偿。

(2) 当事人在劳动合同或者保密协议中约定了竞业限制，但未约定解除或者终止劳动合同后给予劳动者经济补偿，劳动者履行了竞业限制义务，要求用人单位按照劳动者在劳动合同解除或者终止前12个月平均工资的30%（低于劳动合同履行地最低工资标准的，按照劳动合同履行地最低工资标准）按月支付经济补偿的，人民法院应予支持。

(3) 当事人在劳动合同或保密协议中约定了竞业限制和经济补偿（竞业限制补偿金），当事人解除劳动合同时，除另有约定外，用人单位要求劳动者履行竞业限制义务，或者劳动者履行了竞业限制义务后要求用人单位支付经济补偿的，人民法院应予支持。

(4) 当事人在劳动合同或者保密协议中约定了竞业限制和经济补偿，劳动合同解除或者终止后，因用人单位的原因导致3个月未支付经济补偿，劳动者请求解除竞业限制约定的，人民法院应予支持。

(5) 在竞业限制期限内，用人单位请求解除竞业限制协议时，人民法院应予支持。在解除竞业限制协议时，劳动者请求用人单位额外支付劳动者3个月的竞业限制经济补偿的，人民法院应予支持。

3. 竞业限制违约金

(1) 劳动者违反竞业限制约定，向用人单位支付违约金后，用人单位要求劳动者按照约定继续履行竞业限制义务的，人民法院应予支持。

(2) 禁止用人单位对劳动合同服务期和竞业限制之外的其他事项与劳动者约定由劳动者承担违约金。

【提示】注意区分"补偿金"和"违约金"：(1) 竞业限制补偿金是劳动者"遵守"竞业限制义务时，用人单位给予劳动者的经济补偿；(2) 竞业限制违约金是劳动者"违反"竞业限制义务时，按照约定由劳动者向用人单位支付的违约金。

4. 用人单位招用与其他用人单位尚未解除或者终止劳动合同的劳动者，给其他用人单位造成损失的，应当承担连带赔偿责任。

【例题1·单选题】根据劳动合同法律制度的规定，对负有保密义务的劳动者，用人单位可以在劳动合同或者保密协议中与劳动者约定竞业限制条款，但竞业限制不得超过一定期限。该期限为（ ）。(2018年)

A. 3年　　B. 2年

C. 5年　　D. 1年

【解析】在解除或者终止劳动合同后，竞业限制人员到与本单位生产或者经营同类产品、从事同类业务的有竞争关系的其他用人单位工作，或者自己开业生产或者经营同类产品、从事同类业务的竞业限制期限，不得超过"2年"。

【答案】B

【例题2·多选题】下列各项中，人民法院适用竞业限制条款处理劳动争议案件时应予支持的有（ ）。(2016年)

A. 在竞业限制期限内，用人单位解除竞业限制协议时，劳动者要求用人单位额外支付3个月竞业限制经济补偿的

B. 劳动者违反竞业限制约定，向用人单位支付违约金后，用人单位要求劳动者按照约定继续履行竞业限制义务的

C. 劳动合同解除后，履行了竞业限制义务的劳动者按照协议约定要求用人单位支付竞业限制经济补偿的

D. 劳动合同解除后，因用人单位的原因导致3个月未支付竞业限制经济补偿，劳动者要求解除竞业限制约定的

【答案】ABCD

【例题3·多选题】根据劳动合同法律制度的规定，关于用人单位和劳动者对竞业限制约定的下列表述中，正确的有（ ）。(2015年)

A. 用人单位应按照双方约定，在竞业限制期限内按月给予劳动者经济补偿

B. 劳动者违反竞业限制约定的，应按照约定向用人单位支付违约金

C. 用人单位和劳动者约定的竞业限制期限不得超过2年

D. 竞业限制约定适用于用人单位与其高级管理人员、高级技术人员和其他负有保密义务的人员之间

【解析】(1) 选项A：对负有保密义务的劳动者，用人单位可以在劳动合同或者保密协议中与劳动者约定竞业限制条款，并约定在解除或者终止劳动合同后，在竞业限制期限内按月给予劳动者经济补偿；补偿金的数额由双方约定。(2) 选项B：劳动者违反竞业限制约定的，应当按照约定向用人单位支付违约金。(3) 选项C：竞业限制的期限，不得超过2年。(4) 选项D：竞业限制的人员限于用人单位的高级管理人员、高级技术人员和其他负有保密义务的人员。

【答案】ABCD

【例题4·多选题】根据劳动合同法律制度的规定，下列各项中，用人单位和劳动者不得约定违约金的有（ ）。(2015年)

A. 竞业限制

B. 休息休假

C. 工作时间

D. 试用期

【解析】禁止用人单位对劳动合同服务期和竞业限制之外的其他事项与劳动者约定由劳动者承担违约金。

【答案】BCD

表 8－6

	服务期 	竞业限制 
劳动合同的状态	劳动合同有效	劳动合同已解除或终止
期限	按约定，无法定最长期限限制	按约定，但不得超过 2 年
期限内补偿	(1) 支付工资 (2) 不影响工资的正常调整	依法支付补偿金
违约金	约定时：不超过用人单位提供的培训费用 支付时：不超过服务期限尚未履行部分应分摊的培训费用	无特定限制

阶段测验

请激活 APP 题库，进入机考环境进行“阶段测验”。

第 4 单元　劳动合同的履行与重大变故

【本单元考点框架】

- 劳动合同的履行和变更（考点 1）
- 劳动合同的解除（考点 2）
- 劳动合同的终止（考点 3）
- 经济补偿金（考点 4）
- 劳动合同解除和终止的其他法律后果（考点 5）

考点 1：劳动合同的履行和变更（★）

1. 劳动者拒绝用人单位管理人员违章指挥、强令冒险作业的，不视为违反劳动合同；劳动者对危害生命安全和身体健康的劳动条件，有权对用人单位提出批评、检举和控告。

2. 用人单位变更名称、法定代表人、主要负责人或者投资人等事项，不影响劳动合同的履行。

3. 用人单位发生合并或者分立等情况，原劳动合同继续有效，劳动合同由承继其权利和义务的用人单位继续履行。

4. 劳动规章制度

(1) “合法有效的”劳动规章制度是劳动合同的组成部分，对用人单位和劳动者均有法律约束力。

(2) 用人单位在制定、修改或者决定直接涉及劳动者切身利益的规章制度和重大事项时，应当经职工代表大会或者全体职工讨论，提出方案和意见，与工会或者职工代表平等协商确定。

(3) 用人单位应当将直接涉及劳动者切身利益的规章制度和重大事项决定公示，或者告知劳动者（如张贴通告、员工手册送达、会议精神传达等）；如果用人单位的规章制度未经公示或者未对劳动者告知，该规章制度对劳动者不生效。

5. 劳动合同的变更

（1）用人单位与劳动者协商一致，可以变更劳动合同约定的内容。

（2）变更劳动合同应当采用书面形式；变更劳动合同未采用书面形式，但已经实际履行了口头变更的劳动合同超过1个月，且变更后的劳动合同内容不违反法律、行政法规、国家政策以及公序良俗，当事人以未采用书面形式为由主张劳动合同变更无效的，人民法院不予支持。

【例题1·单选题】2014年10月，张某到甲公司工作。2015年11月，甲公司与张某口头商定将其月工资由原来的4500元提高至5400元。双方实际履行3个月后，甲公司法定代表人变更。新任法定代表人认为该劳动合同内容变更未采用书面形式，变更无效，决定仍按原每月4500元的标准向张某支付工资；张某表示异议，并最终提起诉讼。关于双方口头变更劳动合同效力的下列表述中，正确的是（　　）。（2016年）

A. 双方口头变更劳动合同且实际履行已超过1个月，该劳动合同变更有效

B. 劳动合同变更在实际履行3个月期间有效，此后无效

C. 因双方未采取书面形式，该劳动合同变更无效

D. 双方口头变更劳动合同但实际履行未超过6个月，该劳动合同变更无效

【解析】变更劳动合同未采用书面形式，但已经实际履行了口头变更的劳动合同超过1个月（本题双方已经实际履行3个月），且变更后的劳动合同内容不违反法律、行政法规、国家政策以及公序良俗，当事人以未采用书面形式为由主张劳动合同变更无效的，人民法院不予支持。

【答案】A

【例题2·多选题】根据劳动合同法律制度的规定，下列关于劳动合同履行的表述中，正确的有（　　）。（2016年）

A. 用人单位拖欠劳动报酬的，劳动者可以依法向人民法院申请支付令

B. 用人单位发生合并或者分立等情况，原劳动合同不再继续履行

C. 劳动者拒绝用人单位管理人员违章指挥、强令冒险作业的，不视为违反劳动合同

D. 用人单位变更名称的，不影响劳动合同的履行

【解析】选项B：用人单位发生合并或者分立等情况，原劳动合同继续有效，劳动合同由承继其权利和义务的用人单位继续履行。

【答案】ACD

【例题3·判断题】用人单位应将直接涉及劳动者切身利益的规章制度和重大事项决定公示或者告知劳动者。（　　）（2015年）

【解析】如果用人单位的规章制度未经公示或者未对劳动者告知，该规章制度对劳动者不生效。

【答案】√

考点2：劳动合同的解除（★★★）

（一）劳动合同解除的类型

- 协商解除
- 法定解除
  - 劳动者
    - 提前通知解除
    - 随时通知解除
    - 不需事先告知解除
  - 用人单位
    - 无过失性辞退（提前通知解除）
    - 随时通知解除
    - 经济性裁员

(二) 协商解除

表 8-7

类型	适用情形	是否支付经济补偿金
用人单位提出解除劳动合同	双方自愿协商一致	√
劳动者主动辞职		×

(三) 法定解除（单方解除）

1. 劳动者单方解除

表 8-8

类型	适用情形	是否支付经济补偿金
提前通知解除（“不想干”）	(1) 劳动者提前30日以书面形式通知用人单位 (2) 劳动者在试用期内提前3日通知用人单位 【提示】如果劳动者没有履行通知程序，属于违法解除，因此对用人单位造成损失的，劳动者应对用人单位的损失承担赔偿责任	×
随时通知解除（“没法干”）	(1) 用人单位未按照劳动合同约定提供劳动保护或者劳动条件的 (2) 用人单位未及时足额支付劳动报酬的 (3) 用人单位未依法为劳动者缴纳社会保险费的 (4) 用人单位的规章制度违反法律、法规的规定，损害劳动者权益的 (5) 用人单位以欺诈、胁迫的手段或者乘人之危，使劳动者在违背真实意思的情况下订立或者变更劳动合同的 (6) 用人单位在劳动合同中免除自己的法定责任、排除劳动者权利的 (7) 用人单位违反法律、行政法规强制性规定的 【提示】劳动者无须提前通知用人单位解除劳动合同（什么时候想走什么时候说）	√
不需事先告知解除（“没命干”）	(1) 用人单位以暴力、威胁或者非法限制人身自由的手段强迫劳动者劳动的 (2) 用人单位违章指挥、强令冒险作业危及劳动者人身安全的 【提示】根本不必告知，再不走命就没了……	√

2. 用人单位单方解除

表 8-9

类型	适用情形	是否支付经济补偿金
随时通知解除（“不能用”）	(1) 劳动者在试用期间被证明不符合录用条件的 (2) 劳动者严重违反用人单位的规章制度的 (3) 劳动者严重失职、营私舞弊，给用人单位造成重大损害的 (4) 劳动者同时与其他用人单位建立劳动关系，对完成本单位的工作任务造成严重影响，或者经用人单位提出，拒不改正的 (5) 劳动者以欺诈、胁迫的手段或者乘人之危，使用人单位在违背真实意思的情况下，订立或者变更劳动合同的 (6) 劳动者被依法追究刑事责任的	×

续表

类型	适用情形	是否支付经济补偿金
无过失性辞退或者提前通知解除（“没法用”）	有下列情形之一的，用人单位提前30日以书面形式通知劳动者本人或者额外支付劳动者1个月工资后，可以解除劳动合同： （1）劳动者患病或者非因工负伤，在规定的医疗期满后不能从事原工作，也不能从事由用人单位另行安排的工作的 （2）劳动者不能胜任工作，经过培训或者调整工作岗位，仍不能胜任工作的 （3）劳动合同订立时所依据的客观情况发生重大变化，致使劳动合同无法履行，经用人单位与劳动者协商，未能就变更劳动合同内容达成协议的	√
经济性裁员（“没办法”）	（1）经济性裁员的适用情形： ①依照《企业破产法》规定进行重整的 ②生产经营发生严重困难的 ③企业转产、重大技术革新或者经营方式调整，经变更劳动合同后，仍需裁减人员的 ④其他因劳动合同订立时所依据的客观经济情况发生重大变化，致使劳动合同无法履行的 （2）特别程序 ①需要裁减人员20人以上或者裁减不足20人但占企业职工总数10%以上的，用人单位提前30日向工会或者全体职工说明情况，听取工会或者职工的意见后，裁减人员方案经向劳动行政部门报告，可以裁减人员 ②裁减人员不足20人且占企业职工总数不足10%的，无须执行上述程序 （3）裁减人员时，应当优先留用下列人员： ①与本单位订立较长期限的固定期限劳动合同的 ②与本单位订立无固定期限劳动合同的 ③家庭无其他就业人员，有需要扶养的老人或者未成年人的 （4）用人单位裁减人员后，在6个月内重新招用人员的，应当通知被裁减的人员，并在同等条件下优先招用被裁减的人员	√

【提示1】在上述法定解除的情形中，用人单位最怕“没”（没法干、没命干、没法用、没办法），只要一沾“没”，用人单位的钱就没了（支付经济补偿金）。

【提示2】除了掌握各种法定解除类型的适用情形外，还应当关注解除程序，尤其是劳动者或用人单位提前通知解除和经济性裁员。既符合法定情形，又遵守法定程序，才属于合法解除劳动合同；否则应当承担违法解除劳动合同的法律责任。

【例题1·单选题】王某和公司签订了合同期限为2年的劳动合同，劳动合同满1年时，王某因为出国留学需要解除劳动合同。根据劳动合同法律制度的规定，下列各项正确的是（　　）。（2018年）

A. 不得解除劳动合同

B. 用人单位应当支付1个月补偿金

C. 提前3日以书面形式通知用人单位

D. 提前30日以书面形式通知用人单位

【解析】劳动者“不想干”：（1）不在试用期内，提前30日以书面形式通知；（2）仍在试用期内，提前3日通知。

【答案】D

【例题2·单选题】根据劳动合同法律制

度的规定，下列情形中，劳动者不需事先告知用人单位即可解除劳动合同的是(　　)。(2018 年)

A. 用人单位未按照劳动合同约定提供劳动保护的

B. 用人单位违章指挥、强令冒险作业危及劳动者人身安全的

C. 用人单位以欺诈手段使劳动者在违背真实意思的情况下签订劳动合同的

D. 用人单位未及时足额支付劳动报酬的

【解析】选项 ACD：属于劳动者“没法干”，劳动者可“随时通知”解除劳动合同的情形。

【答案】B

【例题 3 · 判断题】劳动者不能胜任工作岗位，用人单位应先经过培训或者调整工作岗位，仍不能胜任工作的，方可按程序与其解除劳动合同。(　　)(2012 年)

【答案】√

【例题 4 · 多选题】根据劳动合同法律制度的规定，下列各项中，属于用人单位可依据法定程序进行经济性裁员的情形有(　　)。(2016 年)

A. 企业转产，经变更劳动合同后，仍需裁减人员的

B. 依照企业破产法规定进行重整的

C. 企业重大技术革新，经变更劳动合同后，仍需裁减人员的

D. 生产经营发生严重困难的

【答案】ABCD

【例题 5 · 单选题】甲公司现有职工 100 人，因生产经营发生严重困难需裁员，根据劳动合同法律制度的规定，该公司裁减人员达到一定人数或者一定比例以上，甲公司向工会或者全体职工说明情况，听取工会或者职工的意见，并将裁减人员方案向劳动行政部门报告，甲公司可不执行该程序的裁减人员最多数量是(　　)。(2014 年)

A. 11 人　　B. 8 人

C. 9 人　　D. 10 人

【解析】执行特别程序的情形：(1) 需要裁减人数为“20 人以上”；(2) 裁减人数不足 20 人但占企业职工总数为“10% 以上”。迅速浏览本题发现 4 个备选项均不足 20 人，可见进攻点为“10% 以上”，即裁减人数大于等于 10 人（100 × 10%）时应执行特别程序，反过来，在不执行特别程序的前提下，可裁减的人数最多为 9 人。

【答案】C

考点 3：劳动合同的终止（★★）

【解释】解除是一方或者双方，“主动”“人为”地提前结束合同；终止是出现法定事由后，“被动”地提前或如期结束合同。

1. 劳动合同终止的情形

表 8 – 10

情形		是否支付经济补偿金
劳动合同期满	用人单位维持或提高原条件续订而劳动者拒绝	×
	用人单位决定不续订或降低条件续订（“不留用”）	√
劳动者开始依法享受基本养老保险待遇的		×
劳动者达到法定退休年龄的		×
劳动者死亡，或者被人民法院宣告死亡或者宣告失踪的		×
用人单位被依法宣告破产的（“不营业”）		√
用人单位被吊销营业执照、责令关闭、撤销或者用人单位决定提前解散的（“不营业”）		√

【提示】在上述劳动合同终止的情形中，只要一沾“不”（不留用、不营业），用人单位的钱就没了。

2. 既不得解除也不得终止劳动合同的情形

（1）从事接触职业病危害作业的劳动者未进行离岗前职业健康检查，或者疑似职业病患者在诊断或者医学观察期间的；

（2）在本单位患职业病或者因工负伤并被确认丧失或者部分丧失劳动能力的；

（3）患病或者非因工负伤，在规定的医疗期内的；

（4）女职工在孕期、产期、哺乳期的；

（5）在本单位连续工作满15年，且距法定退休年龄不足5年的。

【例题1·单选题】根据劳动合同法律制度的规定，下列各项情形中，不能导致劳动合同终止的是（　　）。（2018年）

A. 劳动者开始依法享受基本养老保险待遇的

B. 劳动者医疗期内遇劳动合同期满的

C. 劳动者达到法定退休年龄的

D. 劳动者被人民法院宣告死亡的

【解析】选项B：属于“既不得解除劳动合同，也不得终止劳动合同”的情形之一。劳动者在医疗期内遇合同期满，合同必须续延至医疗期满，职工在此期间仍然享受医疗期内待遇。

【答案】B

【例题2·判断题】劳动者开始依法享受基本养老保险待遇的，劳动合同终止。（　　）（2017年）

【答案】√

【例题3·多选题】下列情形中，用人单位可单方面解除劳动合同的有（　　）。（2016年、2013年）

A. 张某严重失职、营私舞弊，给用人单位造成重大损失

B. 胡某被依法追究刑事责任

C. 钱某严重违反用人单位的规章制度

D. 王某因怀孕无法胜任工作

【解析】（1）选项ABC：属于“不能用”，用人单位有权单方面随时通知劳动者解除劳动合同；（2）选项D：在女职工怀孕期间，用人单位不得解除劳动合同。

【答案】ABC

【例题4·多选题】根据劳动合同法律制度的规定，下列情形中，可导致劳动合同关系终止的有（　　）。（2012年）

A. 劳动合同期满

B. 劳动者达到法定退休年龄

C. 用人单位被依法宣告破产

D. 女职工在哺乳期

【解析】选项D：女职工在孕期、产期、哺乳期的，用人单位既不得解除劳动合同，也不得终止劳动合同，劳动合同应当续延至相应的情形消失时终止。

【答案】ABC

考点4：经济补偿金（★★★）

（一）什么是经济补偿金？

1. 经济补偿金是按照劳动合同法的规定，在劳动者无过错（单位可能有过错，也可能无过错）的情况下，用人单位与劳动者解除或终止劳动合同时，应给予劳动者的经济上的补助。

2. 经济补偿金VS违约金VS赔偿金

表8-11

	经济补偿金	违约金	赔偿金
产生原因	法定	约定	法定
适用情形	劳动合同解除或终止，而劳动者无过错	劳动者违反服务期或者竞业限制的约定	由于自己过错给对方造成损害
支付方	用人单位	劳动者	过错方，可能是用人单位，也可能是劳动者

【例题·单选题】根据劳动合同法律制度的规定，下列关于经济补偿金和违约金的表述中，不正确的是（ ）。（2016 年）

A. 违约金的支付主体是劳动者

B. 经济补偿金只能由用人单位和劳动者在劳动合同中约定

C. 违约金只能在服务期和竞业限制条款中约定

D. 经济补偿金的支付主体只能是用人单位

【解析】选项 B：经济补偿金是法定的。

【答案】B

（二）是否应付经济补偿金？

1. 应当支付经济补偿金的情形

（1）劳动者符合随时通知解除和不需要事先通知即可解除劳动合同规定情形而解除劳动合同的；（“没法干”“没命干”）

（2）由用人单位提出解除劳动合同并与劳动者协商一致而解除劳动合同的；

（3）用人单位符合提前 30 日以书面形式通知劳动者本人或者额外支付劳动者 1 个月工资后，可以解除劳动合同规定情形而解除劳动合同的；（“没法用”）

（4）用人单位符合可裁减人员规定而解除劳动合同的；（“没办法”）

（5）除用人单位维持或者提高劳动合同约定条件续订劳动合同，劳动者不同意续订的情形外，劳动合同期满终止固定期限劳动合同的；（“不留用”）

（6）用人单位被依法宣告破产或者用人单位被吊销营业执照、责令关闭、撤销或者用人单位决定提前解散而终止劳动合同的；（“不营业”）

（7）以完成一定工作任务为期限的劳动合同因任务完成而终止的。

2. 不支付经济补偿金的特殊情况

地方各级人民政府及县级以上人民政府有关部门为安置就业困难人员提供的给予岗位补贴和社会保险补贴的公益性岗位，其劳动合同不适用劳动合同法有关支付经济补偿的规定。

【例题 1·多选题】根据劳动合同法律制度的规定，下列情形中，用人单位应当向劳动者支付经济补偿的有（ ）。（2018 年）

A. 用人单位被依法宣告破产而终止劳动合同的

B. 由用人单位提出并与劳动者协商一致而解除劳动合同的

C. 固定期限劳动合同期满，用人单位维持或者提高劳动合同约定条件续订劳动合同，劳动者不同意续订的

D. 以完成一定工作任务为期限的劳动合同因任务完成而终止的

【解析】选项 C：劳动合同期满，如果用人单位维持或者提高劳动合同约定条件续订劳动合同而劳动者不同意续订，用人单位不需支付经济补偿金；其他情形下，因劳动合同期满终止固定期限劳动合同的，用人单位应当向劳动者支付经济补偿金。

【答案】ABD

【例题 2·单选题】根据劳动合同法律制度的规定，劳动合同解除的下列情形中，用人单位不需向劳动者支付经济补偿金的是（ ）。（2018 年）

A. 劳动者因用人单位未及时足额支付劳动报酬而解除劳动合同的

B. 由用人单位提出并与劳动者协商一致而解除劳动合同的

C. 劳动者不能胜任工作，经过培训或者调整工作岗位，仍不能胜任而被用人单位解除劳动合同的

D. 劳动者在试用期间被证明不符合录用条件的

【解析】（1）选项 ABC：均属于劳动者一方无过错的情形，用人单位应当依法支付经济补偿金；（2）选项 D：属于用人单位可以“随时通知解除劳动合同”（劳动者一方存在一定程度过错）的情形，用人单位无须向劳动者支付经济补偿金。

【答案】D

【例题 3·多选题】根据劳动合同法律制度的规定，因下列情形解除劳动合同的，用人单位应向劳动者支付经济补偿的有（ ）。（2017 年、2016 年）

A. 劳动者不能胜任工作，经过培训或者

调整工作岗位，仍不能胜任工作的

B. 用人单位未按照劳动合同约定提供劳动保护或者劳动条件的

C. 劳动者同时与其他用人单位建立劳动关系，经用人单位提出，拒不改正的

D. 用人单位未及时足额支付劳动报酬的

【解析】选项C：因劳动者存在法定过错，用人单位可随时通知解除劳动合同的，无须支付经济补偿金。

【答案】ABD

【例题4·多选题】根据劳动合同法律制度的规定，劳动合同解除或者终止的下列情形中，用人单位应向劳动者支付经济补偿的有（　　）。(2017年)

A. 劳动者提前30日以书面形式通知无过错用人单位而解除劳动合同的

B. 劳动者提出并与无过错用人单位协商一致解除劳动合同的

C. 劳动者符合不需事先告知用人单位即可解除劳动合同的情形解除劳动合同的

D. 以完成一定工作任务为期限的劳动合同因任务完成而终止的

【解析】选项AB：均属于劳动者主动辞职（选项A为提前通知的法定解除，选项B为协商解除），劳动者对劳动合同的解除存在过错，用人单位不需支付经济补偿金。

【答案】CD

（三）支付多少经济补偿金？——经济补偿金的计算

1. 基本思路

经济补偿金按劳动者在本单位工作的年限，每满1年支付1个月工资的标准向劳动者支付。计算公式：

经济补偿金

=劳动合同解除或终止前劳动者在本单位的工作年限×每工作1年应得的经济补偿金

=工作年限×月工资

2. 工作年限的确定

除整数年限外，工作年限“零头”部分按以下标准计算：

（1）6个月以上不满1年的，按1年计算；

（2）不满6个月的，向劳动者支付半个月工资标准的经济补偿（按半年计算）。

【提示】劳动者非因本人原因从原用人单位被安排到新用人单位工作的，劳动者在原用人单位的工作年限合并计入新用人单位的工作年限。原用人单位已经向劳动者支付经济补偿的，新用人单位在依法解除、终止劳动合同计算支付经济补偿的工作年限时，不再计算劳动者在原用人单位的工作年限。

3. 月工资的确定

（1）月工资是指劳动者在劳动合同解除或者终止前12个月的平均工资；按照劳动者应得工资计算，包括计时工资或者计件工资以及奖金、津贴和补贴等货币性收入。

（2）劳动者在劳动合同解除或者终止前12个月的平均工资低于当地最低工资标准的，按照当地最低工资标准计算。

4. 高工资的特殊处理

劳动者月工资高于用人单位所在直辖市、设区的市级人民政府公布的本地区上一年度职工月平均工资3倍的，向其支付经济补偿金的标准按职工月平均工资3倍的数额支付，向其支付经济补偿金的年限最高不超过12年。计算公式：

经济补偿金

=工作年限（≤12年）×当地上一年度职工月平均工资3倍

第八章

【案例】

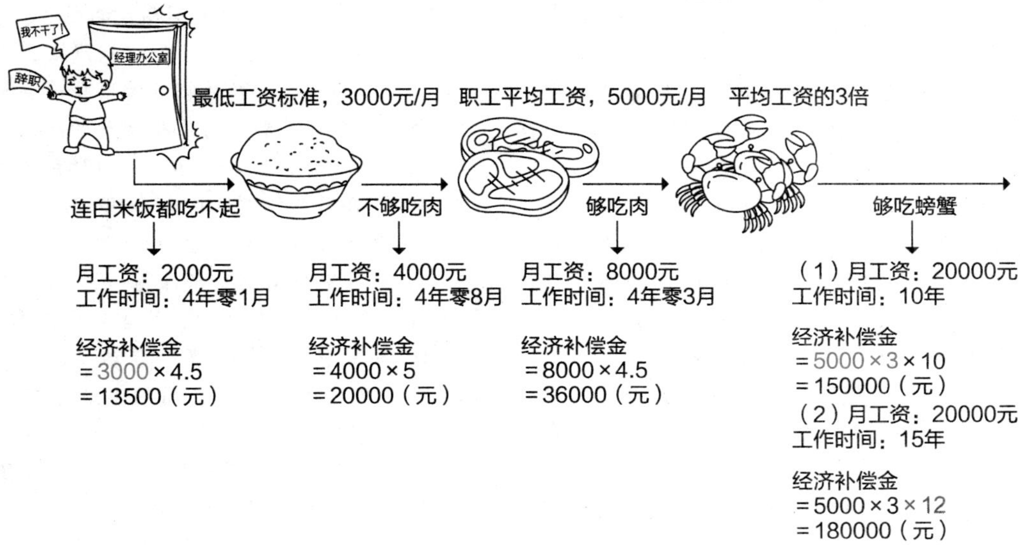

图 8－8

【例题 1·单选题】2010 年 4 月 1 日，张某到甲公司工作，2016 年 8 月 1 日，双方的劳动合同期满，甲公司不再与张某续签。已知劳动合同终止前 12 个月，张某月平均工资 5000 元，甲公司所在地职工月平均工资 4500 元。计算劳动合同终止后甲公司应向张某支付经济补偿的下列公式中，正确的是（　　）。（2017 年）

A. 4500×6＝27000（元）

B. 4500×7＝31500（元）

C. 5000×5.5＝27500（元）

D. 5000×6.5＝32500（元）

【解析】（1）工作年限：每满 1 年支付 1 个月工资标准的经济补偿金；6 个月以上不满 1 年的，按 1 年算；不满 6 个月的，按半年算；本题张某在甲公司工作 6 年零 4 个月，工作年限应为 6.5 年。（2）计算方法：张某的工资（5000 元）未超过当地职工月平均工资（4500 元）的 3 倍，正常计算即可，即甲公司应当向张某支付的经济补偿金＝工作年限×月工资＝6.5×5000＝32500（元）。

【答案】D

【例题 2·单选题】2014 年 4 月 1 日，吴某到甲公司担任高级技术人员，月工资 15000 元。7 月 1 日，吴某得知甲公司未依法为其缴纳社会保险费，遂通知甲公司解除劳动合同，并要求支付经济补偿金。已知甲公司所在地区上一年度职工月平均工资为 4000 元。根据劳动合同法律制度的规定，下列关于甲公司向吴某支付经济补偿金的表述中，正确的是（　　）。（2015 年）

A. 甲公司应向吴某支付经济补偿金 7500 元

B. 甲公司应向吴某支付经济补偿金 6000 元

C. 吴某单方面解除劳动合同，甲公司无须向其支付经济补偿金

D. 甲公司应向吴某支付经济补偿金 2000 元

【解析】（1）吴某的月工资 15000 元已经超过了当地上一年度职工月平均工资 4000 元的 3 倍，只能按当地上一年度职工月平均工资 3 倍即 12000 元作为支付经济补偿金的月工资标准；（2）吴某在甲公司工作仅 3 个月，应按半个月工资标准支付经济补偿；（3）甲公司应向吴某支付的经济补偿金＝4000×3×0.5＝6000（元）。

【答案】B

考点5：劳动合同解除和终止的其他法律后果（★）

1. 劳动合同解除和终止后，用人单位和劳动者双方不再履行劳动合同，劳动关系消灭。

2. 手续

（1）劳动合同解除或终止的，用人单位应当在解除或者终止劳动合同时出具解除或者终止劳动合同的证明，并在15日内为劳动者办理档案和社会保险关系转移手续。

（2）用人单位应当在解除或者终止劳动合同时向劳动者支付经济补偿金的，在“办结”工作交接时支付。

3. 用人单位对已经解除或者终止的劳动合同文本，至少保存2年备查。

4. 违法解除或终止劳动合同的法律责任

（1）用人单位违反规定解除或者终止劳动合同，劳动者要求继续履行劳动合同的，用人单位应当继续履行；劳动者不要求继续履行劳动合同或者劳动合同已经不能继续履行的，用人单位应当依照《劳动合同法》规定的经济补偿金标准的2倍向劳动者支付赔偿金，支付了赔偿金的，不再支付经济补偿金。

（2）劳动者违法解除劳动合同，给用人单位造成损失的，应当承担赔偿责任。

【例题·多选题】劳动合同期限内，甲公司的职工王某正好处在孕期，但甲公司要解除劳动合同。根据劳动合同法律制度的规定，下列表述中，正确的有（　　）。(2013年)

A. 甲公司不能解除劳动合同

B. 甲公司可以解除劳动合同

C. 如果甲公司提出解除劳动合同，王某提出继续履行劳动合同的，应当继续履行

D. 如果甲公司提出解除劳动合同，王某也同意不继续履行劳动合同的，解除劳动合同后，甲公司应当向王某支付经济补偿金

【解析】(1) 选项AB：在女职工怀孕期间，用人单位不得解除劳动合同；(2) 选项CD：如果用人单位违法解除劳动合同的，劳动者可以要求继续履行劳动合同，享受在劳动关系存续期间的待遇；如果劳动者不愿继续履行劳动合同或者劳动合同的履行已经不可能，用人单位应当依照《劳动合同法》规定的经济补偿金标准的2倍向劳动者支付“赔偿金”，支付了赔偿金的，不再支付经济补偿金。

【答案】AC

第八章

阶段测验

请激活APP题库，进入机考环境进行“阶段测验”。

第5单元　特殊种类的劳动合同

【本单元考点框架】

- 非全日制用工（考点1）
- 集体合同（考点2）
- 劳务派遣（考点3）

考点1：非全日制用工（★★）

1. 非全日制用工双方当事人可以订立口头协议。

2. 从事非全日制用工的劳动者可以与一个或者一个以上用人单位订立劳动合同；但后订立的劳动合同不得影响先订立的劳动合同的履行。

3. 非全日制用工双方当事人不得约定试用期。

4. 非全日制用工双方当事人任何一方都可以随时通知对方终止用工；终止用工，用人单位不向劳动者支付经济补偿金。

5. 工资

（1）非全日制用工小时计酬标准不得低于用人单位所在地人民政府规定的最低小时工资标准；

（2）用人单位可以按小时、日或周为单位结算工资，但非全日制用工劳动报酬结算支付周期最长不得超过15日。

【例题1·单选题】根据劳动合同法律制度的规定，下列关于非全日制用工的表述中，不正确的是（　　）。（2018年）

A. 双方当事人任何一方可以随时通知对方终止用工

B. 双方当事人不得约定试用期

C. 双方当事人可以订立口头协议

D. 用人单位可以按月结算劳动报酬

【解析】选项D：非全日制用工劳动报酬结算支付周期最长不得超过15日。

【答案】D

【例题2·多选题】根据劳动合同法律制度的规定，下列各项中，可作为非全日制用工劳动者劳动报酬支付周期结算周期的有（　　）。（2018年）

A. 周

B. 日

C. 月

D. 小时

【解析】用人单位可以按“小时、日或周”为单位结算工资，但非全日制用工劳动报酬结算支付周期最长不得超过15日。

【答案】ABD

【例题3·多选题】根据劳动合同法律制度的规定，关于非全日制用工的下列表述中，正确的有（　　）。（2017年）

A. 非全日制用工小时计酬标准不得低于用人单位所在地人民政府规定的最低小时工资标准

B. 非全日制用工劳动报酬结算支付周期最长不得超过15日

C. 非全日制用工双方当事人可以约定试用期

D. 非全日制用工双方当事人可以订立口头协议

【解析】选项C：非全日制用工双方当事人不得约定试用期。

【答案】ABD

考点2：集体合同（★）

1. 集体合同包括（综合性）集体合同和专项集体合同，在特殊行业、区域，还可以订立行业性集体合同、区域性集体合同。

2. 集体协商制度

（1）集体合同内容由用人单位和职工各自派出集体协商代表通过集体协商（会议）的方式协商确定。

（2）集体协商双方的代表人数应当对等，每方至少3人，并各确定1名首席代表。

3. 集体合同草案的通过

（1）集体合同草案应当提交职工代表大会或者全体职工讨论。

（2）集体合同草案，应当有“2/3以上”职工代表或者职工出席，且须经全体职工代表“半数以上”或者全体职工半数以上同意，方获通过。

（3）集体合同草案通过后，由集体协商双方首席代表签字。

4. 集体合同的生效

集体合同订立后，应当报送劳动行政部门；劳动行政部门自收到集体合同文本之日起“15日内未提出异议”的，集体合同即行生效。

5. 各种标准的关系

（1）集体合同中劳动报酬和劳动条件等标准不得低于当地人民政府规定的最低标准。

（2）用人单位与劳动者订立的劳动合同中劳动报酬和劳动条件等标准不得低于集体合同规定的标准。

6. 因履行集体合同发生争议，经协商解决不成的，工会可以依法申请仲裁、提起诉讼。

【例题·判断题】集体合同中双方约定的劳动报酬和劳动条件等标准可以低于当地人民政府规定的最低标准。（　　）（2017年）

【解析】集体合同中劳动报酬和劳动条件等标准不得低于当地人民政府规定的最低标准。

【答案】×

考点3：劳务派遣（★★★）

1. 劳务派遣的三方关系

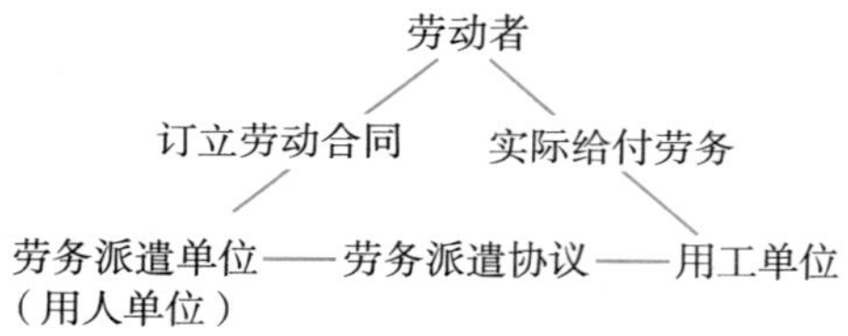

图8－9

2. 劳务派遣的适用

（1）劳动合同用工是我国企业的基本用工形式，劳务派遣用工是补充形式，只能在临时性（存续时间“不超过6个月”）、辅助性或者替代性的工作岗位上实施。

（2）用人单位不得设立劳务派遣单位向本单位或者所属单位派遣劳动者；用工单位不得将被派遣劳动者再派遣到其他用人单位。

（3）劳务派遣单位不得以非全日制用工形式招用被派遣劳动者。

（4）用工单位使用的被派遣劳动者数量不得超过其用工总量（订立劳动合同的人数＋派遣用工的人数）的10%。

3. 劳务派遣单位（用人单位）的主要义务

（1）劳务派遣单位与被派遣劳动者订立的劳动合同，除应当载明劳动合同必备的条款外，还应当载明被派遣劳动者的用工单位以及派遣期限、工作岗位等情况。

（2）劳务派遣单位应当与被派遣劳动者订立2年以上固定期限劳动合同。

（3）劳务派遣单位应当按月向劳动者支付报酬；被派遣劳动者在无工作期间，劳务派遣单位应当按照所在地人民政府规定的最低工资标准，向其按月支付报酬。

（4）劳务派遣单位应当将劳务派遣协议的内容告知被派遣劳动者，不得克扣用工单位按劳务派遣协议支付给被派遣劳动者的劳动报酬。

（5）劳务派遣单位不得向被派遣劳动者收取费用。

4. 用工单位的主要义务

（1）用工单位应当根据工作岗位的实际需要与劳务派遣单位确定派遣期限，不得将连续用工期限分割订立数个短期劳务派遣协议。

（2）用工单位不得向被派遣劳动者收取费用。

5. 劳动者的其他重要权利

（1）被派遣劳动者享有与用工单位的劳动者同工同酬的权利。

（2）被派遣劳动者有权在劳务派遣单位或者用工单位依法参加或者组织工会，维护自身的合法权益。

【例题1·多选题】下列劳务派遣用工形式中，不符合法律规定的有（　　）。（2017年）

A. 丙劳务派遣公司以非全日制用工形式招用被派遣劳动者

B. 乙公司将使用的被派遣劳动者又派遣到其他公司工作

C. 丁公司使用的被派遣劳动者数量达到其用工总量的5%

D. 甲公司设立劳务派遣公司向其所属分公司派遣劳动者

【解析】（1）选项A：劳务派遣单位不得以“非全日制用工”形式招用被派遣劳动者；（2）选项B：用工单位不得将被派遣劳动者再派遣到其他用人单位；（3）选项C：

用工单位应当严格控制劳务派遣用工数量，使用的被派遣劳动者数量不得超过其用工总量的10%；（4）选项D：用人单位不得设立劳务派遣单位向本单位或者所属单位派遣劳动者。

【答案】ABD

【例题2·单选题】甲劳务派遣公司安排职工张某到用工单位乙公司工作。下列关于该劳务派遣用工的表述中，不正确的是（　　）。(2017年)

A. 张某只能在乙公司从事临时性、辅助性或者替代性的工作

B. 乙公司应按月向张某支付报酬

C. 乙公司不得再将张某派遣到其他用人单位

D. 甲劳务派遣公司应当与乙公司订立劳务派遣协议

【解析】选项B：劳务派遣公司（甲公司）应当按月向劳动者（张某）支付劳动报酬。

【答案】B

【例题3·单选题】根据劳动合同法律制度的规定，下列关于劳务派遣用工形式的表述中，不正确的是（　　）。(2017年)

A. 被派遣劳动者在无工作期间，劳务派遣单位应当按照所在地人民政府规定的最低工资标准，向其按月支付报酬

B. 劳务派遣单位可与被派遣劳动者订立1年期劳动合同

C. 用人单位不得设立劳务派遣单位向本单位或者所属单位派遣劳动者

D. 被派遣劳动者享有与用工单位的劳动者同工同酬的权利

【解析】选项B：劳务派遣单位应当与被派遣劳动者订立"2年以上"的固定期限劳动合同。

【答案】B

【例题4·单选题】乙劳务派遣公司应甲公司要求，将张某派遣到甲公司工作。根据劳动合同法律制度的规定，下列关于该劳务派遣用工的表述中，正确的是（　　）。(2015年)

A. 乙公司应向张某按月支付劳动报酬

B. 甲公司将张某再派遣到其他用人单位

C. 乙公司可向张某收取劳务中介费

D. 甲公司与张某之间存在劳动合同关系

【解析】（1）选项A：劳务派遣单位（乙公司）应当履行用人单位对劳动者的义务（按月支付劳动报酬）；（2）选项B：用工单位不得将被派遣劳动者再派遣到其他用人单位；（3）选项C：劳务派遣单位（乙公司）和用工单位（甲公司）均不得向被派遣劳动者（张某）收取费用；（4）选项D：劳务派遣单位（乙公司）应当与被派遣劳动者（张某）订立劳动合同，用工单位（甲公司）与张某之间并不存在劳动合同关系。

【答案】A

【例题5·多选题】根据劳动合同法律制度的规定，下列关于不同用工形式劳动报酬结算支付周期的表述中，正确的有（　　）。(2018年)

A. 非全日制用工劳动者的劳动报酬结算支付周期最长不得超过15日

B. 全日制用工劳动者的劳动报酬至少每周支付一次

C. 被派遣劳动者的劳动报酬，在结束劳务派遣用工时支付

D. 对完成一次性临时劳动或某项具体工作的劳动者，用人单位应按有效协议或者合同规定在其完成劳动任务后即支付劳动报酬

【解析】（1）选项B：全日制用工劳动者的工资"至少每月支付一次"，实行周、日、小时工资制的可按周、日、小时支付工资；（2）选项C：劳动派遣单位应当按月向被派遣劳动者支付劳动报酬。

【答案】AD

第6单元　劳动争议的解决机制

【本单元考点框架】

什么是劳动争议？（考点1）
劳动争议的解决方法（考点2）
劳动调解程序（考点3）
劳动仲裁（考点4）

考点1：什么是劳动争议？（★）

劳动争议是指劳动关系当事人之间因实现劳动权利、履行劳动义务发生分歧而引起的争议，也称劳动纠纷、劳资争议。包括以下内容：

1. 因确认劳动关系发生的争议；

2. 因订立、履行、变更、解除和终止劳动合同发生的争议；

3. 因除名、辞退和辞职、离职发生的争议；

4. 因工作时间、休息休假、社会保险、福利、培训以及劳动保护发生的争议；

5. 因劳动报酬、工伤医疗费、经济补偿金或者赔偿金等发生的争议；

6. 法律、法规规定的其他劳动争议。

考点2：劳动争议的解决方法（★★）

1. 劳动争议解决的方法有协商（和解）、调解、仲裁和诉讼。

2. 协商（和解）、劳动调解、劳动仲裁——互相独立

（1）用人单位与劳动者发生劳动争议，劳动者可以与用人单位协商，也可以请工会或者第三方共同与用人单位协商，达成和解协议。

（2）当事人不愿协商、协商不成或者达成和解协议后不履行的，可以向调解组织申请调解。

（3）不愿调解、调解不成或者达成调解协议后不履行的，可以向劳动争议仲裁委员会申请仲裁。

【提示】当事人完全可以不经协商，直接向调解组织申请调解；或者不经协商、调解，直接申请劳动仲裁。

3. 劳动仲裁、劳动诉讼——先裁后诉

（1）“劳动者”对劳动争议的终局裁决不服的，可以自收到仲裁裁决书之日起15日内向人民法院提起诉讼。

（2）“当事人（包括劳动者和用人单位）”对终局裁决情形之外的其他劳动争议案件的仲裁裁决不服的，可以自收到仲裁裁决书之日起15日内提起诉讼。

（3）对劳动争议仲裁委员会不予受理或者逾期未作出决定的，申请人可以就该劳动争议事项向人民法院提起诉讼。

（4）终局仲裁裁决被人民法院裁定撤销的，当事人可以自收到裁定书之日起15日内就该劳动争议事项向人民法院提起诉讼。

【相关链接1】根据《仲裁法》的规定，只有在没有仲裁协议或者仲裁协议无效，或者当事人放弃仲裁协议的情况下，法院才可以行使管辖权。（“或裁或诉”）

【相关链接2】对税务机关作出的征税行为不服，应当“先议后诉”；对行政机关作出的其他一般行政行为不服，“或议或诉”。

考点3：劳动调解程序（★）

1. 劳动争议调解组织

（1）企业劳动争议调解委员会；

（2）依法设立的基层人民调解组织；

（3）在乡镇、街道设立的具有劳动争议调解职能的组织。

2. 当事人申请劳动争议调解可以“书面”申请，也可以“口头”申请。

3. 经调解达成协议

（1）经调解达成协议的，应当制作调解协议书，调解协议书由双方当事人签名或者盖章，经调解员签名并加盖调解组织印章后生效。

（2）达成调解协议后，一方当事人在协议约定期限内不履行调解协议的，另一方当事人可以依法申请劳动仲裁。

（3）因支付拖欠劳动报酬、工伤医疗费、经济补偿或者赔偿金事项达成调解协议，用人单位在协议约定期限内不履行的，劳动者可以持调解协议书依法向人民法院申请支付令，人民法院应当依法发出支付令。

4. 未达成调解协议

自劳动争议调解组织收到调解申请之日起15日内未达成调解协议的，当事人可以依法申请劳动仲裁。

考点4：劳动仲裁（★★★）

1. 劳动仲裁当事人的确定

（1）发生劳动争议的劳动者和用人单位为劳动争议仲裁案件的双方当事人。

（2）劳务派遣单位或者用工单位与劳动者发生劳动争议的，劳务派遣单位和用工单位为共同当事人。

（3）劳动者与个人承包经营者发生争议，依法向劳动争议仲裁委员会申请仲裁的，应当将发包的组织和个人承包经营者作为当事人。

（4）发生争议的用人单位未办理营业执照、被吊销营业执照、营业执照到期继续经营、被责令关闭、被撤销以及用人单位解散、歇业，不能承担相关责任的，应当将用人单位和其出资人、开办单位或者主管部门作为共同当事人。

2. 劳动仲裁的申请

（1）向谁申请？

①劳动争议由劳动合同履行地或者用人单位所在地的劳动争议仲裁委员会管辖；双方当事人分别向劳动合同履行地和用人单位所在地的劳动争议仲裁委员会申请仲裁的，由劳动合同履行地的劳动争议仲裁委员会管辖。

【提示1】有多个劳动合同履行地的，由最先受理的仲裁委员会管辖。

【提示2】劳动合同履行地不明确的，由用人单位所在地的仲裁委员会管辖。

【提示3】案件受理后，劳动合同履行地或者用人单位所在地发生变化的，不改变争议仲裁的管辖。

②劳动争议仲裁委员会不按行政区划层层设立。

③劳动争议仲裁不收费，劳动争议仲裁委员会的经费由财政予以保障。

【相关链接】行政复议机关受理行政复议申请，不得向申请人收取任何费用。

（2）申请时效

①劳动争议申请仲裁的时效期间为1年，从当事人知道或者应当知道其权利被侵害之日起计算。

②劳动关系存续期间因拖欠劳动报酬发生争议的，劳动者申请仲裁不受1年仲裁时效期间的限制；但是，劳动关系终止的，应当自劳动关系终止之日起1年内提出。

【案例】王某在甲公司工作，现双方发生劳动争议拟申请仲裁：（1）如果王某2018年1月1日得知甲公司未依法提供劳动保护，并以此为由申请劳动仲裁；则不论王某和甲公司是否终止劳动关系，劳动仲裁申请时效均自2018年1月1日起至2019年1月1日止。（2）如果甲公司自2015年2月2日起就开始拖欠王某工资，王某一直忍气吞声，继续与甲公司维持劳动关系，则劳动仲裁时效一直不起算；如果王某在2018年8月1日与甲公司解除劳动合同，则王某就甲公司拖欠工资的行为申请劳动仲裁的时效自2018年8月1日起至2019年8月1日止。

（3）申请形式

申请人申请仲裁应当提交书面仲裁申请；但书写仲裁申请确有困难的，可以口头申请。

3. 劳动仲裁的基本制度

（1）公开仲裁

劳动争议仲裁公开进行，但当事人协议不公开或者涉及商业秘密和个人隐私的，经相关当事人书面申请，仲裁委员会应当不公开审理。

（2）仲裁庭

劳动争议仲裁的仲裁庭由3名仲裁员组成，设首席仲裁员；简单劳动争议案件可以由1名仲裁员独任仲裁。

（3）回避

仲裁员有下列情形的，应当回避，当事人也有权以口头或者书面方式提出回避申请：

①是本案当事人或者当事人、代理人的近亲属的；

②与本案有利害关系的；

③与本案当事人、代理人有其他关系，可能影响公正裁决的；

④私自会见当事人、代理人，或者接受当事人、代理人请客送礼的。

（4）仲裁庭裁决劳动争议案件，原则上应当自仲裁委员会受理仲裁申请之日起45日内结束。

4. 劳动仲裁裁决的一般规定

（1）裁决应当按照多数仲裁员的意见作出，少数仲裁员的不同意见应当记入笔录；仲裁庭不能形成多数意见时，裁决应当按照首席仲裁员的意见作出。

（2）裁决书的签名

裁决书由仲裁员签名，加盖劳动争议仲裁委员会印章；对裁决持不同意见的仲裁员，可以签名，也可以不签名。

（3）劳动仲裁裁决的生效

当事人对终局裁决情形之外的其他劳动争议案件的仲裁裁决不服的，可以自收到仲裁裁决书之日起15日内提起诉讼；期满不起诉的，仲裁裁决书发生法律效力。

【相关链接1】根据《仲裁法》的规定，仲裁裁决书自作出之日起发生法律效力；仲裁调解书经双方当事人签收后，即发生法律效力。

【相关链接2】当事人不服法院第一审民事判决的，有权在判决书送达之日起15日内向上一级法院提起上诉；如果在上诉期内当事人不上诉，期满后第一审判决生效。

【相关链接3】行政复议决定书自送达之日起生效。

【相关链接4】行政诉讼当事人不服人民法院第一审行政判决的，有权在判决书送达之日起15日内向上一级人民法院提起上诉。

5. 劳动仲裁的终局裁决

（1）适用情形

下列劳动争议，除法律另有规定的外，仲裁裁决为终局裁决，裁决书自作出之日起发生法律效力：

①追索劳动报酬、工伤医疗费、经济补偿金或者赔偿金，不超过当地月最低工资标准12个月金额的争议；

②因执行国家的劳动标准在工作时间、休息休假、社会保险等方面发生的争议。

【提示】如果仲裁裁决涉及数项，对单项裁决数额不超过当地最低工资标准12个月金额的事项，应当适用终局裁决。

（2）能否进一步寻求救济？——劳动者可以依法提起劳动诉讼。

“劳动者”对劳动争议的终局裁决不服的，可以自收到仲裁裁决书之日起15日内向人民法院提起诉讼。

（3）能否进一步寻求救济？——用人单位可以依法撤销裁决。

用人单位有证据证明劳动争议仲裁终局裁决有下列情形之一，可以自收到仲裁裁决书之日起30日内向劳动争议仲裁委员会所在地的中级人民法院申请撤销裁决：

①适用法律、法规确有错误的；

②劳动争议仲裁委员会无管辖权的；

③违反法定程序的；

④裁决所根据的证据是伪造的；

⑤对方当事人隐瞒了足以影响公正裁决的证据的；

⑥仲裁员在仲裁该案件时有索贿受贿、徇私舞弊、枉法裁决行为的。

【提示】终局仲裁裁决被人民法院裁定撤销的，当事人可以自收到裁定书之日起15日内就该劳动争议事项向人民法院提起诉讼。

(4) 如果裁决内容同时涉及终局裁决和非终局裁决的，应当分别制作裁决书，并告知当事人相应的救济权利。

6. 劳动仲裁裁决的执行

(1) 仲裁庭对追索劳动报酬、工伤医疗费、经济补偿金或者赔偿金的案件，根据当事人的申请，可以裁决先予执行，移送“人民法院”执行，劳动者申请先予执行的，可以不提供担保。

(2) 当事人对发生法律效力的调解书、裁决书，应当依照规定的期限履行。一方当事人逾期不履行的，另一方当事人可以依照《民事诉讼法》的有关规定向人民法院申请执行。

表8-12　《仲裁法》规定的仲裁VS劳动仲裁

	《仲裁法》规定的仲裁	劳动仲裁
是否以仲裁协议有效存在为前提	√	×
与诉讼的关系	或裁或审	原则上先裁后审
仲裁机构与行政机构的关系	完全独立	经费由财政保障
仲裁机构不按行政区划层层设立	√	√
管辖	既不实行级别管辖，也不实行地域管辖	实行地域管辖（劳动合同履行地或用人单位所在地）
申请仲裁的时效	除另有规定，适用民事诉讼时效的规定	(1) 当事人知道或者应当知道其权利被侵害之日起1年 (2) 拖欠劳动报酬的，劳动关系存续期间不受仲裁时效限制；劳动关系终止的，自终止之日起计算1年
是否收费	√	×
能否口头申请	×	√
公开仲裁	×	√
开庭审理	√	√
回避制度	√	√
一裁终局	√	终局裁决的劳动争议： (1) 劳动者不服，15日内起诉 (2) 用人单位不能提起劳动诉讼；裁决符合撤销情形的，可以申请撤销
		其他劳动争议：15日内起诉
强制执行	人民法院	

【例题1·单选题】2016年7月10日，刘某到甲公司上班，公司自9月10日起一直拖欠其劳动报酬，直至2017年1月10日双方劳动关系终止。下列关于刘某申请劳动仲裁期间的表述中，正确的是(　　)。(2018年)

A. 应自2016年9月10日起1年内提出申请

B. 应自2016年9月10日起3年内提出申请

C. 应自2017年1月10日起1年内提出申请

D. 应自2016年7月10日起3年内提出申请

【解析】劳动关系存续期间因拖欠劳动报酬发生争议的，劳动者申请仲裁不受1年仲裁时效期间的限制；但是，劳动关系终止的，应当自劳动关系终止之日起1年内提出。

【答案】C

【例题2·单选题】根据劳动争议仲裁法律制度的规定，劳动者与用人单位因确认劳动关系发生劳动争议的，应当自知道或应当知道其权利被侵害之日起一定期限内提出仲裁申请。该期限为(　　)。(2016年)

A. 3年　　B. 6个月

C. 1年　　D. 2年

【解析】劳动争议申请仲裁的时效期间为1年，仲裁时效期间从当事人知道或者应当知道其权利被侵害之日起计算。

【答案】C

【例题3·单选题】根据劳动争议调解仲裁法律制度的规定，下列关于劳动争议终局裁决效力的表述中，正确的是(　　)。(2018年)

A. 一方当事人逾期不履行终局裁决的，另一方当事人可以向劳动仲裁委员会申请强制执行

B. 终局裁决被人民法院裁定撤销的，当事人可以自收到裁定书之日起15日向人民法院提起诉讼

C. 劳动者对终局裁决不服的，不得向人民法院提起诉讼

D. 用人单位对终局裁决不服的，应向基层人民法院申请撤销

【解析】(1)选项A：不论是经济仲裁的裁决，还是劳动仲裁的裁决，一方当事人逾期不履行裁决时，均只能向“人民法院”申请强制执行，各(经济)仲裁委员会、劳动仲裁委员会均无强制执行权。(2)选项C：“劳动者”(仅限于劳动者一方)对劳动争议的终局裁决不服的，可以自收到仲裁裁决书之日起15日内向人民法院提起诉讼。(3)选项D：用人单位有证据证明终局裁决“有法定情形”的，可以自收到仲裁裁决书之日起30日内向仲裁委员会所在地的“中级”人民法院申请撤销裁决。

【答案】B

【例题4·判断题】劳动者和用人单位发生劳动争议，可以不经劳动仲裁直接向人民法院提起劳动诉讼。(　　)(2013年)

【解析】劳动仲裁是劳动争议当事人向人民法院提起诉讼的前置程序。

【答案】×

【例题5·多选题】关于一般经济纠纷仲裁和劳动仲裁共同点的下列表述中，正确的有(　　)。(2017年)

A. 仲裁庭仲裁案件均适用回避制度

B. 当事人均须在事前或事后达成仲裁协议，仲裁委员会方可受理

C. 仲裁委员会均不按行政区划层层设立

D. 当事人对仲裁裁决不服，均可向人民法院起诉

【解析】(1)选项B：一般经济纠纷的仲裁，当事人必须在事先或事后达成仲裁协议，才能据此向仲裁机构提出仲裁申请；而劳动争议的仲裁，则不要求当事人达成仲裁协议，只要一方当事人提出申请，有关仲裁机构即可受理。(2)选项D：一般经济纠纷的仲裁实行“一裁终局”制度；而劳动争议仲裁，当事人对裁决不服的，除法律规定的几类特殊劳动争议外，可以向人民法院起诉。

【答案】AC

【例题6·多选题】根据劳动仲裁法律制度的规定，下列各项中，属于仲裁员在仲裁劳动争议案件时应当回避的情形有(　　)。(2013年)

A. 私自会见争议案件代理人

B. 私自接受争议案件的当事人请客送礼

C. 是争议案件代理人的近亲属

D. 是争议案件当事人的近亲属

【解析】仲裁员有下列情形之一的，应当回避，当事人也有权以口头或者书面方式提出回避申请：（1）是本案当事人或者当事人、代理人的近亲属（选项 CD）；（2）与本案有利害关系的；（3）与本案当事人、代理人有其他关系，可能影响公正裁决的；（4）私自会见当事人、代理人，或者接受当事人、代理人请客送礼的（选项 AB）。

【答案】ABCD

【例题 7·多选题】根据劳动合同法律制度的规定，用人单位与劳动者发生争议，可以采取的解决方法包括(　　)。(2014 年)

A. 协商　　B. 调解

C. 仲裁　　D. 诉讼

【解析】劳动争议的解决方法：协商（和解）、劳动调解、劳动仲裁、劳动诉讼。

【答案】ABCD

【例题 8·判断题】发生争议的用人单位未办理营业执照、被吊销营业执照、营业执照到期继续经营、被责令关闭、被撤销以及用人单位解散、歇业，不能承担相关责任的，应当将用人单位和其出资人、开办单位或者主管部门作为共同当事人。(　　)(2012 年)

【答案】√

【例题 9·多选题】根据劳动合同法律制度的规定，下列劳动争议中，劳动者可以向劳动仲裁部门申请劳动仲裁的有(　　)。(2011 年)

A. 确认劳动关系争议

B. 工伤医疗费争议

C. 劳动保护条件争议

D. 社会保险争议

【解析】选项 ABCD 均属于劳动争议，均可申请劳动仲裁。

【答案】ABCD

阶段测验

请激活 APP 题库，进入机考环境进行“阶段测验”。

第 7 单元　职工基本养老保险与职工基本医疗保险

【本单元考点框架】

- 职工基本养老保险
  - 保险费的缴纳（考点 1）
  - 保险待遇（考点 2）
- 职工基本医疗保险
  - 保险费的缴纳（考点 3）
  - 保险费用的结算（考点 4）
  - 医疗期（考点 5）

考点 1：职工基本养老保险费的缴纳（★★）

1. 单位缴费

用人单位应当按照国家规定的本单位职工工资总额的比例缴纳基本养老保险费，记入基本养老保险统筹基金。

【提示】职工基本养老保险单位缴费比例各省（区、市）不同（通常为 19%），考试由题目已知条件提供。(2019 年调整)

2. 个人缴费

（1）职工个人按照本人月缴费工资的8%缴费，记入个人账户。

（2）缴费工资的确定

①缴费工资一般为职工本人上一年度月平均工资。

②本人月平均工资低于当地职工月平均工资60%的，按当地职工月平均工资的60%作为缴费基数。

③本人月平均工资高于当地职工月平均工资300%的，按当地职工月平均工资的300%作为缴费基数。

（3）个人缴费不计征个人所得税，在计算个人所得税的应税收入时，应当扣除个人缴纳的养老保险费。

【案例】甲公司所在地职工月平均工资为2400元：（1）职工王某，月缴费工资1400元，甲公司每月应从王某工资中代扣代缴的基本养老保险费数额 = 2400 × 60% × 8% = 115.2（元）；（2）职工李某，月缴费工资为8500元，甲公司每月应从李某工资中代扣代缴的基本养老保险费数额 = 2400 × 3 × 8% = 576（元）。

（4）个人账户

①个人账户不得提前支取。

②个人账户记账利率不得低于银行定期存款利率，免征利息税。

③参加职工基本养老保险的个人死亡后，其个人账户中的余额可以全部依法继承。

3. 城镇个体工商户和灵活就业人员的缴费基数为当地上一年度在岗职工月平均工资，缴费比例为20%，其中8%记入个人账户。

4. 职工基本养老保险实行社会统筹与个人账户相结合（以下简称“统账结合”），基本养老保险基金由用人单位和个人缴费以及政府补贴（基本养老保险基金出现支付不足时，政府给予补贴）等组成，主要组成：

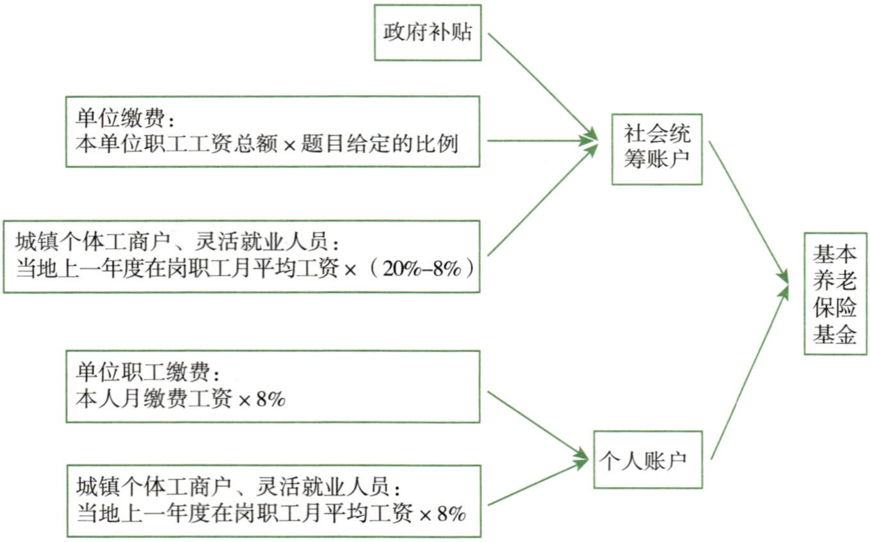

图 8 - 10

【例题1·单选题】甲公司职工孙某已参加职工基本养老保险，月工资15000元。已知甲公司所在地职工月平均工资为4000元，月最低工资标准为2000元。计算甲公司每月应从孙某工资中扣缴基本养老保险费的下列算式中，正确的是（　　）。（2017年）

A. 15000 × 8% = 1200（元）

B. 4000 × 3 × 8% = 960（元）

C. 2000 × 3 × 8% = 480（元）

D. 4000 × 8% = 320（元）

【解析】（1）孙某本人的月工资高于当地职工月平均工资（4000 元）的 300%，应以当地职工月平均工资的 300% 作为缴费基数；（2）职工基本养老保险的个人缴费率为 8%。因此，本题孙某应当缴纳的基本养老保险费为 $4000\times3\times8\%=960$（元）。

【答案】B

【例题 2·单选题】根据社会保险法律制度的规定，下列关于职工基本养老保险个人账户的表述中，不正确的是（　　）。(2015 年)

A. 无雇工的个体工商户自愿按照国家规定缴纳的基本养老保险费，全部记入个人账户

B. 职工按照国家规定的本人工资的一定比例缴纳的基本养老保险费，全部记入个人账户

C. 职工基本养老保险个人账户不得提前支取

D. 职工基本养老保险个人账户免征利息税

【解析】（1）选项 A：无雇工的个体工商户、未在用人单位参加基本养老保险的非全日制从业人员以及其他灵活就业人员可以参加基本养老保险，由个人缴纳基本养老保险费；缴费基数为当地上一年度在岗职工月平均工资，缴费比例为 20%，其中 8%（而非全部）记入个人账户。（2）选项 B：用人单位按照国家规定的本单位职工工资总额的比例缴纳基本养老保险费，记入基本养老保险统筹基金；职工按照国家规定的本人工资的 8% 缴纳基本养老保险费，记入个人账户。（3）选项 CD：基本养老保险的个人账户不得提前支取，记账利率不得低于银行定期存款利率，免征利息税。

【答案】A

【例题 3·多选题】根据社会保险法律制度的规定，下列关于职工基本养老保险制度的表述中，正确的有（　　）。(2015 年)

A. 职工基本养老保险实行社会统筹与个人账户相结合

B. 城镇个体工商户和灵活就业人员的缴费基数为当地上一年度在岗职工月平均工资

C. 职工基本养老保险基金由用人单位和个人缴费以及政府补贴等组成

D. 个人缴纳的基本养老保险费应计征个人所得税

【解析】选项 D：个人缴费不计征个人所得税，在计算个人所得税的应税收入时，应当扣除个人缴纳的养老保险费。

【答案】ABC

考点 2：职工基本养老保险待遇（★★）

（一）职工基本养老保险的享受条件

1. 年龄条件：达到法定退休年龄

2. 缴费年限条件：15 年

参加职工基本养老保险的个人，达到法定退休年龄时累计缴费满 15 年的，按月领取基本养老金。

（二）职工基本养老保险的待遇

1. 基本养老金

对符合基本养老保险享受条件的人员，国家按月支付基本养老金。

2. 丧葬补助金和遗属抚恤金

（1）参加职工基本养老保险的个人，因病或者非因工死亡的，其遗属可以领取丧葬补助金和抚恤金，所需资金从基本养老保险基金中支付；

（2）如果个人死亡同时符合领取职工基本养老保险丧葬补助金、工伤保险丧葬补助金和失业保险丧葬补助金条件的，其遗属只能选择领取其中的一项。

3. 病残津贴

参加职工基本养老保险的个人，在未达到法定退休年龄时因病或者非因工致残完全丧失劳动能力的，可以领取病残津贴，所需资金从基本养老保险基金中支付。

【例题 1·单选题】根据社会保险法律制度的规定，参加职工基本养老保险的个人，达到法定退休年龄且累计缴费满一定年限的，方可享受职工基本养老保险待遇，该年限为（　　）。(2018 年)

A. 5 年　　B. 20 年

C. 15 年　　D. 10 年

【解析】职工基本养老保险享受条件：(1)达到法定退休年龄；(2)累计缴费满15年。

【答案】C

【例题2·多选题】根据社会保险法律制度的规定，下列关于职工基本养老保险待遇的表述中，正确的有(　　)。(2017年)

A. 参保职工未达到法定退休年龄时因病致残完全丧失劳动能力的，可以领取病残津贴

B. 参保职工死亡后，其个人账户中的余额可以全部依法继承

C. 参保职工达到法定退休年龄时累计缴费满15年，按月领取基本养老金

D. 参保职工死亡同时符合领取基本养老保险丧葬补助金、工伤保险丧葬补助金和失业保险丧葬补助金条件的，其遗属可以同时领取

【解析】选项D：参保职工死亡同时符合领取基本养老保险丧葬补助金、工伤保险丧葬补助金和失业保险丧葬补助金条件的，其遗属只能选择领取其中的一项。

【答案】ABC

考点3：职工基本医疗保险费的缴纳(★★)

1. 职工基本医疗保险也采用“统账结合”模式，即分别设立社会统筹基金和个人账户基金。

2. 单位缴费

(1)单位缴费率一般为职工工资总额的6%左右；

(2)用人单位缴纳的基本医疗保险费分为两部分，一部分用于建立统筹基金，另一部分划入个人账户；用人单位缴费部分划入个人账户的具体比例，一般为30%左右。

3. 个人缴费：个人缴费率一般为本人工资收入的2%。

【案例】假定某企业基本医疗保险的单位缴费率为职工工资总额的6%，个人缴费率为本人工资收入的2%，单位所缴医疗保险费划入个人医疗账户的具体比例为30%；该企业职工王某月工资为5000元，则：

第八章

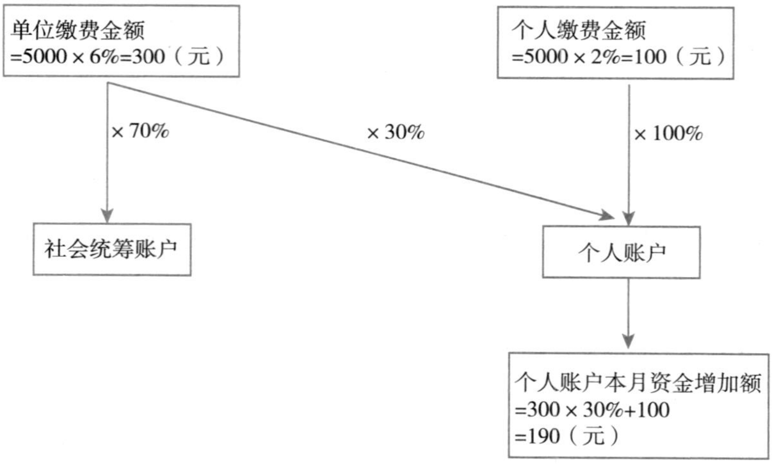

图8－11

考点4：职工基本医疗保险费用的结算(★)

1. 参保人员必须到基本医疗保险的定点医疗机构就医、购药或定点零售药店购买药品；参保人员在看病就医过程中所发生的医疗费用必须符合基本医疗保险药品目录、诊疗项目、医疗服务设施标准的范围和给付标准。

2. 下列医疗费用不纳入基本医疗保险基金支付范围：

（1）应当从工伤保险基金中支付的；

（2）应当由第三人负担的（第三人不支付或者无法确定第三人的，由基本医疗保险基金先行支付，然后向第三人追偿）；

（3）应当由公共卫生负担的；

（4）在境外就医的。

3. 基本医疗保险支付范围的医疗费用的支付

（1）参保人员符合基本医疗保险支付范围的医疗费用中，在社会医疗统筹基金起付标准（一般为当地职工年平均工资的10%左右）以上与最高支付限额（一般为当地职工年平均工资的6倍左右）以下的费用部分，由社会医疗统筹基金按一定比例（一般为90%）支付。

（2）参保人员符合基本医疗保险支付范围的医疗费用中，在社会医疗统筹基金起付标准以下的费用部分，由个人账户资金支付或个人自付；参保人员在封顶线以上的医疗费用部分，可以通过单位补充医疗保险或者参加商业保险等途径解决。

【案例】假定甲市职工年平均工资为28800元，基本医疗保险起付标准为当地职工年平均工资的10%，最高支付限额为当地职工年平均工资的6倍，医保报销比例为90%；下列参保人（田某、刘某、王某）发生医疗费用均在规定的医疗目录内，无其他补充社会保险或商业保险，具体处理：

田某发生医疗费用200000元

起付线～封顶线金额为28800×6－28800×10%＝169920（元）

医保负担：169920×90%＝152928（元）

个人负担：200000－152928＝47072（元）

封顶线：———— 28800×6＝172800（元）

刘某发生医疗费用8000元

超过起付线的金额＝8000－2880＝5120（元）

医保负担：5120×90%＝4608（元）

个人负担：8000－4608＝3392（元）

起付线：———— 28800×10%＝2880（元）

王某发生医疗费用1000元：全额个人负担

【例题·单选题】甲公司职工周某的月工资为6800元，已知当地职工基本医疗保险的单位缴费率为6%，职工个人缴费率为2%，用人单位所缴医疗保险费划入个人医疗账户的比例为30%。根据社会保险法律制度的规定，关于周某个人医疗保险账户每月资金增加额的下列计算中，正确的是（　　）。（2015年）

A. 6800×6%×30%＝122.4（元）

B. 6800×2%＋6800×6%×30%＝258.4（元）

C. 6800×2%＝136（元）

D. 6800×2%＋6800×6%＝544（元）

【解析】基本医疗保险个人账户的资金来源：（1）个人缴费部分（6800×2%）；（2）用人单位缴费的划入部分（6800×6%×30%）。

【答案】B

考点5：医疗期（★★★）

1. 概念

医疗期是指企业职工因患病或非因工负伤停止工作，治病休息，但不得解除劳动合同的期限。

2. 医疗期期间

（1）医疗期期间

企业职工因患病或非因工负伤，需要停

止工作进行医疗时，根据本人实际参加工作年限和在本单位工作年限，给予3个月到24个月的医疗期：

①实际工作年限10年以下的，在本单位工作年限5年以下的为3个月；5年以上的为6个月。

②实际工作年限10年以上的，在本单位工作年限5年以下的为6个月；5年以上10年以下的为9个月；10年以上15年以下的为12个月；15年以上20年以下的为18个月；20年以上的为24个月。

（2）医疗期的计算方法

①3个月的按6个月内累计病休时间计算；

②6个月的按12个月内累计病休时间计算；

③9个月的按15个月内累计病休时间计算；

④12个月的按18个月内累计病休时间计算；

⑤18个月的按24个月内累计病休时间计算；

⑥24个月的按30个月内累计病休时间计算。

【解释】医疗期的计算从病休第一天开始，累计计算。

表8-13 医疗期期间的计算

<table>
<tr><th>实际工作年限</th><th>在本单位工作年限</th><th>医疗期期间</th><th>计算方法</th></tr>
<tr><td rowspan="2"><10年</td><td><5年</td><td>3个月</td><td>6个月</td></tr>
<tr><td>≥5年</td><td rowspan="2">6个月</td><td rowspan="2">12个月</td></tr>
<tr><td rowspan="5">≥10年</td><td><5年</td></tr>
<tr><td>5年≤Y<10年</td><td>9个月</td><td>15个月</td></tr>
<tr><td>10年≤Y<15年</td><td>12个月</td><td>18个月</td></tr>
<tr><td>15年≤Y<20年</td><td>18个月</td><td>24个月</td></tr>
<tr><td>≥20年</td><td>24个月</td><td>30个月</td></tr>
</table>

（3）病休期间，公休、假日和法定节日包括在内。

【相关链接】国家法定休假日、休息日不计入带薪年休假的假期。

3. 医疗期内的待遇

（1）病假工资或疾病救济费可以低于当地最低工资标准支付，但最低不能低于最低工资标准的80%。

【案例】李某在甲公司的月工资为3000元，当地最低月工资标准为2000元，则李某在医疗期内的病假工资不得低于1600元。

（2）医疗期内不得解除劳动合同。如果医疗期内遇合同期满，则合同必须续延至医疗期满，职工在此期间仍然享受医疗期内待遇。

【相关链接】劳动合同期满，但是用人单位与劳动者约定的服务期尚未到期的，劳动合同应当续延至服务期满；双方另有约定的，从其约定。

（3）对医疗期满尚未痊愈者，或者医疗期满后，不能从事原工作，也不能从事用人单位另行安排的工作，被解除劳动合同的，用人单位需按经济补偿金规定给予其经济补偿金。

【例题1·单选题】甲公司王某实际工作8年，在甲公司工作3年。因患病住院治疗，王某可享受的医疗期期间为（ ）。（2017年）

A. 12个月 B. 3个月

C. 6个月 D. 9个月

【解析】实际工作年限10年以下的，在本单位工作年限5年以下的，医疗期为3个月。

【答案】B

【例题2·多选题】2008年张某初次就业到甲公司工作。2015年年初，张某患重病向

公司申请病休。关于张某享受医疗期待遇的下列表述中，正确的有(　　)。(2016 年)

A. 医疗期内，甲公司应按照张某病休前的工资待遇向其支付病假工资

B. 张某可享受不超过 6 个月的医疗期

C. 公休、假日和法定节日不包括在医疗期内

D. 医疗期内，甲公司不得单方面解除劳动合同

【解析】(1) 选项 A：病假工资或疾病救济费可以低于当地最低工资标准支付，但最低不能低于最低工资标准的 80%（VS 停工留薪期：原工资福利待遇不变）；(2) 选项 B：张某的实际工作年限小于 10 年，在甲公司的工作年限为 5 年以上，其医疗期为 6 个月，按 12 个月内累计病休时间计算；(3) 选项 C：公休、假日和法定节日包括在医疗期内（VS 带薪年休假：国家法定休假日、休息日不计入）；(4) 选项 D：职工患病或者非因工负伤，在规定的医疗期内的，用人单位既不得解除劳动合同，也不得终止劳动合同。

【答案】BD

【例题 3 · 多选题】根据社会保险法律制度的规定，关于职工患病应享受医疗期及医疗期内待遇的下列表述中，正确的有(　　)。(2013 年)

A. 实际工作年限 10 年以下，在本单位工作年限 5 年以下的，医疗期期间为 3 个月

B. 实际工作年限 10 年以下，在本单位工作年限 5 年以上的，医疗期期间为 6 个月

C. 医疗期内遇劳动合同期满，则劳动合同必须续延至医疗期满

D. 病假工资可以低于当地最低工资标准支付，但不得低于当地最低工资标准的 80%

【解析】(1) 选项 AB：实际工作年限 10 年以下的，在本单位工作年限 5 年以下的为 3 个月；5 年以上的为 6 个月。(2) 选项 C：医疗期内遇劳动合同期满，则劳动合同必须续延至医疗期满，职工在此期间享受医疗期待遇。(3) 选项 D：病假工资可以低于当地最低工资标准支付，但不得低于当地最低工资标准的 80%。

【答案】ABCD

第 8 单元　工伤保险

【本单元考点框架】

- 工伤保险费的缴纳（考点 1）
- 工伤认定与劳动能力鉴定（考点 2）
- 工伤保险待遇（考点 3）
- 工伤保险的其他规定（考点 4）

考点 1：工伤保险费的缴纳（★★★）

1. 职工应当参加工伤保险，由用人单位缴纳工伤保险费，职工不缴纳工伤保险费。

2. 企业、事业单位、社会团体、民办非企业单位、基金会、律师事务所、会计师事务所等组织的职工和个体工商户的雇工，均有依法享受工伤保险待遇的权利。

3. 用人单位缴纳工伤保险费的数额为本单位职工工资总额乘以单位缴费费率之积。

4. 工伤保险基金由用人单位缴纳的工伤保险费、工伤保险基金的利息和依法纳入工伤保险基金的其他资金构成。

【例题 1 · 多选题】根据社会保险法律制度的规定，下列人员中，属于工伤保险覆盖范围的有(　　)。(2018 年)

A. 个体工商户的雇工

B. 国有企业职工

C. 事业单位职工

D. 民办非企业单位职工

【解析】中华人民共和国境内的企业（选项B）、事业单位（选项C）、社会团体、民办非企业单位（选项D）、基金会、律师事务所、会计师事务所等组织的职工和个体工商户的雇工（选项A），均有依照规定享受工伤保险待遇的权利。

【答案】ABCD

【例题2·多选题】根据社会保险法律制度的规定，下列各项中，应当为本单位全部职工缴纳工伤保险费的有（　　）。（2015年）

A. 民办非企业单位

B. 国有企业

C. 会计师事务所

D. 律师事务所

【解析】中华人民共和国境内的企业（选项B）、事业单位、社会团体、民办非企业单位（选项A）、基金会、律师事务所（选项D）、会计师事务所（选项C）等组织的职工和个体工商户的雇工，均有依照规定享受工伤保险待遇的权利。

【答案】ABCD

考点2：工伤认定与劳动能力鉴定（★★★）

1. 应当认定为工伤的情形

（1）在工作时间和工作场所内，“因工作原因”受到事故伤害的；

（2）工作时间“前后”在工作场所内，从事与工作“有关”的预备性或收尾性工作受到事故伤害的；

（3）在工作时间和工作场所内，“因履行工作职责”受到暴力等意外伤害的；

（4）患职业病的；

（5）因工外出期间，“由于工作原因”受到伤害或者发生事故下落不明的；

（6）在上下班途中，受到非本人主要责任的交通事故或者城市轨道交通、客运轮渡、火车事故伤害的；

（7）法律、行政法规规定应当认定为工伤的其他情形。

2. 视同工伤的情形

（1）在工作时间和工作岗位，突发疾病死亡或者在48小时内经抢救无效死亡的；

（2）在抢险救灾等维护国家利益、公共利益活动中受到伤害的；

（3）原在军队服役，因战、因公负伤致残，已取得革命伤残军人证，到用人单位后旧伤复发的。

3. 不认定为工伤的情形

（1）故意犯罪；

（2）醉酒或者吸毒；

（3）自残或者自杀；

（4）法律、行政法规规定的其他情形。

【提示】所受伤害与工作有直接因果关系的，应当认定为工伤；所受伤害与工作仅有间接关系的，视同工伤；所受伤害纯属自找的，不认定为工伤。

4. 劳动能力鉴定

（1）职工发生工伤，经治疗伤情相对稳定后存在残疾、影响劳动能力的，应当进行劳动能力鉴定（包括劳动功能障碍程度和生活自理障碍程度）。

（2）劳动功能障碍分为10个伤残等级，最重的为1级，最轻的为10级；生活自理障碍分为3个等级，生活完全不能自理、生活大部分不能自理和生活部分不能自理。

【例题1·单选题】根据社会保险法律制度的规定，职工出现伤亡的下列情形中，应当认定为工伤的是（　　）。（2015年）

A. 在下班途中受到本人负主要责任交通事故伤害的

B. 因本人故意犯罪导致在工作中伤亡的

C. 在工作时间和工作岗位，突发疾病72小时后死亡的

D. 工作时间前在工作场所内，从事与工作有关的预备性工作受到事故伤害的

【解析】（1）选项A：在上下班途中，受到“非本人”主要责任的交通事故或者城市轨道交通、客运轮渡、火车事故伤害的，

应当认定为工伤；（2）选项 B：职工因故意犯罪导致本人在工作中伤亡的，不认定为工伤；（3）选项 C：在工作时间和工作岗位，突发疾病死亡或者在“48 小时内”经抢救无效死亡的，视同工伤；（4）选项 D：工作时间前后在工作场所内，从事与工作有关的预备性或收尾性工作受到事故伤害的，应当认定为工伤。

【答案】D

【例题 2 · 多选题】根据社会保险法律制度的规定，职工出现的下列伤亡中，视同工伤的有（　　）。（2015 年）

A. 在上班途中，受到非本人主要责任的交通事故伤害

B. 在抢险救灾等维护国家利益、公共利益活动中受到伤害

C. 在因工外出期间，由于工作原因受到伤害

D. 在工作时间和工作岗位，突发疾病死亡

【解析】选项 AC：应当认定为工伤。

【答案】BD

考点 3：工伤保险待遇（★★）

1. 工伤医疗待遇

（1）条件

职工因工作原因受到事故伤害或者患职业病，且经工伤认定的，享受工伤医疗待遇。

（2）内容

①治疗工伤的医疗费用（诊疗费、药费、住院费）；

②住院伙食补助费、交通食宿费；

③康复性治疗费；

④停工留薪期工资福利待遇。

（3）停工留薪期

【提示】医疗期 VS 停工留薪期：医疗期是企业职工因患病或非因工负伤停止工作，治病休息，但不得解除劳动合同的期限；而停工留薪期是职工因工作遭受事故伤害或者患职业病需要暂停工作、接受工伤医疗的期间。

①职工因工作遭受事故伤害或者患职业病需要暂停工作接受工伤医疗的，在停工留薪期内，职工的原工资福利待遇不变，由所在单位按月支付。

【相关链接 1】病假工资或疾病救济费可以低于当地最低工资标准支付，但最低不能低于最低工资标准的 80%。

【相关链接 2】劳动者在试用期的工资不得低于本单位相同岗位最低档工资的 80% 或者劳动合同约定工资的 80%，并不得低于用人单位所在地的最低工资标准。

【相关链接 3】经济损失的赔偿，可从劳动者本人的工资中扣除，但每月扣除的部分不得超过劳动者当月工资的 20%；若扣除后的剩余工资部分低于当地月最低工资标准，则按最低工资标准支付。

【相关链接 4】职工在年休假期间享受与正常工作期间相同的工资收入。

【相关链接 5】用人单位与劳动者约定服务期的，不影响按照正常的工资调整机制提高劳动者在服务期期间的劳动报酬。

②停工留薪期一般不超过 12 个月；伤情严重或者情况特殊，经设区的市级劳动能力鉴定委员会确认，可以适当延长，但延长不得超过 12 个月。

③工伤职工评定伤残等级后，停止享受停工留薪期待遇，按照规定享受伤残待遇；工伤职工在停工留薪期满后仍需治疗的，继续享受工伤医疗待遇。

④生活不能自理的工伤职工在停工留薪期需要护理的，由所在单位负责。

⑤工伤职工治疗非工伤引发的疾病，不享受工伤医疗待遇，按照基本医疗保险办法处理。

2. 辅助器具装配费

3. 伤残待遇

（1）条件

经劳动能力鉴定委员会鉴定，评定伤残等级的工伤职工，享受伤残待遇。

（2）内容

①生活护理费。工伤职工已经评定伤残等级并经劳动能力鉴定委员会确认需要生活

护理的，从工伤保险基金按月支付生活护理费。

②一次性伤残补助金。职工因工致残被鉴定为1级至10级伤残的，从工伤保险基金按伤残等级支付一次性伤残补助金。

③伤残津贴、一次性工伤医疗补助金和一次性伤残就业补助金的支付：

表8－14

伤残等级	能否解除劳动合同	领取内容
1～4级	×	伤残津贴（工伤保险基金负担）
5～6级	本人提出：√	（1）一次性工伤医疗补助金（工伤保险基金负担） （2）一次性伤残就业补助金（用人单位负担）
	本人未提出：×	（1）能适当工作：工资 （2）难以安排工作：伤残津贴（用人单位负担）
7～10级	劳动合同期满：√ 本人提出：√	（1）一次性工伤医疗补助金（工伤保险基金负担） （2）一次性伤残就业补助金（用人单位负担）
	其他情形：×	正常工作、正常领取工资

4. 工亡待遇

（1）条件及内容

①职工因工死亡，或者伤残职工在停工留薪期内因工伤导致死亡的，其近亲属依法从工伤保险基金领取丧葬补助金、供养亲属抚恤金和一次性工亡补助金。

②1～4级伤残职工在停工留薪期满后死亡的，其近亲属可以领取丧葬补助金和供养亲属抚恤金，不享受一次性工亡补助金待遇。

（2）标准

①丧葬补助金，为6个月的统筹地区上一年度职工月平均工资；

②供养亲属抚恤金，按照职工本人工资的一定比例发放给由因工死亡职工生前提供主要生活来源、无劳动能力的亲属；

③一次性工亡补助金，为上一年度全国城镇居民人均可支配收入的20倍。

5. 工伤职工有下列情形之一的，停止享受工伤保险待遇：

（1）丧失享受待遇条件的；

（2）拒不接受劳动能力鉴定的；

（3）拒绝治疗的。

【例题1·单选题】根据社会保险法律制度的规定，参加工伤保险的职工因工死亡，其近亲属可以按照一定标准从工伤保险基金领取一次性工亡补助金。该标准为（　　）。（2018年、2017年、2014年）

A. 上一年度全国城镇居民人均可支配收入的5倍

B. 上一年度全国城镇居民人均可支配收入的10倍

C. 上一年度全国城镇居民人均可支配收入的15倍

D. 上一年度全国城镇居民人均可支配收入的20倍

【答案】D

【例题2·多选题】根据社会保险法律制度的规定，职工因工死亡的，其近亲属可享受遗属待遇。下列各项中，属于该待遇的有（　　）。（2014年）

A. 一次性工亡补助金

B. 供养亲属抚恤金

C. 遗属慰问金

D. 丧葬补助金

【解析】职工因工死亡，或者伤残职工在停工留薪期内因工伤导致死亡的，其近亲属享受从工伤保险基金领取丧葬补助金、供养亲属抚恤金和一次性工亡补助金的待遇（遗属待遇）。

【答案】ABD

考点4：工伤保险的其他规定（★★）

1. 工伤保险费用支付途径

工伤保险待遇中，工伤保险基金支付大部分费用，按照国家规定由用人单位支付的费用包括以下内容。

（1）治疗工伤期间的工资福利待遇；

（2）5～6级伤残职工按月领取的伤残津贴；

（3）终止或解除劳动合同时，应当享受的一次性伤残就业补助金。

2. 工伤保险基金先行支付制度

（1）职工所在用人单位未依法缴纳工伤保险费，发生工伤事故的，由用人单位支付工伤保险待遇；用人单位不支付的，从工伤保险基金中先行支付，由用人单位偿还；用人单位不偿还的，社会保险经办机构可以追偿。

（2）由于第三人的原因造成工伤，第三人不支付工伤医疗费用或者无法确定第三人的，由工伤保险基金先行支付；工伤保险基金先行支付后，有权向第三人追偿。

3. 工伤职工符合领取基本养老金条件的，停发伤残津贴，享受基本养老保险待遇。基本养老保险待遇低于伤残津贴的，由工伤保险基金补足差额。

4. 职工（包括非全日制从业人员）在两个或者两个以上用人单位同时就业的，各用人单位应当分别为职工缴纳工伤保险费。职工发生工伤，由职工受到伤害时工作的单位依法承担工伤保险责任。

【例题·判断题】职工发生工伤事故但所在用人单位未依法缴纳工伤保险费的，不享受工伤保险待遇。（　　）（2015年）

【解析】职工所在用人单位未依法缴纳工伤保险费，发生工伤事故的，由用人单位支付工伤保险待遇。

【答案】×

第9单元　失业保险及社会保险的征管制度

【本单元考点框架】

- 失业保险（考点1）
- 职工基本社会保险费用缴纳机制（考点2）
- 基本社会保险的体系（考点3）
- 基本社会保险的征管机制（考点4）

考点1：失业保险（★★）

1. 失业保险费的缴纳

职工应当参加失业保险，由用人单位和职工按照国家规定共同缴纳失业保险费。

【提示】用人单位和职工失业保险缴费比例总和已经降至1%，个人费率不得超过单位费率；具体方案由各省（区、市）确定，考试由题目已知条件提供。（2019年调整）

2. 失业保险待遇的享受条件

（1）失业前用人单位和本人已经缴纳失业保险费满1年的。

（2）非因本人意愿中断就业，包括劳动合同终止，用人单位解除劳动合同，被用人单位开除、除名和辞退，因用人单位过错由劳动者解除劳动合同，法律、法规、规章规定的其他情形。

（3）已经进行失业登记，并有求职要求的。

3. 失业登记

（1）失业人员应当持本单位为其出具的终止或解除劳动关系的证明，及时到指定的公共就业服务机构办理失业登记。

（2）失业人员凭失业登记证明和个人身份证明，到社会保险经办机构办理领取失业保险金的手续。

（3）失业保险金领取期限自办理失业登记之日起计算。

4. 失业保险金的领取期限

表 8 – 15

用人单位和本人的累计缴费年限	领取失业保险金的最长期限
满1年不足5年（1年≤Y＜5年）	自办理失业登记之日起12个月
满5年不足10年（5年≤Y＜10年）	自办理失业登记之日起18个月
10年以上（Y≥10年）	自办理失业登记之日起24个月

5. 失业保险金的发放标准

失业保险金的标准，不得低于城市居民最低生活保障标准；一般也不高于当地最低工资标准，具体数额由省、自治区、直辖市人民政府确定。

6. 失业保险待遇

（1）失业保险金

（2）领取失业保险金期间享受基本医疗保险待遇

失业人员在领取失业保险金期间，参加职工基本医疗保险，享受基本医疗保险待遇；失业人员应当缴纳的基本医疗保险费从失业保险基金中支付，个人不缴纳基本医疗保险费。

（3）领取失业保险金期间的死亡补助

失业人员在领取失业保险金期间死亡的，参照当地对在职职工死亡的规定，向其遗属发给一次性丧葬补助金和抚恤金。所需资金从失业保险基金中支付。

（4）职业介绍与职业培训补贴

（5）国务院规定或者批准的与失业保险有关的其他费用

7. 失业人员在领取失业保险金期间有下列情形之一的，停止领取失业保险金，并同时停止享受其他失业保险待遇：

（1）重新就业的；

（2）应征服兵役的；

（3）移居境外的；

（4）享受基本养老保险待遇的；

（5）无正当理由，拒不接受当地人民政府指定部门或者机构介绍的适当工作或者提供的培训的。

【例题1·判断题】失业保险金领取期限自办理失业登记之日起计算。（　　）（2018年）

【答案】√

【例题2·单选题】根据社会保险法律制度的规定，下列关于失业保险待遇的表述中，正确的是（　　）。（2017年）

A. 失业人员领取失业保险金期间不享受基本医疗保险待遇

B. 失业人员领取失业保险金期间重新就业的，停止领取失业保险金并同时停止享受其他失业保险待遇

C. 失业保险金的标准可以低于城市居民最低生活保障标准

D. 失业时用人单位和本人已经累计缴纳失业保险费满6个月的，失业人员可以申请领取失业保险金

【解析】（1）选项A：失业人员在领取失业保险金期间，参加职工基本医疗保险，享受基本医疗保险待遇；失业人员应当缴纳的基本医疗保险费从失业保险基金中支付，个人不缴纳基本医疗保险费。（2）选项C：失业保险金的标准，不得低于城市居民最低生活保障标准，一般也不高于当地最低工资标准。（3）选项D：失业前用人单位和本人已经缴纳失业保险费满1年的，失业人员可以申请领取失业保险金并享受其他失业保险待遇。

【答案】B

【例题3·多选题】甲公司职工高某因公司被依法宣告破产而失业。已知高某失业前，甲公司与高某已累计缴纳失业保险满4年，失业后高某及时办理了失业登记。下列关于

高某领取失业保险待遇的表述中，正确的有(　　)。(2017 年)

A. 高某在领取失业保险金期间，不参加职工基本医疗保险，亦不享受基本医疗保险待遇

B. 高某领取失业保险金的标准，不得低于城市居民最低生活保障标准

C. 高某领取失业保险金期限自办理失业登记之日起计算

D. 高某领取失业保险金的期限最长为 12 个月

【解析】(1) 选项 A：失业人员在领取失业保险金期间，参加职工基本医疗保险，享受基本医疗保险待遇。(2) 选项 B：失业保险金的标准，不得低于城市居民最低生活保障标准，一般也不高于当地最低工资标准，具体数额由省、自治区、直辖市人民政府确定。(3) 选项 CD：失业人员失业前用人单位和本人累计缴费满 1 年不足 5 年的，领取失业保险金的期限最长为 12 个月，自办理失业登记之日起计算。

【答案】BCD

【例题 4·多选题】下列失业人员中，应停止领取失业保险金并同时停止享受其他失业保险待遇的有(　　)。(2017 年)

A. 重新就业的孙某

B. 移居境外的杜某

C. 已享受基本养老保险待遇的陈某

D. 应征服兵役的贾某

【解析】失业人员在领取失业保险金期间有下列情形之一的，停止领取失业保险金，并同时停止享受其他失业保险待遇：(1) 重新就业的 (选项 A)；(2) 应征服兵役的 (选项 D)；(3) 移居境外的 (选项 B)；(4) 享受基本养老保险待遇的 (选项 C)；(5) 无正当理由，拒不接受当地人民政府指定部门或者机构介绍的适当工作或者提供的培训的。

【答案】ABCD

【例题 5·多选题】根据社会保险法律制度的规定，下列关于失业保险待遇的表述中，正确的有(　　)。(2014 年)

A. 参加职工基本医疗保险的失业人员在领取失业保险金期间，享受基本医疗保险待遇

B. 失业保险金的领取期限自办理失业登记之日起计算

C. 失业保险金的领取期限最长为 24 个月

D. 失业人员在领取失业保险金期间死亡的，其遗属可以领取一次性丧葬补助金和抚恤金

【解析】(1) 选项 A：失业人员在领取失业保险金期间，参加职工基本医疗保险，享受基本医疗保险待遇；失业人员应当缴纳的基本医疗保险费从失业保险基金中支付，个人不缴纳基本医疗保险费。(2) 选项 B：失业保险金领取期限自办理“失业登记”(而非劳动合同解除或劳动关系终止) 之日起计算。

【答案】ABCD

考点 2：职工基本社会保险费用缴纳机制（总述）（★★）

表 8－16

	单位缴费	个人缴费
职工基本养老保险	本单位职工工资总额×题目给定比例（一般为 19%）	个人养老账户月存储额＝本人月缴费工资×8%
职工基本医疗保险	本单位职工工资总额×题目给定比例（一般为 6%）	个人医疗保险账户月储存额＝单位缴费数额×题目给定的强制划入比例（一般为 30%）＋本人工资×题目给定比例（一般为 2%）

续表

	单位缴费	个人缴费
工伤保险	本单位职工工资总额×题目给定的缴费率	×
失业保险	本单位工资总额×题目给定的单位缴费率	本人工资×（题目给定的总费率－题目给定的单位缴费率）＝本人工资×题目给定的个人缴费率

【案例】甲公司职工郑某月工资5000元，已知该企业适用的职工基本养老保险费率为职工工资总额的19%、职工基本医疗保险费率为6%、失业保险总费率为1%、失业保险的单位缴费率为0.8%、工伤保险费率为0.8%；医疗保险个人缴费率为2%。在本案中：（1）应由郑某个人负担的基本社会保险费（由用人单位代扣代缴）：养老保险费5000×8%＝400（元）；医疗保险费5000×2%＝100（元）；失业保险费5000×（1%－0.8%）＝10（元）；共缴社会保险费400＋100＋10＝510（元），或者5000×（8%＋2%＋0.2%）＝510（元）。（2）单位应为其缴纳的社会保险费：养老保险费5000×19%＝950（元）；医疗保险费5000×6%＝300（元）；失业保险费5000×0.8%＝40（元）；工伤保险费5000×0.8%＝40（元）；共缴社会保险费950＋300＋40＋40＝1330（元），或者5000×（19%＋6%＋0.8%＋0.8%）＝1330（元）。（3）需要注意的是，在现行的4个职工基本社会保险中，工伤保险完全由单位缴费，个人并不需要缴纳工伤保险费用。

【例题1·单选题】根据社会保险法律制度的规定，下列社会保险项目中，只需由用人单位缴纳保险费的是（　　）。（2018年）

A. 工伤保险

B. 职工基本养老保险

C. 职工基本医疗保险

D. 失业保险

【解析】工伤保险费由用人单位缴纳，职工不需要缴纳工伤保险费。

【答案】A

【例题2·多选题】根据社会保险法律制度的规定，下列社会保险项目中，应由用人单位和劳动者共同缴纳保险费的有（　　）。（2018年）

A. 工伤保险

B. 职工基本养老保险

C. 职工基本医疗保险

D. 失业保险

【解析】工伤保险费由用人单位缴纳，职工不需要缴纳工伤保险费。

【答案】BCD

考点3：基本社会保险的体系（★）

1. 体系概览

- 基本养老保险
  - 职工基本养老保险
  - 城乡居民基本养老保险
- 基本医疗保险
  - 职工基本医疗保险
  - 城乡居民基本医疗保险
- 工伤保险
- 失业保险

2. 城乡居民基本养老保险制度

年满16周岁（不含在校学生），非国家机关和事业单位工作人员及不属于职工基本养老保险制度覆盖范围的城乡居民，可以在户籍地参加城乡居民养老保险。

3. 城乡居民基本医疗保险

城乡居民基本医疗保险制度覆盖除职工基本医疗保险应参保人员以外的其他所有城乡居民。

4. 无雇工的个体工商户、未在用人单位参加基本养老保险、基本医疗保险的非全日制从业人员以及其他灵活就业人员可以参加职工基本养老保险、职工基本医疗保险，由个人缴纳职工基本养老保险费、职工基本医疗保险费。

【例题·多选题】根据社会保险法律制度的规定，无雇工的个体工商户可按国家规定由个人缴费参加基本社会保险。其可以参加的社会保险项目包括（　　）。（2014年）

A. 失业保险

B. 基本养老保险

C. 基本医疗保险

D. 工伤保险

【答案】BC

考点4：基本社会保险的征管机制（★★）

（一）社会保险登记

1. 单位的社会保险登记

由于“多证合一”登记制度改革的推进，单位社会保险登记已经整合到营业执照上，实现“多证合一、一照一码”。

2. 个人的社会保险登记

（1）用人单位应当自用工之日起30日内为其职工向社会保险经办机构申请办理社会保险登记。

（2）自愿参加社会保险的无雇工的个体工商户、未在用人单位参加社会保险的非全日制从业人员以及其他灵活就业人员，应当向社会保险经办机构申请办理社会保险登记。

（二）社会保险费用的缴纳

1. 用人单位应当自行申报、按时足额缴纳社会保险费，非因不可抗力等法定事由不得缓缴、减免。

2. 职工应当缴纳的社会保险费由用人单位代扣代缴，用人单位应当按月将缴纳社会保险费的明细情况告知本人。

3. 无雇工的个体工商户、未在用人单位参加社会保险的非全日制从业人员以及其他灵活就业人员，可以直接向社会保险费征收机构缴纳社会保险费。

4. 从2019年1月1日起，将基本养老保险费、基本医疗保险费、失业保险费、工伤保险费等各项社会保险费交由税务部门统一征收。（2019年新增）

（三）社会保险基金的管理

1. 分别建账、分账核算

社会保险基金按照社会保险险种分别建账、分账核算，执行国家统一的会计制度。

2. 社会保险基金专款专用，任何组织和个人不得侵占或者挪用。

3. 预算

（1）社会保险基金存入财政专户，按照统筹层次设立预算，通过预算实现收支平衡。

（2）社会保险基金预算按照社会保险项目分别编制。

4. 社会保险经办机构应当定期向社会公布参加社会保险情况以及社会保险基金的收入、支出、结余和收益情况。

5. 社会保险基金的保值增值

（1）社会保险基金在保证安全的前提下，按照国务院规定投资运营实现保值增值。

（2）不得用于违规用途：

①不得违规投资运营；

②不得用于平衡其他政府预算；

③不得用于兴建、改建办公场所和支付人员经费、运行费用、管理费用；

④不得违反法律、行政法规规定挪作其他用途。

【例题1·多选题】根据社会保险法律制度的规定，下列关于社会保险费征缴的表述中，正确的有（　　）。（2018年）

A. 已在用人单位参加社会保险的非全日制从业人员可以直接向社会保险费征收机构

缴纳社会保险费

B. 职工应缴纳的社会保险费由用人单位代扣代缴

C. 用人单位应当自用工之日起30日内为其职工向社会保险经办机构申请办理社会保险登记

D. 用人单位应当按月将缴纳社会保险费的明细情况告知本人

【解析】（1）选项A：未在用人单位参加社会保险的非全日制从业人员以及其他灵活就业人员，可以直接向社会保险费征收机构缴纳社会保险费。（2）选项BD：职工应当缴纳的社会保险费由用人单位代扣代缴，用人单位应当按月将缴纳社会保险费的明细情况告知本人。（3）选项C：用人单位应当自用工之日起30日内为其职工向社会保险经办机构申请办理社会保险登记。

【答案】BCD

【例题2·多选题】根据社会保险法律制度的规定，关于社会保险基金管理运营的下列表述中，正确的有（　　）。（2013年）

A. 社会保险基金专款专用

B. 按照社会保险险种分别建账、分账核算

C. 社会保险基金存入财政专户，通过预算实现收支平衡

D. 可以用于支付社会保险机构的人员经费、运行费用、管理费用

【解析】选项D：社会保险基金不得用于违规用途（如兴建、改建办公场所和支付人员经费、运行费用、管理费用）。

【答案】ABC

阶段测验

请激活APP题库，进入机考环境进行“阶段测验”。

本章大题精析

一、劳动合同法律制度

【大题1·不定项选择题】（2018年）

2017年3月，甲劳务派遣公司与乙公司签订劳务派遣协议，将张某派遣到乙公司工作。

2017年7月，张某在乙公司的工作结束。此后甲、乙未给张某安排工作，也未向其支付任何报酬。

2017年9月，张某得知自2017年3月被派遣以来，甲、乙均未为其缴纳社会保险费，遂提出解除劳动合同。

要求：

根据上述资料，不考虑其他因素，分析回答下列小题。

1. 下列各项中，属于甲劳务派遣公司和乙公司签订的劳务派遣协议中应当约定的是（　　）。

A. 派遣岗位

B. 派遣期限

C. 派遣人员数量

D. 劳动报酬

【答案】ABCD

【解析】劳务派遣协议应当约定：（1）派遣岗位和人员数量（选项AC）；（2）派遣期限（选项B）；（3）劳动报酬和社会保险费的数额与支付方式（选项D）；（4）违反协议的责任。

2. 关于张某无工作期间报酬支付及标准的表述中，正确的是（　　）。

A. 张某无权要求支付报酬

B. 乙公司应向其按月支付报酬

C. 张某报酬标准为支付单位所在地的最低工资标准

D. 甲公司应向其按月支付报酬

【答案】CD

【解析】被派遣劳动者在无工作期间，劳务派遣单位（甲公司）应当按照所在地人民政府规定的最低工资标准，向其按月支付报酬。

3. 关于张某解除劳动合同的方式中，正确的是(　　)。

A. 不需要事先告知公司即可解除劳动合同

B. 可随时通知解除劳动合同

C. 应提前30日以书面形式提出方能解除劳动合同

D. 应提前30日通知公司方能解除劳动合同

【答案】B

【解析】用人单位未依法为劳动者缴纳社会保险费的，劳动者可随时通知用人单位解除劳动合同。

4. 关于张某解除劳动合同的法律后果的表述中，正确的是(　　)。

A. 张某无权要求经济补偿

B. 甲公司应向张某支付经济补偿

C. 甲公司可要求张某支付违约金

D. 乙公司应向张某支付违约金

【答案】B

【解析】(1) 选项AB：本题劳动者张某对劳动合同的解除不存在过错，甲公司应当依法支付经济补偿金；(2) 选项CD：劳动合同法律制度认可的违约金限于竞业限制违约金和服务期违约金，本题既不涉及竞业限制，也不涉及服务期，不存在违约金的支付问题。

【大题2·不定项选择题】(2016年)

2015年1月，甲公司与乙公司签订劳务派遣协议，派遣刘某到乙公司从事临时性工作。2015年5月，临时性工作结束，两公司未再给刘某安排工作，也未再向其支付任何报酬。2015年7月，刘某得知自2015年1月被派遣以来，两公司均未为其缴纳社会保险费，遂提出解除劳动合同。

要求：

根据上述资料，不考虑其他因素，分析回答下列小题。

1. 关于刘某劳动关系的建立，下列表述正确的是(　　)。

A. 刘某与乙公司建立劳动关系

B. 刘某与甲公司建立劳动关系

C. 刘某与甲公司、乙公司均未建立劳动关系

D. 刘某与甲公司、乙公司均建立劳动关系

【答案】B

【解析】在劳务派遣关系中，劳动合同关系存在于劳务派遣单位（甲公司）与被派遣劳动者（刘某）之间，被派遣劳动者不与用工单位（乙公司）签订劳动合同、发生劳动关系。

2. 关于刘某无工作期间的劳动报酬，下列表述正确的是(　　)。

A. 刘某不享受报酬

B. 乙公司应当按月向其支付报酬

C. 刘某享受报酬的标准为支付单位所在地的最低工资标准

D. 甲公司应按月向其支付报酬

【答案】CD

【解析】被派遣劳动者在无工作期间，劳务派遣单位（甲公司）应当按照所在地人民政府规定的最低工资标准，向其按月支付报酬。

3. 刘某解除劳动合同应采取的方式是(　　)。

A. 无须事先告知公司即可解除

B. 应提前30日通知公司解除

C. 可随时通知公司解除

D. 应提前3日通知公司解除

【答案】C

【解析】选项C：用人单位未依法为劳动者缴纳社会保险费的，劳动者可以“随时通知”用人单位解除劳动合同。

4. 关于该劳动合同解除时经济补偿金支付，下列表述正确的是(　　)。

A. 甲、乙两公司均无须向刘某支付经济补偿金

B. 乙公司应向刘某支付经济补偿金

C. 甲公司应向刘某支付经济补偿金

D. 甲、乙两公司均应向刘某支付经济补偿金

【答案】C

【解析】劳务派遣单位（甲公司）是劳动合同法所称用人单位，应当履行用人单位对劳动者的义务（包括但不限于依法支付经济补偿金）。

【大题3·不定项选择题】(2015年)

2012年12月3日，刘某到甲公司工作，12月10日，双方订立了书面劳动合同，合同约定：合同期限2年（含试用期期限），试用期2个月；试用期月工资2000元，试用期满月工资2600元；试用期内刘某若被证明不符合录用条件，甲公司可随时通知其解除劳动合同。

2013年10月，甲公司派刘某去国外接受2个月的高级技术培训，双方补充协议约定：公司支付培训费用100000元，刘某的服务期为6年，违反服务期约定应支付违约金80000元，培训结束后月工资提高至5000元。刘某培训期满回国后，成为公司的技术骨干，并与公司签订了竞业限制协议。

2014年8月11日，甲公司得知刘某私下与乙公司也建立了劳动关系，遂要求刘某解除与乙公司的劳动关系，刘某拒绝并于次日离开甲公司到乙公司工作，由此给甲公司造成重大经济损失。

已知：甲公司所在地月最低工资标准为1800元。

要求：

根据上述资料，不考虑其他因素，分析回答下列小题。

1. 刘某与甲公司之间劳动关系建立的时间是(　　)。

A. 2012年12月3日

B. 2012年12月10日

C. 2013年2月3日

D. 2013年2月10日

【答案】A

【解析】用人单位自“用工之日”起即与劳动者建立劳动关系。

2. 双方在劳动合同中对试用期所作的下列约定中，符合法律规定的是(　　)。

A. 试用期2个月

B. 试用期内刘某若被证明不符合录用条件，甲公司可随时通知其解除劳动合同

C. 试用期月工资2000元

D. 试用期包含在劳动合同期限内

【答案】ABD

【解析】(1) 选项A：劳动合同期限1年以上不满3年的，试用期不得超过2个月(≤2个月)。(2) 选项B：劳动者在试用期间被证明不符合录用条件的，用人单位可以随时通知劳动者解除劳动关系。(3) 选项C：劳动者在试用期的工资不得低于本单位相同岗位最低档工资的80%或者劳动合同约定工资的80%，并不得低于用人单位所在地的最低工资标准；在本题中，刘某的试用期工资低于试用期满月工资的80%（2080元）。(4) 选项D：试用期应包含在劳动合同期限内。

3. 双方在补充协议中所作的下列约定中，符合法律规定的是(　　)。

A. 刘某的服务期为6年

B. 刘某违反服务期约定应支付违约金80000元

C. 甲公司支付培训费用100000元

D. 刘某月工资提高至5000元

【答案】ABCD

【解析】(1) 选项AC：服务期的期限、用人单位支付的培训费金额均由用人单位和劳动者自由约定；(2) 选项B：违约金的数额不得超过用人单位提供的培训费用；(3) 选项D：用人单位与劳动者约定服务期的，不影响按照正常的工资调整机制提高劳动者在服务期期间的劳动报酬。

4. 下列关于刘某离开甲公司到乙公司工作法律后果的表述中，正确的是(　　)。

A. 甲公司无须向刘某支付经济补偿金

B. 甲公司无权要求刘某支付违约金

C. 甲公司无权要求刘某支付经济补偿金

D. 甲公司有权要求刘某支付违约金

【答案】ACD

第八章

【解析】(1) 选项A：刘某在甲公司任职期间与其他单位（乙公司）建立劳动关系，经甲公司提出，拒不改正，甲公司有权单方通知刘某解除劳动合同，且不须向刘某支付经济补偿金；(2) 选项C：经济补偿金应由用人单位（甲公司）向劳动者（刘某）支付，而非由刘某向甲公司支付；(3) 选项BD：因劳动者严重违纪，用人单位与劳动者解除约定服务期的劳动合同的，劳动者应当按照劳动合同的约定，向用人单位支付违约金。

【大题4·不定项选择题】(2015年)

2012年5月4日，王某到甲公司上班，并与甲公司订立了5年期书面劳动合同。双方在劳动合同中就试用期、劳动报酬、工作时间和社会保险等内容作了约定，并约定王某若提前解约须向甲公司支付违约金10000元。

2014年12月1日，决定自主创业的王某向甲公司递交了书面辞职报告，甲公司未给予答复。2014年12月6日，王某离开甲公司。王某提前解约给甲公司造成了8000元的经济损失，双方由此发生劳动争议。

要求：

根据上述资料，不考虑其他因素，分析回答下列小题。

1. 甲公司与王某在劳动合同中约定的下列条款，属于劳动合同必备条款的是(　　)。

A. 工作时间条款

B. 试用期条款

C. 社会保险条款

D. 劳动报酬条款

【答案】ACD

【解析】劳动合同的约定条款主要有试用期、服务期、保守商业秘密和竞业限制。

2. 关于王某提前解约的法律后果，下列表述正确的是(　　)。

A. 甲公司有权要求其按约定支付违约金，也有权要求其赔偿经济损失

B. 甲公司无权要求其按约定支付违约金，但有权要求其赔偿经济损失

C. 甲公司无权要求其按约定支付违约金，也无权要求其赔偿经济损失

D. 甲公司有权要求其按约定支付违约金，但无权要求其赔偿经济损失

【答案】B

【解析】(1) 王某和甲公司之间不涉及竞业限制条款或服务期的约定，所约定的违约金属于无效违约金，甲公司无权要求王某支付违约金；(2) 王某如欲单方面通知解除劳动合同，应当提前30日以书面形式通知甲公司，而实际上王某从递交辞职报告到自行离职仅6天时间，属于违法解除劳动合同，应当就其给用人单位造成的损失承担赔偿责任。

3. 甲公司就该劳动争议可采取的解决方法是(　　)。

A. 直接向人民法院提起诉讼

B. 向劳动争议调解组织申请调解

C. 直接向劳动争议仲裁委员会申请仲裁

D. 与王某协商解决

【答案】BCD

【解析】在我国，劳动仲裁是劳动争议当事人向人民法院提起诉讼的前置程序，甲公司不能未经劳动仲裁而直接向人民法院提起诉讼。

4. 关于甲公司在王某离职后应履行的义务，下列表述正确的是(　　)。

A. 应向王某出具解除劳动合同的证明

B. 应为王某办理档案的转移手续

C. 对与王某订立的劳动合同文本，至少保存2年备查

D. 应为王某办理社会保险关系的转移手续

【答案】ABCD

【解析】(1) 选项ABD：劳动关系解除或者终止的，用人单位应当出具解除或者终止劳动合同的证明，并在15日内为劳动者办理档案和社会保险关系的转移手续；(2) 选项C：用人单位对已经解除或者终止的劳动合同的文本，至少保存2年备查。

二、以劳动合同法律制度为主，小幅结合社会保险法律制度

【大题1·不定项选择题】（2018年）

甲公司为劳务派遣单位，2017年3月10日，钱某被甲公司招用。同日被派遣至乙公司工作6个月。期间钱某被乙公司派遣至丙公司（乙公司的子公司）工作15天。2017年9月钱某派遣期满，甲公司未为其安排其他工作。

要求：

根据上述资料，不考虑其他因素，分析回答下列小题。

1. 下列关于甲公司与钱某之间法律关系的表述中，正确的是（　　）。

A. 甲公司应为钱某向社会保险经办机构申请办理社会保险登记

B. 甲公司应与钱某订立2年以上的固定期限劳动合同

C. 甲公司是用人单位

D. 甲公司可以非全日制用工的形式招用钱某

【答案】ABC

【解析】选项D：劳务派遣单位不得以非全日制用工形式招用被派遣劳动者。

2. 下列关于乙公司与钱某之间法律关系的表述中，正确的是（　　）。

A. 钱某享有与乙公司劳动者同工同酬的权利

B. 乙公司是用工单位

C. 乙公司可将钱某派遣至丙公司工作

D. 乙公司应与钱某签订6个月期限的劳动合同

【答案】AB

【解析】（1）选项C：用工单位不得将被派遣劳动者再派遣到其他用人单位；（2）选项D：劳务派遣单位（甲公司）应当与被派遣劳动者（钱某）订立劳动合同，用工单位（乙公司）与钱某之间并不存在劳动合同关系。

3. 乙公司下列工作岗位中，钱某可从事的是（　　）。

A. 主营业务岗位

B. 临时性岗位

C. 辅助性岗位

D. 替代性岗位

【答案】BCD

【解析】劳务派遣用工是企业用工的补充形式，只能在临时性（存续时间"不超过6个月"）、辅助性或者替代性的工作岗位上实施。

4. 下列关于劳动合同期内钱某无工作期间报酬支付的表述中，正确的是（　　）。

A. 甲公司应当按照所在地人民政府规定的最低工资标准向钱某支付工资

B. 甲公司无须向钱某支付工资

C. 应当乙公司向钱某支付工资

D. 甲公司应当按照当地最低工资标准的80%向钱某支付工资

【答案】A

【解析】劳务派遣单位应当按月向劳动者支付报酬；被派遣劳动者在无工作期间，劳务派遣单位应当按照所在地人民政府规定的最低工资标准，向其按月支付报酬。

【大题2·不定项选择题】（2018年）

2017年3月2日，高某到甲公司工作，5月4日，甲公司与高某签订了1年期书面劳动合同。同年10月，因工作需要，甲公司安排高某于10月1日（国庆节）、10月14日（周六）加班，且未安排补休。2018年初，甲公司得知高某已经怀孕，劳动合同期限届满时，甲公司终止了劳动合同，此时高某仍处于孕期。

已知，甲公司实行标准工时制，高某日工资为220元，甲公司已为高某办理了社会保险登记并按月从其工资中扣缴相关社会保险费用。

要求：

根据上述资料，不考虑其他因素，分析回答下列小题。

1. 甲公司与高某劳动关系建立及合同订立后果的下列表述中，正确的是（　　）。

A. 高某有权要求甲公司支付自2017年4月2日至5月3日期间的2倍工资

B. 双方劳动关系自2017年5月4日建立

C. 甲公司不需向高某支付 2 倍工资

D. 双方劳动关系自 2017 年 3 月 2 日建立

【答案】AD

【解析】(1) 选项 AC：用人单位自用工之日起超过 1 个月不满 1 年未与劳动者订立书面劳动合同的（甲公司与高某补订合同时距用工之日已满 2 个月），应当自用工之日起满 1 个月的次日至补订书面劳动合同的前 1 日（4 月 2 日至 5 月 3 日），向劳动者每月支付 2 倍的工资；(2) 选项 BD：用人单位自用工之日（2017 年 3 月 2 日）起即与劳动者建立劳动关系。

2. 下列社会保险项目中，甲公司应从高某工资中扣缴保险费的是(　　)。

A. 失业保险

B. 工伤保险

C. 职工基本医疗保险

D. 职工基本养老保险

【答案】ACD

【解析】职工应当参加工伤保险，由用人单位缴纳工伤保险费，职工不缴纳工伤保险费。

3. 计算甲公司依法应向高某支付的 2017 年 10 月最低加班工资的下列算式中，正确的是(　　)。

A. $220 \times 300\% + 220 \times 300\% = 1320$（元）

B. $220 \times 200\% + 220 \times 200\% = 880$（元）

C. $220 \times 300\% + 220 \times 200\% = 1100$（元）

D. $220 \times 200\% + 220 \times 150\% = 770$（元）

【答案】C

【解析】(1) 法定节假日（10 月 1 日国庆节）加班，按照不低于劳动合同规定的劳动者本人日或小时工资标准的 300% 支付劳动者工资；(2) 休息日（10 月 14 日周六）加班，不能安排补休的（甲公司未安排高某补休），按照不低于劳动合同规定的劳动者本人日或小时工资标准的 200% 支付劳动者工资。

4. 甲公司终止劳动合同及其法律后果的下列表述中，正确的是(　　)。

A. 因高某在孕期，甲公司不得终止合同，劳动合同应续延

B. 甲公司终止该劳动合同后，高某不要求继续履行，甲公司应当向其支付赔偿金

C. 甲公司终止该劳动合同后，高某要求继续履行，甲公司应当继续履行

D. 甲公司可以终止合同，无须支付赔偿金

【答案】ABC

【解析】(1) 选项 A：女职工在孕期、产期、哺乳期的，用人单位既不得解除劳动合同，也不得终止劳动合同，劳动合同应当续延至相应的情形消失时终止。(2) 选项 BCD：如果用人单位违法解除或终止劳动合同的，劳动者可以要求继续履行劳动合同，享受在劳动关系存续期间的待遇；如果劳动者不愿继续履行劳动合同或者劳动合同的履行已经不可能，用人单位应当依照法定经济补偿金标准的 2 倍向劳动者支付“赔偿金”，支付了赔偿金的，不再支付经济补偿金。

【大题 3 · 不定项选择题】(2015 年)

2013 年 7 月 18 日，孙某到甲公司应聘，双方口头约定合同期限 2 年，试用期 1 个月。8 月 1 日，孙某到甲公司上班，8 月 20 日，领取当月工资。2014 年 11 月，孙某因工受伤后，得知公司未为其缴纳工伤保险费，遂要求甲公司支付工伤保险待遇。甲公司对孙某工伤没有异议，但以双方未订立书面劳动合同为由拒绝支付。双方遂发生争议。

要求：

根据上述资料，不考虑其他因素，分析回答下列小题。

1. 孙某与甲公司劳动关系建立的时间为(　　)。

A. 2013 年 9 月 1 日

B. 2013 年 7 月 18 日

C. 2013 年 8 月 1 日

D. 2013 年 8 月 20 日

【答案】C

【解析】劳动关系自用工之日起（2013 年 8 月 1 日）建立。

2. 关于双方未订立书面劳动合同的法律后果，下列表述正确的是(　　)。

A. 因已经与孙某达成口头协议，甲公司

无须向孙某支付工资补偿

B. 2014年8月1日起视为双方已经订立无固定期限劳动合同

C. 甲公司应向孙某支付未及时订立书面劳动合同的工资补偿

D. 甲公司应与孙某补订书面劳动合同

【答案】BCD

【解析】用人单位自用工之日起满1年未与劳动者订立书面劳动合同的，自用工之日起满1个月的次日至满1年的前1日应当向劳动者每月支付2倍的工资（2013年9月至2014年7月，共11个月），并视为自用工之日起满1年的当日已经与劳动者订立无固定期限劳动合同，且应当立即与劳动者补订书面劳动合同。

3. 关于孙某因工受伤的法律后果，下列表述正确的是(　　)。

A. 因甲公司未为其缴纳工伤保险费，孙某无权享受工伤保险待遇

B. 因双方未订立书面劳动合同，孙某无权享受工伤保险待遇

C. 孙某有权享受工伤保险待遇，由甲公司向其支付一部分，剩余部分由孙某自行承担

D. 孙某有权享受工伤保险待遇，由甲公司支付

【答案】D

【解析】职工所在用人单位未依法缴纳工伤保险费，发生工伤事故的，由“用人单位”支付工伤保险待遇；用人单位不支付的，从工伤保险基金中先行支付，由用人单位偿还；用人单位不偿还的，社会保险经办机构可以追偿。

4. 对双方发生的劳动争议，孙某可选择的解决途径是(　　)。

A. 直接与甲公司协商

B. 向劳动争议调解组织申请调解

C. 向劳动争议仲裁委员会申请仲裁

D. 请工会或者第三方共同与甲公司协商

【答案】ABCD

【解析】劳动争议的解决方法：（1）通过协商达成和解协议，由劳动者直接与用人单位协商，或者请工会或第三方共同与用人单位协商，达成和解协议；（2）向劳动争议调解组织（包括企业劳动争议调解委员会、依法设立的基层人民调解组织和在乡镇、街道设立的具有劳动争议调解职能的组织）申请调解；（3）向劳动争议仲裁委员会申请劳动仲裁；（4）经劳动仲裁仍不服的（除用人单位不得对终局裁决提起诉讼外），可以自收到裁决书之日起15日内向人民法院提起劳动诉讼。

【大题4·不定项选择题】(2015年)

2014年下半年，实行标准工时制的甲公司在劳动用工方面发生下列事实：

(1) 9月5日，已累计工作6年且本年度从未请假的杨某向公司提出年休假申请。

(2) 因工作需要，公司安排范某在国庆期间加班4天，其中占用法定休假日3天，占用周末休息日1天，范某日工资为200元。

(3) 10月20日，尚处于试用期的马某在上班途中受到非本人主要责任的交通事故伤害，住院治疗2个月。

(4) 11月10日，公司通过口头协议聘用郑某从事非全日制用工，试用期1个月；12月29日，公司发现郑某与乙公司也订立了非全日制用工劳动合同，便通知郑某终止用工。

要求：

根据上述资料，不考虑其他因素，分析回答下列小题。

1. 杨某可依法享受的最长年休假期限是(　　)。

A. 15天　　B. 5天

C. 20天　　D. 10天

【答案】B

【解析】职工累计工作已满1年不满10年的，年休假5天。

2. 甲公司向范某支付国庆期间加班工资拟采取的下列方案中，符合法律规定的是(　　)。

A. 甲公司事后安排范某补休国庆节3天法

定休假日，向其支付 1600 元的加班工资

B. 甲公司事后安排范某补休国庆节 3 天法定休假日，向其支付 400 元的加班工资

C. 甲公司事后未安排范某补休，向其支付 2200 元的加班工资

D. 甲公司事后安排范某补休周末休息日，向其支付 1800 元的加班工资

【答案】CD

【解析】(1) 选项 AB：法定休假日加班，不得以补休作为补偿而减少加班工资的支付，因此，不论甲公司事后是否安排范某补休国庆节 3 天法定休假日，甲公司均应向范某支付加班工资 = 200 × 300% × 3 = 1800（元）；(2) 选项 D：休息日加班，可以以补休作为补偿而不支付加班工资，因此，如果甲公司事后安排范某补休周末休息日，则甲公司只需向范某支付国庆节 3 天的加班工资 1800 元；(3) 选项 C：如果甲公司事后未安排范某补休，则甲公司应向范某支付的加班工资 = 200 × 300% × 3 + 200 × 200% × 1 = 2200（元）。

3. 关于马某受伤住院治疗法律后果，下列表述正确的是(　　)。

A. 甲公司可按照不低于当地最低工资标准的 80% 向马某支付治疗期间的工资

B. 因在上班途中，马某此次受伤不能认定为工伤

C. 因尚处于试用期，马某此次受伤不能认定为工伤

D. 甲公司应按照双方在劳动合同中约定的劳动报酬向马某支付治疗期间的工资

【答案】D

【解析】(1) 选项 BC：在上下班途中（不论员工是否尚在试用期），受到非本人主要责任的交通事故或者城市轨道交通、客运轮渡、火车事故伤害的，应当认定为工伤；(2) 选项 AD：在停工留薪期内，职工的原工资福利待遇不变，由所在单位按月支付。

4. 关于甲公司与郑某之间非全日制用工劳动关系，下列表述正确的是(　　)。

A. 甲公司与郑某可订立口头用工协议

B. 郑某有权与甲公司和乙公司分别订立劳动合同

C. 甲公司可以随时通知郑某终止用工

D. 甲公司与郑某可约定试用期

【答案】ABC

【解析】(1) 选项 A：非全日制用工双方当事人可以订立口头协议。(2) 选项 B：从事非全日制用工的劳动者可以与一个或者一个以上用人单位订立劳动合同；但后订立的劳动合同不得影响先订立的劳动合同的履行。(3) 选项 C：非全日制用工双方当事人任何一方都可以随时通知对方终止用工。(4) 选项 D：非全日制用工双方当事人不得约定试用期。

三、劳动合同法律制度与社会保险法律制度的深入结合

【大题 1 · 不定项选择题】(2017 年)

甲公司职工张某在工作中因先天性心脏病突发住院治疗 3 个月，住院期间甲公司按月向其支付病假工资。出院后，张某回公司上班。因该疾病导致活动受限，张某已不能从事原工作。公司又为其另行安排了其他工作岗位，但张某仍不能从事该工作。甲公司拟单方面解除与张某之间尚未到期的劳动合同。

已知：张某月工资为 3000 元，实际工作年限 8 年，在甲公司工作 3 年；甲公司所在地月最低工资标准为 2000 元。

要求：

根据上述资料，不考虑其他因素，分别回答下列小题。

1. 关于张某在工作中突发先天性心脏病法律后果的下列表述中，正确的是(　　)。

A. 张某在工作中突发先天性心脏病应认定为工伤

B. 张某可享受的医疗期应按 6 个月内累计病休时间计算

C. 张某可享受 3 个月的医疗期待遇

D. 张某可享受 12 个月的停工留薪期待遇

【答案】BC

【解析】(1) 选项 A：在工作时间和工作

第八章

岗位，突发疾病死亡或者在48小时内经抢救无效死亡的，视同工伤；（2）选项BC：实际工作年限10年以下的，在本单位工作年限为5年以下的，医疗期为3个月，按6个月内累计病休时间计算；（3）选项D：停工留薪期属于工伤保险待遇，本题张某不构成工伤。

2. 张某住院期间，甲公司每月向其支付的病假工资不得低于(　　)。

A. 3000元　　B. 2000元

C. 1600元　　D. 2400元

【答案】C

【解析】病假工资或疾病救济费可以低于当地最低工资标准支付，但最低不得低于最低工资标准的80%，即 $2000\times80\%=1600$（元）。

3. 甲公司单方面解除与张某的劳动合同可采用的下列方式中，符合法律规定的是(　　)。

A. 甲公司无须通知张某即可解除劳动合同

B. 甲公司可随时通知张某解除劳动合同且不向其额外支付工资

C. 甲公司可提前30日书面通知张某解除劳动合同

D. 甲公司可额外支付张某1个月工资后解除劳动合同

【答案】CD

【解析】劳动者患病或者非因工负伤，在规定的医疗期满后不能从事原工作，也不能从事由用人单位另行安排的工作的，用人单位提前30日以书面形式通知劳动者本人或者额外支付劳动者1个月工资后，可以解除劳动合同。

4. 关于甲公司单方面解除与张某劳动合同法律后果的下列表述中，正确的是(　　)。

A. 应向张某支付违约金

B. 应向张某支付一次性伤残就业补助金

C. 应向张某支付合同解除赔偿金

D. 应向张某支付经济补偿金

【答案】D

【解析】（1）选项AC：甲公司依法享有法定解除权，不存在违约或过错的情形；另外，在劳动合同法律制度中，违约金特指劳动者违反了“服务期和竞业限制”的约定而向用人单位支付的违约补偿。（2）选项B：一次性伤残就业补助金属于工伤保险待遇，张某不构成工伤。（3）选项D：用人单位符合提前30日以书面形式通知劳动者本人或者额外支付劳动者1个月工资后，可以解除劳动合同规定情形而解除劳动合同的，应当向劳动者支付经济补偿。

【大题2·不定项选择题】（2013年）

周某与甲公司签订书面劳动合同，双方在合同中约定：劳动合同期限为1年，试用期3个月；劳动合同期限内，未经甲公司同意，周某不得单方面解除合同。入职时，甲公司还扣押了周某的身份证。某日下班后，周某在处理收尾性工作时，不幸被工场内的吊灯砸伤，住院治疗1个月。住院期间，甲公司按周某平时工资的50%向周某支付工资。周某痊愈出院，甲公司以已无适合岗位为由，通知周某解除劳动合同，此时周某与甲公司的劳动合同尚未到期。

要求：

根据上述资料，不考虑其他因素，分析回答下列小题。

1. 甲公司的下列行为中，不符合劳动合同法律制度规定的是(　　)。

A. 与周某签订书面劳动合同

B. 与周某约定，劳动合同期限1年，试用期3个月

C. 与周某约定，在劳动合同期限内，未经甲公司同意，周某不得单方面解除合同

D. 扣押了周某的身份证

【答案】BCD

【解析】（1）选项A：建立劳动关系，应当订立书面劳动合同；（2）选项B：劳动合同期限1年以上不满3年的，试用期不得超过2个月；（3）选项C：劳动合同可以约定解除条件，但该约定不得违反法律、行政法规的强制性规定，即不能排除

劳动者或用人单位的法定解除权（或者，用人单位免除自己的法定责任、排除劳动者权利的，劳动合同无效或者部分无效）；（4）选项D：用人单位招用劳动者，不得扣押劳动者的居民身份证和其他证件，不得要求劳动者提供担保或者以其他名义向劳动者收取财物。

2. 关于周某受伤住院所享受的待遇，下列说法正确的是(　　)。

A. 周某享受医疗期待遇，住院期间甲公司向其支付的工资最低不得低于周某平时工资的80%

B. 周某享受医疗期待遇，住院期间甲公司向其支付的工资最低不得低于当地最低工资标准的80%

C. 周某享受工伤保险待遇，住院期间甲公司向其支付的工资最低不得低于周某平时工资的80%

D. 周某享受工伤保险待遇，住院期间周某的原工资福利待遇不变

【答案】D

【解析】（1）工作时间前后在工作场所内，劳动者从事与工作有关的预备性或者收尾性工作受到事故伤害的，应当认定为工伤；（2）职工因工作遭受事故伤害或者患职业病需要暂停工作接受工伤医疗的期间为停工留薪期，在停工留薪期内，职工的原工资福利待遇不变，由所在单位按月支付。

3. 周某痊愈出院，若甲公司的确已无适合的工作岗位，也无法对周某进行培训和调整工作岗位，但劳动合同尚未到期，此时甲公司(　　)。

A. 不得解除劳动合同

B. 可以提前30日以书面形式通知劳动者本人后，可以解除劳动合同，但应当支付经济补偿金

C. 额外支付劳动者1个月工资后，可以解除劳动合同，但应当支付经济补偿金

D. 可以随时通知周某解除劳动合同，但应当支付经济补偿金

【答案】BC

【解析】周某工伤痊愈不构成伤残，作为一个正常的劳动者继续履行与甲公司的劳动合同，如果甲公司确实已经无适合的工作岗位（周某已不胜任甲公司的工作），且无法对周某进行培训和调整工作岗位的，可以按照法定程序（提前30日以书面形式通知劳动者本人或者额外支付劳动者1个月工资）与周某解除劳动合同，并支付经济补偿金。

4. 周某与甲公司因劳动合同解除发生的纠纷，可以选择通过(　　)解决。

A. 企业劳动争议调解委员会调解

B. 直接向劳动争议仲裁委员会申请劳动仲裁

C. 直接向人民法院提起劳动诉讼

D. 向劳动行政部门申请行政复议

【答案】AB

【解析】（1）选项BC：发生劳动争议，当事人可以直接申请劳动仲裁，劳动争议调解程序并非劳动仲裁的前置程序；但劳动仲裁是劳动争议当事人向人民法院提起诉讼的前置程序（先仲裁后起诉）。（2）选项D：周某与甲公司之间的纠纷属于平等主体之间的纠纷，不适用行政复议、行政诉讼。

扫一扫 "码"上做题

本书中各部分试题均配备二维码，下载安装东奥"会计云课堂"APP，扫一扫左侧二维码，即可在线做题，并获得详尽的答案解析、解题思路等超值服务，解决您做题时的一切疑惑。

【"会计云课堂"APP安装二维码详见封底】

本章进阶练习题

一、单项选择题

1. 根据劳动合同法律制度的规定，下列用人单位聘用劳动者的行为中，符合法律规定的是(　　)。
A. 甲超市聘用12周岁的小李为营销员
B. 乙工厂聘用15周岁，已经初中毕业不再上学的小赵为生产工人
C. 丙演出公司聘用10周岁的童星小刘为全职演员
D. 丁商店聘用14周岁的速算神童小张为收银员

2. 2016年3月1日，甲公司到某高校招聘时，与大三学生王某达成口头协议，约定王某毕业后到甲公司工作。2017年7月1日，王某从该高校毕业。2017年7月20日，王某和甲公司签订了书面劳动合同。2017年8月1日，王某到甲公司报到，正式开始上班。根据劳动合同法律制度的规定，王某和甲公司之间劳动关系的建立时间为(　　)。
A. 2016年3月1日
B. 2017年7月1日
C. 2017年7月20日
D. 2017年8月1日

3. 2017年1月1日，刘某进入甲公司工作，双方口头约定月工资为5000元，试用期1个月，试用期工资按转正后工资的80%支付。据查，截至2017年8月1日，双方才订立书面劳动合同。已知甲公司每月均按双方口头约定支付工资，根据劳动合同法律制度的规定，甲公司应当向刘某支付的工资补偿数额为(　　)元。
A. 30000　　B. 35000
C. 60000　　D. 68000

4. 王某是甲公司的员工，2013年开始与甲公司连续签订了两次2年期的劳动合同；已知王某并不存在严重违反用人单位规章制度等法定情形。根据劳动合同法律制度的规定，2017年王某与甲公司再续订劳动合同时，王某(　　)。
A. 有权要求订立无固定期限的劳动合同
B. 只能要求订立无固定期限的劳动合同
C. 无权要求订立无固定期限的劳动合同
D. 与甲公司协商一致可以订立无固定期限劳动合同

5. 王某在甲公司初次就业，工作8年后跳槽到乙公司，在乙公司已经工作了15年。根据劳动合同法律制度的规定，王某今年可以享受的带薪年休假天数为(　　)天。
A. 3　　B. 5
C. 10　　D. 15

6. 某年9月1日，王某跳槽到乙公司工作，随后向乙公司提出补休该年度带薪年休假的申请。已知，王某的工作年限为18年，当年全年日历天数共365天，9月1日为当年第244天。根据劳动合同法律制度的规定，有关王某可以补休的带薪年休假天数，下列说法正确的是(　　)。
A. 如果王某当年在原单位已经休了5天，王某在乙公司可以补休5天
B. 如果王某当年在原单位已经休了5天，王某在乙公司可以补休10天
C. 不论王某当年在原单位是否休过年休

假，王某在乙公司均可补休3天

D. 不论王某当年在原单位是否休过年休假，王某在乙公司均可补休4天

7. 根据劳动合同法律制度的规定，下列各项中，不能享受2017年的带薪年休假的是(　　)。

A. 王某在2017年请事假累计为18天，单位按照规定未扣王某的工资

B. 累计工作年限为5年的张某，在2017年请病假累计为50天

C. 累计工作年限为15年的赵某，在2017年请病假累计为100天

D. 累计工作年限为25年的孙某，在2017年请病假累计为115天

8. 赵某日工资为160元，所在单位实行标准工时制，某年5月单位安排其加班，且无法安排其补休，加班情况如下：（1）5月1日加班8小时；（2）5月17、18日（周一、周二）晚上加班共计4小时；（3）5月25日（周日）加班6小时。根据劳动合同法律制度的规定，5月单位应当向赵某支付加班工资共计(　　)元。

A. 680　　B. 720

C. 840　　D. 1080

9. 王女士在尚洁化妆品公司工作期间，因工作严重失误将货架中的多瓶香水打碎，造成公司直接经济损失10000元。公司行政部门与王女士协商后，决定从王女士工资中扣除一定金额以赔偿上述损失。已知王女士工资为2000元/月，当地职工最低工资标准为1620元/月。根据我国劳动合同法律制度的规定，公司最多可从王女士工资中每月扣除(　　)。

A. 2000元　　B. 1620元

C. 400元　　D. 380元

10. 甲公司与刘某签订了无固定期限劳动合同，根据劳动合同法律制度的规定，在劳动合同中约定的试用期不得超过(　　)。

A. 1个月　　B. 2个月

C. 3个月　　D. 6个月

11. 根据劳动合同法律制度的规定，下列表述不正确的是(　　)。

A. 劳动者在试用期的工资不得低于本单位相同岗位最低档工资的80%或者劳动合同约定工资的80%，并不得低于用人单位所在地的最低工资标准

B. 劳动者在试用期间被证明不符合录用条件的，用人单位可以随时通知劳动者解除劳动合同

C. 劳动者在试用期内提前15日通知用人单位，才可以解除劳动合同

D. 劳动合同仅约定试用期的，试用期不成立，该期限为劳动合同期限

12. 王某与甲公司订立劳动合同，双方拟在合同中约定服务期，其草拟的合同中有下列条款，其中符合法律规定的是(　　)。

A. 劳动合同期限3年，服务期5年

B. 服务期内产生的各项培训费用，由劳动者自担

C. 不论是哪方的过错，只要劳动合同提前解除，王某即应向甲公司支付违约金

D. 服务期内，王某不得要求涨薪

13. 当事人在劳动合同或者保密协议中约定了竞业限制和经济补偿，劳动合同解除或者终止后，因用人单位的原因导致一定期限未支付经济补偿，劳动者请求解除竞业限制约定的，人民法院应予支持。根据劳动合同法律制度的规定，该一定期限为(　　)。

A. 1个月　　B. 3个月

C. 6个月　　D. 12个月

14. 根据劳动合同法律制度的规定，下列劳动合同终止的情形中，用人单位应当支付经济补偿金的是(　　)。

A. 劳动者开始依法享受基本养老保险待遇的

B. 劳动者达到法定退休年龄的

C. 劳动者死亡，或者被人民法院宣告死亡或者宣告失踪的

D. 用人单位被依法宣告破产的

15. 2017年11月，甲公司与王某的劳动合同期限尚未届满，但甲公司主动与王某协商解除劳动合同。已知王某在甲公司的工作年限为5年零4个月，合同解除前12个月

王某的月平均工资为10000元，上一年度当地职工月平均工资为3000元。有关劳动合同解除时甲公司应向王某支付的经济补偿金，下列计算正确的是(　　)。

A. 3000×3×5=45000（元）

B. 3000×3×5.5=49500（元）

C. 10000×5=50000（元）

D. 10000×5.5=55000（元）

16. 甲劳务派遣公司（以下简称“甲公司”）拟将王某等6人劳务派遣至乙公司，辅助其完成某境外工程项目。根据劳动合同法律制度的规定，下列说法正确的是(　　)。

A. 甲公司应当与王某等6人签订劳务派遣协议

B. 乙公司应当与王某等6人签订劳务派遣协议

C. 甲公司应当与王某等6人签订劳动合同

D. 乙公司应当与王某等6人签订劳动合同

17. 根据社会保险法律制度的规定，用人单位应当在一定期限内为其职工向社会保险经办机构申请办理社会保险登记。该期限是指(　　)。

A. 自用工之日起15日

B. 自用工之日起30日

C. 自书面劳动合同签订之日起15日

D. 自书面劳动合同签订之日起30日

18. 根据社会保险法律制度的规定，下列各项中，不需要职工个人缴纳保险费的是(　　)。

A. 基本医疗保险

B. 工伤保险

C. 失业保险

D. 基本养老保险

19. 根据社会保险法律制度的规定，下列有关基本养老保险待遇的表述中，不正确的是(　　)。

A. 参加基本养老保险的个人，达到法定退休年龄时累计缴费满15年的，按月领取基本养老金

B. 参加基本养老保险的个人，因病或者因工死亡的，其遗属可以领取丧葬补助金和抚恤金

C. 参加职工基本养老保险的个人死亡后，其个人账户中的余额可以全部依法继承

D. 参加基本养老保险的个人，在未达到法定退休年龄时因病或者非因工致残完全丧失劳动能力的，可以领取病残津贴

20. 甲公司所在地职工月平均工资为4000元，刘某在甲公司任职，月工资1500元。根据社会保险法律制度的规定，有关甲公司每月应从刘某工资中代扣代缴的基本养老保险费用金额，下列计算正确的是(　　)。

A. 4000×8%=320（元）

B. 4000×60%×8%=192（元）

C. 4000×80%×8%=256（元）

D. 1500×8%=120（元）

21. 刘某的实际工作年限为16年，在甲公司的工作年限为12年。根据社会保险法律制度的规定，刘某享有的医疗期间为(　　)。

A. 6个月　　B. 9个月

C. 12个月　　D. 18个月

22. 根据社会保险法律制度的规定，停工留薪期一般不超过(　　)。

A. 6个月　　B. 9个月

C. 12个月　　D. 18个月

23. 甲公司职工王某经确定享受工伤医疗待遇，其发生的下列医疗费用中应由用人单位负担的是(　　)。

A. 治疗工伤的医疗费用

B. 住院伙食补助费

C. 停工留薪期工资福利待遇

D. 辅助器具装配费

24. 王某大学毕业后到甲公司初次就业，甲公司与其签订了3年期劳动合同，自2014年7月1日至2017年6月30日，并为其办理了失业保险；2016年12月31日，因王某严重违反公司规章制度，甲公司解除了该劳动合同；由于一直未找到工作，王某于2017年4月1日办理了

失业登记。根据社会保险法律制度的规定，王某领取失业保险金的最长期限为（　　）。

A. 6个月　　B. 12个月

C. 18个月　　D. 24个月

25. 根据社会保险法律制度的规定，失业人员在领取失业保险金期间，参加职工基本医疗保险，享受基本医疗保险待遇；失业人员应当缴纳的基本医疗保险费由（　　）支付。

A. 失业人员

B. 原用人单位

C. 失业保险基金

D. 基本医疗保险基金

二、多项选择题

1. 2017年1月1日，刘某进入甲公司工作，至2017年8月1日，甲公司尚未与刘某签订书面劳动合同。据查，甲公司按月正常支付工资。有关甲公司和刘某之间劳动关系，下列说法不正确的有（　　）。

A. 甲公司与刘某之间不存在劳动关系

B. 甲公司与刘某之间视为已订立无固定期限劳动合同

C. 甲公司应当与刘某补订书面劳动合同，并支付工资补偿

D. 刘某可与甲公司终止劳动关系，甲公司应当向其支付经济补偿金

2. 2016年5月1日，王某到甲公司上班，但甲公司未与其签订书面劳动合同。根据劳动合同法律制度的规定，有关甲公司该行为法律后果的下列说法中，正确的有（　　）。

A. 甲公司和王某之间尚未建立劳动关系

B. 甲公司应在2016年6月1日前与王某签订书面劳动合同

C. 若甲公司在2016年8月1日与王某补订了书面劳动合同，王某有权要求甲公司向其支付2个月的双倍工资

D. 若甲公司在2017年8月1日与王某补订了书面劳动合同，王某有权要求甲公司向其支付11个月的双倍工资

3. 根据我国劳动合同法律制度的规定，下列有关劳动报酬的表述中，正确的有（　　）。

A. 劳动报酬应当以法定货币支付，不得以实物及有价证券替代货币支付

B. 在部分公民放假的节日期间，对参加社会活动或者单位组织庆祝活动和照常工作的职工，单位应当支付工资报酬，但不支付加班工资，该节日恰逢休息日的除外

C. 用人单位依法安排劳动者在休息日工作，不能安排补休的，应按照不低于劳动合同规定的劳动者本人日或小时工资标准的300%支付劳动者工资

D. 工资必须在用人单位与劳动者约定的日期支付，如遇节假日或休息日，则应提前在最近的工作日支付

4. 李某与甲公司签订了3年期的劳动合同，下列说法中，正确的有（　　）。

A. 李某与甲公司可以约定2个月的试用期

B. 李某与甲公司可以约定6个月的试用期

C. 在试用期内，甲公司可以随时通知李某解除劳动合同

D. 在试用期内，李某可以随时通知甲公司解除劳动合同

5. 2015年4月1日，李某与甲公司签订了1年期的劳动合同，合同中约定了试用期，并约定试用期满后工资为1200元；当地最低工资标准为1000元。根据《劳动合同法》的规定，下列说法正确的有（　　）。

A. 试用期不得超过2个月

B. 试用期的工资不得低于960元

C. 试用期的工资不得低于1000元

D. 试用期不包含在劳动合同期限内

6. 根据劳动合同法律制度的规定，下列情形中，即使用人单位与劳动者约定了服务期，劳动者仍可以主张解除劳动合同，用人单位不得要求劳动者支付违约金的有（　　）。

A. 用人单位未及时足额支付劳动报酬的

B. 用人单位未依法为劳动者缴纳社会保险费的

C. 用人单位的规章制度违反法律、法规的规定，损害劳动者权益的

D. 用人单位在劳动合同中免除自己的法定责任、排除劳动者权利的

7. 下列各项中，属于劳动者可以随时通知解除劳动合同的情形有(　　)。

A. 用人单位未依法为劳动者缴纳社会保险费的

B. 用人单位的规章制度违反法律、法规的规定，损害劳动者权益的

C. 用人单位以暴力、威胁或者非法限制人身自由的手段强迫劳动者劳动的

D. 用人单位在劳动合同中免除自己的法定责任、排除劳动者权利的

8. 下列各项中，属于用人单位可以随时通知劳动者解除合同的情形有(　　)。

A. 劳动者在试用期间被证明不符合录用条件的

B. 劳动者同时与其他用人单位建立劳动关系，对完成本单位的工作任务造成严重影响，或者经用人单位提出，拒不改正的

C. 劳动者患病或者非因工负伤，在规定的医疗期满后不能从事原工作，也不能从事由用人单位另行安排的工作的

D. 劳动者以欺诈、胁迫的手段或者乘人之危，使用人单位在违背真实意思的情况下，订立或者变更劳动合同的

9. 甲市劳动局的辖区内有4家企业均因生产经营发生严重困难，拟裁减人员。根据劳动合同法律制度的规定，应当提前30日向工会或者全体职工说明情况，听取工会或者职工的意见后，裁减人员方案经向劳动行政部门报告，方可以裁减人员的有(　　)。

A. A公司：裁减人员10人，占职工总数的5%

B. B公司：裁减人员15人，占职工总数的8%

C. C公司：裁减人员18人，占职工总数的15%

D. D公司：裁减人员28人，占职工总数的25%

10. 根据劳动合同法律制度的规定，劳动者存在的下列情形中，用人单位既不得解除劳动合同，也不得终止劳动合同的有(　　)。

A. 患病或者非因工负伤，在规定的医疗期内的

B. 在本单位连续工作满15年，且距法定退休年龄不足5年的

C. 在本单位患职业病或者因工负伤并被确认丧失或者部分丧失劳动能力的

D. 从事接触职业病危害作业的劳动者未进行离岗前职业健康检查，或者疑似职业病病人在诊断或者医学观察期间的

11. 根据劳动合同法律制度的规定，下列各项中，用人单位应当支付经济补偿金的有(　　)。

A. 用人单位提出解除劳动合同，而与劳动者协商一致的

B. 劳动者提出解除劳动合同，而与用人单位协商一致的

C. 劳动者提前30日以书面形式通知用人单位，解除劳动合同的

D. 用人单位提前30日以书面形式通知劳动者本人，解除劳动合同的

12. 根据劳动合同法律制度的规定，下列有关劳务派遣的表述中，正确的有(　　)。

A. 用人单位不得设立劳务派遣单位向本单位或者所属单位派遣劳动者

B. 用工单位不得将连续用工期限分割订立数个短期劳务派遣协议

C. 用工单位应当与被派遣劳动者订立2年以上的固定期限劳动合同

D. 用人单位可以非全日制用工形式招用被派遣劳动者

13. 下列各项属于劳动争议的有(　　)。

A. 因确认劳动关系发生的争议

B. 因订立、履行、变更、解除和终止劳动合同发生的争议

C. 因除名、辞退和辞职、离职发生的争议

D. 因劳动报酬、工伤医疗费、经济补偿金或者赔偿金等发生的争议

14. 下列有关劳动争议仲裁制度的表述中，正确的有（　　）。
A. 劳动争议申请仲裁的时效期间为1年
B. 劳动争议仲裁裁决应当按照首席仲裁员的意见作出
C. 劳动争议仲裁不公开进行
D. 劳动争议仲裁不收费

15. 若劳动争议终局裁决存在特定的情形，用人单位可以向人民法院申请撤销。则该特定情形包括（　　）。
A. 劳动争议仲裁委员会无管辖权的
B. 裁决所依据的证据是伪造的
C. 仲裁员在仲裁该案件时有索贿受贿、徇私舞弊、枉法裁决行为的
D. 适用法律、法规确有错误的

16. 根据社会保险法律制度的规定，参加基本养老保险的个人，因病或者非因工死亡，下列各项中，其遗属可以领取的有（　　）。
A. 抚恤金
B. 病残津贴
C. 丧葬补助金
D. 一次性工亡补助金

17. 张某系甲软件公司的高级技术人员，月工资12000元。已知，当地上一年度职工月平均工资为3000元。根据劳动合同法律制度的规定，下列说法不正确的有（　　）。
A. 甲公司可以与张某订立保守秘密条款
B. 甲公司可以与张某订立竞业限制条款，约定劳动合同终止后5年内，张某不得到与甲公司存在竞争关系的单位任职，并支付经济补偿
C. 如果客观情况发生重大变化，甲公司提前1个月通知解聘张某，则甲公司应当向张某支付经济补偿的标准按12000元计算
D. 张某每月缴纳职工基本养老保险的缴费工资基数为12000元

18. 吴某在定点医院做外科手术，共发生医疗费用18万元，其中在规定医疗目录内的费用为15万元，目录以外费用3万元，当地医疗报销起付标准为2400元，最高限额为144000元，报销比例为90%。对此，下列说法正确的有（　　）。
A. 在规定医疗目录以外的3万元费用，不得从统筹账户中报销
B. 吴某可以报销的费用为147600元
C. 吴某可以报销的费用为141600元
D. 吴某可以报销的费用为127440元

19. 根据社会保险法律制度的规定，下列医疗费用不纳入基本医疗保险基金支付范围的有（　　）。
A. 应当从工伤保险基金中支付的
B. 应当由第三人负担的
C. 应当由公共卫生负担的
D. 在境外就医的

20. 根据劳动合同法律制度的规定，下列有关医疗期的表述中，正确的有（　　）。
A. 公休、假日和法定节日不计入医疗期内
B. 病假工资或疾病救济费可以低于当地最低工资标准支付，但最低不能低于最低工资标准的80%
C. 如医疗期内遇合同期满，则合同必须续延至医疗期满，职工在此期间仍然享受医疗期内待遇
D. 对医疗期满尚未痊愈者，或者医疗期满后，不能从事原工作，也不能从事用人单位另行安排的工作，被解除劳动合同的，用人单位需按经济补偿金规定给予其经济补偿金

21. 下列有关医疗期间的表述中，符合法律规定的有（　　）。
A. 实际工作年限10年以下，在本单位工作年限5年以下的，医疗期间为3个月
B. 实际工作年限10年以上，在本单位工作年限5年以下的，医疗期间为6个月
C. 实际工作年限10年以上，在本单位工作年限10年以上15年以下的，医疗期间为12个月
D. 实际工作年限10年以上，在本单位工作年限20年以上，医疗期间没有时间限制

22. 根据社会保险法律制度的规定，下列职工中，应当被认定为工伤的有(　　)。
A. 在上班路上被违法闯红灯的汽车撞伤
B. 下班后半小时左右，在车间收拾机床时受伤
C. 因工外出期间，因个人原因与他人互殴致伤
D. 因长期工作而患职业病

23. 根据社会保险法律制度的规定，有关停工留薪期与工伤保险、基本医疗保险的关系，下列表述正确的有(　　)。
A. 工伤职工评定伤残等级后，停止享受停工留薪期待遇，按照规定享受伤残待遇
B. 工伤职工在停工留薪期满后仍需治疗的，继续享受工伤医疗待遇
C. 工伤职工在停工留薪期满后仍需治疗的，按照基本医疗保险办法处理
D. 工伤职工治疗非工伤引发的疾病，不享受工伤医疗待遇，按照基本医疗保险办法处理

24. 根据社会保险法律制度的规定，下列有关失业保险的表述中，正确的有(　　)。
A. 由用人单位按照国家规定缴纳失业保险费，职工不缴纳失业保险费
B. 失业前用人单位和本人已经缴纳失业保险费满1年的，可以享受失业保险待遇
C. 失业保险金的领取期限自劳动关系终止之日起计算
D. 失业保险金的标准，不得低于城市居民最低生活保障标准

25. 根据社会保险法律制度的规定，在领取失业保险金期间发生的下列情形中，失业人员应当停止领取失业保险金，并同时停止享受其他失业保险待遇的有(　　)。
A. 移居境外的
B. 重新就业的
C. 应征服兵役的
D. 享受基本养老保险待遇的

三、判断题

1. 用人单位设立的分支机构不得作为用人单位与劳动者订立劳动合同。(　　)

2. 张某应聘到甲公司工作，签订合同时甲公司要求其缴纳1000元押金，约定离职时完整返还工作服即全额退还。甲公司的做法符合劳动合同法律制度的规定。(　　)

3. 用人单位招用劳动者时，应当如实告知劳动者工作内容、工作条件、工作地点、职业危害、安全生产状况、劳动报酬，以及劳动者要求了解的其他情况。(　　)

4. 劳动合同被确认无效，劳动者已付出劳动的，用人单位应当向劳动者支付劳动报酬。(　　)

5. 根据劳动合同法律制度的规定，有些企业因工作性质和生产特点不能实行标准工时制度，应保证劳动者每天工作不超过8小时，每周工作不超过40小时，每周至少休息1天。(　　)

6. 国家法定休假日、休息日不计入带薪年休假假期。(　　)

7. 全日制用工的，用人单位应当至少每月向劳动者支付一次劳动报酬；非全日制用工的，用人单位应当至少每周向劳动者支付一次劳动报酬。(　　)

8. 2017年11月初，某公司向全体员工发出通知："为了保障员工'双11'不被剁手、避免额外支出导致家庭不和谐、防止各大电商对员工的经济血洗，经公司管理层研究决定，本应于本月10日发放的工资延迟至12月底发放。"该公司的做法有利于员工权益保护，符合劳动合同法律制度的规定。(　　)

9. 劳动合同履行地与用人单位注册地不一致，且用人单位注册地有关劳动者的最低工资标准高于劳动合同履行地的有关标准，则有关劳动者的最低工资标准按用人单位注册地的有关规定执行。(　　)

10. 在竞业限制期限内，用人单位请求解除竞业限制协议时，人民法院应予支持。在解除竞业限制协议时，劳动者请求用人单位额外支付劳动者3个月的竞业限制经济补偿的，人民法院不予支持。(　　)

11. 劳动者违反竞业限制约定，向用人单位支付违约金后，用人单位无权要求劳动

者按照约定继续履行竞业限制义务。（　）

12. 用人单位招用与其他用人单位尚未解除或者终止劳动合同的劳动者，给其他用人单位造成损失的，应当承担连带赔偿责任。（　）

13. 如果用人单位的规章制度未经公示或者未对劳动者告知，该规章制度对劳动者不生效。（　）

14. 用人单位发生合并或者分立等情况，原劳动合同继续有效，劳动合同由承继其权利和义务的用人单位继续履行。（　）

15. 用人单位未及时足额支付劳动报酬的，劳动者可以随时解除劳动合同，无须通知用人单位。（　）

16. 变更劳动合同应当采用书面形式；变更劳动合同未采用书面形式的，视为没有变更。（　）

17. 用人单位违反劳动合同法规定解除或者终止劳动合同的，劳动者不要求继续履行劳动合同或者劳动合同已经不能继续履行的，用人单位应当依照劳动合同法规定的经济补偿金标准的 2 倍向劳动者支付赔偿金。（　）

18. 用人单位对已经解除或者终止的劳动合同的文本，至少保存 1 年备查。（　）

19. 非全日制用工，双方当事人任何一方都可以随时通知对方终止用工；但用人单位提出的，应当向劳动者支付经济补偿金。（　）

20. 根据劳动合同法律制度的规定，集体合同自工会代表与单位签订之日起生效，单位应当自签订之日起 15 日内将集体合同文本报送劳动行政部门备案。（　）

21. 劳务派遣单位或者用工单位与劳动者发生劳动争议的，应当以劳务派遣单位和用工单位为劳动仲裁的共同当事人。（　）

22. 被派遣劳动者有权在劳务派遣单位或者用工单位依法参加或者组织工会，维护自身的合法权益。（　）

23. 劳动争议仲裁终局裁决适用法律、法规确有错误的，用人单位可以自收到仲裁裁决书之日起 30 日内向劳动争议仲裁委员会申请撤销仲裁。（　）

24. 用人单位与劳动者发生劳动争议的，当事人可以向劳动争议仲裁委员会申请劳动仲裁，也可以直接向人民法院提起劳动诉讼。（　）

25. 甲公司职工王某在上班途中发生交通事故，导致高位截瘫，有关部门的交通事故责任认定王某负全责；由于交通事故发生在上班途中，王某所受的伤害应当认定为工伤。（　）

26. 一次性工亡补助金的标准是上一年度全国职工月平均工资的 20 倍。（　）

四、不定项选择题

【资料 1】

2014 年 12 月 10 日，刘某与甲公司订立了书面劳动合同，双方约定：合同期限 1 年（含试用期期限），试用期 2 个月；试用期月工资 2000 元，试用期满月工资 2600 元；试用期内刘某若被证明不符合录用条件，甲公司可随时通知其解除劳动合同。

2015 年 10 月，甲公司派刘某去国外接受 2 个月的高级技术培训，双方达成补充协议约定：公司支付培训费用 100000 元，刘某的服务期为 6 年，违反服务期约定应支付违约金 80000 元，培训结束后月工资提高至 5000 元。

刘某培训期满回国后，成为甲公司的技术骨干，并与甲公司签订竞业限制协议，双方约定竞业限制期限为 2 年，竞业限制补偿金 1000 元/月，竞业限制违约金为 1000000 元，甲公司有权随时通知刘某终止竞业限制协议并不支付任何费用。

2016 年 8 月 11 日，刘某主动提出辞职，经甲公司同意后双方解除了劳动关系。2016 年 10 月 12 日，刘某到甲公司的竞争对手乙公司工作，甲公司发现后要求刘某支付违约金并离开乙公司直至竞业限制期限届满。

已知：甲公司所在地月最低工资标准为1800元。

要求：

根据上述资料，不考虑其他因素，分析回答下列小题。

1. 刘某与甲公司在劳动合同中对试用期所作的下列约定中，符合法律规定的是(　　)。

A. 试用期2个月

B. 试用期内刘某若被证明不符合录用条件，甲公司可随时通知其解除劳动合同

C. 试用期月工资2000元

D. 试用期包含在劳动合同期限内

2. 刘某与甲公司在补充协议中所作的下列约定中，符合法律规定的是(　　)。

A. 刘某的服务期为6年

B. 刘某违反服务期约定应支付违约金80000元

C. 甲公司支付培训费用100000元

D. 刘某月工资提高至5000元

3. 刘某与甲公司在竞业限制协议中所作的下列约定中，不符合法律规定的是(　　)。

A. 竞业限制期限为2年

B. 竞业限制补偿金1000元/月

C. 竞业限制违约金为1000000元

D. 甲公司有权随时通知刘某终止竞业限制协议并不支付任何费用

4. 有关刘某主动辞职并到乙公司工作的法律后果，下列说法正确的是(　　)。

A. 由于服务期未满，甲公司有权要求刘某支付服务期违约金

B. 由于刘某主动提出辞职，甲公司无须向刘某支付经济补偿金

C. 由于竞业限制期限未满，甲公司有权要求刘某支付竞业限制违约金，并继续履行竞业限制协议

D. 由于竞业限制期限未满，刘某应向甲公司支付竞业限制违约金，但支付完违约金后刘某和甲公司的竞业限制协议即告终止

【资料2】

2015年1月1日，甲日报社与刘某达成口头协议，聘用刘某为临时校对员（非全日制用工），工作时间为每天9点至12点，提前完成工作任务可以提前离开，工资为80元/小时。

因刘某表现优秀，经甲日报社人事部门多次与刘某协商后，双方达成口头协议，将刘某转为全日制正式校对员，劳动合同期限自2016年1月1日至2017年12月31日，月工资为5500元。因刘某并非新入职员工，人事部门未与其订立书面劳动合同。

2017年8月15日，刘某未经编辑、值班主任及值班总编的同意，应记者个人要求，在值班总编已盖章签发的上栏稿件中加入新内容；次日，甲日报社以刘某严重违反本单位有关出版管理的规定为由，通知刘某解除劳动合同。

2017年9月1日，刘某向所在市劳动争议仲裁委员会申请仲裁。

要求：

根据上述资料，不考虑其他因素，分析回答下列小题。

1. 有关2015年1月1日至2015年12月31日期间刘某与甲日报社的关系，下列说法正确的是(　　)。

A. 甲日报社与刘某的关系适用《劳动合同法》的规定

B. 甲日报社与刘某的关系不适用《劳动合同法》的规定

C. 甲日报社未与刘某签订书面合同的行为不合法

D. 甲日报社与刘某达成口头协议的行为合法

2. 有关甲日报社通知刘某解除劳动合同的行为，下列说法正确的是(　　)。

A. 刘某严重违反用人单位的规章制度，甲日报社有权随时通知解除劳动合同

B. 甲日报社应当提前30天通知刘某，方可解除劳动合同

C. 甲日报社应当额外支付1个月的工资，方可解除劳动合同

D. 甲日报社应当经工会同意后，方可解除劳动合同

第八章

3. 如果刘某以甲日报社违法解除劳动合同为由向劳动争议仲裁委员会申请仲裁，仲裁时效期间届满日应为（　　）。
A. 2017 年 8 月 31 日
B. 2018 年 2 月 16 日
C. 2018 年 8 月 16 日
D. 2019 年 8 月 16 日
4. 仲裁庭在审理该劳动争议案件时，发生的下列事项中，符合劳动合同法律制度规定的是（　　）。
A. 仲裁庭认为本案案情简单，书面审理后直接作出裁决
B. 由于形成了两种意见，仲裁庭直接按首席仲裁员的意见作出裁决
C. 对仲裁裁决有异议的仲裁员赵某拒绝在裁决书上签名
D. 仲裁庭成员中有两人接受了刘某的请客送礼

【资料 3】

2017 年甲 IT 公司（以下简称“甲公司”）与多名员工发生了劳动争议，具体情况如下：

（1）高级管理人员周某 1 月与甲公司终止劳动合同，双方签订有竞业限制协议、约定了竞业限制经济补偿和违约金。终止劳动合同后，甲公司财务人员按照约定每月向周某指定的个人账户中转账 2500 元作为竞业限制经济补偿。3 月，由于乙 IT 公司邀请周某加盟，条件十分优厚，周某便将接收竞业限制经济补偿的账户注销。5 月，周某以未按期支付竞业限制经济补偿为由通知甲公司解除竞业限制协议，并正式入职乙公司。

（2）技术研发组长吴某 5 月离职，双方签订有竞业限制协议，约定吴某离职后 24 个月内不得进入与甲公司有竞争关系的单位工作，甲公司将向吴某支付 3000 元/月的竞业限制经济补偿。8 月，由于国内数家企业已经引入国外同类技术，吴某所掌握的甲公司技术秘密已毫无保密必要，甲公司遂通知吴某解除竞业限制协议，不再支付竞业限制经济补偿。

（3）保安人员郑某 8 月底入职甲公司，9 月初甲公司有大批保安人员离职并入职丙公司，甲公司为保证人员稳定与郑某签订竞业限制协议，约定一旦郑某离职并入职丙公司等单位，应向甲公司支付违约金 10 万元。10 月，尚在试用期的郑某因不满甲公司休假安排提前 1 周通知甲公司后离职并入职丙公司。

（4）程序员王某入职甲公司已 2 年，入职时由甲公司实际出资 10 万元对其进行了高级编程培训，双方约定了 5 年的服务期；同时，双方签订竞业限制协议，禁止王某在离职之日起 1 年内进入与甲公司有竞争关系的单位工作，竞业限制经济补偿 5000 元/月，违约金 10 万元。2017 年 12 月，因甲公司拒绝为王某缴纳基本社会保险费，王某通知甲公司解除劳动合同，并入职甲公司的竞争对手丁公司。

要求：

根据上述资料，不考虑其他因素，分析回答下列小题。

1. 有关周某与甲公司的劳动争议，下列说法正确的是（　　）。
A. 由于甲公司未支付竞业限制经济补偿已超过 1 个月，周某有权单方通知甲公司解除竞业限制协议
B. 由于周某未收到竞业限制经济补偿并非甲公司过错所致，周某无权单方通知甲公司解除竞业限制协议
C. 甲公司有权以周某违反竞业限制约定为由，要求周某支付竞业限制违约金
D. 即使周某无权单方通知甲公司解除竞业限制协议，只要周某向甲公司支付了竞业限制违约金，即可正式入职乙公司
2. 有关吴某与甲公司的劳动争议，下列说法正确的是（　　）。
A. 甲公司与吴某约定的竞业限制期限超过了法律规定的最长期限
B. 甲公司有权要求解除竞业限制协议，但应当向吴某额外支付 1 个月的竞业限制经济补偿

C. 甲公司有权要求解除竞业限制协议，但应当向吴某额外支付3个月的竞业限制经济补偿

D. 在双方约定的竞业限制期限内，甲公司不得要求解除竞业限制协议

3. 有关郑某与甲公司的劳动争议，下列说法正确的是(　　)。

A. 郑某离职并入职丙公司的行为违反了竞业限制协议，甲公司有权要求其支付违约金

B. 由于郑某违法解除劳动合同，甲公司有权要求其与丙公司一并承担连带赔偿责任

C. 甲公司与郑某签订的竞业限制协议无效，郑某无须向甲公司支付违约金

D. 郑某尚在试用期，其提前1周通知甲公司解除劳动合同的行为合法

4. 有关王某与甲公司的劳动争议，下列说法正确的是(　　)。

A. 甲公司有权要求王某支付服务期违约金

B. 甲公司有权要求王某支付竞业限制违约金

C. 王某有权要求甲公司按月支付竞业限制经济补偿

D. 王某有权要求甲公司支付劳动合同解除的经济补偿金

第八章

【资料4】

赵某2018年5月1日进入甲银行工作，担任司机，月工资为5000元；双方于2018年5月10日正式签订了书面劳动合同。后来，甲银行为精简编制对内部辅助性岗位进行清理，与赵某协商一致后，自2018年7月1日解除劳动合同。

2018年8月1日，乙劳务服务中心将赵某派遣至甲银行，继续担任司机一职。2018年11月1日，赵某驾车执行工作任务时与闯红灯的钱某的车辆发生碰撞，赵某受重伤住院治疗3个月；交通管理部门事故责任认定，钱某对事故负全部责任。

假定：甲银行适用的基本养老保险费率为职工工资总额的19%、基本医疗保险费率为6%、失业保险费率为0.8%、工伤保险费率为0.8%；甲银行所在地已经率先实施生育保险和职工基本医疗保险合并实施试点、月最低工资标准为2500元、职工月平均工资为4500元。

要求：

根据上述资料，不考虑其他因素，分析回答下列小题。

1. 有关2018年5月1日至2018年6月30日期间甲银行和赵某的关系，下列说法正确的是(　　)。

A. 甲银行与赵某自2018年5月1日建立劳动关系

B. 甲银行应当自2018年5月10日起30日内为赵某办理社会保险登记

C. 甲银行每月为赵某负担的基本社会保险费共计1330元

D. 甲银行每月应从赵某的工资中代为扣缴职工个人应负担的基本养老保险费、基本医疗保险费、失业保险费和工伤保险费

2. 有关甲银行和赵某解除劳动合同的行为，下列说法正确的是(　　)。

A. 由于清理内部辅助性岗位是劳动合同解除的合法事由，甲银行无须向赵某支付经济补偿金

B. 由于赵某同意解除劳动合同，甲银行无须向赵某支付经济补偿金

C. 由于甲银行主动与赵某协商解除劳动合同，甲银行应当向赵某支付经济补偿金，数额为2500元

D. 由于甲银行通过劳务派遣再次使用赵某担任司机，甲银行无须向赵某支付经济补偿金

3. 有关2018年8月1日起甲银行和赵某的关系，下列说法不正确的是(　　)。

A. 甲银行应当与赵某订立2年以上固定期限劳动合同

B. 赵某享有与甲银行的其他劳动者同工同酬的权利

C. 甲银行可以向赵某收取一定的劳务中介费

D. 赵某此次在甲银行担任司机的时间不得超过6个月

4. 有关赵某因公车祸致伤，下列说法正确的是（　　）。
A. 赵某所受伤害应当认定为工伤
B. 赵某住院治疗期间，可以享受医疗期的有关待遇
C. 赵某住院治疗期间，可以享受停工留薪期的有关待遇
D. 如果钱某不支付赵某的医疗费用，工伤保险基金应当先行支付

本章进阶练习题参考答案及解析

扫码看答案

微信扫“扫码看答案”二维码，即可查阅电子版答案和解析，“手机看答案更轻松”。

一、单项选择题

1. 答案 C 【解析】订立劳动合同，劳动者需年满16周岁、有劳动权利能力和行为能力，但文艺、体育、特种工艺单位录用人员除外。

2. 答案 D 【解析】用人单位自用工之日起即与劳动者建立劳动关系。

3. 答案 A 【解析】（1）双方在用工之日起第8个月时签订书面劳动合同，属于自用工之日起超过1个月不满1年未与劳动者订立书面劳动合同的情形，用人单位应当向劳动者每月支付2倍的工资，起算时间为用工之日起满1个月的次日（2017年2月1日），截止时间为补订书面劳动合同的前1日（2017年7月31日）；（2）由于试用期为1个月，2月起刘某的月工资应为5000元，且工资已经按月正常发放，甲公司应当向刘某支付的工资补偿＝5000×6＝30000（元）。

4. 答案 A 【解析】除劳动者提出订立固定期限劳动合同外，劳动者和用人单位已经连续订立2次固定期限劳动合同，且劳动者不具有法定情形（如严重违反用人单位的规章制度、被依法追究刑事责任等），续订劳动合同的，应当订立无固定期限劳动合同。在本题中：（1）选项AC：王某2013年开始与甲公司连续签订了两次2年期的劳动合同，有权要求甲公司与其订立无固定期限劳动合同；（2）选项B：如果王某自己主动提出订立固定期限劳动合同的，可以订立固定期限劳动合同；（3）选项D：王某满足强制订立无固定期限劳动合同的情形，只要王某想订立无固定期限劳动合同，甲公司就应当与其订立，不存在协商的问题。

5. 答案 D 【解析】职工累计工作已满20年的，年休假15天；在本题中，王某在甲公司和乙公司的工作年限应当合并计算，即王某的累计工作年限为23年。

6. 答案 C 【解析】（1）王某的工作年限已满10年不满20年，全年可享受的年休假天数为10天；（2）王某当年在乙公司剩余日历天数占全年日历总天数的比例＝（365－243）÷365＝33.42%；（3）10×33.42%＝3.342（天），而折算后不足1整天的部分不享受年休假，因此，王某可在乙公司补休3天。

7. 答案 C 【解析】（1）选项A：职工请事假累计20天以上且单位按照规定不扣工资的，不享受当年的年休假；（2）选项B：累计工作满1年不满10年的职工，请病假累计2个月以上的，不享受当年的年休假；（3）选项C：累计工作满10年不满20年的职工，请病假累计3个月以上的，不享受当年的年休假；（4）选项D：累计工作满20年以上的职工，请病假累计4个月以上的，不享受当年的年休假。

8. 答案 C 【解析】单位应当向赵某支付的加班工资＝160×300%＋160÷8×4×150%＋160÷8×6×200%＝840（元）。

9. 答案 D【解析】因劳动者本人原因给用人单位造成经济损失的，用人单位可以按照劳动合同的约定要求其赔偿经济损失；经济损失的赔偿，可从劳动者本人的工资中扣除，但每月扣除的部分不得超过劳动者当月工资的20%，若扣除后的剩余工资部分低于当地最低月工资标准，则按最低月工资标准支付。在本题中，因 2000 − 2000×20% = 1600（元），低于最低月工资标准1620元，公司至少应向王女士发放工资1620元。相应地，每月从王女士工资中扣除的最高金额 = 2000 − 1620 = 380（元）。

10. 答案 D【解析】3年以上固定期限和无固定期限劳动合同，试用期不得超过6个月。

11. 答案 C【解析】选项C：劳动者在试用期内提前3日通知用人单位，可以解除劳动合同。

12. 答案 A【解析】（1）选项A：服务期可以长于劳动合同期限，劳动合同期满，服务期尚未到期的，劳动合同应当续延至服务期满，另有约定的除外；（2）选项B：用人单位为劳动者提供专项培训费用，对其进行专业技术培训的，可以与该劳动者订立协议，约定服务期；（3）选项C：用人单位存在法定过错（如未依法为劳动者缴纳社会保险），导致劳动者在服务期内解除劳动合同的，劳动者无须支付违约金；（4）选项D：用人单位与劳动者约定服务期的，不影响按正常的工资调整机制提高劳动者在服务期期间的劳动报酬。

13. 答案 B

14. 答案 D【解析】劳动合同终止的情形中，有4种情形用人单位无须支付经济补偿金：（1）劳动者开始依法享受基本养老保险待遇的（选项A）；（2）劳动者达到法定退休年龄的（选项B）；（3）劳动者死亡，或者被人民法院宣告死亡或者宣告失踪的（选项C）；（4）劳动合同期满，用人单位维持或提高原条件续订而劳动者拒绝的。

15. 答案 B【解析】（1）王某的月平均工资已经高于当地上一年度职工月平均工资3倍，因此，经济补偿金 = 当地上一年度职工月平均工资3倍 × 工作年限（≤12年）；（2）工作年限6个月以上不满1年的，按1年计算；不满6个月的，向劳动者支付半个月工资标准的经济补偿金，王某工作5年零4个月，应按5.5个月的标准支付经济补偿。

16. 答案 C【解析】（1）选项AB：劳务派遣协议应由甲公司与乙公司签订；（2）选项CD：劳动合同应由甲公司和王某等6人签订。

17. 答案 B【解析】用人单位应当自用工之日起30日内为其职工向社会保险经办机构申请办理社会保险登记。

18. 答案 B【解析】在职工基本社会保险现行的4个险种中，只有工伤保险不需要职工个人缴纳保险费。

19. 答案 B【解析】选项B：参加基本养老保险的个人，因病或者非因工死亡的，其遗属可以领取丧葬补助金和抚恤金；所需资金从基本养老保险基金中支付。

20. 答案 B【解析】本人月平均工资低于当地职工月平均工资60%的，按当地职工月平均工资的60%作为缴费基数；在本题中，刘某的工资仅为甲公司所在地职工月平均工资的37.5%，因此，甲公司每月应从刘某工资中代扣代缴的基本养老保险费用 = 4000 × 60% × 8% = 192（元）。

21. 答案 C【解析】劳动者实际工作年限10年以上，在本单位工作年限10年以上15年以下的，医疗期间为12个月。

22. 答案 C

23. 答案 C【解析】工伤保险待遇中的各项费用，由用人单位支付的费用：（1）治疗工伤期间的工资福利待遇；（2）5级、6级伤残职工按月领取的伤残津贴；（3）终止

第八章

或者解除劳动合同时，应当享受的一次性伤残就业补助金。其他费用由工伤保险基金支付。

24. 答案 B 【解析】失业人员失业前用人单位和本人累计缴费满1年不足5年的，领取失业保险金的期限最长为12个月；在本题中，王某和甲公司累计缴纳社会保险费的时间为2年半，满1年不足5年，故领取失业保险金的期限最长为12个月。

25. 答案 C 【解析】失业人员在领取失业保险金期间，参加职工基本医疗保险，享受基本医疗保险待遇；失业人员应当缴纳的基本医疗保险费从失业保险基金中支付，个人不缴纳基本医疗保险费。

二、多项选择题

1. 答案 AB 【解析】（1）选项A：劳动关系自用工之日（2017年1月1日）起建立；（2）选项B：用人单位自用工之日起满1年（本题仅7个月）未与劳动者订立书面劳动合同的，视为自用工之日起满1年的当日已经与劳动者订立无固定期限劳动合同；（3）选项CD：用人单位自用工之日起超过1个月不满1年未与劳动者订立书面劳动合同的，应当向劳动者每月支付2倍的工资，并与劳动者补订书面劳动合同，劳动者不与用人单位订立书面劳动合同的，用人单位应当书面通知劳动者终止劳动关系，并支付经济补偿金。

2. 答案 BCD 【解析】（1）选项A：用人单位自用工之日起即与劳动者建立劳动关系；（2）选项B：对于已建立劳动关系，未同时订立书面劳动合同的，用人单位应当自用工之日起1个月内与劳动者订立书面劳动合同；（3）选项C：用人单位自用工之日起超过1个月不满1年未与劳动者订立书面劳动合同的，应当向劳动者每月支付2倍的工资，并与劳动者补订书面劳动合同，其中用人单位向劳动者每月支付2倍工资的起算时间为用工之日起满1个月的次日，截止时间为补订书面劳动合同的前1日；（4）选项D：用人单位自用工之日起满1年未与劳动者订立书面劳动合同的，自用工之日起满1个月的次日至满1年的前一日应当向劳动者每月支付2倍的工资，并视为自用工之日起满1年的当日已经与劳动者订立无固定期限劳动合同，应当立即与劳动者补订书面劳动合同。

3. 答案 ABD 【解析】选项C：用人单位依法安排劳动者在休息日工作，不能安排补休的，按照不低于劳动合同规定的劳动者本人日或小时工资标准的200%支付劳动者工资。

4. 答案 AB 【解析】（1）选项AB：3年以上固定期限劳动合同，试用期不得超过6个月（≤6个月均可）；（2）选项C：试用期内，用人单位单方通知劳动者解除劳动合同的，也应当符合法定解除的规定，不得无理由通知解除；（3）选项D：劳动者在试用期内提前3日通知用人单位，可以解除劳动合同。

5. 答案 AC 【解析】（1）选项A：劳动合同期限1年以上不满3年的，试用期不得超过2个月；（2）选项BC：劳动者在试用期的工资不得低于本单位相同岗位最低档工资的80%或者劳动合同约定工资的80%，并不得低于用人单位所在地的最低工资标准；（3）选项D：试用期包含在劳动合同期限内。

6. 答案 ABCD 【解析】即使用人单位与劳动者约定了服务期，如果用人单位有过错，劳动者仍可以主张解除劳动合同，不属于违反服务期的约定，用人单位不得要求劳动者支付违约金。

7. 答案 ABD 【解析】选项C：属于劳动者不需事先告知即可立即解除劳动合同的情形。

8. 答案 ABD 【解析】选项C：属于用人单位应当提前30日以书面形式通知劳动者本人或者额外支付劳动者1个月工资后，方可解除劳动合同的情形。

9. 答案 CD 【解析】（1）选项CD：需要裁减人员20人以上或者裁减不足20人但占企业职工总数10%以上的，用人单位需提前30日向工会或者全体职工说明情况，听取工会或者职工的意见后，裁减人员方案经向劳动行政部门报告，可以裁减人员；（2）选项AB：裁减人员不足20人且占企业职工总数不足10%的，无须执行上述程序。

10. 答案 ABCD

11. 答案 AD 【解析】选项BC：均属于劳动者主动提出解除劳动合同且用人单位无过错的情形，用人单位无须支付经济补偿金。

12. 答案 AB 【解析】（1）选项C：劳务派遣单位（用人单位）应当与被派遣劳动者订立2年以上的固定期限劳动合同；（2）选项D：劳务派遣单位（用人单位）不得以非全日制用工形式招用被派遣劳动者。

13. 答案 ABCD 【解析】除了选项ABCD列举的争议外，因工作时间、休息休假、社会保险、福利、培训以及劳动保护发生的争议也属于劳动争议。

14. 答案 AD 【解析】（1）选项B：劳动争议仲裁裁决应当按照多数仲裁员的意见作出，少数仲裁员的不同意见应当记入笔录。仲裁庭不能形成多数意见时，裁决应当按照首席仲裁员的意见作出；（2）选项C：劳动争议仲裁公开进行，但当事人协议不公开或者涉及商业秘密和个人隐私的，经相关当事人书面申请，仲裁委员会应当不公开审理。

15. 答案 ABCD 【解析】除上述选项ABCD外，出现“违反法定程序”“对方当事人隐瞒了足以影响公正裁决的证据”的，也可以申请撤销裁决。

16. 答案 AC 【解析】（1）选项B：参加基本养老保险的个人，在未达到法定退休年龄时因病或者非因工致残完全丧失劳动能力的，可以领取病残津贴；（2）选项D：属于工伤保险待遇。

17. 答案 BCD 【解析】（1）选项B：从事同类业务的竞业限制的期限不得超过2年；（2）选项C：劳动者月工资高于用人单位所在直辖市、设区的市级人民政府公布的本地区上一年度职工月平均工资3倍的，向其支付经济补偿金的标准按职工月平均工资3倍的数额支付，向其支付经济补偿金的年限最高不超过12年；（3）选项D：本人月平均工资高于当地职工月平均工资3倍的，按当地职工月平均工资的3倍作为缴费基数。

18. 答案 AD 【解析】（1）参保人员在看病就医过程中所发生的医疗费用必须符合基本医疗保险药品目录、诊疗项目、医疗服务设施标准的范围和给付标准；在“目录”以外的费用3万元不得通过基本医疗保险报销。（2）吴某医疗费用中在2400元以上144000元以下部分可以从统筹账户予以报销；报销比例为90%。吴某可以报销的费用为（144000－2400）×90%＝127440（元）。

19. 答案 ABCD 【解析】选项ABCD均不纳入基本医疗保险基金支付范围；但医疗费用应当由第三人负担，第三人不支付或者无法确定第三人的，由基本医疗保险基金先行支付，然后向第三人追偿。

20. 答案 BCD 【解析】选项A：病休期间，公休、假日和法定节日包括在内；国家法定休假日、休息日不计入带薪年休假的假期。

21. 答案 ABC 【解析】选项D：实际工作年限10年以上，在本单位工作年限20年以上的，医疗期间为24个月。

22. 答案 ABD 【解析】（1）选项A：在上下班途中，受到非本人主要责任的交通事故或者城市轨道交通、客运轮渡、火车事故伤害的，应当认定为工伤；（2）选项B：工作时间前后在工作场所内，从事与工作有关的预备性或收尾性工作受到事故伤害的，应当认定为工伤；（3）选项C：因工外出期间，由于工作原因（而非个人原因）受到伤害或者发生事故下落不明的，应当认定为工伤；（4）选项 D：患职业病的，应当认定为工伤。

23. 答案 ABD 【解析】（1）选项 ABC：工伤职工评定伤残等级后，停止享受停工留薪期待遇，按照规定享受伤残待遇；工伤职工在停工留薪期满后仍需治疗的，继续享受工伤医疗待遇。（2）选项 D：工伤职工治疗非工伤引发的疾病，不享受工伤医疗待遇，按照基本医疗保险办法处理。

24. 答案 BD 【解析】（1）选项 A：失业保险费由用人单位和劳动者共同缴纳；（2）选项 C：失业保险金的领取期限自办理失业登记之日起计算。

25. 答案 ABCD 【解析】失业人员在领取失业保险金期间有下列情形之一的，停止领取失业保险金，并同时停止享受其他失业保险待遇：（1）重新就业的；（2）应征服兵役的；（3）移居境外的；（4）享受基本养老保险待遇的；（5）无正当理由，拒不接受当地人民政府指定部门或者机构介绍的适当工作或者提供的培训的。

三、判断题

1. 答案 × 【解析】用人单位设立的分支机构，依法取得营业执照或者登记证书的，可以作为用人单位与劳动者订立劳动合同；未依法取得营业执照或者登记证书的，受用人单位委托可以与劳动者订立劳动合同。

2. 答案 × 【解析】用人单位招用劳动者，不得扣押劳动者的居民身份证和其他证件，不得要求劳动者提供担保或者以其他名义向劳动者收取财物。

3. 答案 √

4. 答案 √

5. 答案 √

6. 答案 √

7. 答案 × 【解析】全日制用工的，用人单位应当至少每月向劳动者支付一次劳动报酬；非全日制用工的，用人单位应当至少每 15 天向劳动者支付一次劳动报酬。

8. 答案 × 【解析】工资必须在用人单位与劳动者约定的日期支付。

9. 答案 × 【解析】劳动合同履行地与用人单位注册地不一致的，有关劳动者的最低工资标准，按照劳动合同履行地的有关规定执行；用人单位注册地的有关标准高于劳动合同履行地的有关标准，且用人单位与劳动者约定按照用人单位注册地的有关规定执行的，从其约定（未约定的，依然按照劳动合同履行地有关标准执行）。

10. 答案 × 【解析】在竞业限制期限内，用人单位请求解除竞业限制协议时，人民法院应予支持。在解除竞业限制协议时，劳动者请求用人单位额外支付劳动者 3 个月的竞业限制经济补偿的，人民法院应予支持。

11. 答案 × 【解析】劳动者违反竞业限制约定，向用人单位支付违约金后，用人单位要求劳动者按照约定继续履行竞业限制义务的，人民法院应予支持。

12. 答案 √

13. 答案 √

14. 答案 √

15. 答案 × 【解析】用人单位未及时足额支付劳动报酬的，劳动者可以随时通知解除劳动合同。不需事先告知用人单位即可解除劳动合同的情形仅包括两种：（1）用人单位以暴力、威胁或者非法限制人身自由的手段强迫劳动者劳动的；（2）用人单位违章指挥、强令冒险作业危及劳动者人身安全的。

16. 答案 × 【解析】变更劳动合同应当采用书面形式；变更劳动合同未采用书面形式，但已经实际履行了口头变更的劳动合同超过 1 个月，且变更后的劳动合同内容不违反法律、行政法规、国家政策以及公序良俗，当事人以未采用书面形式为由主张劳动合同变更无效的，人民法院不予支持。

17. 答案 √

18. 答案 × 【解析】用人单位对已经解除或者终止的劳动合同的文本，至少保存2年备查。

19. 答案 × 【解析】非全日制用工双方当事人任何一方都可以随时通知对方终止用工；终止用工，用人单位不向劳动者支付经济补偿金。

20. 答案 × 【解析】集体合同订立后，应当报送劳动行政部门；劳动行政部门自收到集体合同文本之日起15日内未提出异议的，集体合同即行生效。

21. 答案 √

22. 答案 √

23. 答案 × 【解析】用人单位有证据证明劳动争议仲裁终局裁决符合法定的撤销情形（如适用法律、法规确有错误）时，可以自收到仲裁裁决书之日起30日内向劳动争议仲裁委员会所在地的中级人民法院申请撤销裁决。

24. 答案 × 【解析】提起劳动诉讼必须先经过劳动仲裁，劳动仲裁是劳动诉讼的前置程序。

25. 答案 × 【解析】在上下班途中，受到非本人主要责任的交通事故或者城市轨道交通、客运轮渡、火车事故伤害的，应当认定为工伤。在本题中，王某负"全责"，其所受伤害，不应认定为工伤。

26. 答案 × 【解析】一次性工亡补助金的标准是上一年度全国城镇居民人均可支配收入的20倍。

四、不定项选择题

【资料1】

1. 答案 ABD 【解析】（1）选项A：劳动合同期限1年以上（≥1年）不满3年（<3年）的，试用期不得超过2个月（≤2个月）。（2）选项B：劳动者在试用期间被证明不符合录用条件的，用人单位可以随时通知劳动者解除劳动关系。（3）选项C：劳动者在试用期的工资不得低于本单位相同岗位最低档工资的80%或者劳动合同约定工资的80%，并不得低于用人单位所在地的最低工资标准；在本题中，刘某的试用期工资低于试用期满月工资的80%（2080元）。（4）选项D：试用期应包含在劳动合同期限内。

2. 答案 ABCD 【解析】（1）选项AC：服务期的期限、用人单位支付的培训费金额均由用人单位和劳动者自由约定；（2）选项B：违约金的数额不得超过（≤）用人单位提供的培训费用；（3）选项D：用人单位与劳动者约定服务期的，不影响按照正常的工资调整机制提高劳动者在服务期期间的劳动报酬。

3. 答案 D 【解析】（1）选项A：竞业限制期限不得超过2年（≤2年）；（2）选项B：竞业限制补偿金由用人单位在竞业限制期内按月支付，数额由双方约定；（3）选项C：竞业限制违约金数额由用人单位和劳动者自行约定，法律并未规定上限金额；（4）选项D：在竞业限制期限内，用人单位有权请求解除竞业限制协议；在解除竞业限制协议时，劳动者有权请求用人单位额外支付3个月的竞业限制经济补偿。

4. 答案 ABC 【解析】（1）选项A：在服务期内，劳动者提出解除劳动合同而用人单位并无法定过错情形的，劳动者应当向用人单位支付服务期违约金；（2）选项B：劳动者主动辞职并与用人单位协商一致解除劳动合同的，用人单位无须向劳动者支付经济补偿金；（3）选项CD：劳动者违反竞业限制约定，向用人单位支付违约金后，用人单位要求劳动者按照约定继续履行竞业限制义务的，人民法院应予支持。

【资料2】

1. 答案 AD 【解析】（1）选项AB：非全日制用工合同也是劳动合同，适用《劳动合同法》的规定；（2）选项CD：非全日制用工双方当事人可以订立口头协议。

2. 答案 A 【解析】劳动者严重违反用人单

位的规章制度的，用人单位可随时通知劳动者解除劳动合同。

3. 答案 C 【解析】劳动争议申请仲裁的时效期间为1年，自当事人知道或者应当知道其权利被侵害之日起计算。甲日报社于2017年8月15日的次日，即2017年8月16日通知刘某解除劳动合同。因此申请仲裁时效期间届满日为2018年8月16日。

4. 答案 C 【解析】(1) 选项A：劳动争议仲裁一般应开庭审理；(2) 选项B：仲裁庭如果能形成多数意见的，应按多数仲裁员的意见作出裁决；(3) 选项C：对裁决持不同意见的仲裁员，可以在裁决书上签名，也可以不签名；(4) 选项D：劳动争议仲裁实行回避制度，仲裁员接受当事人请客送礼的，应当回避。

【资料3】

1. 答案 BC 【解析】(1) 选项ABC：因用人单位原因导致3个月未支付竞业限制经济补偿，劳动者请求解除竞业限制约定的，人民法院应予支持；在本案中，因周某注销账户导致经济补偿金无法正常接收，不可归责于甲公司，另外自3月注销账户至5月尚不足3个月，周某无权解除竞业限制约定，其入职乙公司的行为违反竞业限制约定，甲公司有权要求其支付违约金。(2) 选项D：劳动者违反竞业限制约定，向用人单位支付违约金后，用人单位要求劳动者按照约定继续履行竞业限制义务的，人民法院应予支持。

2. 答案 C 【解析】(1) 选项A：从事同类业务的竞业限制期限，不得超过2年；(2) 选项BCD：在竞业限制期限内，用人单位有权请求解除竞业限制协议，此时，劳动者有权请求用人单位额外支付劳动者3个月的竞业限制经济补偿。

3. 答案 CD 【解析】(1) 选项AC：竞业限制的人员限于用人单位的高级管理人员、高级技术人员和其他负有保密义务的人员；在本案中，郑某不属于适用竞业限制的人员范围，其与甲公司签订的所谓竞业限制协议无效。(2) 选项BD：劳动者在试用期内有权提前3日通知用人单位解除劳动合同，郑某提前一周通知，符合规定。

4. 答案 BD 【解析】(1) 选项A：服务期内，因用人单位未依法为劳动者缴纳社会保险费，劳动者提出解除劳动合同的，无须支付服务期违约金；(2) 选项BC：劳动合同虽因甲公司过错而解除，但竞业限制协议并未失效，王某入职竞争对手的行为违反了竞业限制协议，应当支付竞业限制违约金，且如果甲公司未要求王某继续履行竞业限制义务的，王某无权再要求竞业限制经济补偿；(3) 选项D：因用人单位未依法为劳动者缴纳社会保险费，劳动者通知解除劳动合同的，用人单位应支付劳动合同解除的经济补偿金。

【资料4】

1. 答案 AC 【解析】(1) 选项A：用人单位自用工之日（2018年5月1日）起即与劳动者建立劳动关系；(2) 选项B：用人单位应当自用工之日（2018年5月1日）起30日内为其职工向社会保险经办机构申请办理社会保险登记；(3) 选项C：甲银行每月为赵某负担的基本社会保险费 = 5000 × (19% + 6% + 0.8% + 0.8%) = 1330（元）；(4) 选项D：职工个人不需负担工伤保险费。

2. 答案 C 【解析】(1) 选项AB：清理内部辅助性岗位并非用人单位解除劳动合同的法定事由，甲银行只有与赵某协商一致方可解除劳动合同；由用人单位提出并与劳动者协商一致解除劳动合同的，用人单位应当向劳动者支付经济补偿金；(2) 选项C：赵某在甲银行的工作年限为2个月，由于工作年限不满6个月的，应向劳动者支付半个月工资标准的经济补偿金，甲银行应当向赵某支付的经济补偿金 = 5000 × 0.5 = 2500（元）；(3) 选项D：与赵某解除劳动合同和通过劳务派遣继续使用赵某，是两个不同的法律关系，应当区分对待。

3. 答案 ACD 【解析】（1）选项A：2018年8月1日起，甲银行仅为用工单位，乙劳务服务中心为用人单位，应当由乙劳务服务中心与赵某签订2年以上固定期限劳动合同。（2）选项B：被派遣劳动者享有与用工单位的劳动者同工同酬的权利。（3）选项C：劳务派遣单位和用工单位不得向被派遣劳动者收取费用。（4）选项D：可以采用劳务派遣用工形式的工作岗位包括临时性（不超过6个月）、辅助性和替代性工作岗位；在本题中，司机属于甲银行辅助性岗位（而非临时性岗位），可以采用劳务派遣用工，且不受6个月的限制。

4. 答案 ACD 【解析】（1）选项A：赵某属于在工作时间和工作场所内，因工作原因受到事故伤害，应当认定为工伤。（2）选项BC：赵某系因工致伤，享受停工留薪期有关待遇；如果赵某因患病或非因工负伤停止工作，可以享受医疗期待遇。（3）选项D：由于第三人的原因造成工伤，第三人不支付工伤医疗费用或者无法确定第三人的，由工伤保险基金先行支付；工伤保险基金先行支付后，有权向第三人追偿。

第三部分

全真模拟测试题及参考答案

练就一身本领，模拟轻松搞定。

2019年会计专业技术资格考试《经济法基础》全真模拟测试题

扫一扫 “码”上做题

编书名师黄洁洵老师为考生朋友们精心准备了3套全真模拟测试题，本部分只呈现其中1套试题，另外2套试题已全部上传至“会计云课堂”APP。打开APP，扫一扫左侧二维码，即可马上在线做题，提前熟悉机考环境。快来一起做题吧！

【“会计云课堂”APP安装二维码详见封底】

一、单项选择题（本类题共24小题，每小题1.5分，共36分。每小题备选答案中，只有一个符合题意的正确答案。多选、错选、不选均不得分。）

1. 下列有关法的本质与特征的表述中，不正确的是（　　）。
   A. 法是统治阶级的国家意志的体现
   B. 法是明确而普遍适用的规范
   C. 法是全社会成员共同意志的体现
   D. 法是确定人们在社会关系中的权利和义务的行为规范

2. 法律之间对同一事项新的一般规定与旧的特别规定不一致，不能确定如何适用时，由（　　）裁决。
   A. 全国人民代表大会
   B. 全国人民代表大会常务委员会
   C. 国务院
   D. 最高人民法院

3. 纳税人对税务机关作出的下列具体行政行为不服，应当先申请行政复议的是（　　）。
   A. 停止发售发票
   B. 确认纳税主体
   C. 税收保全措施
   D. 停止出口退税权

4. 根据会计法律制度的规定，对经济业务事项按其性质加以归类、确定会计分录，并据以登记会计账簿的会计凭证是（　　）。
   A. 原始凭证　　B. 付款凭证
   C. 记账凭证　　D. 收款凭证

5. 会计法律制度要求单位负责人对会计工作和会计资料的（　　）负责。
   A. 真实性、完整性
   B. 真实性、全面性
   C. 全面性、完整性
   D. 全面性、合理性

6. 2016年1月1日，甲公司以乙公司为收款人，签发一张出票日起3个月到期的汇票，承兑人为A银行，但是乙公司一直未主张票据权利。根据支付结算法律制度的规定，乙公司对A银行的票据权利消灭时效截止日是（　　）。
   A. 2016年7月1日
   B. 2016年10月1日
   C. 2018年1月1日
   D. 2018年4月1日

7. 根据支付结算法律制度的规定，下列对银行汇票的表述中，不正确的是（　　）。
   A. 银行汇票的实际结算金额不得更改，而且不得超过出票金额
   B. 持票人向银行提示付款时，必须同时提

交银行汇票和解讫通知

C. 银行汇票的提示付款期限为自出票之日起1个月

D. 申请人或者收款人为个人的，可以申请使用现金银行汇票

8. 根据支付结算法律制度的规定，下列有关预付卡的表述中，正确的是（ ）。

A. 预付卡持卡人有权在发卡机构授权额度内透支

B. 持卡人可以使用现金为其预付卡一次充值8000元

C. 一次性购买不记名预付卡5000元以上的，应当使用实名并向发卡机构提供有效身份证件

D. 单张预付卡同日累计现金充值超过200元的，应当通过发卡机构网点进行

9. 甲公司为增值税一般纳税人，主要从事服装的生产与销售。2018年10月发生如下业务：销售1000套新款服装，市价为每套200元（不含增值税），将该款服装300套用于员工福利，该款服装成本为每套140元，成本利润率为10%。已知增值税税率为16%。根据增值税法律制度的规定，有关甲公司当月增值税销项税额的下列算式中，正确的是（ ）。

A. （1000+300）×200×16%

B. 1000×200×16%+140×300×16%

C. （1000+300）×200×（1+10%）×16%

D. 1000×200×16%+140×300×（1+10%）×16%

10. 根据增值税法律制度的规定，增值税一般纳税人从事的下列行为中，可以开具增值税专用发票的是（ ）。

A. 商店向一般纳税人出售办公用品

B. 书店向消费者个人销售图书

C. 律师事务所免费为社会公众提供法律咨询服务

D. 航空公司向旅客有偿提供运输服务

11. 下列各项中，属于消费税应税消费品的是（ ）。

A. 影视演员化妆用的上妆油

B. 高尔夫球及球具

C. 竹制一次性筷子

D. 沙滩车

12. 某实木地板厂为增值税一般纳税人，2018年11月销售一批自产实木地板，取得含增值税的销售额为71.92万元，另向购买者收取了包装费8.12万元。已知，增值税税率为16%，实木地板适用的消费税税率为5%。有关实木地板厂上述业务应计算缴纳的消费税，下列计算正确的是（ ）。

A. 71.92÷（1+16%）×5%=3.1（万元）

B. 71.92÷（1+16%）÷（1-5%）×5%=3.26（万元）

C. （71.92+8.12）÷（1+16%）×5%=3.45（万元）

D. （71.92+8.12）÷（1+16%）÷（1-5%）×5%=3.63（万元）

13. 某居民企业被认定为小型微利企业，2018年实现会计利润15万元；当年发生的营业外支出中包含支付给供货商的违约金3万元和向工商行政管理部门支付的罚款2万元。假设该企业除此以外不存在其他纳税调整事项，则该企业2018年应缴纳企业所得税（ ）万元。

A. 1.5　　B. 1.7

C. 2　　D. 3

14. 根据企业所得税法律制度的规定，企业从事下列项目的所得中，减半征收企业所得税的是（ ）。

A. 企业从事坚果的种植

B. 企业从事中药材的种植

C. 企业从事海水养殖

D. 企业从事远洋捕捞

15. 根据企业所得税法律制度的规定，下列各项中，不得在企业所得税税前扣除的是（ ）。

A. 汇兑损失

B. 企业参加财产保险，按照规定缴纳的保险费

C. 企业发生的合理的劳动保护支出

D. 税收滞纳金

16. 某铜矿2018年11月销售自采原矿8000

吨，每吨不含增值税单价1000元。已知该铜矿自采原矿适用的换算比为1.125，铜矿资源税税率为6.5%。有关该铜矿上述业务应缴纳的资源税，下列计算列式中，正确的是(　　)。

A. 1000×8000×6.5%

B. 1000×8000×1.125×6.5%

C. 1000×8000÷1.125×6.5%

D. 1000×8000÷（1+1.125）×6.5%

17. 根据车船税法律制度的规定，下列各项中，属于货车计税单位的是(　　)。

A. 每辆　　B. 整备质量每吨

C. 净吨位每吨　　D. 每千瓦时

18. 下列各项中，经海关审查无误后可以免征进口关税的是(　　)。

A. 因故退还的境外进口货物

B. 外国公司无偿赠送的物资

C. 进口关税税额为人民币200元的一票货物

D. 进境运输工具装载的途中必需的燃料

19. 纳税人以在账簿上多列支出或者不列、少列收入的手段，不缴或者少缴应纳税款的行为，属于(　　)。

A. 逃避追缴欠税　　B. 偷税

C. 抗税　　D. 骗税

20. 张某在甲公司工作，每月工资1600元，2018年11月因自身原因给甲公司造成了4800元的经济损失。由于张某无力一次性支付损失赔偿额，甲公司拟逐月从其工资额中扣收赔款。已知当地月最低工资标准为1500元。根据劳动合同法律制度的规定，甲公司可以从张某每月工资中扣除的最高限额为(　　)元。

A. 100　　B. 320

C. 1280　　D. 1500

21. 根据劳动合同法律制度的规定，有关非全日制用工，下列表述正确的是(　　)。

A. 双方当事人可以约定试用期

B. 双方当事人应当订立书面劳动合同

C. 用人单位不能随时通知劳动者终止用工

D. 用人单位终止用工不需向劳动者支付经济补偿

22. 2018年9月，因市场环境突变，甲公司陷入资金周转困境，无力全额支付职工工资；甲公司财务经理就本月职工工资支付问题向董事会提出的下列建议中，符合劳动合同法律制度规定的是(　　)。

A. 9月工资原本应于10月5日支付，恰逢是国庆节假期，建议借机推迟至10月8日支付，公司可以多一点时间筹集资金

B. 建议以滞销的库存产品抵付一部分工资，减少资金使用量

C. 安排本月在周六或周日加班的职工补休，以减少加班工资数额

D. 建议将公司职工工资支付周期由每月一次调整为每两个月一次

23. 2018年11月，甲公司主动和王某协商解除劳动合同。已知王某在甲公司的工作年限为18年，劳动合同解除前12个月的平均工资为25000元，当地职工月平均工资为4500元。根据劳动合同法律制度的规定，甲公司主动与王某协商解除劳动合同应当向其支付的经济补偿金数额为(　　)。

A. 4500×3×12=162000（元）

B. 4500×3×18=243000（元）

C. 25000×12=300000（元）

D. 25000×18=450000（元）

24. 郝某在甲公司工作，工资3500元/月。已知，当地职工基本医疗保险单位缴费率为6%，单位所缴医疗保险费划入个人医疗账户的比例为30%，个人缴费率为2%。郝某个人医疗账户每月的存储额为(　　)元。

A. 280　　B. 210

C. 133　　D. 79

二、多项选择题（本类题共15小题，每小题2分，共30分。每小题备选答案中，有两个或两个以上符合题意的正确答案。多选、少选、错选、不选均不得分。）

1. 下列各项中，当事人可以提起行政诉讼的案件有(　　)。

A. 对行政机关限制人身自由的强制措施不服

B. 对行政机关的罚款决定不服

C. 对行政机关作出的人事任免决定不服
D. 对国务院制定、发布的行政法规不服

2. 根据会计法律制度的规定，原始凭证的下列各项内容发生错误时，可以由原始凭证开具单位更正的有（　　）。
A. 金额
B. 填制日期
C. 经济业务事项名称
D. 接受原始凭证的单位

3. 小林和小王学完会计法律制度和会计职业道德后对两者的联系和区别发生了争议，两人下列说法中正确的有（　　）。
A. 会计法律制度和会计职业道德在内容上是相互区别，互不重叠的
B. 会计法律制度具有很强的他律性，而会计职业道德具有很强的自律性
C. 会计法律制度的作用范围更广
D. 会计法律制度和会计职业道德在地位上相互转化、相互吸收

4. 有关商业汇票贴现，下列表述正确的有（　　）。
A. 贴现是一种非票据转让行为
B. 贴现申请人是在银行开立存款账户的企业法人以及其他组织
C. 贴现申请人与出票人或直接前手之间具有真实的商品交易关系
D. 贴现到期不获付款的，贴现银行可从贴现申请人的存款账户直接收取票款

5. 有关我国国内信用证，下列表述正确的有（　　）。
A. 我国信用证包括转账信用证和现金信用证
B. 我国信用证包括即期信用证和远期信用证
C. 我国信用证包括可转让信用证和不可转让信用证
D. 我国信用证包括可撤销信用证和不可撤销信用证

6. 根据增值税法律制度的规定，下列各项中，免予缴纳增值税的有（　　）。
A. 菜农销售自产蔬菜
B. 药店销售避孕药品
C. 张某销售自己使用过的电脑
D. 直接用于科学研究的进口仪器

7. 纳税人发生的下列行为中，应征收消费税的有（　　）。
A. 白酒厂将自产的白酒赠送给客户
B. 汽车制造厂将自产的小汽车用于工厂内部的行政部门
C. 葡萄酒厂将自产的葡萄酒用于连续生产酒心巧克力
D. 化妆品厂将自产的高档化妆品作为福利发给职工

8. 有关投资资产的成本，下列表述符合企业所得税法律制度规定的有（　　）。
A. 企业对外投资期间，投资资产的成本在计算应纳税所得额时可以扣除
B. 企业在转让或者处置投资资产时，投资资产的成本，不得扣除
C. 通过支付现金方式取得的投资资产，以购买价款为成本
D. 通过支付现金以外的方式取得的投资资产，以该资产的公允价值和支付的相关税费为成本

9. 根据企业所得税法律制度的规定，下列各项中，属于不得计算折旧扣除的固定资产的有（　　）。
A. 以经营租赁方式租入的固定资产
B. 未投入使用的机器设备
C. 以融资租赁方式租出的固定资产
D. 未投入使用的房屋

10. 甲企业与乙企业订立原材料采购合同一份，由于甲企业分期支付购货款，A银行为其出具保函，B企业以生产设备为其设定抵押。该采购合同的印花税纳税义务人为（　　）。
A. 甲企业　　B. 乙企业
C. A银行　　D. B企业

11. 下列各项中，减征或免征契税的有（　　）。
A. 城镇职工按规定第一次购买公有住房的
B. 因不可抗力灭失住房而重新购买住房的
C. 国家机关承受房屋用于办公的

模拟

D. 纳税人承受荒山用于工业园的开发建设的

12. 下列各项涉税业务中，企业可以委托代理记账公司办理的有(　　)。
A. 纳税申报代理　　B. 涉税鉴证
C. 发票领用　　D. 减免退税申请

13. 根据税收征收管理法律制度的规定，下列各项中，可以采用税收保全措施的有(　　)。
A. 个人及其所扶养家属维持生活必需的住房
B. 单价6000元的摩托车
C. 豪华住宅
D. 金项链

14. 根据劳动合同法律制度的规定，下列各项中，用人单位无须支付经济补偿金的有(　　)。
A. 劳动者提出解除劳动合同，而与用人单位协商一致的
B. 用人单位提出解除劳动合同，而与劳动者协商一致的
C. 用人单位符合提前30日以书面形式通知劳动者本人而解除劳动合同的
D. 劳动者提前30日以书面形式通知用人单位而解除劳动合同的

15. 劳动者因用人单位拖欠劳动报酬发生劳动争议申请仲裁的，应当在仲裁时效期间内提出。有关该仲裁时效期间的下列表述中，正确的有(　　)。
A. 从用人单位拖欠劳动报酬之日起1年
B. 从用人单位拖欠劳动报酬之日起2年
C. 劳动关系存续期间无仲裁时效期间的限制
D. 劳动关系终止的，自劳动关系终止之日起1年

三、判断题（本类题共10小题，每小题1分，共10分。请判断每小题的表述是否正确。每小题答题正确的得1分，答题错误的扣0.5分，不答题的不得分也不扣分。本类题最低得分为零分。）

1. 间歇性的精神病人在精神正常的时候犯罪，应当负刑事责任。(　　)

2. 会计档案的保管期限，应当从档案移交档案保管部门的第一天算起。(　　)

3. 挂失止付是票据丧失后票据权利补救的必经程序，失票人只有对丧失的票据办理挂失止付后，方可向人民法院申请公示催告。(　　)

4. 对超豪华小汽车在批发环节加征一道消费税。(　　)

5. 对符合条件的非营利组织从事非营利性活动取得的收入，免征企业所得税，但非营利组织从事营利性活动取得的收入应当照章征收企业所得税。(　　)

6. 对原产于与我国签订含有关税优惠条款的区域性贸易协定的国家或地区的进口货物，按特惠税率征收关税。(　　)

7. 机动车、铁路机车、非道路移动机械、船舶和航空器等流动污染源排放应税污染物的，应当依法缴纳环境保护税。(　　)

8. 税务代理人违反税收法律、行政法规，造成纳税人未缴或者少缴税款的，除由税务代理人缴纳或者补缴应纳税款、滞纳金外，对税务代理人处纳税人未缴或者少缴税款50%以上3倍以下的罚款。(　　)

9. 劳务派遣单位不得以非全日制用工形式招用被派遣劳动者。(　　)

10. 仲裁庭裁决劳动争议案件，原则上应当自仲裁委员会受理仲裁申请之日起30日内结束。(　　)

四、不定项选择题（本类题共12小题，每小题2分，共24分。每小题备选答案中，有一个或一个以上符合题意的正确答案，每小题全部选对得满分，少选得相应分值，多选、错选、不选均不得分。）

【资料1】

2018年8月20日，A公司向B公司签发了一张金额为10万元的商业汇票，该汇票载明出票后1个月付款，C公司为付款人，D公司在汇票上签章作了保证，但未记载被保证人名称。

B公司取得汇票后背书转让给E公司，E公司又将该汇票背书转让给F公司，F公司于当年9月12日向C公司提示承兑，

当日，C公司以其所欠A公司债务只有8万元为由拒绝承兑。

F公司拟行使追索权实现自己的票据权利。

要求：

根据上述资料，不考虑其他因素，分析回答下列小题。

1. 有关该商业汇票的各项期限，下列说法正确的是(　　)。

A. 该商业汇票的到期日为2018年9月20日

B. F公司于2018年9月12日提示承兑，属于逾期提示承兑

C. F公司对A公司的票据权利至2020年8月20日前不行使而消灭

D. F公司对E公司的票据权利至2020年9月20日前不行使而消灭

2. D公司未在汇票上记载被保证人名称，则被保证人应为(　　)。

A. A公司　　B. B公司

C. C公司　　D. E公司

3. 下列各项中，可以被F公司列为追索对象的是(　　)。

A. A公司　　B. B公司

C. C公司　　D. E公司

4. 如果D公司向F公司清偿了相关款项，下列各项中，可以被D公司列为追索对象的是(　　)。

A. A公司　　B. B公司

C. C公司　　D. E公司

【资料2】

甲厂为增值税一般纳税人，主要经营实木地板的生产，2018年6月发生下列业务：

(1) 委托乙厂加工一批白坯板，甲厂提供的原木成本为1000万元，取得的增值税专用发票上注明的加工费400万元，增值税64万元。

(2) 采取分期收款方式销售一批实木漆饰地板，合同约定不含税销售额共计1500万元。本月按合同约定已收取40%货款，其余货款下月20日收取。

(3) 外购一批实木素板，取得的增值税专用发票上注明的价款1000万元、增值税160万元。当月期初库存外购素板金额为500万元，期末库存外购素板金额为200万元。当期领用素板用于加工漆饰地板。

已知：乙厂无同类白坯板的销售价格，实木地板消费税税率为5%。

要求：

根据上述材料，分析回答下列问题。

1. 下列各项中，属于消费税应税消费品的是(　　)。

A. 白坯板　　B. 原木

C. 实木漆饰地板　　D. 实木素板

2. 有关业务（1）乙厂应代收代缴的消费税，下列计算列式正确的是(　　)。

A. (1000+400)×5%

B. (1000+400)÷(1-5%)×5%

C. 1000÷(1-5%)×5%

D. (1000+400)÷(1+5%)×5%

3. 有关业务（2）甲厂的消费税处理，下列说法正确的是(　　)。

A. 甲厂就该业务6月应纳消费税=1500×5%

B. 甲厂就该业务6月应纳消费税=1500×40%×5%

C. 甲厂7月无须就该业务缴纳消费税

D. 甲厂就该业务7月应纳消费税=1500×60%×5%

4. 有关业务（3）甲厂可以抵扣的消费税税额，下列计算列式正确的是(　　)。

A. 1000×5%

B. (500+1000-200)×5%

C. (500+1000)×5%

D. (1000-200)×5%

【资料3】

国内某高校张教授2018年11月取得部分收入项目如下：

(1) 取得工资8000元、全勤奖金2000元、独生子女补贴50元、差旅费津贴3000元；

(2) 出租住房取得不含增值税租金收入10000元，房屋租赁过程中缴纳的可以税

前扣除的相关税费 400 元；

（3）因持有两年前购买的某境内上市公司股票（非限售股）10000 股，取得该公司年中股息所得 2000 元，随后将该股票卖出，获得股票转让所得 50000 元。

已知，当地规定的社会保险和住房公积金个人缴存比例为：基本养老保险 8%，基本医疗保险 2%，失业保险 0.5%，住房公积金 12%；张教授缴纳社会保险费核定的缴费工资基数为 8000 元。对个人出租住房取得的所得暂减按 10% 的税率征收个人所得税，每次收入 4000 元以上的，减除 20% 的费用。

要求：

根据上述资料，不考虑其他因素，分析回答下列小题。

1. 张教授取得的下列收入中，应按照“工资、薪金所得”缴纳个人所得税的是(　　)。

A. 工资 8000 元

B. 全勤奖金 2000 元

C. 独生子女补贴 50 元

D. 差旅费津贴 3000 元

2. 有关张教授 2018 年 11 月工资、薪金所得个人所得税应纳税所得额的下列计算列式中，正确的是(　　)。

A. （8000 + 2000 + 50 + 3000） − 5000 − 8000 × （8% + 2% + 0.5% + 12%）

B. （8000 + 2000） − 5000 − 8000 × （8% + 2% + 0.5% + 12%）

C. （8000 + 2000 + 50 + 3000） − 8000 × （8% + 2% + 0.5% + 12%）

D. （8000 + 2000） − 8000 × （8% + 2% + 0.5% + 12%）

3. 有关张教授 2018 年 11 月出租住房租金收入应缴纳个人所得税的下列计算列式中，正确的是(　　)。

A. （10000 − 400） × （1 − 20%） × 10%

B. 10000 × 10%

C. （10000 − 400） × 10%

D. 10000 × （1 − 20%） × 10%

4. 有关张教授取得的股息所得和股票转让所得，下列说法正确的是(　　)。

A. 股息所得不需要缴纳个人所得税

B. 股息所得应缴纳的个人所得税 = 2000 × 20%

C. 股票转让所得不需要缴纳个人所得税

D. 股票转让所得应缴纳的个人所得税 = 50000 × 20%

全真模拟测试题参考答案及解析

扫码看答案

微信扫“扫码看答案”二维码，即可查阅电子版答案和解析，“手机看答案更轻松”。

一、单项选择题

1. 答案 C 【解析】选项 C：法体现的是统治阶级的整体意志和根本利益，不是社会各阶级的意志都能体现为法。

2. 答案 B

3. 答案 B 【解析】选项 ACD：不属于征税行为，纳税人不服的，可以申请行政复议，也可以直接向人民法院提起行政诉讼。

4. 答案 C 【解析】记账凭证，是对经济业务事项按其性质加以归类、确定会计分录，并据以登记会计账簿的会计凭证，它具有分类归纳原始凭证和满足登记会计账簿需要的作用。

5. 答案 A 【解析】单位负责人对本单位的会计工作和会计资料的真实性、完整性负责，保证会计机构、会计人员依法履行职责，不得授意、指使、强令会计机构和会计人员违法办理会计事项。

6. 答案 D 【解析】持票人对远期汇票出票人和承兑人的票据权利自到期日起 2 年内不行使而消灭。

7. 答案 D 【解析】选项D：申请人或者收款人为单位的，银行不得为其签发现金银行汇票；申请人和收款人均为个人的，需要使用银行汇票向代理付款人支取现金的，申请人须在“银行汇票申请书”上填明代理付款人名称，在“出票金额”栏内先填写“现金”字样，后填写汇票金额。

8. 答案 D 【解析】(1) 选项A：预付卡以人民币计价，不具有透支功能；(2) 选项B：一次性充值金额5000元以上的，不得使用现金；(3) 选项C：个人或单位购买记名预付卡或一次性购买不记名预付卡1万元以上的，应当使用实名并向发卡机构提供有效身份证件。

9. 答案 A 【解析】(1) 自产的服装用于职工福利，视同销售，需要确认销项税额；(2) 核定销售额时，由于该款服装有市价，应使用市价，而无须组成计税价格。因此，甲公司当月增值税销项税额 = (1000 + 300) × 200 × 16% = 41600（元）。

10. 答案 A 【解析】(1) 选项BD：应税行为的购买方为消费者个人的，不得开具增值税专用发票。(2) 选项C：单位或者个体工商户向其他单位或者个人无偿提供服务、转让无形资产或者不动产，属于视同销售行为，需要缴纳增值税，但用于公益事业或者以社会公众为对象的除外。在本题中，律师事务所为社会公众无偿提供法律咨询服务的行为，不视同销售，不缴纳增值税，不能开具增值税专用发票。

11. 答案 B 【解析】(1) 选项A：舞台、戏剧、影视演员化妆用的上妆油、卸妆油、油彩，不属于高档化妆品税目的征收范围；(2) 选项C：“木制”一次性筷子征收消费税；(3) 选项D：沙滩车、雪地车、卡丁车、高尔夫车不属于消费税征收范围，不征收消费税。

12. 答案 C 【解析】(1) 包装费属于价外费用，应价税分离后并入销售额；71.92万元亦为含税价，亦应作价税分离处理；排除选项AB。(2) 本题不涉及组成计税价格，不必再“÷(1－5%)”，选项D错误。

13. 答案 B 【解析】(1) 向供货商支付的违约金，可以税前扣除；向工商行政管理部门支付的罚款，不得税前扣除。(2) 自2018年1月1日至2020年12月31日，对年应纳税所得额低于100万元（含100万元）的小型微利企业，其所得减按50%计入应纳税所得额，按20%的税率缴纳企业所得税。(3) 该企业2018年应缴纳的企业所得税 = (15 + 2) × 50% × 20% = 1.7（万元）。

14. 答案 C 【解析】选项ABD：免征企业所得税。

15. 答案 D 【解析】税收滞纳金不能在企业所得税税前扣除。

16. 答案 B 【解析】(1) 已知铜矿的资源税税率为6.5%，铜矿属于从价计征资源税的应税矿产品，应纳税额 = 应税产品的计税销售额 × 适用的比例税率；(2) 已知“换算比”，说明铜矿以精矿作为征税对象，而本题销售的是自采原矿，应换算为精矿的销售额，精矿销售额 = 原矿销售额 × 换算比；(3) 因此，该铜矿上述业务应缴纳的资源税 = 原矿销售额 × 换算比 × 适用的资源税税率 = 1000 × 8000 × 1.125 × 6.5% = 585000（元）。

17. 答案 B 【解析】(1) 乘用车、商用客车和摩托车，以每辆为计税单位；(2) 客货两用汽车、商用货车、专用作业车和轮式专用机械车，以整备质量每吨为计税单位；(3) 机动船舶、非机动驳船、拖船，以净吨位每吨为计税单位；(4) 游艇以艇身长度每米为计税单位；(5) 车船税的计税单位限于上述4项，不包括每千瓦时。

18. 答案 D 【解析】(1) 选项A：因故退还的中国出口货物，经海关审查无误，可以免征进口关税，但已征收的出口关税，不予退还；而因故退还的境外进口货物，经海关审查无误，可以免征出口关税，但已征收的进口关税不予退还。(2) 选项 B：国际组织、外国政府无偿赠送的物资，经海关审查无误后可以免税。(3) 选项 C：一票货物关税税额在人民币 50 元以下的，经海关审查无误后免征关税。

19. 答案 B 【解析】偷税行为，是指纳税人采取伪造、变造、隐匿、擅自销毁账簿、记账凭证，或者在账簿上多列支出或者不列、少列收入，或者经税务机关通知申报而拒不申报或者进行虚假的纳税申报的手段，不缴或者少缴应纳税款的行为。

20. 答案 A 【解析】经济损失的赔偿，可从劳动者本人的工资中扣除，但每月扣除的部分不得超过劳动者当月工资的 20%。若扣除后的剩余工资部分低于当地月最低工资标准，则按月最低工资标准支付。在本题中，每月如果从张某的工资中扣除 20%，则张某扣除后的剩余工资为 1280 元，低于当地月最低工资标准，因此，甲公司可以从张某每月工资中扣除的最高限额 = 1600 − 1500 = 100（元）。

21. 答案 D 【解析】(1) 选项 A：非全日制用工双方当事人不得约定试用期；(2) 选项 B：非全日制用工双方当事人可以订立口头协议；(3) 选项 CD：非全日制用工双方当事人任何一方都可以随时通知对方终止用工，终止用工的，用人单位不向劳动者支付经济补偿。

22. 答案 C 【解析】(1) 选项 A：工资必须在用人单位与劳动者约定的日期支付，如遇节假日或休息日，则应“提前”在最近的工作日支付。(2) 选项 B：工资应当以法定货币支付，不得以实物及有价证券替代货币支付。(3) 选项 C：用人单位安排劳动者在休息日（周六、日）工作的，如果能安排补休，不需要支付加班工资；如果不能安排补休，则应按照不低于劳动合同规定的劳动者本人日或小时工资标准的 200% 支付劳动者工资。(4) 选项 D：全日制用工的，工资至少每月支付一次。

23. 答案 A 【解析】劳动者月工资高于用人单位所在直辖市、设区的市级人民政府公布的本地区上一年度职工月平均工资 3 倍的，向其支付的经济补偿金 = 工作年限（最高不超过 12 年）× 当地上一年度职工月平均工资 3 倍。

24. 答案 C 【解析】(1) 郝某每月从工资中扣除 3500 × 2% = 70（元）存入个人医疗保险账户；(2) 单位每月缴费中转入郝某个人医疗账户存储额 = 3500 × 6% × 30% = 63（元）；(3) 郝某个人医疗账户每月的存储额 = 70 + 63 = 133（元）。

二、多项选择题

1. 答案 AB 【解析】法院不受理公民、法人或者其他组织对下列事项提起的诉讼：(1) 国防、外交等国家行为；(2) 行政法规、规章或者行政机关制定、发布的具有普遍约束力的决定、命令（选项 D）；(3) 行政机关对行政机关工作人员的奖惩、任免等决定（选项 C）；(4) 法律规定由行政机关最终裁决的具体行政行为。

2. 答案 BCD 【解析】原始凭证金额的错误不得更正，只能由原始凭证开具单位重新开具；除金额以外的其他内容有错误的，可以重开或更正。

3. 答案 BD 【解析】(1) 选项 A：会计法律制度和会计职业道德在内容上相互渗透、相互重叠；(2) 选项 C：会计职业道德的作用范围更广，不仅要求调整会计人员的外在行为，还要调整会计人员内在的精神世界，违反会计职业道德的行为，不一定违反会计法律制度。

4. 答案 BCD 【解析】(1) 选项 A：贴现是指票据持票人在票据未到期前为获得现金向银行贴付一定利息而发生的“票据转让行为”。(2) 选项 BC：商业汇票的持票人向银行办理贴现必须具备下列条件：①票据未到期；②票据未记载“不得转让”事项；③在银行开立存款账户的企业法人以及其他组织；④与出票人或者直接前手之间具有真实的商品交易关系。(3) 选项D：贴现到期，贴现银行应向付款人收取票款；不获付款的，贴现银行应向其前手追索票款；贴现银行追索票款时可从申请人的存款账户直接收取票款。

5. 答案 BC 【解析】(1) 选项A：信用证只限于转账结算，不得支取现金；(2) 选项D：我国信用证为以人民币计价、不可撤销的跟单信用证。

6. 答案 ABCD 【解析】(1) 选项A：农业生产者销售的自产农产品免征增值税；(2) 选项B：避孕药品和用具免征增值税；(3) 选项C：其他个人销售的自己使用过的物品免征增值税；(4) 选项D：直接用于科学研究、科学试验和教学的进口仪器、设备免征增值税。

7. 答案 ABCD 【解析】(1) 纳税人自产自用的应税消费品，用于连续生产应税消费品的，不纳税；用于其他方面的，于移送使用时纳税。(2) 用于其他方面，是指纳税人将自产应税消费品用于生产非应税消费品（选项C）、在建工程、管理部门（选项B）、非生产机构、提供劳务、馈赠（选项A）、赞助、集资、广告、样品、职工福利（选项D）、奖励等方面。

8. 答案 CD 【解析】(1) 选项A：企业对外投资期间，投资资产的成本在计算应纳税所得额时不得扣除；(2) 选项B：企业在转让或者处置投资资产时，投资资产的成本，准予扣除。

9. 答案 ABC 【解析】(1) 选项AC：以经营租赁方式租入的固定资产和以融资租赁方式租出的固定资产，不得计算折旧扣除；(2) 选项BD：房屋、建筑物以外未投入使用的固定资产，不得计算折旧扣除。

10. 答案 AB 【解析】印花税纳税义务人不包括合同的担保人、证人、鉴定人。

11. 答案 ABC 【解析】选项D：纳税人承受荒山、荒沟、荒丘、荒滩土地使用权，用于“农、林、牧、渔业生产”的，免征契税。

12. 答案 ACD 【解析】专业税务顾问、税收策划、涉税鉴证和纳税情况审查，应当由具有税务师事务所、会计师事务所、律师事务所资质的涉税专业服务机构从事；其他涉税专业服务业务，可以由代理记账公司、税务代理公司、财税类咨询公司等机构从事。

13. 答案 BCD 【解析】个人及其所扶养家属维持生活必需的住房和用品，不在税收保全措施的范围之内。个人及其所扶养家属维持生活必需的住房和用品不包括机动车辆、金银饰品、古玩字画、豪华住宅或者一处以外的住房。

14. 答案 AD 【解析】选项BC均属于劳动者无过错，用人单位解除劳动合同的情形，用人单位应当依法支付经济补偿金。

15. 答案 CD 【解析】劳动关系存续期间因拖欠劳动报酬发生争议的，劳动者申请仲裁不受1年仲裁时效期间的限制；但是，劳动关系终止的，应当自劳动关系终止之日起1年内提出。

三、判断题

1. 答案 √

2. 答案 × 【解析】会计档案的保管期限，从“会计年度终了”后的第一天算起。

3. 答案 × 【解析】挂失止付并不是票据丧失后采取的必经措施，而只是一种“暂时”的预防措施。

4. 答案 × 【解析】对超豪华小汽车在“零售环节”加征一道消费税。

5. 答案 √

6. 答案 × 【解析】对原产于与我国签订含有关税优惠条款的区域性贸易协定的国家或地区的进口货物，按协定税率征收关税。

7. 答案 × 【解析】机动车、铁路机车、非道路移动机械、船舶和航空器等流动污染源排放应税污染物的，暂予免征环境保护税。

8. 答案 × 【解析】税务代理人违反税收法律、行政法规，造成纳税人未缴或者少缴税款的，除由“纳税人”缴纳或者补缴应纳税款、滞纳金外，对税务代理人处纳税人未缴或者少缴税款50%以上3倍以下的罚款。

9. 答案 √

10. 答案 × 【解析】仲裁庭裁决劳动争议案件，原则上应当自仲裁委员会受理仲裁申请之日起“45日内”结束。

四、不定项选择题

【资料1答案】

1. 答案 A 【解析】（1）选项AB：该商业汇票为出票后定期付款的票据，到期日为2018年9月20日（2018年8月20日起1个月）；F公司在到期日前提示承兑，符合规定。（2）选项C：A公司是出票人，持票人对远期商业汇票出票人的票据权利消灭时效为到期日起2年，F公司对A公司的票据权利消灭时效应至2020年9月20日。（3）选项D：持票人对一般前手的追索权自被拒绝承兑或拒绝付款之日起6个月不行使而消灭，F公司对E公司的票据权利应至2019年3月12日前不行使而消灭。

2. 答案 A 【解析】保证人在票据或者粘单上未记载“被保证人名称”的，已承兑的票据，承兑人为被保证人；未承兑的票据，出票人为被保证人。在本题中，C公司拒绝承兑，应以A公司为被保证人。

3. 答案 ABD 【解析】C公司拒绝承兑票据，只是付款人而非承兑人，不属于票据债务人，F公司不得向其行使票据追索权。

4. 答案 A 【解析】（1）C公司未承兑该票据，根本不是票据债务人，D公司不得向其行使票据追索权；（2）由于未记载被保证人，票据又未经承兑，视为D公司为A公司提供保证，D公司只能向被保证人（A公司）及其前手（A公司是出票人，已经没有前手了，B公司和E公司是A公司的后手）行使票据追索权。

【资料2答案】

1. 答案 ACD 【解析】（1）实木地板按照表面处理状态不同，可分为未涂饰地板（白坯板、素板）和漆饰地板两类，均为消费税应税消费品。（2）原木属于农产品，不属于消费税应税消费品。

2. 答案 B 【解析】委托加工的应税消费品，按照受托方的同类消费品的销售价格计算纳税，没有同类消费品销售价格的，按照组成计税价格计算纳税。实行从价定率办法计征消费税的，其计算公式：组成计税价格＝（材料成本＋加工费）÷（1－比例税率），应纳税额＝组成计税价格×比例税率。

3. 答案 BD 【解析】采取分期收款结算方式的，消费税纳税义务发生时间为书面合同约定的收款日期的当天，书面合同没有约定收款日期或者无书面合同的，为发出应税消费品的当天。

4. 答案 B 【解析】（1）当期准予扣除的外购应税消费品已纳税款＝当期准予扣除的外购应税消费品买价×外购应税消费品适用税率；（2）当期准予扣除的外购应税消费品买价＝期初库存的外购应税消费品的买价＋当期购进的应税消费品的买价－期末库存的外购应税消费品的买价。

【资料3】

1. 答案 AB 【解析】独生子女补贴、差旅费津贴不属于工资、薪金性质的补贴，不予征收个人所得税。

2. 答案 B 【解析】（1）根据第1小题解析，不应“＋50＋3000”，排除选项AC；（2）选项D没有减除费用5000元，错误。

3. 答案 A 【解析】（1）房屋租赁过程中缴纳的相关税费400元，可以在个人所得税前扣除，选项BD错误；（2）每次（月）收入在4000元以上的，定率减除20%的费用扣除标准，选项C错误。

4. 答案 AC 【解析】（1）个人从公开发行和转让市场取得的上市公司股票，持股期限超过1年的，股息红利所得暂免征收个人所得税；（2）个人转让境内上市公司股票暂不征收个人所得税。

附录

全国会计专业技术资格考试（初级）
历年真题新解（东奥专供）

1. 历年真题价值大：

前面无数次介绍了历年真题的作用，简单来说，能帮助我们掌握考试“套路”，甚至有时候会出现真题原题，轻松拿分。

2. 根据最新政策变化修订的历年真题才是真正的“王者”：

市面上的真题和答案有很多，但多数是未根据最新政策修订的。这就容易出现考生做了一堆真题却都是无价值的情况。旧政策下的真题或答案不仅浪费做题时间，甚至会错误影响对考试的判断，与过关失之交臂。

东奥会计在线的历年真题，从题干到答案解析，都是经过《轻松过关》编著团队依据最新政策变化测算、修订出来的，让您用得放心，省时高效。

还等什么！赶紧扫码做题，冲力过关吧！

近5年真题查看方式：

1. 请登录网址：http：//www.dongao.com/c/2017－03－31/693691.shtml，查看详情。

2. 或扫下方二维码，查看详情。

❖武汉市新华印刷有限责任公司